다문화교육총서 1

다문화교육연구의
이론과 적용

다문화교육총서 1

다문화교육연구의
이론과 적용

김영순 · 박선미 · 정상우 · 오영훈 외 지음

PREFACE

다 함께 행복한 사회를 꿈꾸며

나는 사회교육과에서 미래 사회교사를 꿈꾸는 학생들에게 문화교육 영역의 강의를 맡고 있다. 흔히 문화교육이란 말을 들을 때 강의를 하는 교수나 공부를 하는 학생들이 경제·정치 등의 교과에 비해 훨씬 재미있어 할 것이라고 생각할 수 있다. 그렇지만 문화는 한마디로 정의하기 어려워 이를 기술하고 해석하기가 생각보다 쉽지 않다. 문화의 가장 일반적인 정의가 '인간 생활방식의 총체이다'라는 점을 들어서도 문화를 연구하는 것은 결코 만만한 일이 아니라고 생각한다. 하물며 '다(多)문화'는 문화의 복수적 개념이니 얼마나 더 어려운 것일까?

우리가 생각하는 다문화가 민주주의와 밀접한 관계가 있다고 표명했을 때 많은 학생들은 고개를 갸우뚱거릴 것이다. 이에 대한 설명을 내가 몸담고 있는 사회교육과 사례를 들어 이야기하도록 하자. 사회교육과는 교사를 양성하는 사범대학에 편제되어 있으며, 민주시민을 양성하기 위해 만들어진 학과이다. 대부분 민주주의 체제를 기반으로 하는 국가에는 사회교육과가 존재한다. 그러나 이렇게 중요한 학과의 목표 속에 명확히 드러나 있는 민주시민이 무엇이냐고 질문했을 때 쉽게 답변하는 학생들을 찾아보기 어렵다. 민주시민이란 말 그대로 민주주의 사회에서 살아가는 시민임을 의미한다. 그렇지만 민주주의 사회에 사는 모든 사람들을 민주시민이라고 단정하기 어렵다. 진정한 민주시민이란 민주주의 기본 이념을 실천하는 시민성을 지닌 사람을 의미할 것이다.

최근 들어 다문화교육이 시민성 발전에 필요한 교육이라고 강조하는 연구들이 많아지고 있다. 그리고 다문화교육을 통해 발전된 우수한 시민성은 또다시 다문화교육을 발전시키고 있다. 다시 말해서, 민주적인 시민성은 포괄적이며 다원적이어야 하기 때문에 다문화교육과 우수한 시민성은 서로 밀접하게 연관되어 있다는 것이 다문화교육론자들의 주장이다. 따라서 다문화교육은 민주시민교육의 또 다른 말이며, 계층, 소득, 민족, 인종, 종교 등에 상관없이 모두를 위한 것이라고 볼 수 있다.

특히 학교는 민주주의와 시민성을 육성하기 위해 존재하고 민주주의를 연습하는 장소이다. 교사는 학교가 민주주의를 발전시키도록 노력해야 한다. 또한 학교는 가치중립성보다는 협동, 상호존중, 개인의 존엄성, 민주적 가치와 연관된 것을 계획하고 교육해야 한다. 학교는 학생들이 서로 만나고, 함께 배우며 의사 결정에 대해 숙고할 수 있는 현장을 제공한다. 학교는 사회로 나가기 위한 연습의 장소이기 때문에 다문화교육이 이루어져야 하는 공간이다.

이 책은 BK21플러스 사업의 일환으로 인하대학교 글로컬 다문화교육 전문인력 양성 사업단에서 기획되었다. 본 사업단은 인하대 사범대학 사회교육과가 중심으로 교육학과와 국어교육과의 몇몇 교수들이 설립한 대학원 인문사회 융합 전공인 다문화학과 다문화교육 전공 교수들로 구성되어 있다. 이 책에 실린 대부분의 글들은 BK 사업의 연구 산출물로서 한국연구재단 등재후보 이상의 학술지에 실린 논문들을 발췌하여 일부 수정·보완한 것이다. 이 책의 기획의도는 최근 들어 경쟁적으로 생산되는 다문화교육에 관한 논문들의 경향을 살펴보고, 이들의 이론을 개괄하기 위한 것이다. 따라서 이 책은 '다문화교육연구 총서'로서의 첫 번째 논문 모음집이며, 모두 13편의 다문화교육 관련 논문들을 가능한 한 이해하기 쉽게 수정·보완하여 엮은 것이다.

1장 '다문화사회에서 시민으로 함께 살아가기'는 김영순이 여러 차례 다문화교사 직무 연수 및 각 지역의 다문화교육 포럼의 발표문들을 수정·보완하여 재구성한 것이다. 이 장에서는 민주주의 정신과 다문화교육에 관한 관련성을 살펴보고, 다문화사회의 시민으로 살아가는 법을 일러준다.

2장 '교사의 다문화 역량'은 2011년 『한국지리환경교육학회지』 19권 2호에 게재된 박선미의 논문 「다문화교육의 비판적 관점이 지리교육에 주는 함의」 중 일부와 『사회과교육』 50권 3호에 게재된 박선미·성민선의 논문 「교사의 다문화교육 경험이 다문화적 인식에 미친 영향: 인천시 다문화교육 지정학교 교사를 대상으로」 중 일부 내용을 재구성하여 작성한 것이다.

3장 '결혼이주여성 가정의 부부간 협력적 의사소통과 사회적 상호작용'은 제목 그대로 결혼이주여성 가정의 부부간 의사소통을 기술한 것이다. 이 장은 2013년 한국언어문화교육학회 학술지『언어와 문화』9권 2호에 게재된 김금희·김영순·전예은의 논문「결혼이주여성 가정의 부부간 협력적 의사소통에 나타난 사회적 상호작용」을 수정·보완한 것이다.

4장 '외국인 대학원생을 지도하는 한국인 교수자의 다문화 감수성'은 외국인 대학원생을 둔 한국인 지도교수의 경험을 다문화 감수성 측면에서 기술하고 분석한 것이다. 이 장은 김영순·김금희·전예은이 2013년 강원대학교 인문과학연구소『인문과학연구』에 게재되었던 논문을 수정·보완한 것이다.

5장 '다문화사회에서 이주민에 대한 헌법교육'은 정상우·최보선이 2013년『법교육연구』8권 3호에 게재된 논문「다문화사회에서 이주민에 대한 헌법교육의 필요성과 방향성」을 수정·보완한 것이다.

6장 '교육기부활동을 통한 대학생의 다문화 시민성 함양 과정'은 정소민·김영순이 2013년 한국교육개발원의 학술지『한국교육』40권 1호에 게재한 논문을 일부 보완한 것이다.

7장 '초등학교 다문화미술교육의 방향'은 박순덕·김영순이 2013년 한국교육과정평가원 학술지『교육과정평가연구』16권 2호에 게재된 논문「초등학교 다문화미술교육 방향 탐색을 위한 초등교사 인식에 관한 연구」를 수정·보완한 것이다.

8장 '국내 중국인 유학생의 미디어 이용 실태와 문화적응'은 임지혜가 2009년『교육문화연구』15권 2호에 게재된 동 제목의 논문을 수정 보완한 것이다.

9장 '방가 씨와 한국인 동료가 함께하는 직장생활'은 정지현·김영순이 2013년 인하대 교육연구소 학술지『교육문화연구』18권 4호에 게재된 논문「생산직 이주근로자 고용 한국 회사 내 한국인 근로자의 다문화 감수성에 관한 연구」를 수정 보완한 것이다.

10장 '중국계 중도입국청소년의 한국사회 적응과 부모 역할수행'은 김영순·박봉수가 2013년 열린교육학회의『열린교육연구』21권 2호에 게재된 논문「중국계 중도입국청소년의 한국사회 적응을 위한 부모 역할수행에 관한 연구」를 수정·보완한 것이다.

11장 '문화예술 체험활동에 참여한 고등학생의 다문화경험 이야기'는 안산 국경없는 마을에서 진행된 고등학생 대상 다문화교육 캠프에 참여했던 학생들의 경험을 기술한 것이다. 이 장은 전영은 · 김영순이 2013년에 한국문화교육학회 학술지『문화예술교육연구』8권 2호에 게재된 논문「문화예술 체험활동 '국경없는마을 RPG' 참여 고등학생의 다문화경험에 관한 연구」를 수정 · 보완한 것이다.

12장 '인천광역시 공공도서관의 다문화서비스 운영'은 이미정 · 이미정이 2013년『한국도서관 · 정보학회지』44권 4호에 게재된 논문「인천광역시 공공도서관의 다문화서비스 운영에 관한 연구: 인천시 중앙도서관 사례를 중심으로」를 수정 보완한 것이다.

13장 '한국 개신교 목사의 다문화교육 인식'은 김성영 · 오영훈이 2013년에 한국종교학회의 학술지『종교연구』제72집에 게재된 논문을 일부 수정 · 보완한 것이다.

앞의 글들이 대부분 학술지에 발표한 것이지만, '리딩 패키지' 형태로 연구자들에게 다문화교육의 연구흐름을 일목요연하게 살펴볼 수 있는 기회를 제공할 것이다. 그럼으로써 현재 다문화교육의 연구동향을 파악하고 다문화교육의 연구 주제 탐색에 일조할 것이다.

앞으로 우리 BK21플러스 다문화교육연구사업단에서 기획 · 발간하는 '다문화교육연구 총서'는 다문화사회로서의 한국사회가 '더불어 사는 지속가능한 사회'가 되는 데 일조할 것임을 약속드리는 바이다. 또한 독자들 누군가가 10호, 50호, 100호에 이르기까지 그중 한 권의 저자가 될 것임을 기대한다.

2014년 10월
저자 대표 김영순 씀

CONTENTS

1장

다문화사회에서 시민으로 함께 살아가기

1

다문화사회에서 시민으로 함께 살아가기

김영순

1. 다문화사회의 도래

최근 우리나라는 국내에 거주하는 외국인이 140만 명이 넘는 다인종 · 다문화 사회가 되었다. 이러한 사회적 변화로 인구 구성이 다양해짐에 따라 사회 내 여러 분야에서의 다양성이 이슈가 되고 있다. 특히 1990년대 후반기 이후 농어촌 지역 에서 국제결혼이 성행함에 따라 다문화가정이 증가하기 시작하여 2014년 기준 으로 다문화가정 인구는 150만 명을 돌파했다. 이처럼 다문화가정이 급속히 증가 하면서 사회적으로 적지 않은 혼란과 문제가 야기되고 있다. 이미 일부 농어촌 초 등학교의 경우, 신입생의 상당수가 다문화가정의 자녀일 만큼 다문화가정은 우리 사회에 깊게 뿌리를 내리기 시작했다.[1] 더 이상 우리 사회에서 다른 피부색을 가 진 사람, 다른 언어를 쓰는 사람, 다른 문화를 가진 사람을 만나는 것이 어려운 일 이 아니게 되었다. 이제는 국제 업무를 수행하는 사람들뿐만 아니라, 일상에 다문 화가정과 얼굴을 대면하는 모든 사람들에게도 문화 간 의사소통 능력이 요구되고 있는 것이다.

하지만 그동안 순수혈통, 단일민족을 고수해 온 한국사회는 다문화시대가 되 면서 여러 가지 혼란을 겪게 되었다. 최근 여성가족부가 수행한 '국민의 다문화 수용성 조사'의 결과를 통해 여전히 우리나라 국민은 혈통을 중시하고 다양한 문 화를 받아들이는 데 매우 부정적인 것을 확인할 수 있었다.[2] 2012년 총선에서 비례대표 국회의원에 뽑힌 필리핀 출신 이자스민 씨에 대한 인종차별성 인신공격 역시 같은 맥락에서 생각해 볼 문제이다. 이 사건의 배경에는 "반만년 역사에 빛나는 단일민족(單一民族)에 대한 한국인의 자부심"이 자리하고 있다.[3] 하지만 '세계 유일의 단일민족'이라는 말은 앞으로 본격적으로 도래하게 될 다인종·다문화 사회에서는 부적합한 말이 될 것이다. 보다 더 개방된 자세로 우리와 다른 문화를 가지고, 다른 피부색을 가진 사람들과 함께 어울려 살아갈 준비를 해야 하는 것이다.

다문화사회로 진입한다는 의미는 그동안 단일민족의 상징을 고수했던 한국사회가 다양한 문화적 현상으로부터 기인하는 '다름', 즉 '차이'를 어떤 관점에서 볼 것인가를 생각해야 한다는 것이다. 여기에는 타 문화에 대한 이해와 존중의 시각이 필요하다. 그리고 그것은 타 문화의 문화적 차이를 인식하고 타 문화를 인정하고자 하는 태도에서 시작된다. 이와 같은 태도는 다른 문화에 대한 지식을 습득하고 이해하는 능력을 위한 기반이 된다. 그럼으로써 개인은 다른 문화의 특정한 맥락 속에서 자신의 행동을 적절하게 변화시킬 수 있고, 다른 문화의 사람들과 효과적으로 소통할 수 있게 된다. 그리고 이러한 태도는 개인이 가진 편견과 고정관념을 돌이켜 생각해 보고 반성하는 능력으로부터 비롯된 것이다.

현재 우리가 해결해야 할 중요한 과제는 서로 다름에 대한 배려와 존중, 차이를 인정하고 더불어 살아갈 수 있는 소양을 키우는 것이다. 즉, 그것은 다문화적 감수성을 기르는 것이다. 다문화적 감수성은 문화적 차이에서 비롯한 오해와 충돌을 조정할 수 있는 중재의 능력이다. 하지만 이는 다른 나라의 역사, 언어, 문화 등을 학습하고 몇 번의 해외여행을 통해 습득되는 것이 아니다. 일상에서 부딪히는 모든 현상에 관심을 갖고 그 속에서 '다양성'을 발견하여 '다름'을 인정하고 '존중'하는 관계를 경험하여 익히는 것이 다문화 감수성을 습득하는 것이라고 할 수 있다.

다문화 감수성은 우리가 태어나면서 본유적으로 생성되는 것이 아니라 마치 학습의 과정이 전제되는 것과 같이 배움을 통해 함양해야 하는 것이다. 다문화 감수성의 함양을 통해 다문화적 인간이 될 수 있는 것이다. 다문화적 인간이란 다양한 방법으로 사물을 인식하고, 평가하고, 행동할 수 있는 개인을 의미하는 것으로, 문화 사이에 존재하는 차이를 받아들이고 인정하는 능력을 가진 인간을 뜻한다

(Banks, 1988; Gudykunst & Kim, 1984). 이런 능력은 다문화사회를 살아가는 시민의 자질, 즉 다문화 시민성을 구성한다.

안상수 외(2012)가 수행한 여성가족부의 국민다문화수용성조사에서 몇 가지 시사점을 얻을 수 있다. 비록 2,500명을 대상으로 조사했지만, 우리 국민의 다문화수용성지수는 51.17점이었고, 최소 지수 값은 11.07점, 최대 지수 값은 97.00점이었다. 다문화수용성이 낮은 하위 20% 집단의 평균지수는 30.91점이었고, 상위 20% 집단의 평균지수는 70.89점이었다. 이러한 조사가 한국에서 처음 이루어진 탓에 아직 다문화수용성의 높고 낮음에 대한 상대적 비교기준은 없으나, 다문화수용성 상위 20%에 속한 국민의 평균지수가 70.89점을 고려하면, 향후 우리 국민의 다문화수용성 향상을 위한 지속적 노력이 더 필요함을 시사해 준다.

또한 다문화 관련 교육 경험이 많을수록, 그리고 다문화 관련 행사 참여 경험이 많을수록 다문화 수용성이 높은 것으로 파악되었다. 그러나 다문화 관련 교육 경험이 전혀 또는 거의 없는 국민이 76.1%에 달하였으며, 다문화 관련 행사 참여 경험이 없는 국민도 82.4%에 이르는 것으로 나타나, 앞으로 더 많은 국민에게 다문화교육이나 관련 행사에 참여할 수 있는 기회를 제공하는 것이 필요하다.

2. 다문화 시민성에 관한 논의

2.1. 민주시민교육 목표로서 다문화 시민성

다문화적 민주사회의 구성원인 시민을 기르기 위한 교육에서 시민성에 대한 논의는 필수적으로 선행되어야 하지만, 시민성의 본질에 대한 논의는 여전히 계속되고 있다. Kymlicka(1995: 284)는 'citizenship'(이하 시티즌십)의 개념을 '법적 지위로서의 시티즌십'과 '바람직한 시민의 덕성 및 활동으로서의 시티즌십'으로 정의하였다. 국내에서는 시티즌십의 이러한 다중적 의미로 인해 시티즌십을 '시민성'혹은 '시민권'으로 번역하여 사용한다. '시민권'은 개인과 국가 간의 관계 내에서의 권리와 의무에 관한 개념이고, '시민성'은 '시민으로서의 덕성'을 의미한다. 일부 연구에서는 두 용어가 시티즌십이 내포하는 의미를 모두 포괄하지 못하므로 시티즌십을 그대로 사용하였지만(최현, 2007; Faulks, 2000), 시민권을 포함한 시티즌십이라는 용어는 중요한 정치적인 개념을 포함하게 되므로 논의의 범위가 광범위해진다. 또한 시민권은 교육의 내용은 될 수 있지만, 교육의 목표는 될 수 없다. 따라서 본 연구에서는 민주시민교육의 목표로서의 시민성에 초점을 두고자 한다.

교육적 목표로서 시민성의 개념을 추출할 수 있는 대표적인 사례는 국가교육과정으로 볼 수 있다. 국가교육과정은 공교육의 근간이자 국가에서 기르고자 하는 인간상을 구체적으로 구현하는 문서이기 때문이다. 2009개정교육과정에서 추구하는 인간상은 다음과 같다.

우리나라 교육은 홍익인간의 이념 아래 모든 국민으로 하여금 인격을 도야하고, 자주적 생활 능력과 민주 시민으로서 필요한 자질을 갖추게 하여 인간다운 삶을 영위하게 하고, 민주 국가의 발전과 인류 공영의 이상을 실현하는 데 이바지하게 함을 목적으로 하고 있다(교육과학기술부, 2012: 3).

앞의 인간상에서 알 수 있듯이, '민주 시민으로서 필요한 자질'은 특정 교과의 목표가 아니라 국가교육과정 전반의 주요한 목표이다. 사회과는 특히 그러한 목표를 더욱 강조하는 교과라고 할 수 있다. 사회과 목표로서 민주 시민의 자질 개념은 교육과정 시기별로 확대되어 왔으며, '국민'에서 '시민'으로 그리고 참여지향적인 개념으로 변화하였다(이운발, 2005; 김명정, 2012). 일례로 2009개정 사회과 교육과정에서는 사회과에서 기르고자 하는 민주 시민으로 "사회생활을 영위하는 데 필요한 지식을 바탕으로 인권 존중, 관용과 타협의 정신, 사회 정의의 실현, 공동체 의식, 참여와 책임 의식 등의 민주적 가치와 태도를 함양하고, 나아가 개인적 · 사회적 문제를 합리적으로 해결하는 능력을 길러 개인의 발전은 물론, 사회 · 국가 · 인류의 발전에 기여할 수 있는 자질을 갖춘 사람(교육과학기술부, 2012: 4)"이라고 서술하였다. '인류'와 같은 단어가 있기는 하지만, 이러한 시민적 자질은 여전히 국민국가에 근거한 국가적 시민성의 개념으로 볼 수 있다.

시민성은 '개인이나 공동체 간의 관련성으로 정의(최병두, 2011: 181)'되며, 시대와 사회에 따라 변화하는 개념이다. 그러므로 다문화사회에서 요구되는 시민성을 재구조화해야 한다(김영순, 2010; 구정화 · 박선웅, 2011; 장원순, 2004; 추병완, 2008). 김영순(2010)은 다문화사회에서는 '다문화 역량을 보유한 시민을 양성'하여야 한다고 주장하면서, 그 내용적 요소로 '핵심역량 정의 및 선정 프로젝트(DeSeCo Project)'에서 제시하는 능력들이 포함될 수 있다고 제안하였다. 또한 장원순(2004: 202)은 '다문화적 시민성'을 "문화다양성과 입헌 및 담론민주주의에 고유한 개념, 가치, 신념, 행동패턴들을 이해하고 이에 기반하여 민주적인 대화를 통해 자신이 속한 문화를 구성하고 공통문화를 창출할 수 있는 시민의 자질"로 정의하고, 그 구성요소로 '문화적 능력, 시민적 능력, 민주적인 간문화 능력'을 설정하였다. 그리고 추병완(2008: 32)은 다문화사회에서 '완전한 인간이 되기 위해서는 문화적 이해에 근거한 상호 이해와 인정이 필요'하다고 강조하였다. 이러한 연구들은 다문화사회에서의 시민성의 내용과 범위에 관한 이론적인 논의를 제기하며, 개인의 다문화 역량과 다문화 감수성을 강조하는 측면이 있다.

한편, 구정화·박선웅(2011)은 다문화 시민성의 내용과 인지적·가치적·기능적 측면에서 하위 목표를 추출하기 위해 전문가 집단을 대상으로 델파이 조사를 하였다. 그 결과, 다문화교육의 목표로서 다문화 시민성의 내용으로는 인권과 불평등과 그에 대한 사회구조적 원인을 파악하여 참여와 연대를 하고, 집단 간 차이와 다양성을 인정하고 자신의 문화정체성에 대한 이해 요소가 선정되었다. 이러한 연구 결과는 사회적 변혁을 강조하는 비판적 다문화주의의 관점에서 요구되는 시민성을 포함한다고 볼 수 있다(박휴용, 2012; McLaren, 1995). 이와 유사하게 김영순·정소민(2013: 86)은 '다문화사회에서 요구되는 시민성을 비판적 다문화주의에서 지향하는 시민의 자질'로 봐야 한다고 주장하였다.

"대부분의 다문화 교육학자들은 자유주의자(liberalists)와 비판적 다문화주의자(critical multiculturalists)로 나눌 수 있다(Miller-Lane, Howard, & Halagao, 2007: 558)"는 지적과 같이, 국내의 다문화 시민성에 관한 연구들도 이러한 경향으로 나뉜다고 분석할 수 있다. 그러나 민주시민교육의 목표로서 다문화 시민성을 논의할 때는 각 경향들에서 추구하는 시민성을 모두 고려할 필요가 있다. 자유주의적 다문화주의와 비판적 다문화주의가 가정하는 철학적 가정과 논의의 기반은 다르지만, 각각의 관점에서 주장하는 다문화 시민성은 모두 교육적인 시사점을 제공하기 때문이다. 즉, 시민은 공동체 속의 개인이라는 점을 고려할 때, 다문화사회 시민은 개인 간의 관계와 개인과 사회와의 관계 모두에서 요구되는 자질인 다문화 감수성뿐만 아니라 사회개혁을 위한 비판적 사고와 행위 능력까지 모두 필요하다.

이러한 관점에서 현행 국가교육과정에서 제시한 시민성을 분석하면, 2009개정 교육과정에서 목표로 하는 '민주 시민으로서 필요한 자질'에 '사회정의 실현'과 '사회적 문제를 합리적으로 해결'등의 내용이 포함되어 있다는 점을 상기할 때, 비판적 다문화주의에서 추구하는 시민성의 핵심적인 요소인 사회적 변혁의 측면은 어느 정도 고려되고 있다고 볼 수 있다. 여전히 '사회정의'와 '사회적 문제'의 범위에 인종, 민족, 언어, 성, 장애 등의 다양한 다문화 영역에서의 소수자들이 억압받는 사회적 구조까지 포함하느냐에 대한 논란은 있을 수 있지만, 교육내용의 선정을 통해 재구조화될 수 있는 여지가 있다. 그러나 자유주의적 다문화주의에서 강조하는 다문화 역량 및 다문화 감수성에 대한 자질은 현재의 국가교육과정에서 포괄하고 있지 못하다.

2.2. 다문화 역량과 다문화 감수성

다문화되어 가는 과정이란 다양한 방식으로 인식하고 평가하고 생각하고 행동할 수 있는 역량을 발달시켜 나가는 과정이다. 이 과정에서 중요한 것은 국가 내 그리고 국가 간에 존재하는 문화적 다양성을 이해하고 그것을 조율하는 방법을 학습하는 것이다. 다문화적 인간은 "간문화적으로 되는 과정에서 한 단계 더 높은 수준에 도달하는 사람이며, 인지적·정서적·행동적 특성은 특정 문화권에 제한되어 있기보다는 그것을 초월하여 성장하고자 한다."(Gudykunst & Kim, 1984: 230; Bennett, 2007: 29~30 재인용)

또한 간문화적 인간의 특징은 다음과 같다(Ibid.). 첫째, 신의 문화적 고정관념에 정면으로 도전해 보고(예: 문화충격 혹은 역동적 불균형), 자신의 세계관이 어떻게 자신의 문화에 의해 형성되었는지를 생각해 보게 하는 일들을 경험한 적이 있다. 둘째, 원활한 문화교류를 위해 촉진자·촉매자로 일할 수 있다. 셋째, 자신의 자민족 중심주의의 근원을 인정함과 동시에 타 문화에 대해서도 객관성을 유지한다. 넷째, 문화 간 접촉을 보다 정확하게 해석·평가하고, 두 문화 사이에서 의사소통의 연결고리 역할을 할 수 있게 하는 '제3세계적 관점(third world perspective)'이 발달되어 있다. 다섯째, 문화적 공감(cultural empathy)과 타자의 세계관에 대한 상상적 참여의 특징을 보인다.

이와 같이 다문화적 역량을 발달시켜 나가는 과정은 다문화교육의 주된 목적이다. 다문화적 역량은 자신과 다른 문화적 환경 속에서 자신의 문화적 정체성을 잠시 보류하도록 한다. 그리고 주류문화와 토착문화 사이에 존재하는 다양한 이분법적 경계 긋기의 문제를 극복하게 할 뿐만 아니라 다문화주의를 '정상적인 인간의 경험'으로 인식하게 된다.

다문화 감수성, 또한 다문화사회에 사는 우리에게 필요한 자질 중 하나는 서로 다름에 대한 배려와 존중, 차이를 인정하고 더불어 살아갈 수 있는 능력을 키우는 것이다. 그것은 다문화 감수성을 기르는 것이며, 이는 배움을 통해 함양될 수 있다. Chen & Starosta(2000)는 다문화 감수성의 구성요소로 크게 자아존중감, 자기조정력, 개방성, 공감, 상호작용 참여, 판단 보류 등 여섯 가지를 제시하였다. 첫째, 자아존중감은 문화 간 의사소통에 있어서 자신감을 갖고 긍정적인 자세로 남을 존중하며, 자신도 그만큼 존중받을 수 있다는 믿음을 의미한다. 둘째, 자기조정력은 타 문화의 사람과 상호작용할 때 타협, 감정적 호소, 자제 등 각 문화적 상황에 맞게 행동할 수 있는 능력이다. 셋째, 개방성은 다른 문화를 수용하고 인정하고자 하는 태도를 의미한다. 넷째, 공감은 상대방의 입장이 되어 생각하는 능력이고, 다섯째, 상호작용 참여는 특정한 문화적 맥락 속에서 상황과 주제를 인지하는 것이다. 여섯째, 판단 보류는 상대방에 대한 판단을 최대한 보류하고 이해하려는 능력을 의미한다. 다문화 감수성은 단지 정의적인 특성을 나타내는 개념이 아니라 '인지, 정성, 행동적인 특성들이 통합된 개념(배재정, 2010: 148)'이라고 볼 수 있다.

다문화 감수성은 타 문화에 대해 유연하고 개방적인 태도와 관련이 깊다. 이는 문화에 대한 지식을 습득하는 것만으로는 얻을 수 없으며, 경험을 통해 고정관념을 발견하고 그것을 되돌아보며 얻는 깨달음과 성찰의 과정을 통해 발달된다. Garmon(2000)은 다문화 감수성 발달 요인으로 개방성, 자기 인식, 사회 정의와 같은 기질적인 요소와 문화 경험, 교육적 경험, 집단 경험 지지와 같은 경험적인 요소를 주장하였다. 첫째, 개방성은 타인의 생각이나 의견을 수용하는 정도를 의미한다. 둘째, 자기 인식은 스스로의 신념·태도에 대한 이해 정도이며, 셋째, 사회 정의는 사회적인 평등권을 인정받는 것을 뜻한다. 넷째, 문화 경험은 타 문화와 직접 상호작용하는 것이고, 다섯째, 교육적 경험은 타 문화에 대한 경험을 학습하는 것이며, 마지막으로 집단 경험 지지는 다른 집단의 사람들과 같은 경험을 공유하고 그것을 지지하는 것이다.

이와 같이 문화는 경험적으로 내면화되고 체득되는 것이며 이러한 과정 속에서 다양한 문화 간 차이를 민감하게 느낄 수 있는 다문화 감수성이 함양될 수 있다. 그래서 다문화 감수성은 태어날 때 자연스럽게 타고나는 것이 아니며 교육과 훈련에 의해서 발달되기도 하고 퇴보되기도 하는 유동적인 능력이다(Bennett, 1993). 즉, 다문화 감수성은 정적인 개념이 아니라 다문화적 개념과 교육에 의해 역동적으로 변화하는 과정으로 볼 수 있다.

Bennett(1993)는 인지적 · 정의적 · 행동적 측면에서 다문화 감수성 발달 단계(Developmental Model of Intercultural Sensitivity, DMIS)를 제시하였다. 다문화 감수성 발달은 문화적 차이를 경험하게 됨으로써 이를 인식하는 의식구조나 문화적 차이에 대한 태도 및 행동이 체계화되는 과정이다. 이러한 과정을 통해 다문화 감수성이 발달할수록 문화 간 차이를 인정하고, 자신의 정체성을 더욱 풍부하게 해주며, 궁극적으로 다문화사회에서 요구하는 다문화 정체성을 확립할 수 있게 된다(김영주 외, 2010).

다문화 감수성 발달 단계 모형은 다문화 감수성이 인지적 · 정의적 · 행동적 측면에서 6단계를 거쳐 변화된다고 주장한다. 다문화 감수성의 일반적 수용과정은 우선적으로 자민족중심주의를 지키고자 하고 타 문화에 대한 저항이 나타나지만 점차 상대방의 문화에 대해서 개방적인 태도를 보이면서 적응하고 통합해 나가는 발달 단계를 거치게 된다(Bennett, op. cit.). 즉, 부정(denial), 방어(defense), 최소화(minimization)의 자민족 중심적 단계에서 수용(acception) · 적응(adaption) · 통합(integration)으로 명명되는 민족 상대주의적 단계로 이동한다고 주장했다. 다문화 감수성 발달 단계에 대한 세부적인 설명은 다음과 같다.

첫째, 부정의 단계는 고립(isolation)과 분리(separation)라는 하위 단계로 구성되어 있는 자민족중심주의의 가장 낮은 단계이다. 이 단계는 문화의 차이를 인정하지 않으며, 자신의 문화만을 진정한 문화라고 생각하고 다른 문화에 대해서는 관심을 가지지 않는다.

둘째, 방어의 단계는 비하(denigration) · 우월감(superiority) · 반전(reversal)이라는 하위 단계로 구성되어 있는 자민족중심주의의 두 번째 단계이다. 이 단계에서 개인은 타 문화와의 문화적 차이를 인식하지만 자신이 속한 문화를 기준으로 타 문화에 대해 부정적인 평가를 한다. 그리고 문화의 차이가 심할수록 타 문화에 대한 부정적인 평가도 심해지는 경향을 보인다.

셋째, 최소화의 단계는 물리적 보편주의(physical universalism)와 초월적 보편주의(transcendent universalism)라는 하위 단계로 구성된 자민족중심주의의 마지막 단계이다. 이 단계에서 개인은 모든 인간이 근본적으로 유사하다는 가정을 수용하면서 다양한 문화적 차이를 받아들인다. 하지만 문화의 유사성에 보다 초점을 맞추는 자문화 중심적인 입장을 유지하고 있다. 자민족 중심적 단계의 마지막 단계로서 표면적으로 드러나는 문화적 차이를 인정하지만, 모든 인간이 근본적으로 유사하다는 가정을 한다.

넷째, 수용의 단계는 행동 차이에 대한 존중(respect for be-havioral difference)과 가치 차이에 대한 존중(respect for value difference)이라는 두 하위 단계를 가지고 있는 문화 상대주의의 초기 단계이다. 이 단계는 문화적 차이를 인정하기 시작하는 단계로서 문화상대주의의 개념에 바탕을 두고 타 문화에 대한 이해와 해석의 능력이 갖춰지기 시작한다.

다섯째, 적응 단계는 공감(empathy)과 다원주의(pluralism)라는 하위 단계를 가지고 있는 문화상대주의의 두 번째 단계이다. 이 단계에서 개인은 문화 간 의사소통 능력을 발달시키는 단계이다. 효과적인 공감과 감정이입을 통해 타 문화를 이해하려고 노력하며 자신의 문화뿐만 아니라 타 문화의 입장에서 사건을 바라보기 위해 노력한다. 이 단계에 있는 개인은 문화 간 커뮤니케이션 능력을 보다 발달시키게 된다.

여섯째, 통합단계는 맥락적 평가(contextual evaluation)와 건설적 주변성(con-structive marginality)이라는 두 하위 단계를 가지고 있는 문화상대주의의 완성 단계이다. 이 단계는 개인이 다문화적 관점을 내면화하는 단계로서, 보다 범경계적인 관점에서 문화 간의 관계를 조명하고자 한다. 이와 같은 다문화 감수성 발달 모형(DMIS)은 사회적 구성주의에 근거하여 다문화 감수성을 문화적 차이를 이해하고 조절하는 능력으로 보았으며, 경험의 재구성을 통해 세계관의 변화가 행동과 태도의 변화를 가져온다는 관점을 제공하고 있다. 또한 다문화 감수성의 발달 과정을 발전적이고 예측 가능한 일련의 연속체로 개념화하였는데, 이는 다문화 감수성이 정적인 단계가 아니고 계속 변화해 가는 과정에 있는 단계로서 교육과 훈련을 위한 모형으로서도 활용도가 높다고 하겠다. 또한 다문화 감수성은 사회·문화의 영향으로 인해서 개인이 잠재적으로 가지게 되는 발달 단계가 개인마다 다르게 나타난다.

3. 다문화 시민성 함양을 위한 민주시민교육[4)]

민주사회는 정치적 의사 결정에서 시민의 참여를 최대한 권유하며, 다수에 의해 정해진 규칙을 존중하고, 소수의 권리를 보호한다. 민주주의 헌법 형태의 기본 가치는 정의, 평등, 개인 권리의 보호 및 공익의 증진을 포함한다. 민주주의 실현은 선거에 의한 것이지만 선거 이상이기도 하다. 민주주의는 모든 사람이 법 앞에 동등한 가치와 평등한 대우를 받을 권리를 가진다는 가치를 기반으로 한다. 학교에서 표현되는 민주사회의 다른 가치는 기회의 평등, 모든 동등한 존중, 자유 선택 등이 포함되어 있다. 학생은 자기 결정을 위해 가치, 경제 참여, 자기 관리와 같은 가치를 학교에서 배워야 한다(Campbell, 2010: 55). 민주적인 기술, 가치, 경향을 발달시키는 방향으로의 학교 개혁은 민주시민 양성에 있어서 매우 중요하지만, 현재의 사회적 분위기는 교육을 국가 경쟁력을 향상시키기 위한 중요한 도구로만 여기곤 한다. 하지만 학교 교육은 민주주의와 매우 밀접한 관련이 있다(Dewey, 1996; Campbell, 2010: 55 재인용). Dewey는 학교와 민주주의 사이의 관계에 대해 다음과 같이 주장했다.

모든 구성원이 동등한 조건, 이득, 참여를 위한 규정을 만들고, 각기 다른 형태의 삶의 상호작용을 통해 융통성 있는 재조정을 할 수 있는 사회가 민주적인 사회이다. 이러한 사회는 개인에게 사회적 관계와 조정에 대해 관심을 갖게 하고, 혼란을 일으키지 않으며, 사회적 변화를 보장할 수 있는 교육 체제를 가지고 있어야 한다.

Dewey(1996)는 학교의 핵심 목적이 민주사회 시민을 길러내는 데 있다고 하였다. 그는 비판적 분석력과 경험을 통한 학습법이 민주시민이 되기 위한 중요한 준비 중 하나라고 생각하였다. 또한 Westheimer와 Kahne(2004)은 훌륭한 시민을 만드는 것은 학교라는 점을 강조하였다. "사회 정의를 옹호하는 사람들은 학생들에게 시민을 준비시키는 과정에서 민주주의 프로젝트에 참여를 권하는 반면, 보수적인 사람들은 학교가 '훌륭한' 시민의 특성에 대해 가르치는 것을 통해 학생들의 시민의식을 준비시켜야 한다고 주장한다."(Campbell, op. cit.: 56) 이러한 시민의식의 준비에 대한 다른 개념은 교육 전략과 다문화교육의 적합성에서 서로 다른 결정에 이르게 된다. 하지만 시민성을 학습 경험으로 제공하지 않고 그에 대한 지식을 가르치는 것만으로는 충분하지 않다(이종렬, 1999).

그런데 시민성을 경험으로 제공한다고 할 때, 어떤 원리에 근거하여 경험을 구성할 것인가가 중요한 문제로 대두된다. 다문화교육에는 민주주의의 이념에 기초한 여러 가지 이데올로기적 의미들이 함축되어 있다. 그러나 다문화교육에서는 진위 결정의 확실한 기준이 없기 때문에 교육과정에서 다루어져야 할 내용이 무엇이며, 위험을 감수하면서까지 특정 내용을 계속 다룰 필요가 있는지에 대해서 다양한 의견이 존재할 수 있다(Bennett, 2007: 34). 따라서 다문화교육과 민주주의의 핵심적인 가치에 기초하여 교육 방향을 설정하여야 한다.

우선, 다문화교육의 핵심적 가치는 크게 네 가지로 정리할 수 있다. "1) 문화적 다양성의 수용과 인정, 2) 인간의 존엄성과 보편적 인권에 대한 존중, 3) 세계 공동체에 대한 책임, 4) 지구상에 존재하는 모든 사람들에 대한 존중(Ibid.: 34)"이다. 이들 네 가지 핵심 가치는 매우 이상적인 것으로서 아직까지 현실화되지 않았을 뿐더러 광범위하게 수용되지도 않고 있다.

한편, 민주주의는 정의의 원칙(principle of justice)과 인종·종교·성·생활방식을 초월한 모든 인간의 평등과 존엄성의 인정에 기초를 두고 있다. 민주주의 사회에서 양심의 자유, 언론 및 출판의 자유, 결사의 자유 등과 같은 국민의 기본권은 다른 사람의 자유와 존엄성이 침해되지 않는 범위 내에서 보장된다. 민주주의 사회는 또한 사상의 자유로운 유통을 촉진하며, 교양과 참여 의지를 겸비한 시민을 필요로 한다. 따라서 민주주의는 세뇌나 검열, 감시 등을 반대하며, 의견 차이, 자유 주장, 자율 선거, 다양한 정치적 정당 등을 장려한다. 그리고 국민이 자신의 잠재력을 최대한 계발할 수 있도록 교육기회를 평등하게 제공하려고 노력한다(Ibid.: 35).

또한 민주주의의 한 형태는 다원주의이다. 즉, 다양한 시각이 존재하고 이 다양한 시각들은 다수에게 인정받기 위해 투쟁할 권리가 있다. 사람은 자신의 문화를 지킬 권리가 있고 또한 공통된 시민 문화에의 참여를 기대할 수도 있다(Campbell, op. cit.: 80). 이러한 민주주의가 번영하기 위해서는 학교를 공동체를 건설하는 기관으로 생각해야 한다. 민주적 공동체는 오늘날 청소년들과 선출직 공무원과 정부 사이의 상호관계에 빈번한 냉소와 절망에 정면으로 맞서고 저항해야 한다. 민주주의는 모든 의사결정 단계에서 대중적 참여를 조성한다. 민주주의적 학교 공동체에서 아이들은 함께하기 위해 문제를 해결하는 방법, 공유하는 방법, 서로 협력하고 돕는 방법을 배운다. 공립학교는 민주주의적 공동체를 세우기 위해 중요한 역할을 해야 한다(Campbell, 2010: 83).

이렇듯 민주시민교육과 다문화교육은 별개의 이질적인 개념이 아니다(Parker, 2003: 13; Campbell, op. cit.: 436 재인용). 하지만 현재 '학교교육과정 내에서 시민교육, 지구촌교육, 다문화교육은 서로 경쟁'하고 있으며, '이들 셋을 엮으려는 교육적 시도'가 요구된다(Butts, 1988: 322). Campbell(op. cit.: 436)은 다문화교육이 시민성 발전에 필요한 교육이라고 강조한다. 그리고 이렇게 발전된 우수한 시민성은 또다시 다문화교육을 발전시킨다. 다시 말해 민주적인 시민성은 폭넓고 포괄적이며 다원적이어야 하기 때문에 다문화교육과 우수한 시민성은 서로 밀접하게 연관되어 있다. 따라서 다문화교육은 계층·소득·민족·인종·종교 등에 상관없이 모두를 위한 것이며, 적극적이고 참여적인 시민성을 준비시켜야 한다.

다문화적 민주주의 교육과정 계획에 있어서 학교가 가치중립적이라는 기존의 생각에서 벗어나야 한다. 학교는 민주주의와 시민성을 육성하기 위해 존재하고 재정적인 지원을 받는 곳이다. 민주주의적인 관점은 가치중립적이지 않다. 교사는 학교가 민주주의를 발전시키도록 협조해야 한다. 학교가 가치중립적이라는 신화는 실증주의 철학을 제대로 이해하지 못한 데서 비롯된다. 학교는 가치중립성보다는 협동, 상호존중, 개인의 존엄성, 민주적 가치와 연관된 것을 계획하고 교육해야 한다. 학교는 학생들이 서로 만나고, 함께 배우며 의사 결정에 대해 숙고할 수 있는 현장을 제공한다. 민주주의 가치와 더불어 숙고의 전략과 의사 결정을 가르치는 것은 다문화교육의 핵심 과정을 제시한다(Ibid.).

모든 학생이 참여할 수 있는 곳, 교실을 포함한 학교 환경을 공정함과 정의로 발달시킬 때, 학생과 교사는 민주주의 공동체를 촉진시킨다. 학생들이 협동 학습, 상호 존중, 갈등 해결, 공동체 목표 성취를 배울 때 민주주의가 촉진된다. 학급 경영은 학교의 필수요소이다. 민주주의, 역량 강화, 다문화교육 의식을 바탕으로 학급을 경영한다면 학교에 성공적인 문화를 가져오고, 모두에게 공정함과 정의를 고취시킬 것이다(Ibid.: 311).

4. 다시 다문화 시민성 교육으로[5]

문화는 사회화와 문화화 과정을 통해 세대에서 세대로 전승되며, 구성원들이 그것의 사용을 지속적으로 허용하는 만큼 오래 존재한다. 이제 우리 사회에는 접두사 '다중(multi-)'을 포함하지 않은 문화라는 용어를 들어보기 어렵게 되었다. 모든 사람들은 국적·민족성·종교·성 등과 같은 아주 다양한 문화적 정체성을 지닌다. 그래서 모든 사람들을 다문화적이라고 볼 수 있다. 이와 같은 정체성들은 매우 역동적이며, 항상 변화하고, 집단 내에서 혹은 주변 환경에서 일어나는 변화를 수용한다. 세계 여러 나라들 간의 밀접한 교류가 증가되고 있는 가운데, 세계화의 흐름은 상이한 문화적 배경을 지닌 사람들에게 다른 문화권의 사람들과 상호작용을 통해 밀접한 관계 맺기를 요구한다. 이를 통해 각자가 속한 사회의 문화를 수정하기도 하고, 해당 문화로부터 어떤 영향을 받기도 하였다. 이러한 다문화적 환경 속에서 이루어지는 교육은 다문화사회에서 살아가는 시민들이 긍정적인 다문화적 민주주의 공동체를 구성하고 유지할 수 있도록 뒷받침해야 한다. 따라서 학교에서의 다문화교육은 민주시민교육의 다른 말이라고 할 수 있다. 즉, 민주시민교육은 지속가능한 다문화사회에 기여해야 한다고 보기 때문이다.

공동체가 존속되기 위해서는 구성원들이 공동체 안에서의 삶의 질을 향상시키기 위한 공통의 목표와 가치를 공유해야만 한다. 경쟁과 개인주의만이 팽배한 공동체에서 사람들은 그에 일치하는 가치에 따라 행동한다. 공동체는 구성원이 나 자신보다 다른 사람들, 또 공동체 전체를 먼저 생각하는 가치가 공유되지 않는다면 존속되기 어렵다(Johnson & Johnson, 2002: 385). 이러한 공동체는 단지 한 국가 혹은 집단을 의미하는 것이 아니라 다양한 층위의 공간적 요소들을 포함한다. 즉,

'지방적 · 국가적 · 지구적 층위의 다규모성(최병두, 2011: 181)'을 포괄하는 공동체이다.

공동체 문화를 조성하기 위해서는 공통의 목표와 공유된 가치를 기반으로 적절한 행동에 대한 정의를 내려야 한다. 학교에서 다문화적 민주시민을 양성하기 위해서는 통합적 협상과 협동을 바탕에 둔 가치를 설정해야 한다. 다시 말해, 공익과 다른 사람들의 복지를 위한 헌신적인 노력, 존중하는 마음, 통합을 위한 행동, 다른 구성원을 보살핌, 다른 사람의 어려움에 대한 연민 그리고 다양성을 이해하는 마음이 필요하다. 또한 사회적 쟁점에 대해 숙고하고 타당한 결론을 내리는 능력, 자신의 생각을 설득력 있게 주장하는 능력, 서로 다른 입장의 우열을 가려내는 능력, 공식적으로 채택된 결정에 대한 의사 표현 능력과 결정된 것을 실행하는 능력, 시민역량을 갖춘 젊은이들이 다양한 관점을 가지고 결론을 내리는 방법을 배우는 것은 아주 중요하다. 이와 같은 평등, 정의, 배려, 시민의 책임의식 등은 타인과의 관계를 이루는 목적이자 수단이다(Johnson & Johnson, op. cit.: 386~390). 그리고 이러한 민주적인 절차의 본질과 가치는 교육과정과 교수방법을 통해, 그리고 긍정적인 갈등해결과 협동을 실천함으로써 습득된다.

시민성을 학습함으로써 얻을 수 있는 이점은 다음과 같다(Ibid.: 407~409). 우선, 시민성은 어린이와 청소년에게 그들의 행동을 안내하는 데 필요한 내적 힘을 제공하며, 그들의 행동을 통제하는 데 필요한 내적 원리를 제공한다. 또한 학교 관리 차원에서 시민성을 가르치는 것은 학교가 무엇을 기준으로 운영되고 있는지를 짐작하게 해준다. 그 가치는 교육과정, 교수법, 자원을 어떻게 결정해야 할지 안내하며, 교육과정의 요소를 선택하게 하는 기준을 제시한다. 그리고 시민성은 교직원들이 학부모, 학생, 방문자에게 무엇이 중요하고 왜 그러한지에 대해 말할 수 있는 구조를 제공한다. 시민성은 학생들이 민주사회의 일원으로 살아가기 위해, 학생들을 더 나은 사람으로 만들기 위해, 따뜻한 공동체를 만들기 위해 반드시 배워야만 한다.

민주주의가 생존하기 위해서는 민주시민들의 미덕에 의존하며, 민주주의 사회를 구성하는 각 개인의 행복이 없다면 민주주의 또한 퇴보하게 된다. 학교는 직접적으로 다문화 감수성을 향상시킬 수 있는 교육과정 제공을 통해, 자발적인 사회적 역할의 제도화를 통해, 집단 영향을 통해, 학교에서의 일상생활을 통해 민주적 가치를 가르칠 수 있어야 한다. 궁극적으로 민주적 가치들은 학교 구성원들 간 그리고 학교를 둘러싼 이해관계자들 간의 상호작용을 위한 구조를 제공하고 지속가능한 다문화사회를 유지하는 데 필수적이기 때문이다.

2장

교사의
다문화 역량

2

교사의
다문화 역량*

박선미

* 이 장은 2011년『한국지리환경교육학회지』19권 2호에 게재된 박선미의 논문 「다문화교육의 비판적 관점이 지리교육에 주는 함의」중 일부와『사회과교육』50권 3호에 게재된 박선미 · 성민선의 논문 「교사의 다문화교육 경험이 다문화적 인식에 미친 영향: 인천시 다문화교육 지정학교 교사를 대상으로」중 일부 내용을 재구성하여 작성한 것임.

1. 들어가며

학교에서 이루어지는 다문화교육의 성공적 운영은 학생들과 상호작용 기회가 상대적으로 많은 교사의 다문화 역량에 기댈 수밖에 없다. 교사의 다문화 역량은 다문화교육의 방향과 질을 결정짓는 중요한 요인이자(Banks & Banks, 2004; Clark et al., 1996; Nieto, 2004), 다문화교육이 지향하는 목표를 달성하기 위한 가장 기본적인 필요조건이다. 수업을 통해 학생들의 문화 간 차이에 대한 이해와 세계에 대한 비판적 인식 능력을 길러줄 수 있으려면 무엇보다도 교사가 다문화 역량을 갖추고 있어야 한다.

교사들은 다문화학생을 가르치는 과정에서뿐만 아니라 일반 학생들과 생활하는 일상에서 다문화 역량을 요구하는 상황에 빈번하게 마주치게 된다. 이런 상황에서 교사는 자신의 다문화적 역량 내에서 의식적으로든, 무의식적으로든 사고하고 말하며 행동할 수밖에 없다. 교사의 생각, 말, 몸짓 하나하나는 학생들의 다문화적 인식과 태도 형성에 영향을 미칠 수밖에 없다.

오쿠다 히데오의 소설 『남쪽으로 튀어』에 나오

는 미나미 선생님이 학생인 우에하라 지로에게 말한 내용을 보자. 이 대화는 우에하라 지로의 아버지가 학교와 여행사 간의 유착으로 인해 수학여행 경비가 부풀려진 것이 아닌지 문제를 제기하면서 수학여행 비용 명세서를 학교에 요구한 상황에서 이루어진 것이다.

> "우에하라 군의 아버지는 수학여행 비용의 명세서를 모든 학부모에게 명백하게 밝히라고 하시는데 그런 건 지금까지 어떤 학부모도 요구한 적이 없었고, 그 여행사하고 우리 학교는 오랫동안 거래해온 관계이기도 하고 또 비용이 저렴하다고 무조건 좋다고 할 성질의 것도 아니거든. 특히 수학여행은 학생에 대한 안전 관리도 있고, 그래서 일반 패키지여행하고 똑같은 비용이 적용될 수는 없는 거야. …… 선생님이 요즘 노이로제에 걸릴 것 같아. …… '선생이 나서서 투쟁해보시오'라니 …… 선생님은 공산주의자도 아니고, 무정부주의자도 아니고 그냥 평범한 교육대학을 졸업한 것뿐인데 …… 뭔가 더 이상 견딜 수 없다고나 할까 …… 우에하라 군은 그런 데(비판적인 우에하라 아버지) 물들면 안 돼. 다양한 책을 읽고 다양한 사람들을 만나고, 그래서 균형 잡힌 사람이 되어야 해." 미나미 선생님은 스스로 마음을 진정시키려는 듯 천천히 말을 이었다.
>
> 출처: 오쿠다 히데오, 2006, 『남쪽으로 튀어』, 190~192.

학생들이 다양한 책을 읽고 다양한 사람을 만나고 다른 사람들과 갈등 없이 조화롭게 사는 것은 미나미 선생님이 생각하는 다문화사회를 살아가는 데 필요한 역량이다. 그러나 그것만으로 충분하지 않다. 다문화 역량은 실천적 개념이다. 교사인 미나미 선생님의 말에서 학생인 우에하라 지로가 배운 것은 일반인과 다른 생각과 행동을 하는 것은 정상적이지 않은 일이고, 관행처럼 해오던 관습이나 규범에 문제를 제기하는 것은 훈계를 들어야 하는 잘못이다. 그리고 문제를 제기하고 해결하는 사람들은 교사와 같은 평범한 사람이 아니고 공산주의자나 무정부주의자들과 같이 특정 집단이 하는 일이라는 것이다. 또한 주류집단에 반하는 소수집단의 생각은 균형 잡히지 않은 것이다.

미나미 선생님이 생각하는 균형과 다양성은 현실 속에서 내재된 갈등과 문제, 모순들이 삭제되고 박제된 다양성이다. 균형 잡힌 사람은 대부분의 사람들처럼 생각하고 행동하는 사람이라는 것이다. 그러나 이해관계가 다른 사람들이 함께 살아가야 하는 다문화 현실은 박제된 사회가 아니다. 다문화 역량은 실천적 개념이다. 세계에서 일어나는 여러 현상을 읽고 그것을 교육 내용으로 재구성하여 교실에서 실행되도록 하기 위해 교사가 갖춰야 할 다문화 역량은 미나미 선생님이 생각하는 것보다 훨씬 넓은 것이며 치열한 것이다.

2. 다문화 역량의 의미와 구성 요소

Sue & Sue(1999)에 따르면 다문화 역량은 무엇보다도 자신이 속한 문화에 대해 의식적으로 민감하게 자각하고 문화적 차이에 대한 고정관념이나 편견을 경계하며 다름을 존중하고 인내하는 마음가짐이다. Bennett & Bennett(2004)는 자신이 속한 사회의 문화 양식에 따라 적절하게 행동할 수 있고 타 문화와의 접촉 과정에서도 대안적 행동을 적절하게 할 수 있는 행위 능력이라고 하였다. 즉, 자신이 속한 문화에 대한 존중과 더불어 다른 문화에 대한 편견을 경계하고 적절하게 행동할 수 있는 능력이다. Reynolds(2001)에 의하면 다문화에 대한 관심은 자신 그리고 자신과는 다른 사람에 대한 이해와 그들의 관계에 대한 이해가 핵심인데, 관계는 사람들 간의 공통성, 문화적 차이, 개인적 독특함의 발견에 관한 것이다.

이상에서 볼 때 다문화 역량은 다양한 문화에 대한 개인의 편견 없는 인식과 태도에 기초한다. 다양성에 대한 이해는 그와 같은 다양성이 왜, 어떻게 형성되었는지, 거기에는 어떤 문제가 내재되어 있는지, 우리가 무엇을 할 수 있는지에 대한 인식이 선행되어야 한다. 그리고 편견없는 인식과 태도는 우리를 둘러싼 다양한 지층의 공간 속에서 이루어지는 불평등과 부조리 기제에 대해 비판적으로 볼 수 있는 능력을 전제한다.

이러한 맥락에서 다문화교사 역량에 대한 개념 정의 또한 개인 심리 영역을 넘어 가정, 학교, 지역사회, 국가, 세계 등의 다양한 지층의 사회구조를 인식하고 행동하는 학습자를 길러내는 능력으로 확장될 필요가 있다. 교사가 갖춰야 할 다문화 역량은 자신과 타인의 자아정체성을 규정하는 사회적 조건들을 성찰하며, 사회적·지역적 차별 구조와 그것을 가능하게 하는 권력의 속성을 이해하고 이것이 개인 혹은 지역의 문화정체성에 미친 영향을 탐구하며, 변화시키려는 의지와 능력 등으로 확장되어야 한다.

McPhatter(1997)는 문화역량획득모형(Cultural Competence Attainment Model)에서 문화역량이 계몽된 의식, 근거에 기반한 지식, 기능으로 구성된다고 하였다. Manoleas(1994)도 문화역량이 지식 기반, 기술 기반, 가치 기반이라는 3요소로 구성되어 있다고 하였다. Weaver(2005) 또한 문화역량의 구성요소를 다양한 문화를 이해하는 데 필요한 지식, 문화적 실천과 지역 및 사회의 문제해결을 위해 참여하는 데 필요한 기능, 사회 내에 존재하는 문화적 다양성을 인식하는 문화적 의식으로 구성된다고 하였다. 대부분의 다문화 역량 연구자들은 다문화 역량이 의식(awareness), 지식(knowledge), 기능(skills)으로 구성된다는 데 공감한다. 일반적으로 다문화 역량을 구성하는 의식, 지식, 기능 중에서 의식을 가장 중요한 요소로 간주한다. Holcomb-McCoy & Myers(1999)는 〈그림 2-1〉에서 볼 수 있듯이 다문화 역량에 직접적으로 영향을 미치는 것을 다문화 의식으로 보았고, 다문화 의식은 다문화 지식과 다문화 기능 수준에 의존한다고 하였다.

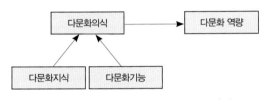

〈그림 2-1〉 다문화 역량의 구성요소 간 관계(Ⅰ)

Glockshuber(2005)도 다문화의식을 다문화 역량 구성요소 중 가장 중요한 요소로 보았다. 그렇지만 Holcomb-McCoy & Myers(1999)와는 달리 〈그림 2-2〉에서 볼 수 있듯이 이들 간의 관계를 일방적 관계가 아닌 쌍방적 관계로 해석하였다. 즉, 다문화 의식 수준이 다문화 역량에 영향을 미치기도 하고 다문화 역량이 다문화 의식 수준에 영향을 미치기도 한다는 것이다. 그리고 다문화 의식은 다문화 지식과 기능에 영향을 받지만 또한 의식 수준이 지식이나 기능 수준에 영향을 줄 수

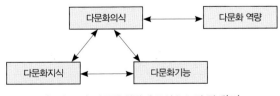

〈그림 2-2〉 다문화 역량의 구성요소 간 관계(Ⅱ)

도 있다. 즉, 그는 다문화 의식 · 지식 · 기능 요소를 일방적이 아닌 쌍방적으로 영향을 주고받는 역동적 관계로, 다문화 의식과 다문화 역량 간의 관계도 서로 영향을 주고받는 관계로 보았다. 그렇지만 그도 여전히 다문화 의식을 다문화 역량을 결정하는 가장 직접적 요인이라고 간주하였다.

Pope & Reynolds(1997)는 다문화교육 실행가로서 교사가 갖추어야 할 다문화적 역량 목록을 의식, 지식, 기능으로 구분하여 그 내용을 〈표 2-1〉과 같이 구체화하였다.

첫째, 교사가 갖춰야 할 다문화 역량 중 다문화 의식은 다문화적 신념과 가치관,

〈표 2-1〉 교사가 갖추어야 할 다문화 역량의 구성요소별

의식(Awareness)	지식(Knowledge)	기능(Skills)
차이가 가치 있다는 신념, 문화적 배경이 다른 타인을 학습하는 것은 필요하고 보상이 이루어진다는 신념	다양한 문화와 억압받은 집단에 관한 지식	문화적 차이와 쟁점에 대해 확인하고 공개적으로 마음을 열고 토론할 수 있는 능력
위험을 기꺼이 감수하려는 의지와 그것이 인성이나 전문성 성장에 필요하고 중요하다는 인식	개인 행위와 가치가 어떻게 변화하는지에 대한 정보	문화적 차이가 의사소통에 미치는 영향을 평가하고 다양한 차이가 있는 집단과 의사소통하는 능력
정의, 사회 변동, 억압에 대한 저항 등에 대한 개인적 헌신	문화적 차이가 언어적, 비언어적 의사소통에 미치는 영향에 대한 지식	자신과 다른 개인과 공감하고 진심으로 연계할 수 있는 능력
자신의 문화적 유산이 지닌 가치와 중요성에 대한 신념, 문화적 배경이 다른 타인을 이해하는 출발점으로서 세계관이라는 신념	성, 계급, 인종, 민족, 언어, 국가, 성적 취향, 나이, 종교, 장애여부, 능력 등이 개인과 그들 경험에 미친 영향에 대한 지식	새로운 상황에서 자신의 기존 학습과 새로운 학습을 연결시키는 능력
기꺼이 자신의 가치관, 세계관, 편견 등을 조사하고 필요할 때 변화시키려는 생각	문화적으로 적합한 자원과 그것을 적절하게 배분하는데 필요한 정보	문화적으로 다른 사람에게 신뢰와 존경을 받을 수 있는 능력
변화에 대한 개방성과 변화가 필요하고 긍정적이라는 신념	제도적 억압과 권력의 속성에 대한 정보	자신의 다문화적 기능, 수준, 성장 등을 정확하게 평가할 수 있는 능력
기꺼이 다른 세계관과 관점을 수용하거나 개인으로서 그들이 모든 대답을 해 줄 수 없다는 것을 인정	정체성 발달 모형과 억압받는 집단이 주류 사회의 구성원으로 동화되는 과정과 그것이 개인, 집단, 집단 간 관계, 사회에 미친 영향에 대한 지식	개인차, 문화 차이, 보편적 공통점을 구별할 수 있는 능력
문화적 차이가 효과적인 상호작용이나 유의한 관계 맺음을 방해하지 않는다는 믿음	집단 차이에 대한 지식과 다원적 자아정체성과 다원적 억압 구조를 이해하는 것	문화적 개입을 최적화하는 방식으로 억압 구조에 도전하고 지원하는 능력
자신의 문화적 유산과 그것이 세계관, 가치관 등에 미친 영향에 대한 인식	내면화된 억압과 그것이 자아정체성과 자존감에 미친 영향에 대한 정보와 이해	개인 · 집단 · 제도적 수준에서 다문화 개입을 이루어 내는 능력
자신 행위에 대한 자각과 그것이 타인에게 미친 영향 자각	억압받는 집단이 고등교육에 접근하거나 성공하기 어려운 제도적 장벽에 관한 지식	문화적 지식을 이용할 수 있는 능력과 문화적으로 민감하고 적절하게 개입할 수 있는 민감성
다문화적 대칭 구조에서 일어나는 개인 간 과정에 대한 의식	체계 이론과 체계 변화에 대한 지식	

출처: Pope & Reynolds, 1997

의지, 태도 등으로 표현된다. 구체적인 내용은 다양성에 대한 인식과 불평등을 유발하는 억압적 제도와 사회구조에 대한 비판으로 나누어 볼 수 있다. 먼저 다양성에 대한 인식에 해당되는 내용은 자신의 문화적 유산이 가치 있고 중요하다는 신념과 자신의 문화적 유산이 자신의 세계관과 가치관에 미친 영향에 대한 인식, 차이가 가치 있고 문화적 배경이 다른 타인에 대해 배울 필요가 있으며, 문화적 차이가 효과적인 상호작용이나 친구관계를 맺는 데 방해되지 않는다는 신념, 그리고 문화적 배경이 다른 타인을 이해하고 다른 세계관과 관점을 수용하며, 필요할 경우 자신의 가치관, 세계관, 편견 등을 기꺼이 변화시키고자 하는 태도 등이다.

불평등을 유발하는 억압적 제도와 사회구조에 대한 비판 의식에 해당되는 내용은 변화에 대한 개방성과 변화가 필요하고 긍정적이라는 신념, 다문화적 대칭구조에서 일어나는 개인 간 관계에 대한 의식, 자신 행위에 대한 자각과 그것이 타인에게 미친 영향에 대한 자각, 정의, 사회 변화, 억압에 대한 저항, 개인적 헌신과 위험을 기꺼이 감수하려는 의지 등이다.

둘째, 교사가 갖춰야 할 다문화 지식은 다양한 문화에 대한 지식과 집단 차이에 대한 지식을 포함하여 성, 계급, 인종, 민족, 언어, 국가, 성적 취향, 나이, 종교, 장애 여부, 능력 등이 개인의 경험에 미친 영향, 그리고 개인 행위와 가치가 어떻게 변화하는지에 대한 정보와 문화적 차이가 의사소통에 미친 영향에 대한 지식을 포함한다. 그리고 억압받는 집단에 대한 지식으로 제도적 억압과 권력의 속성에 대한 정보, 다원적 자아정체성과 억압 구조 및 그것이 개인의 자아정체성과 자존감에 미친 영향에 대한 정보, 억압받는 집단이 고등교육에 접근하거나 성공하기 어려운 제도적 장벽에 관한 지식 등이다. 그리고 정체성 발달 모형과 억압받는 집단이 주류 사회의 구성원으로 동화되는 과정과 그것이 개인, 집단, 집단 간 관계, 사회에 미친 영향에 대한 지식과 문화적으로 적합한 자원과 그것을 적절하게 배분하는 데 필요한 정보, 체계 이론과 체계 변화에 대한 지식 등이 포함된다.

셋째, 다문화 기능은 크게 분석 기능, 의사소통 기능과 개입 능력으로 구성된다. 분석 능력은 자신의 다문화적 기능, 수준, 성장 등을 정확하게 평가할 수 있는 능력과 개인차, 문화 차이, 보편적 공통점을 구별할 수 있는 능력, 새로운 상황에서 자신의 기존 학습과 새로운 학습을 연결시키는 능력 등으로 구체화된다. 의사소통 기능은 문화적 차이와 쟁점을 인식하고 열린 마음으로 토론하는 능력, 문화적 차이가 의사소통에 미친 영향을 평가하는 능력, 차이를 넘어 효과적으로 의사소통할 수 있는 능력, 타인과 진심으로 공감할 수 있는 능력 등으로 구체화된다. 그리고 개입 능력은 개인·집단·제도적 수준에서 다문화개입을 이루어 내는 능력, 문화적 지식을 이용할 수 있는 능력과 문화적으로 적절하게 개입할 수 있는 민감성, 문화적 개입을 최적화하는 방식으로 억압 구조에 도전하고 그 노력을 지원하는 능력 등이 이에 해당된다. 그러나 무엇보다도 교사는 문화적으로 다른 사람에게 신뢰와 존경을 받을 수 있는 능력을 갖추고 있어야 한다.

3. 교사의 다문화 역량 수준

교사는 그들의 다문화 역량 수준 내에서 다문화교육을 실행한다. 앞서 언급한 미나미 선생님은 다양성을 존중하고 균형 잡힌 세계관을 갖는 것이 옳다고 믿는다. 그러나 이러한 다양성에 대한 긍정적 인식은 비판적 사고에 의해 뒷받침되지 않은 순진한 감상에 불과하다. 현실 세계에 대한 비판적 필터링을 거치지 않은 다양성에 대한 인식 수준은 그것이 지닌 진정한 가치나 의미를 상실하게 된다. 그것은 균형 감각을 가지고 세계를 보거나, 차이를 유도한 억압적 사회구조를 변화시키려는 실천적 노력을 이끌어 주지 못한다. 교사의 다문화 역량은 인식이나 실천 수준 등에서 질적으로 차이가 있고 경험의 누적이나 교육 등을 통해 발전될 수 있다.

Cross 등(1989)은 교사의 다문화 역량을 조사한 후 〈그림 2-3〉에서 볼 수 있듯이 그 수준을 문화파괴(destructiveness)단계 → 문화무능(incapacity)단계 → 문화문맹(blindness)단계 → 역량전(pre-competence)단계 → 다문화기초역량(basic competence)단계 → 다문화숙달(proficiency)단계 등 6단계로 제시하였다.

첫 번째 단계인 문화파괴단계는 인종이나 문화를 기준으로 소수집단에 속하는 사람을 배제하거나 소수자라는 이유로 그들의 동의나 의견 등을 묻지 않고 불이익을 주는 단계다.

두 번째 단계인 문화무능단계는 의도적이지 않지만 소수집단에 적절한 서비스를 제공할 능력이 없어 사회가 가지고 있는 편견·차별·동정에 기반한 온정주의를 재강화하는 단계다.

세 번째 단계는 문화문맹단계로 차별이 없도록 노력하지만 다양한 집단이나 개인의 입장을 고려하지 않고 주류집단의 행동방식이나 사고방식을 적용하고 동화를 강조하는 단계다.

네 번째 단계인 다문화 역량전단계는 일종의 토크니즘(tokenism)으로 다문화 역량을 명목적으로 갖추고 있다는 상징성을 지니고 있지만 실제로 그 효과에 신경 쓰지 않은 단계다.

다섯 번째 단계인 다문화기초 역량단계는 다문화의 주요 요소인 의식, 지식, 기능을 갖추고 다양한 집단을 편견 없이 대하며 소수집단 등으로부터 자문을 구하고 그들의 의견을 수용하며 다문화집단에 서비스를 제공하는 단계다.

마지막 단계인 다문화숙달단계는 기초 다문화 역량 수준을 다 갖추고 있으면서 다문화주의를 옹호하고 관련 연구를 수행하고 그 결과를 적극적으로 홍보하고 실천하는 단계다.

다문화 교사 역량 발달 단계

1단계	문화파괴(destructiveness)
2단계	문화무능(incapacity)
3단계	문화문맹(blindness)
4단계	역량전(pre-competence)
5단계	다문화기초역량(basic competence)
6단계	다문화숙달(proficiency)

〈그림 2-3〉 다문화교사 역량 발달 단계

출처: Cross et al., 1989

〈표 2-2〉 교사의 다문화 역량 발달 단계

단 계	특 성
1단계: 문화 간 역량부재단계	학습자의 문화적 배경을 고려하지 않고 수업 실행 학습 활동과 학습자의 일상생활을 관련지어 인식하지 않음
2단계: 초보적 문화 간 역량단계	이벤트성 활동으로 타 문화의 이해와 관련된 수업 기획·실행
3단계: 중간적 문화 간 역량단계	문화상대주의적 관점으로 다문화 수업 실행
4단계: 세련된 다문화 역량단계	스스로 공동체와 세계 구성원으로 인식하고 차별적 구조에 대하여 비판적으로 볼 수 있도록 수업 실행

출처: Mushi, 2004

Cross 등의 연구가 서비스 조직을 대상으로 다문화 역량 수준을 구분하였다면 Mushi(2004)는 교사의 다문화교육을 실행하는 역량을 중심으로 그 수준을 구분하였다. 그는 다문화 역량을 문화 간 역량에서 발전한 것으로 보았다. 그는 〈표 2-2〉에 제시된 바와 같이 다문화 역량 수준을 문화 간 역량부재단계 → 초보적 문화 간 역량단계 → 중간적 문화 간 역량단계 → 세련된 다문화 역량단계라는 4단계로 구분하였다.

첫 번째 단계인 문화 간 역량부재단계는 문화 간 역량을 지니지 못한 단계로서 이 단계에 해당하는 교사는 학습자의 문화적 배경을 고려하지 않고 수업을 실행할 뿐만 아니라 교실에서의 학습 활동과 학습자의 일상생활을 관련지어 인식하지도 않는다. 이 단계는 Cross 등의 세 번째 단계인 문화문맹단계와 유사하다.

두 번째 단계인 초보적 문화 간 역량단계는 Cross 등의 토크니즘적 문화역량 전단계와 유사한데, 이 단계의 교사는 정규교육과정을 운영하면서 특별한 이벤트성 활동으로 타 문화의 이해와 관련된 수업을 기획하고 실행한다. Derman-Sparks(1989)는 이러한 특별 수업을 관광객의 관점에서 문화를 탐구하는 수준의 수업이라고 평가하였다.

세 번째 단계는 중간적 문화 간 역량단계로서 이 단계의 교사는 학생들이 문화의 의미를 읽을 수 있도록 하고, 행위에는 특정 집단의 문화적 의미가 결부되어 있다는 문화상대주의적 관점으로 수업을 실행한다. 그들은 표면상에 드러난 문화적 행위와 기능의 이면에 있는 지적 창의성 등을 평가하고 그러한 지적 창의성이 창출될 수 있었던 지리적·역사적·사회적 조건 등을 고려하도록 한다.

마지막은 세련된 다문화 역량단계로서 이 단계의 교사는 모든 학생들을 스스로 공동체와 세계 구성원으로 인식하고 차별적 구조에 대하여 비판적으로 볼 수 있도록 가르친다. 그들은 별도의 다문화교육과정을 실행하기보다는 자신이 가르치는 교과목의 내용을 공동체와 세계시민의 맥락에서 해석하고 평가하도록 한다. 이처럼 교사의 다문화 역량 수준은 그들의 행위나 수업 계획 및 실행 능력에 많은 영향을 미친다.

지금까지 살펴본 바와 의하면 다문화 역량 수준은 그 주체가 서비스 조직이든지, 교사든지 학생이든지 대체로 부재 단계에서 간문화적 역량을 거쳐 다문화 역량으로 발달한다는 것을 알 수 있었다. 다문화 역량의 궁극적 단계는 차별을 생성하거나 심화시키는 억압 구조를 탐구하고 그것을 변화시킬 수 있는 도전과 그에 따른 위험을 감수하겠다는 용기로 귀결된다.

4. 우리나라 교사의 다문화교육 인식 수준

인천시 다문화 지정학교 중 초등학교 5개교, 중학교 4개교, 고등학교 1개교 등 총 10개 학교[1] 교사를 대상으로 다문화교육에 대한 인식과 자기효능감에 대하여 2010년 11월 1일에서 11월 12일까지 설문조사를 실시하였다. 다문화교육 지정학교 교사를 대상으로 한 이유는 다문화교육 지정학교의 경우 다문화 연수, 담임, 교과지도 기회 등이 상대적으로 많다고 판단하였기 때문이다. 응답한 325명의 교사 중에서 초등학교 교사 172명, 중학교 교사 115명, 고등학교 교사 38명이었다. 다문화연수 경험이 있는 교사는 126명(38.8%), 없는 교사는 199명(61.2%)이었고, 다문화가정 학생의 담임교사 경험이 있는 교사는 90명(27.7%), 없는 교사는 235명(72.3%)이었다. 설문 내용은 다문화교육 목표와 내용에 대한 인식과 교수효능감에 초점이 맞추어졌다. 응답은 매우 그렇지 않다(1)-그렇지 않다(2)-그렇다(3)-매우 그렇다(4)는 4점 척도를 사용하였다. 결과를 간단하게 정리하면 다음과 같다.

첫째, 전반적으로 다문화 지정학교 교사들은 다문화교육에 대하여 알고 있다고 인식하고 인식의 방향이나 태도가 긍정적인 것으로 나타났다. 대부분의 교사들은 자신들이 문화적 다양성을 인식하는 것이 중요하고, 다문화가정 학생을 가르치는 것이 보람된 일이며, 다문화가정 학생을 가르치는 과정에서 스스로 많은 것을 배울 수 있다고 생각한다. 그러나 실천이 요구되는 질문에 대해서는 상대적으로 부정적인 응답을 하였다. 예를 들어 다문화가정 학생을 가르쳐보고 싶다거나 다문화교육 연수나 다문화인식 증진 프로그램에 참여하고 싶다는 응답은 상대적으로 적었다. 또한 다문화가정 학생이 많아지면 내 업무가 늘어날 것이라는 응답은 많았다.

둘째, 다문화교육 목표에 대한 인식을 보면 타 민족에 대한 우리나라 학생들의

<표 2-3> 다문화교육에 대한 인식 (단위: 명, %)

문 항	매우 그렇다	그렇다	그렇지 않다	매우 그렇지 않다	합계
다문화교육을 잘 알고 있다.	88 (27.1)	145 (44.6)	87 (26.8)	5 (1.5)	
다문화교육은 사회 분열을 조장하는 원인이 된다.	2 (0.6)	27 (8.3)	186 (57.2)	110 (33.8)	
문화적 다양성에 대해 가르치는 것은 사회적 갈등을 유발한다.	6 (1.8)	65 (20.0)	191 (58.8)	63 (19.0)	
다문화교육을 강조하면 역차별 현상이 나타날 것이다.	14 (4.3)	61 (18.8)	193 (59.4)	57 (17.5)	
다문화교육은 한국 문화의 정체성을 위협한다.	1 (0.3)	31 (9.5)	207 (63.7)	86 (26.5)	
다문화가정 학생이 있는 학교에서만 다문화교육을 시행해야 한다.	5 (1.5)	20 (6.2)	210 (64.6)	90 (27.7)	
다문화가정 학생들을 가르치는 것은 보람된 일이다.	73 (22.5)	228 (70.2)	22 (6.8)	2 (0.6)	325 (100)
다문화가정 학생들을 가르쳐 보고 싶다.	57 (17.5)	196 (60.3)	68 (20.9)	4 (1.2)	
다문화가정 학생들을 가르치는 과정에서 많은 것을 배울 수 있다.	71 (21.8)	230 (70.8)	23 (7.1)	1 (0.3)	
다문화교육 연수나 다문화인식 증진 프로그램에 참여하고 싶다.	52 (16.0)	201 (61.8)	65 (20.0)	7 (2.2)	
교사가 문화적 다양성에 대해 인식하는 것은 중요하다.	117 (36.0)	197 (60.6)	11 (3.4)	0 (0.0)	
다문화적 인식은 내가 가르치는 과목의 목표와 무관하다.	11 (3.4)	46 (14.2)	184 (56.6)	84 (25.8)	
다문화가정 학생들이 많아지면 내 업무는 힘들어진다.	32 (9.8)	160 (49.2)	102 (31.4)	31 (9.5)	

편견을 극복하거나, 다문화가정에 대해 배려하도록 하며, 다문화가정 학생들에게 다양성 속의 일체감을 강조해서 조화로운 사회를 건설하도록 해야 한다는 것에는 강한 긍정을 보인 반면, 우리 사회의 차별과 불평등을 민감하게 인식하도록 한다는 데 대해서는 상대적으로 부정적인 반응을 보였다.

다문화교육 목표에 대한 설문 조사 결과 <표 2-4>에서 볼 수 있듯이 98.1%가 타 민족에 대한 우리나라 학생들의 편견을 극복하도록 해야 한다고 응답하였는데

〈표 2-4〉 다문화교육의 목표에 대한 인식 （단위: 명, %）

문 항	매우 그렇다	그렇다	그렇지 않다	매우 그렇지 않다	합계
다문화가정 학생들을 주류 사회에 통합시켜 책임감 있는 시민으로 길러야 한다.	146 (44.9)	162 (49.8)	16 (4.9)	1 (0.3)	
다문화가정 학생들에게 '다양성 속의 일체감'을 강조해서 조화로운 사회를 건설하도록 해야 한다.	173 (53.2)	146 (44.9)	5 (1.5)	1 (0.3)	
우리나라 학생들이 타 민족에 대한 편견을 극복하도록 해야 한다.	213 (65.5)	106 (32.6)	5 (1.5)	1 (0.3)	
우리 사회의 차별과 불평등을 민감하게 인식하도록 해야 한다.	127 (39.1)	145 (44.6)	46 (14.2)	7 (2.2)	325 (100)
사회적 차별과 불평등의 문제해결에 관심을 갖도록 해야 한다.	170 (52.3)	145 (44.6)	9 (2.8)	1 (0.3)	
사회적 차별과 불평등의 문제해결에 적극적으로 참여하여 행동하도록 해야 한다.	147 (45.2)	155 (47.7)	20 (6.2)	3 (0.9)	
다문화가정에 대한 이해와 배려를 강조해야 한다.	180 (55.4)	135 (41.5)	9 (2.8)	1 (0.3)	
나와 다른 문화에 대해 참을 수 있는 관용적 태도를 길러야 한다.	157 (48.3)	143 (44.0)	23 (7.1)	2 (0.6)	

그중에서 65.5%가 강한 긍정을 나타냈다. 96.9%가 다문화가정에 대한 이해와 배려를 강조해야 한다고 응답하였고, 그중에서 55.4%가 매우 그렇다고 응답하였다. 그리고 98.1%가 다문화가정 학생들에게 다양성 속의 일체감을 강조해서 조화로운 사회를 건설하도록 해야 한다고 응답하였고, 매우 그렇다는 강한 긍정의 응답도 53.2%에 달하였다. 그러나 83.7%의 교사가 우리 사회의 차별과 불평등을 민감하게 인식하도록 해야 한다고 하였고, 39.1%만이 강한 긍정을 나타내어 상대적으로 긍정적 응답이 낮은 편이었다.

정리하면 다문화교육 지정학교 교사들이 생각하는 우리나라 다문화교육의 목표는 다문화가정 학생들이 우리 사회의 불평등에 민감하게 인식하고 그러한 문제 해결에 참여하거나 행동하는 주류 사회의 책임감 있는 시민으로 성장하는 것을 지향하기보다는 타 민족에 대한 우리나라 학생들의 편견을 극복하고 우리나라에 거주하는 다문화가정에 대하여 이해하고 배려하는 마음을 길러주는 데 초점을 두고 있다. 이러한 결과는 선행 연구 결과와 유사한데, 조영달 외(2010)도 38개 초·중등학교 다문화교육 실태를 분석한 결과 한국문화적응교육과 한국어교육이 주를 이루는 등 동화주의적 관점에 기초하여 운영되고 있다고 하였고, 모경환·

황혜원(2007)도 수도권 소재 중·고등학교 국어와 사회교사를 대상으로 다문화교육에 대한 인식을 조사한 결과 교사들 상당수가 다문화교육에 긍정적인 태도를 지니고 있지만 배려 중심의 동화주의적 관점을 겨냥하고 있다고 하였다.

이와 같은 다문화교육 목표에 대한 교사 인식 기저에는 다문화가정 학생을 우리와 다른 영역에 속한 타자로 구분 짓는 관점이 깔려 있다. 그래서 교사들은 다문화교육 목표가 '우리'학생들의 편견을 없애고, 타자인 '그들'을 보살펴 주는 것이라는 문항에 매우 긍정적 반응을 보이고 '그들'이 책임감 있는 시민으로 우리 사회에 통합되는 것에는 찬성한 반면, '그들'이 '우리'사회의 문제를 인식하고 비판하는 주체로 성장하는 것에 대해서는 상대적으로 소극적인 응답 반응을 나타내었다. 이는 교사들이 다문화가정 학생을 '우리'집단에 속하지 않은 '그들'로 구분한 후 내집단-외집단, 중심부-주변부라는 대립 구조 속에서, 한편으로는 배려와 관용의 대상으로 다른 한편으로는 차별적 배제의 대상으로 인식하고 있음을 알려주고 있다.

셋째, 다문화교육 내용에 대한 인식을 조사한 결과도 다문화가정 학생들이 사회에 통합되어 책임감 있는 시민이 되는 데 필요한 지식과 기능, 학생들이 다른 문화에 대해 가지고 있는 편견을 일깨워주는 내용, 다문화가정을 이해할 수 있는 내용, 우리 민족의 문화와 역사 등을 다루어야 한다고 한 반면, 소수민족의 의식주 전통이나 우리 사회의 차별과 불평등 사례 등을 다루어야 한다는 데 대해서는 상대적으로 부정적이었다.

학교에서 가르쳐야 할 다문화교육 내용에 대하여 조사한 결과 〈표 2-5〉에서 볼 수 있듯이 다문화가정 학생들이 주류 사회에 통합되어 책임감 있는 시민이 되기 위해 필요한 지식과 기능을 가르쳐야 한다는 문항에 대해서 매우 그렇다는 응답이 40.9%이고, 그렇다는 응답이 54.5%로 총 95.4%가 긍정적으로 응답하였다. 물론 우리나라 혹은 우리 학교의 다문화가정에 대하여 이해할 수 있도록 해야 한다는 것에도 32.0%가 매우 그렇다고 응답하였고, 65.8%가 그렇다고 응답함으로써 97.8%가 긍정적으로 반응하였다. 그리고 학생들이 다른 문화에 대해 가지고 있는 편견을 일깨워주는 내용을 가르쳐야 한다는 것에도 94.8%가 긍정적으로 반응하였다. 또한 세계 여러 나라의 지리·문화·역사를 문화상대주의 관점에서 가르쳐야 한다는 것에 대해서도 매우 그렇다는 응답이 33.8%, 그렇다는 응답이 54.2%로

<표 2-5> 다문화교육의 내용에 대한 인식 （단위: 명, %）

문 항	매우 그렇다	그렇다	그렇지 않다	매우 그렇지 않다	합 계
다문화가정 학생들이 주류 사회에 통합되어 책임감 있는 시민이 되기 위해 필요한 지식과 기능을 가르쳐야 한다.	133 (40.9)	177 (54.5)	13 (4.0)	2 (0.6)	
모든 민족의 학생이 공통적으로 배워야 할 필수 지식은 한국 민족의 문화와 역사다.	99 (30.5)	178 (54.8)	43 (13.2)	5 (1.5)	
세계 여러 나라의 지리·문화·역사를 문화상대주의 관점에서 가르쳐야 한다.	110 (33.8)	176 (54.2)	34 (10.5)	5 (1.5)	
우리 사회의 다양한 차별과 불평등 사례와 그 문제점을 중심으로 가르쳐야 한다.	52 (16.0)	115 (35.4)	144 (44.3)	14 (4.3)	325 (100)
별도의 다문화교육 내용보다는 우리나라 교육과정 내용을 그대로 가르쳐야 한다.	21 (6.5)	98 (30.2)	186 (57.2)	20 (6.2)	
우리나라 혹은 우리 학교의 다문화가정에 대하여 이해할 수 있도록 가르쳐야 한다.	104 (32.0)	214 (65.8)	6 (1.8)	1 (0.3)	
소수민족 집단의 음식, 의상, 그리고 문화적 전통에 관한 내용을 가르쳐야 한다.	42 (12.9)	211 (64.9)	69 (21.2)	3 (0.9)	
학생들이 다른 문화에 대해 가지고 있는 편견을 일깨워주는 내용을 가르쳐야 한다.	111 (34.2)	197 (60.6)	16 (4.9)	1 (0.3)	

교사의 88.0%가 긍정적 응답 반응을 보였고, 모든 민족의 학생이 공통적으로 배워야 할 필수 지식은 한국 민족의 문화와 역사라는 것에도 30.5%가 매우 그렇다고 응답하였고, 54.8%가 그렇다고 응답하여 교사의 85.3%가 긍정적으로 응답하였다.

그러나 소수민족 집단의 음식, 의상, 문화적 전통에 관한 내용을 가르쳐야 한다는 것에는 12.9%만이 매우 그렇다고 응답하였다. 박선웅 외(2010)의 연구에 의하면 연구학교의 다문화교육은 여러 나라의 생활 문화를 이해하도록 각 나라의 의식주 등 생활 모습, 언어, 종교 등의 차이를 강조하는 수준에서 실행되고 있다. 12.9%의 교사만이 다른 민족 집단의 의식주 차이를 중심으로 한 다문화교육 내용에 적극적으로 찬성하였다는 것은 현재의 다문화교육 내용에 대한 개선이 요구된다는 것을 의미하기도 한다.

우리 사회의 다양한 차별과 불평등 사례와 그 문제점을 중심으로 가르쳐야 한다는 것에도 16.0%만이 매우 그렇다고 응답하여 상대적으로 긍정적 응답 비율이 낮았다. 우리나라 교사의 다문화에 대한 인식은 우리 문화와 전통에 동화되도록 가르치는 동화주의 관점과 문화 다양성을 상대주의적 관점에서 가르쳐야 한다는 수준에서 머물러 있고, 사회와 세계 불평등의 구조에 대해 가르쳐야 한다는 인식으로 확장되지 못한 것을 알 수 있었다.

넷째, 다문화적 효능감을 조사한 결과 다문화가정 학생과 우리나라 학생들이 협력할 수 있도록 가르치고, 다문화가정 학생들이 자기 민족 문화에 자긍심을 갖도록 가르칠 수 있으며, 학생들이 문화적 다양성에 대처할 수 있는 능력을 가르칠 수 있다고 응답한 반면, 구체적인 실행 능력을 묻는 문항에 대해서는 상대적으로 낮은 효능감을 보였다. 교사들은 다문화가정 학생들이 우리나라 학생들과 서로 협력할 수 있도록 가르칠 수 있고, 학생들이 문화적 다양성에 대처할 수 있는 능력을 함양하도록 지도할 수 있으며, 다문화가정 학생들이 자기 민족 문화에 대해

〈표 2-6〉 다문화교육에 대한 교사의 효능감   (단위: 명, %)

문 항	매우 그렇다	그렇다	그렇지 않다	매우 그렇지 않다	합계
다문화가정 학생들이 자기 민족 문화에 대해 자긍심을 갖도록 가르칠 수 있다.	62 (19.1)	214 (65.8)	49 (15.1)	0 (0.0)	
다문화가정 학생들이 우리나라 학생들과 서로 협력할 수 있도록 가르칠 수 있다.	71 (21.8)	220 (67.7)	34 (10.5)	0 (0.0)	
학생들이 문화적 다양성에 대처할 수 있는 능력을 함양하도록 지도할 수 있다.	75 (23.1)	204 (62.8)	45 (13.8)	1 (0.3)	
다문화가정 학생들의 학교 부적응 문제를 유발하는 요인을 진단할 수 있다.	27 (8.3)	208 (64.0)	86 (26.5)	4 (1.2)	
다문화가정 학생들을 수업에 적극적으로 참여시킬 수 있다.	34 (10.5)	207 (63.7)	80 (24.6)	4 (1.2)	325 (100)
다문화가정에 대한 사회적 차별과 불평등의 사례와 그것을 해결한 사례를 3가지 이상 제시할 수 있다.	18 (5.5)	116 (35.7)	165 (50.8)	26 (8.0)	
다문화가정 학생들의 학교 부적응 문제를 해결한 적이 있다.	11 (3.4)	75 (23.1)	166 (51.1)	73 (22.5)	
학생들이 타 민족 집단에게 가지고 있는 편견을 일깨워 준 적이 있다.	31 (9.5)	158 (48.6)	109 (33.5)	27 (8.3)	
문화적 다양성으로 인해 발생하는 문제들을 수업에서 다루어 본 적이 있다.	30 (9.2)	150 (46.2)	123 (37.8)	22 (6.8)	

자긍심을 갖도록 가르칠 수 있다는 항목에서 높은 자기효능감을 보였다. 특히 다문화가정 학생들과 우리나라 학생들이 협력할 수 있도록 가르칠 수 있다고 한 교사는 약 90%에 달한다. 학생들이 문화적 다양성에 대처할 수 있는 능력을 갖도록 지도할 수 있다는 응답과 다문화가정 학생들이 자기 민족 문화에 대해 자긍심을 갖도록 가르칠 수 있다는 응답도 약 85%에 달하였다.

그런데 비판적 다문화 관점에서의 실천 능력을 묻는 문항에 대해서는 자기효능감이 상대적으로 낮았다. 먼저 약 40%의 교사만이 다문화가정에 대한 사회적 차별이나 불평등 사례, 그것을 해결한 사례 등을 3가지 이상 제시할 수 있다고 하였으며, 다문화가정 학생들의 학교 부적응 문제를 유발하는 요인을 진단할 수 있다고 하거나 다문화가정 학생들을 수업에 적극적으로 참여시킬 수 있다는 응답도 약 70% 수준이었다. 그리고 구체적인 행위나 경험 여부를 묻는 문항에 대해서는 긍정적 응답 비율이 매우 낮았다. 예를 들어 다문화가정 학생들의 학교 부적응 문제를 해결한 적이 있다는 응답은 약 25%에 불과하였다.

5. 나가며

국가 간 경계가 무너진 세계화시대에 다양한 사람들이 함께 공존하기 위한 다문화교육의 필요성은 그만큼 증대될 것이다. 다문화교육은 다층적 공간에서 살아가는 사람들의 복잡한 이야기를 풀어내야 하고, 세계와 지역이라는 프리즘을 통해 이들 지역 간의 역동성을 실감나게 담아낼 수 있다. 개인 혹은 집단을 동질화하고 표준화하는 세계화 시대에 사람들은 다문화교육을 통해 자아정체성과 문화정체성의 뿌리를 탐색하고 문화적 다양성을 풍부하게 인식하며, 편견과 세계에 대한 무지를 감소시키고 사회를 변화시킬 수 있는 능력을 기를 수 있다.

이러한 다문화교육의 실행 가능성은 교사의 다문화 역량에 달려 있다. 우리나라 교사들의 다문화 역량은 일반적으로 미나미 선생님처럼 다양성은 좋은 것이고 학생들에게 가르쳐야 할 중요한 것이라고 인식하고 있지만 여전히 주류집단과 소수집단, 일반 학생과 다문화 학생, 정상과 비정상 등 이분법에 갇힌 수준이다. 연구 결과 다문화지정 학교 교사 대부분은 다문화교육에 대해서 긍정적 태도를 보였으나 동화주의적 관점을 지향하고 있고, 다문화교육을 문화상대주의 관점에서 문화 다양성 교육으로 인식하고 있다고 할 수 있다. 반면 다문화교육에서 불평등에 비판, 불평등에 민감하게 반응하고 불평등이나 차별의 원인을 분석하고 해결하는 데 참여하는 책임감 있는 시민으로 성장하도록 교육시켜야 한다는 인식은 상대적으로 낮았다.

교사의 다문화 역량은 다문화교육에 대한 이해 수준이나 다문화교육에 대한 학습 경험, 다른 문화에 대한 체험, 다문화주의에 대한 공감 수준 등 다양한 변인의 영향을 받는다. 의식에 대한 깊은 성찰이 배제된 채 기획된 이벤트성 수업을 하는 토크니즘적 다문화교육을 극복하고 다문화교육의 비판적 관점이 교실에서 진정으로 실천되기 위해서는 교사양성기관의 교육과정, 중등학교 지리교육과정, 교과서 등 제도적 지원 체제의 변화가 뒷받침되어야 한다. 그러나 그러한 제도적 지원보다 우선적으로 교사들이 다문화적 민감성을 가지고 현실 공간에 복잡하게 얽혀 있는 퍼즐을 풀어가는 재미를 느껴야 할 것이다. 다문화 렌즈를 끼고 세계를 보니 제대로 보인다는 경험의 누적이야말로 교사의 다문화 역량을 기르는 지름길이고 교사의 다문화 역량이야말로 다문화교육이 실행될 수 있는 기반이다.

3장

**결혼이주여성
가정의 부부간
협력적 의사소통과
사회적 상호작용**

3

결혼이주여성 가정의
부부간 협력적 의사소통과
사회적 상호작용*

김금희 · 김영순 · 전예은 * 이 글은 2013년 『언어와 문화』 9권 2호에 게재된 김금희 · 김영순 · 전예은의 논문 「결혼이주여성 가정
의 부부간 협력적 의사소통에 나타난 사회적 상호작용」을 수정 보완한 것이다.

1. 국제결혼과 결혼이주여성

2000년대 들어오면서 한국은 다양한 민족과 문화가 공존하고 있는 다문화사
회로 진입하였다. 세계의 글로벌화와 함께 국가 간 인구이동이 활발하게 이루어
지고 있다. 이런 가운데 한국은 결혼이주여성의 비율 또한 증가하고 있는 추세다.
최근 여성가족부의 가정폭력 실태조사에 따르면 결혼이주여성 가정에서 발생하
는 폭력과 갈등은 일반 가정보다 더 높은 것으로 나타났다(여성가족부, 2010). 또
한 현재 결혼이주여성은 자신의 원 문화와 이주문화와의 상호접촉에서 비롯된 갈
등뿐만 아니라 언어를 비롯한 문화적 갈등 및 가정폭력 등 여러 문제들에 야기되
고 있는 실정이다. 뿐만 아니라 최금혜(2006), 이혜경(2005)은 결혼이주여성 가정
에서 문화적응과 부부갈등, 의사소통의 갈등과 같은 부정적인 측면만을 조명하고
있다는 한계를 보인다.

따라서 이번 장은 원만한 관계를 맺고 살아가는 결혼이주여성과 한국인 배우
자 부부에 대한 연구가 미흡하다는 점에 착안하여, 부부간 협력적 의사소통의 양
상에서 이들 간의 사회적 상호작용을 살펴보고자 한다. 이 장에서는 협력적 의사
소통을 반영 · 인정 · 공감을 토대로 이루어지는 언어적 · 비언어적 행위의 지속적
인 교환의 과정으로 이해할 것이다. 또한 협력적 의사소통은 부부간 행복과 만족
감을 향상시키고, 나아가 건강한 가족관계가 뒷받침될 때 비로소 지속가능한 다

문화사회가 실현될 수 있기 때문이다. 이는 결혼이주여성과 그들의 배우자가 이루는 사회적 상호작용을 유형별로 살펴본 것으로, 각각의 과정을 통해 협력적 의사소통을 이루는 데 필요한 결정요인을 도출하고, 이를 해소할 수 있도록 유용한 지침을 제공하고자 한다.

2. 협력적 의사소통과 상호작용의 유형

2.1. 협력적 의사소통 collaborative communication

현재 결혼이주여성 가정에서 부부간 갈등 및 스트레스로 인한 폭력으로 가정 해체가 빈번하게 일어나고 있다. 이러한 갈등을 유발시키는 결정적인 요인은 의사소통(홍미기, 2009; 이현우, 2010; 강유진, 1999; 지은진 외, 2012)의 연구에도 나타난다. 문화적 배경과 가치관의 차이는 부부의 원활한 의사소통에도 사회적 상호작용을 기반으로 이루어지고 있다. 이는 부부간의 상호작용과 가족구성원 간의 원활한 상호작용이 따라야만 비로소 원활한 의사소통을 이룰 수 있게 된다. Cooley(1909)에 따르면 의사소통이란 개인과 개인 간의 언어적·비언어적 행위를 포괄하는 총제적인 활동으로서, 인간의 관계를 유지·형성·발전시키는 메커니즘이라 할 수 있다. 그러나 결혼이주여성 부부의 경우 성장 배경이 다르기 때문에 원활한 의사소통이 이루어지기 위해서는 많은 노력이 필요하다. 이처럼 다문화 가정의 의사소통은 더욱 세심한 메커니즘을 필요로 하며, 이를 본 연구에서는 '협력적 의사소통'으로 개념화하였다.

협력적 의사소통(collaborative communication)이란 반영(mirroring)·인정(validation)·공감(empathizing)을 토대로 이루어지는 언어적·비언어적 행위의 지속적인 교환의 과정으로, 다문화 가정에서 부부 및 가족구성원 간 원만한 관계형성을 위한 핵심 개념이 될 수 있다. Brown & Reinhold(1999)에 따르면, '반영'은 마치 거울을 비추듯이 상대방이 말을 발현된 대로 상대방에게 비추는 것이다. '인정'은 상대방의 논리를 듣고, 그가 표현한 것에 판단을 하지 않고 인정하는 것이다. 마지막으로 '공감'은 의사소통의 깊은 단계로 배우자가 경험한 세계에 참여하고, 감정을 이해하며, 인정하려는 노력이다. 이러한 협력적 의사소통의 정의는 부부관계 향상을 도모하는 '이마고 부부대화법'에 근거를 둔다. 이마고 부부대화법은 상대방의 말을 적극적으로 듣고 부부의 마음을 나누고, 사랑으로 서로의 상처를 치유하고 성장할 수 있도록 이끄는 것이다. 이마고 부부대화법의 반영·인정·공감하기를 통해 배우자들로 하여금 상대방의 요구를 정확히 알고, 부부 공동의 목적달성을 위한 행동변화를 요구하고, 보다 원만한 관계를 형성할 수 있게 된다(Brown & Reinhold, 1999).

협력적 의사소통의 개념에서 가장 중요한 것은 지속적인 행위들이 일련의 과정으로 이루어진다는 것이다. 이러한 의사소통은 사회적 상호작용을 통해 이루어지기 때문에, 결혼이주 여성가정에서 나타나는 사회적 상호작용의 유형을 면밀히 살펴볼 필요가 있다. 그러나 기존의 다문화가정에 관한 선행에서는 의사소통과 사회적 상호작용을 분리된 개념으로 보고 단일 측면에서 이루어지고 있으며, 협력적 의사소통의 중요성과 필요성을 뒷받침해주고 있다. 기존의 내용을 살펴보면, 국제결혼 이주여성의 문화적응 스트레스와 우울과의 관계에서 정서적 의사소통의 매개효과와 부부간 비언어적 소통의 친밀감 강조, 다른 국적을 가진 타국민 간에 형성된 관계이기 때문에 상이한 문화적 차이에 기인한 생활습성이나 의사소통의 부재(지은진 외, 2012; 홍미기, 2009; 강유진, 1999) 등이 결혼생활의 가장 큰 문제인 것으로 나타났다. 위의 논의를 보면, 부부의 언어적·비언어적인 협력적 의사소통은 갈등을 최소화하여 다각적인 방면에서 협력적 의사소통의 양상에서 사회적 상호작용은 보다 다양한 측면인 언어적 측면의 말하기(표현하기), 듣기(이해와 공감하기), 문제 및 갈등해결 능력 그리고 정서적 지지 및 행동 등(지은진 외, 2012; 홍미기, 2009)과 같은 측면을 두루 고려해야 하는 것이다. 뿐만 아니라 사회적 상호작용을 파악하기 위해서는 부부를 비롯하여 가족구성원으로 확대하여 살펴보아야 할 것이다.

2.2. 사회적 상호작용의 유형

사회적 상호작용은 언어적·비언어적 영역을 포괄한 상호작용을 통해 서로의 행위를 규정하고 해석하며 이해를 도모하는 것이다. 상호작용은 타인의 문화를 배우는 것이 아니라 타인과의 만남에 있기 때문에, 그 관계를 중시한다고 할 수 있다. 서로 다른 문화 간의 상호작용은 보다 복잡한 면모를 띠기 때문에, 해석과 이해의 관점에서 다양하게 나타날 수 있다. 김영순 외(2012)에 따르면, 사회적 상호작용은 크게 네 가지 유형인 갈등 · 경쟁 · 교환 · 협력으로 분류된다. 갈등은 자신의 이해관계와 상이한 가치관으로 인해 서로에 대한 적대감을 갖게 되는 상호작용을 의미한다. 경쟁은 갈등과는 다르게, 둘 이상의 목표를 한 대상에게 한정하고 자신의 목표를 우선적으로 달성하려는 상호작용을 의미한다는 점에서 갈등과는 차이를 보인다. 교환은 상호이익을 위한 목적으로 이루어지는 행위이다. 또한 협력은 공동의 목표를 달성하기 위해 서로 도우며 노력하는 과정에서 양자 모두에게 긍정적인 효과를 가져올 때 상호작용을 일컫는다.

이 유형들은 인간이 관계를 통해서 유기적이면서 복합적으로 나타나게 된다(김영순 외, 2012: 64~65). 본 장에서 나타나는 협력적 의사소통을 갈등 · 경쟁 · 교환의 과정을 거쳐 궁극적으로 이상적인 상호작용인 협력의 단계로 발전하는 것이라고 할 수 있다. 이처럼 사회적 상호작용과 협력적 의사소통은 사회적 상호작용의 유형에 따라 정적 및 부적 관계로 나눌 수 있다. 부부의 협력적 의사소통을 지지하는 정적 관계의 상호작용 유형으로서, 이상적인 상호작용의 유형인 교환과 협력이 해당된다. 이와 반대로 부부간 협력적 의사소통을 저해하는 부적 관계의 상호작용 유형은 갈등과 경쟁이 이 범주에 속하게 된다. 사회적 상호작용과 협력적 의사소통의 관계를 파악하는 것은 다양한 양상으로 나타나는 다문화 가정의 부부와 그들 가족의 상태를 정확히 진단하여, 이들의 관계를 긍정적인 방향으로 이끌어 갈 해결책을 제시할 수 있기 때문이다. 앞서 고찰하였듯이, 최근의 다문화가정의 부부간 의사소통 대부분이 스트레스와 갈등을 다루고 있으나(김영순, 2010; 이미숙 · 김갑숙, 2008; 홍미기, 2009; 김우현, 2009), 상대적으로 사회적 상호작용에 의한 협력적인 의사소통이 부부갈등에 영향을 미치는지에 대해서는 매우 미흡한 실정이다. 따라서 본 장에서는 결혼이주여성 부부간의 관계에서 사회적 상호작용을 살펴보고, 부부간에 발생하는 갈등문제를 해결하기 위한 방안으로 협력적 의사소통의 역할을 조명하고자 한다.

3. 연구방법

이를 위해 결혼생활 5년부터 10년 이상 된 결혼이주여성 3쌍을 선정하였으며, 참여자의 특성은 다음 〈표 3-1〉과 같다.

〈표 3-1〉 참여자의 특성

번 호	남편 · 아내(국적)		남편 · 아내(나이)	결혼 기간	가족구성원
1	한국	일본	40, 41	15년	부부, 자녀1
2	한국	중국	43, 32	6년	시어머니, 부부, 자녀2
3	한국	베트남	41, 31	10년	부부, 자녀1

참여자를 대상으로 2012년 3월 28일부터 2012년 5월 9일까지 총 6회의 심층 인터뷰를 진행하였다. 본 연구의 질문지는 크게 협력적 의사소통의 장애가 되는 부부갈등 영역에서 참여자의 특성과 개인 영역, 공동생활 영역, 제3자 영역, 결혼만족도에 관한 내용으로 구성되었으며, 이는 다음 〈표 3-2〉와 같다.

〈표 3-2〉 질문지 구성 내용

	부부갈등 영역	결혼만족도
참여자의 특성	연령, 성별, 결혼 기간, 자녀 유무, 현재 가족구성원	• 결혼만족도
개인 영역	배우자 문화 이해도, 대화 시 문화 차이, 대화 시 배우자 행동	• 문제해결방식
공동생활 영역	갈등 요인, 갈등해결 방식	• 갈등해결 방식
제3자 영역	배우자의 가족 관계 갈등, 가족구성원의 개입의 정도	• 의사소통 방법

이 글에서는 인터뷰 전, 같은 양식의 질문을 별도로 제시하여 사전 결혼만족도 설문을 받았다. 구체적으로 보면 결혼만족도, 부부 스트레스 대처방법, 자아존중감, 부부의사소통, 부부갈등 대처방식 문항으로 사전 설문조사를 진행하였다. 설문조사지에는 개요, 즉 문제 제기에서 자료수집 과정, 분석과정 및 이론의 형성까지 전체를 간략히 기술하였다. 개방형 인터뷰 질문지는 조병은 외(1999), 김우현(2009)의 질문지를 바탕으로 재구성하였다.

자료 수집의 경우, 결혼이주여성들의 남편들의 참여도가 낮은 상태로 결혼이주여성을 먼저 인터뷰 후 남편들의 개인 사정을 고려하여 별도의 시간에 마련하였고 부부집단 심층인터뷰를 진행하였다. 참여자에게 목적과 함께 개인보호를 위해 사용할 것을 약속하고 참여관찰 일지를 작성하여 활용하였다. 다음 〈표 3-3〉은 인터뷰 개요이다.

〈표 3-3〉 인터뷰 개요

일 시	차 수	참여자	인터뷰 방식	소요 시간
2012.3.28	1	1, 2, 3	심층인터뷰	1:30
2012.4.04	2	1, 2, 3	심층인터뷰	1:30
2012.4.18	3	1, 2, 3	심층인터뷰	1:30
2012.4.23	4	1, 2, 3	심층인터뷰	1:30
2012.4.30	5	1, 2, 3	심층인터뷰	1:30
2012.5.09	6	1, 2, 3, 4, 5, 6	부부집단 인터뷰	2:10

인터뷰 내용은 결혼 이후의 사회적 상호작용을 중심으로 반구조화된 질문으로 진행하였다. 결혼이주여성과 배우자가 협력적 의사소통 관계를 형성하는 데 있어 사회적 상호작용 방식을 살펴보기 위해 구성원들과 활발한 상호작용(허지숙, 2010)을 바탕으로 부부의사소통 과정을 분석하고, 다음 〈표 3-4〉와 같이 상호작용유형별, 즉 갈등·경쟁·교환·협력으로 인터뷰 내용들을 범주화하고자 한다.

〈표 3-4〉 사회적 상호작용 분석 내용 개요

상호작용 유형	상호작용 내용
갈 등	문화적 차이를 인지 못함 자신의 문화 강요
경 쟁	비타협적인 태도 언어폭력과 타협 거절
교 환	의도적인 타협시도 타 문화 이해시작
협 력	문화적 차이 수용 한 가정 안에 공존하는 두 문화

〈표 3-4〉의 분석을 통해 얻어진 결과의 일관성을 유지하기 위해 가급적 이 장에서는 최초의 문제제기에서 자료수집 과정, 분석과정 및 이론의 형성까지 전체를 상세히 기술하기 위해 노력하였다.

4. 연구결과

본 장에서는 결혼이주여성의 부부간 협력적 의사소통을 위해 사회적 상호작용이 어떤 방식으로 이루어지고 있는지에 대한 결과를 제시할 것이다. 결과의 기술 방식은 〈표 3-4〉를 기초로 하여 의사소통 부재와 언어적 의미 해석에 따른 오해와 소통 과정에서 갖는 남편에 대한 역할 기대 및 문화 차이에서 오는 갈등 유형으로부터 경쟁, 교환, 협력 유형 순으로 기술할 것이다.

4.1. 의사소통 부재에 따른 갈등

의사소통의 부재에 따른 갈등 유형은 정서적인 측면으로서 언어적·비언어적 의사소통으로 나눌 수 있다. 인터뷰 결과 결혼이주여성은 언어적 의미를 전달하고 공유하는 데 가장 큰 어려움을 겪고 있었다. 이에 대한 내용은 다음과 같다.

> "남편의 출근 시간에 따라 나서 사촌언니 집에 가서 자는데 왜 아무 얘기도 없이 나갔다고 저 보고 막 욕하는 거예요. 빨리 와서 어머니한테 잘못했다고 말하라고. 그래서 너무 저는 억울하고 속상했어요."(참여자 2)

> "제 짐을 제가 들을 수 있을 만한 무게이고 크기라서 그걸 제가 혼자 하려고 했어요. 근데 남편이 도와주겠다고 하는데 '아니, 괜찮아. 나 할 수 있어'라고 했더니 남편이 남자를 무시하냐며 감정이 상했나 봐요."(참여자 1)

> "형님이 저희 집에 찾아와서 커피 없나? 그때는 뜻이 몰랐어요. 그냥 커피를 달라고 하지 왜 커피 없냐고."(참여자 3)

앞에서 살펴본 바와 같이 결혼이주여성 참여자 1, 2, 3은 언어적 의미를 이해하지 못한 채 가족구성원 간의 소통에 따른 오해를 받고 있는 것으로 나타났다. 소통 시 전달하고자 하는 표현의 의미가 상대에게 잘못 도달하였을 때 상대에게 오해를 받을 수 있다. 특히 결혼 초기에 결혼이주여성들은 가족구성원 간의 적응은 언어적·비언어적인 행동은 문화적·상황적 맥락에 따라 어렵게 이루어진다는 것을 알 수 있다.

결혼은 두 사람이 만나서 한 가정을 이루는 것이다. 따라서 한 가정에서 부부는 개체지만 갈등을 수습하고 협력적 관계로 나아가기 위해 서로 노력해야 한다. 그러나 한국의 결혼문화에서 부부갈등은 결혼 당사자만의 문제가 아니라 가족과의 관계 안에서도 발생하게 된다. 다음은 참여자 1, 2, 3이 겪는 남편과의 갈등을 나타낸 것이다.

"제가 남편한테 시댁일이 좀 힘들다는 걸 이야기했었어요. 그랬더니 그 이야기를 누나한테 하는 거예요. 내가 당신을 믿고 말한 건데 (중략) 당신한테 말 안 하면 누구한테 말할 수 있는 사람이 없잖아요. 하면서 막 울면서 얘기했어요."(참여자 1)

"시어머니가 오해하신 것을 말해줘야 하는데 '칠순이 넘은 어머니를 고치냐'며 '니가 이해해' 하는 거예요. 나는 남편이 이해해줬으면 좋겠는데 무조건 잘못했다고 하래요."(참여자 2)

"한국에 살다 보니까 아 한국 문화이구나. 그런 생각이 들어서 뭐 어쩔 수 없어서 (중략) 제 몸이 힘들어요. 입덧이 되게 심했어요."(참여자 3)

남편에게 의지하고 행동했던 일에 관해 참여자 1의 중간 매개자로서의 역할을 하지 못하는 남편의 모습과, 참여자 2의 자신에게 한국의 정서인 문화를 강요하는 남편의 태도로 인해 갈등을 겪고 있었다. 또한 참여자 3의 경우 가사분담에서 벗어난 남편의 행동을 이해하지 못하고 있음에도 불구하고 한국의 정서로 규정하는 모습을 발견할 수 있었다. 서로의 잘못된 태도를 인정하고 시정해 나가기 위해서는 지속적인 상호작용이 필요하나 부부간 협력적 의사소통의 부재로 인해 참여자들은 부부간 신뢰성을 확보하지 못한 채 비슷한 문제에 관한 갈등을 반복적으로 겪고 있었다.

"옆에서 좀 신경에 거슬리는 말을 할 때 집사람이 화가 나서 처음에는 이야기하자고 하다가 제가 이야기하면 목소리 커지고 싸우게 되니까 이야기를 안 하려고 그래요."(참여자 5)

"형님이 울고 있는 상태에서 저 때문에 둘이 싸웠다고 했어요. 우리 남편은 제 편 안 들어줘요. 너무 속상해요. 오히려 시숙님이 제 편 들어주셨거든요."(참여자 3)

"남편은 제 편이 되어주지 않아요. 너무 화가 난 나는 임신한 몸으로 남편하고 겨울에 산에 올라가 시어머니 일로 거의 한 두세 시간 벌벌 떨면서 싸웠어요."(참여자 2)

결혼이주여성은 매개자로서 남편의 정당한 역할을 기대하지만 대수롭게 생각하지 않는 남편의 태도와 가족구성원으로 부터 오해로 인해 당황스러워한다. 이에 적절히 대응할 수 있는 방법을 알 수 없기에 배려받지 못하는 느낌으로 갈등의 폭은 심화되어 부부 갈등을 야기한다. 결혼이주여성은 언어소통으로 인한 오해를 남편이 자신을 위해 대응해 주길 바란다. 그러나 한국의 가부장적이고 예의를 중시하는 유교적 풍습에 따라 자식이기에 잘못이 없음에도 잘못했다고 해야 한다는 사실에 남편에 대한 서운함은 증폭된다. 그러나 이러한 결혼이주여성들의 남편의 모습과는 달리 참여자 5는 남편과 아들의 역할 속에서 매개자 역할을 위해 노력을 하고 있는 것으로 나타났다.

"저는 여동생과 사이가 안 좋아져도 집사람 편을 들어줘요. 그리고 어머니하고도 만약에 그러면 집사람 편을 들어주고 그냥 저 같은 경우에는 술 한잔 먹으면서 얘기를 많이 하죠."(참여자 5)

뿐만 아니라 한국의 정서에 대한 이해와 음식 문화에 대한 견해 차이에서 비롯된 갈등 유형도 발견할 수 있다.

"새벽에 그때쯤 갑자기 불을 켜가지고 김치를 시작하시는 거예요. 그래서 그런 갈등들이 많이 있었죠."(참여자 1)

"결혼과 동시에 남편이 새벽까지 술을 마시고 1차, 2차, 3차 하다 보면 새벽에 들어오고 그걸 잘 몰랐거든요. 그때 너무너무 스트레스를 많이 받았어요."(참여자 2)

참여자 1인, 시어머니의 행동은 한국의 정서에 대한 이해와 음식 문화에 대한 견해 차이에서 비롯된다고 할 수 있다. 또한 참여자 2는 남편의 행동을 한국의 문화라 인식하였다. 남편의 미숙한 표현 방식으로 인하여 결혼이주여성은 민감하게 반응하고 있었으며, 배우자의 소통뿐만 아니라 가족구성원 간의 갈등 역시 부부에게 부정적인 영향을 미치는 것으로 나타났다.

다음은 결혼이주여성의 배우자인 인터뷰에서 남편과 여성인 아내의 입장에서 소통에 따른 어려움을 호소한 내용이다.

"남편은 시누이한테 무조건 잘해야 되는지 난 이해가 안 가요. 결혼했으면 내가 좋아야지 왜 누나가 더 좋아해야 되냐고."(참여자 2)

"이거는 문화인지 모르겠지만 어쨌든 한국 분들이 가정을 중요시하는 것 같아요."
(참여자 1)

"외국 사람이라고 머리부터 발끝까지 쳐다보는 거예요. 기분 나쁘다고 말하고 싶어도 말 안 통해서 그냥 있었어요. 남편은 아무 말도 안 하고 너무 속상했어요."(참여자 3)

앞의 인터뷰 내용과 같이 결혼이주여성은 자신이 보호받고 이해받기를 원하지만 결혼이주여성이 본 남편은 자신의 원가족을 더 중시하여 그 모습을 이해하지 못하고 있었다. 이처럼 사랑과 관심이 자신에게 집중되기를 바라는 결혼이주여성과 달리 결혼 이후에도 배우자는 원가족에 더 가치를 두고 있었다. 다음은 참여자 4, 5, 6의 갈등에 관한 내용이다.

"고부간의 문제는 한국말이 좀 서툴렀어요. 아내가 임신해서 몸도 힘들고 스트레스도 받는 부분은 이해하는데 해결방법이 없더라고요. 그래서 시간이 약이거니 하고 있어요."(참여자 4)

"한국에서는 아랫사람이 윗사람에게 덤빈다는 것은 안 되는 거죠. 그게 완전히 며느리의 생각대로 바뀌지 않는다는 거죠. 평생을 사신 분인데 어떻게 바꾸라고 하는지 이해가 안 돼요."(참여자 5)

"한국에서는 형님이 아우한테 사과하는 법은 거의 없거든요. 과거 얘기를 자꾸 해요. 좀 들어줬으면 좋겠어요. 가족이란 한국사회에서 중요하죠."(참여자 6)

한국 문화의 정서는 아랫사람이 윗사람에게 잘못을 요구한다는 자체가 허용되기 어렵기 때문에, 결혼이주여성과 배우자인 남편은 원가족의 갈등을 최소화하지 못하고 갈등을 겪고 있다. 특히 아내와 원가족 구성원과의 소통의 흐름이 원활하지 못할 때 결혼이주여성인 아내와 가족구성원 간의 이중적인 갈등을 겪는 것으로 나타났다.

결혼이주여성은 한국의 가부장적인 남편이 자신의 문화를 강요하는 과정에서 갈등을 겪고 있다. 가족구성원과의 문화차이에 따른 갈등에 대한 어려움은 결혼

이주여성의 눈에 비친 한국적 정서를 이해하는 데 한계를 나타내는 것이다. 특히 원가족과의 미숙한 언어로 인한 불편함과 두려움은 부부인 남편이 가족구성원과의 매개자 역할을 기대하지만 이에 부응하지 못할 때 결혼이주여성은 실망하게 된다.

이와 같은 갈등 유형의 사례는 비단 결혼이주여성 가정의 부부간 갈등이 생활이나 문화 차이 등의 가족 및 친지의 관계에서도 발생된다는 것을 시사한다. 따라서 부부간 협력적 의사소통을 위해 부부가 서로 갈등의 원인을 분석하고 반영, 인정, 공감 행위가 가능하도록 노력해야 한다.

4.2. 비타협적인 태도, 경쟁 구도

결혼이주여성과 배우자의 협력적 의사소통은 결혼 초기부터 간헐적으로 발생하는 갈등으로 인해 장애를 겪게 된다. 갈등이 심화될수록 부부는 점차 자신의 문화를 유지하려는 경향으로 치닫게 되어 배우자와 감정대립 관계를 갖게 되는 참여자 1, 2, 3의 인터뷰 내용에서 알 수 있듯이 상호작용에서 경쟁 유형을 보이는 것으로 나타났다.

"남편이 자기 집 얘기만 옳다고 하면 저는 오히려 더 감정적으로 나가요. 보란 듯이 더 안 하죠."(참여자 1)

"나는 남편이 이해해줬으면 좋겠는데 남편이 계속 이렇게 한 건 내가 잘못했다고 그러니깐 너무 화가 났어요."(참여자 2)

"한국문화와 베트남문화는 완전히 달라요. 베트남에서는 아프면 안 가도 되는데 꼭 가야 돼요. 저는 너무 힘이 들어서 약을 먹고 자살을 하려고 했어요."(참여자 3)

결혼이주여성은 자신의 감정과 의견이 무시되거나 남편에게서 소외되었음을 느낄 때 감정적 충돌을 일으킨다. 특히 참여자 3의 갈등 충돌은 극단적인 자살을 시도하여 자신의 관점을 유지하고자 하였는데, 이는 사회적 상호작용의 하나인 경쟁의 단계로 비타협적이고 강경한 입장을 취하는 형태로 볼 수 있다. 다음은 배우자인 남편과 경쟁 과정의 내용이다.

"의견 충돌을 피하면서 지내고 있습니다. 그냥 제가 말을 안 해버리거나 피하고 그

랬어요. 집사람이 그러든지 말든지 그러다 보면 서로 말을 안 하게 되는 것 같아요."(참여자 4)

"너무 추워서 나무 뒤에 숨어 들은 척하지 않고 있었어요. (중략) 집요하게 덤벼요. 갈 때까지 가자는 듯이 너는 떠들어라 하고 그냥 귀를 닫아버려요."(참여자 5)

"형님은 어른이고 하니까 당신이 이런 건 해야 한다는 건 타협하기가 어려운 일이에요. 점점 더 악화된다고나 해야 할까."(참여자 6)

참여자 4, 5, 6의 경쟁 단계는 우선 갈등을 회피하려는 양상을 보였다. 한국의 가부장적이고 가족중심적인 문화적 성향을 경험한 결혼이주여성들이 일차적인 소통 회피라는 방법을 택하여 대화를 거부하고 있었다.

이와 같은 현상은 결혼 당사자들의 비타협적인 태도와, 경쟁을 하는 소통의 구조는 건강한 대화에 부정적인 영향을 미친다. 이는 자신의 문화와 배우자의 문화에서 오는 충돌을 해결하려는 의도 없이 수직적인 관계를 이끌어가는 경향으로 이어진다.

위와 같은 부부간의 소통에서 상호경쟁이 협력적 의사소통의 첫 단계인 점진적인 타협 행위로 이해하였다. 타협은 사회적 상호작용 유형으로 보아서는 교환의 과정이다.

4.3. 교환, 타협 시도와 타 문화 이해하기

다음은 배우자들의 상호 정서적 공감을 통해 조금씩 자신의 문화와 배우자의 문화를 의도적으로 수용하고 타협하려는 참여자의 인터뷰 내용이다.

"제가 왜 화가 났는지 제가 실언하고, 남편이 너 때문에 그렇게 얘기하고 결국은 남편이 내가 잘못했어도 남편이 내 말을 끝까지 잘 들어줬으면 좋겠어요."(참여자 2)

"집사람의 적극적인 태도가 예전에는 집요하다고 느껴졌는데 끝이 없었어요. 그래서 좋게 생각하자 하고 마음을 먹었지요."(참여자 5)

참여자 5는 중국 출신 여성을 아내로 맞이한 한국 남성이다. 참여자 2는 자신의 문화와 감정에 호소하는 경향이 강하게 나타났다. 갈등과 경쟁 그리고 상호적인 소통을 위한 대화 방법을 시도함으로써 조금씩 상대방인 배우자를 이해하기 시작했다. 서로의 장점을 부각시키고 단점을 보완하려는 노력을 통해 단절되었던 감정 교류를 긍정적으로 변화시키고 상호협력적인 대화를 시도하려는 모습을 엿볼 수 있었다.

> "가사 분담을 하지 않기에 조금씩 대화를 하려고 해요. 그리고 말은 잘 안 나오지 만 칭찬을 하려고 해요 (중략) 그러다 보면 미운 것보다 조금씩 이해를 하게 되겠지 요."(참여자 1)

> "시간을 못 내주는 게 어려워요. 미안하죠. 집사람은 항상 밝은 성격의 소유자고 이런 기회를 집사람이 가끔 이런 기회를 갖다 보니 여러 모로 생활의 활력소라고 해야 하나요. 먼저 가까이 가서 이야기하고 인간관계가 되게 좋아요."(참여자 4)

참여자 4는 일본 출신 여성을 아내로 맞이한 한국 남성이다. 아내인 결혼이주 여성은 적극적인 대화를 시도한다. 그러나 갈등관계 상황에서 문제를 해결하고자 할 때 남편의 미온적인 태도에 결혼이주여성은 소통의 어려움을 호소했지만 지속 적인 소통을 통해 대화의 채널을 만들어 가고 있었다.

> "한국 문화이구나 하고 조금씩 길들여지는 것 같아요. 그래도 잊히지 않는 것은 죽 으려고 약을 먹었을 때 겁먹고 달려온 남편을 보면 저도 조금씩 이해를 해야 될 것 같아요."(참여자 3)

> "개인성향에 대해 상담을 받고 그런 부분들을 조금씩 듣다 보니 지금 그거를 배우 고 조금 적용을 하니까 서로 좀 더 알 수 있는 그런 상황이 됐고요."(참여자 6)

앞에서 살펴보듯이 참여자 6은 베트남 여성을 아내로 맞이한 한국인 남성이다. 즉, 한-베트남 결혼 가정 부부이다. 이 부부의 경우 소통의 부재보다는 언어적 의 미해석으로 인해 남편의 원가족 구성원과의 갈등 구조는 원가족의 협조와 이해가 부족했다. 이처럼 매우 미온적이고 소극적인 남편의 태도는 문제해결에 있어 매 개자의 역할을 충분히 하지 못하는 것으로 보였다. 가족구성원 간 갈등은 결혼이 주여성으로 하여금 극단적인 행동을 유발시키기 때문에, 이러한 갈등 구조를 해 결하기 위해 특히 남편의 세심한 배려와 관심이 요구된다.

> "서로가 말을 하지 않고 있으면 상처받기도 하고 오해도 하기 하고 그런 문제가 생 기는구나 하는 걸 남편도 느끼거든요."(참여자 1)

"늘 오해받은 느낌인데 (중략) 저는 살아가면서 조금씩 변화해 나간다고 생각하거든요. 정서적으로 잘 안 된다는 것을 이제 조금 이해하게 되었어요."(참여자 3)

"제가 화를 내는 걸 이해 못할 때도 있으니까 바뀌어야겠다, 표현을 해야겠다 생각해요. 부모, 성격, 문화, 심지어는 국가도 다른 상황에서 그 얼마나 힘들겠어요. 이제는 함께 얘기를 하려고 노력하고 있어요."(참여자 4)

앞에서 살펴본 바와 같이 결혼이주여성과 배우자의 소통에서 볼 수 있듯, 초기에는 의사소통과 언어적 의미 그리고 문화적 차이에서 갈등이 시작된다. 이러한 갈등은 상호문화를 이해하기 위한 경쟁적인 과정에서 한 치의 양보를 허락하지 않는 데서 비롯되며, 결과적으로 정서의 혼란 및 상호간의 의사소통을 단절시키는 부정적인 영향으로 이어진다. 따라서 협력과 소통으로 배우자의 문화를 이해하는 것이 매우 중요하다고 할 수 있다. 서로간의 원활한 소통은 아내의 모국의 문화와 배우자인 남편의 문화 차이에서 오는 갈등과 경쟁의 단계에서 서로의 배경을 이해하는 성숙한 단계까지 이르도록 돕는다.

"저도 저만 고집을 내세웠어요. 남편과 말을 하다 보니 남편의 중간 입장을 이해하려고 하지 않았던 것 같아요. 조금씩 이해하면서 시집식구도 이해하려고 노력하고 있어요."(참여자 2)

"시집 문제만큼은 계속 자기주장을 내세운다는 거죠. 그런 문제에서도 제가 이해할 수 있는 부분들은 집사람을 이해하고 아내의 불만을 알고부터는 조금씩 이해하는 편이에요. 그런데 솔직히 다문화 부부는 정말 대화를 많이 해야 한다고 생각해요."(참여자 5)

"대화를 하다 보면 솔직히 힘들잖아요. 자존심도 좀 상하고 단지 마음에 하나 가지고 있는 게 뭐냐면 될 수 있으면 내가 이해하고 가자."(참여자 6)

협력적 의사소통을 이루기 위해서는 자신의 감정 표현과 긍정적인 소통으로 자신의 주장을 내세우기보다는 상대방을 이해해야 한다. 참여자의 인터뷰 내용에서 알 수 있듯이 부부간 상호 협력적이고 원활한 대화방법을 구사하고 표현하는 데 서툰 모습을 보였다. 그렇지만 결혼이주여성과 이들의 배우자들은 갈등과 경쟁 상황을 열린 마음으로 이해하려고 노력하였다. 이를 통해 협력적 의사소통은 갈등을 회피하기보다는 갈등의 원인을 서로 파악하고 경쟁의 관계를 극복함으로써 실현될 수 있음을 알 수 있었다.

4.4. 협력, 공존하는 두 문화

본 장에서는 사회적 상호작용의 협력을 통하여 상호적 소통으로 발전되는 과정을 살펴보고자 하였다. 다음의 인터뷰를 통해 우리는 참여자, 즉 결혼이주 여성과 한국인 남성이 가정을 이루고 있는 두 부부간의 상호 갈등과 경쟁 그리고 교환의 과정을 통해 문화 차이의 인정과 상호간 대화를 시도하는 협력적 소통 단계로 확장되는 모습을 발견할 수 있었다.

"저희 가족들 간에는 그런 게 없는데 처음에 한국에 왔을 때 시어머니하고 같이 살다 보니까 시어머니가 잘해준다고 해도 있잖아요. 남편도 객관적으로 볼 수 있게 되고 맞춰 가는 것 같아요."(참여자 1)

"그때 저도 임신했었고 이 새벽에 그때 어머님이 절이는 시간을 아침까지 기다리지 못하시고 다시 하셨구나라는 걸 이해가 됐어요."(참여자 1)

"왜 자꾸 버리라고 하냐고. 이번에 얘기할 때는 그래도 상대방 입장을 생각하면서 얘기하다 보니까 조금씩 대화가 되는 것 같아요."(참여자 2)

"저는 제 입장만 생각했어요. 베트남으로 돌아갈 수도 없고 그래서 이렇게 사느니 차라리 죽자 하는 생각에 자살을 시도했는데 나중에 들은 얘기인데 남편이 파랗게 질려서 회사에서 달려왔대요."(참여자 3)

"저도 집사람의 일본에 대해 조금 알게 되고 집사람이 힘들어한다는 것을 알면서 이해하게 되었어요. 그래도 잘 참고 지내준 아내가 고맙고 집사람은 그게 참 좋아요."(참여자 4)

"집사람이 저한테 불만 있겠죠. 하지만 조금씩 이해가 돼서 서로 이해해주면서. 집사람이 바라는 게 뭐냐면 나이가 많으니깐 이해를 많이 해달라는 거예요."(참여자 5)

"성향에 대해 상담을 받고 전혀 그런 쪽으로 생각을 못했는데 서로 조금 더 이해할

수 있게 되었고 나도 서운한 부분을 차근차근 말해주고 또 들어주고 있습니다. 앞
으로 가면서 좋아지지 않을까요."(참여자 6)

참여자 1, 2, 3, 4, 5의 인터뷰에서 알 수 있는 것은 상호간 서로의 문화를 이해
하려고 노력하고, 가정 안에서 두 문화의 공존 가능성을 보여주고 있다. 상호문화
이해 및 원활한 사회적 상호작용은 곧 부부의 갈등을 긍정적인 방향으로 이끌어
내는 힘이다. 부부가 서로간의 상이한 문화를 진심으로 이해하고 표현할 때 한 가
정 안에 다양한 문화가 공존할 수 있는 환경이 구축될 수 있을 것이다. 이를 위해
서로의 성향을 알아가고 감정을 자유롭게 표현할 수 있는 부부간 협력적 의사소
통을 위한 프로그램이 필요하다.

5. 결 론

본 연구는 결혼이주여성의 부부간 협력적인 의사소통을 이루기 위한 사회적
상호작용 유형들은 어떤 방식으로 협력적 의사소통에 기여하는지를 살펴보는 것
이었다. 협력적 의사소통 양상에서 일반적으로 나타나는 사회적 상호작용의 네
가지 유형을 중심으로 참여자의 인터뷰 내용을 분석하였다. 그 결과, 가족구성원
들과의 갈등 및 결혼이주여성 부부관계의 협력적 의사소통의 장애가 되는 요인으
로 소통 부재, 대화 부족, 언어적 의미해석에 따른 오해, 소통에 대한 남편 역할의
기대, 자신의 문화 강요에 따른 갈등을 도출해 낼 수 있었다. 결혼이주여성들은
남편과의 소통 시 서툰 언어로 자신의 의사를 밝히는 데 어려움을 느끼고 있었으
며, 부부 중심의 소통이 아닌 원가족 중심의 소통 구조는 암묵적인 합의에 도달한
관념의 차이가 부부간 갈등을 유발하는 것으로 나타났다.

결혼생활에서 소통 문제는 배우자의 문화를 이해보다는 동화를 강요하였다. 때
문에 결혼이주여성은 공감을 이룰 수 없을뿐더러 이해와 인정을 받지 못한 채 부
부간 감정대립의 경쟁 구도에 놓이게 되는 것이다. 결혼은 두 가정의 만남은 부부
간의 관계에서 배우자에 대한 신뢰는 중요한 요인으로 작용한다.

다음으로 결혼이주여성의 경쟁의 양상은 부부간 상호문화를 바탕으로 이루어
진 결과이다. 결혼생활에서 부부는 가족 공동체에서 문화를 강요하려는 태도와

자신의 문화를 지키려는 경쟁구도 속에서, 결혼이주여성은 배우자와는 달리 많은 스트레스를 받고 있었다. 원가족 구성원은 결혼이주여성에게 혐오감을 줄 수 있는 차별적 행동이 부부간의 갈등을 야기하고 있었다. 그러나 부부간 상대의 문화를 인정하고, 공감하며, 이해하는 과정을 통해 부부간의 협력적인 의사소통이 이루어지고 있는 것을 발견할 수 있었다.

마지막으로, 결혼과 함께 자녀를 출산하고 양육하는 과정 속에서 결혼이주여성과 배우자는 의도적인 타 문화 이해 및 타협 시도가 있어 왔다. 이는 서로의 합의에 도달하려는 의지와 함께 상호작용의 교환과정으로 볼 수 있다. 과정에서 도출된 협력적인 의사소통과 표현방법은 공감 능력을 향상시키고, 상호문화 이해를 바탕으로 갈등을 해결해 나가고자 하는 지속적인 시도가 요구된다.

결론적으로, 본 장에서 도출된 협력적 의사소통의 장애 요소들을 해소하기 위해서는, 향후 출신국가의 문화적 배경을 인식한 부부간 협력적 의사소통이 지속적으로 이루어져야 할 것이다. 아울러 부부가 긍정적인 대화 및 자신의 감정을 지속적으로 표현을 함으로써 갈등을 해결해 나가려는 의지도 중요하다고 본다. 향후 다문화 가정을 위한 소통 프로그램은 협력적 의사소통을 저해하고 지지하는 본 장에서 도출된 부부의 상호작용 유형을 파악한다면, 다문화 가정 부부와 가족의 상태에 따라 맞춤형 상담 및 프로그램을 지원할 수 있을 것이라 본다.

4장

외국인
대학원생을 지도하는
한국인 교수자의
다문화 감수성

4

외국인 대학원생을 지도하는
한국인 교수자의
다문화 감수성*

김영순 · 김금희 · 전예은 * 이 장은 연구자들이 2013년 강원대학교 인문과학연구소 『인문과학연구』에 게재되었던 논문을 수정 보완한 것이다.

1. 다문화 감수성의 필요성

행정안전부에 따르면 2012년을 기준으로 국내에 거주하는 외국인은 140만 명을 넘는 것으로 나타났다. 이는 한국이 더 이상 단일민족이 아닌 다문화국가로 진입했음을 시사한다. 이처럼 타 문화와 접촉의 기회가 증가함에 따라 다문화 이해는 현 시대를 살아가는 사회구성원으로서의 필수 역량으로 요구되고 있다.

유네스코 아시아(2009)에 의하면 다문화 이해는 다문화 감수성과 원활한 문화 간 의사소통을 토대로 이루어진다. 즉, 다문화 감수성을 습득한다는 것은 타 문화에 대한 개방성 및 이해의 폭이 넓어진다는 것을 의미하며, 서로 상이한 문화를 가진 개인 간의 효율적인 의사소통을 통해 문화적응이 더욱 원활해질 수 있다. 이처럼 다문화 감수성의 개념은 다문화적 이해의 밑거름으로, 이주사회 구성원이 문화적응을 하는 데 올바른 방향성을 제시해주는 틀이 될 수 있다.

이주자에 대한 분류는 크게 세 가지로 이야기할 수 있는데, 외국인 노동자, 결혼이주여성, 외국인 유학생 등이 대표적인 이주민들이다. 특히 외국인 유학생에 대한 연구의 필요성은 여러 측면에서 지속적으로 제기되어야 할 부분이다. 현재 정부의 지원 및 각 대학의 지속적인 노력으로 국내 대학의 외국인 유학생 수는 8만 명을 넘어섰고, 앞으로도 계속 증가할 것으로 예상된다.

그러나 유학생 유치를 위한 정부와 각 대학들의 적극적인 행보에도 불구하고 유학생이 문화적응 과정에서 겪는 사회적 · 심리적 어려움에 대한 논의는 매우 미흡한 실정이다. 또한 유학생의 문화적응에 관한 선행(김대현 외, 2007; 박은경, 2012; 이선희, 2012; 이수범 · 김동우, 2009; 임수진 · 한규석, 2009; 이채식, 2012; 임지혜 · 최정화, 2009)은 외국인 유학생이라는 개인과 소수집단의 적응에만 중점을 두었다는 한계를 보인다. 따라서 본 장에서는 문화적응의 문제가 이주민으로서 외국인 유학생의 문제일 뿐만 아니라 이주사회의 구성원으로서 한국인에게도 적용될 수 있다는 관점에서 교수자라는 요인을 집중적으로 살펴보고자 한다. 상호작용을 통한 문화적응은 학습 환경으로서 학생뿐만 아니라 교수자에게도 적용될 수 있는 개념이다.

기존에서 유학생들의 문화적응에 대한 교수자의 역할(김선남, 2007; 주휘정, 2010), 학생이 교수자의 태도를 긍정적으로 지각할수록 학교생활에 긍정적인 적응(박회자, 2003; 권영복, 2002)과 교수자에 대한 신뢰가 학교생활 적응에 높은 정적상관을 발견(김정화 · 김언주, 2006)을 비추어 볼 때, 교수자는 유학생의 대학생활 적응에 있어 주요 요인이라 할 수 있다. 다문화 감수성은 다른 문화의 사람들을 존중하고 수용하려는 태도 · 신념 · 행동으로서(Larke, 1990), 특히 유학생들을 지도하는 교수자에게 필수적인 역량으로 간주된다(김정덕 · 모경환, 2011; 정혜욱, 2012). 이에 본 장에서는 외국인 유학생의 개인적인 적응 경험과 다문화 감수성 발달단계를 중심으로, 교수자의 경험과 그들의 다문화 감수성 함양과정에 초점을 맞추어 연구를 진행하고자 한다.

이를 위해 외국인 유학생을 지도하고 있는 교수자를 대상으로, 다문화 감수성 발달에 영향을 주는 타 문화 접촉경험에는 어떤 것이 있으며, 다문화 감수성 함양 과정에 어떤 영향을 미치는지를 중점적으로 살펴보았다. 김옥순(2008)은 해외 체류경험의 유, 무에 따라 타 문화권 개인과의 상호작용에 적극 참여하는 성향은 물론 상호작용에 대한 높은 자신감을 보인다고 밝혔다. 또한 Smith et al.(1997)은 예비교사의 다양성에 대한 태도에 영향을 미치는 요인 중 다양한 문화적 배경에 대한 노출 경험과 교육 경험을 언급하였다. 이는 결과적으로 유학 경험과 같은 타 문화의 접촉 경험이 문화 간 감수성에 유의미한 영향을 미칠 것이라 예측할 수 있다. 따라서 교수자의 유학 경험 여부, 더불어 유학생 지도 경험을 통해 교수자가 다문화 감수성을 어떻게 확보해 나가는지를 살펴보고, 대학 현장에서 유학생과 교수자의 문화 간 의사소통 실태를 파악하고자 한다.

해외에서 유학한 경험이 있는 교수자의 적응경험에 초점을 맞춘 전예은·김금희 외(2012)는 외국인 유학생을 지도하는 교수자의 적응 경험을 제시하여 문화적응의 영역에 보다 새로운 관점을 제시하고 있으나, 이는 해외 유학 경험이 있는 한국인 교수자의 경험에만 초점을 두었다는 한계를 보였다. 따라서 결과를 통해 대학교육의 현장에서 다문화시대에 걸맞은 교육적 지침 및 제도 개선을 제안하여 교수자와 외국인 유학생 상호간 문화이해가 이루어질 수 있도록 확장하는 데 그 의미를 두고 있다.

2. 다문화 감수성의 개념

문화 간 의사소통 능력에 대한 다문화 감수성에 관한 논의는 꾸준히 제기되어 왔다. Chen(1997)에 의하면 개인이 지닌 문화 간 역량은 문화 간 의사소통의 능력이라고 볼 수 있는데 문화 간 의사소통 능력이란 '문화 간 인지능력(intercultural awareness)', '문화 간 감수성(intercultural sensitivity)', '문화 간 기민성(intercultural adroitness)'의 세 요소로 구성된 개인의 능력이다. 문화 간 감수성이 증진되면 개인은 자신의 문화와 타인의 문화의 차이를 구별할 수 있으며, 차이를 인정하여 타인의 문화를 존중하는 태도로 주어진 환경에 가장 적절한 행동을 판단할 수 있게 되고, 개인의 문화 간 역량 또한 향상될 수 있다.

감수성의 사전적 의미는 '외부 세계의 자극을 받아들이고 느끼는 성질'이다. 따라서 다문화 감수성이란 다양한 문화적 환경 속에서 개인이 적절하게 행동하기 위해 문화적 차이를 인식하는 민감성이다(Chen, 1994; Bhawuk & Brislin, 1992). 다문화 감수성은 문화지식을 습득하는 것만으로는 얻을 수 없는 능력으로 타 문화와 그 문화의 사람들에 대한 유연하고 개방적인 태도를 의미한다. 다시 말하면 이러한 개방적인 태도는 책을 읽고 암기하여 생기는 지식이 아니라, 직접 경험하고 스스로의 고정관념을 돌이켜봄으로써 생기는 깨달음과 성찰의 과정을 통해 습득되는 것이다. 따라서 다문화 감수성은 다문화적 상황에 노출되는 경험과 관련된 체험활동 등의 교육과 훈련을 통해 발달될 수 있는 개념이라 할 수 있다.

이처럼 다문화 감수성을 함양한 개인은 높은 자아존중감을 가지고 있으며, 개방적이고 공감의 능력으로 상호작용의 모습을 보인다. 따라서 다문화 감수성이 높은 개인은 상대방과 소통함에 있어서 진지하게 경청하여 이해하려고 하며, 이러한 태도는 개인이 타 문화와의 문화 간 차이를 경계하지 않고 즐길 수 있도록 한다(Chen & Starosta, 2000). 이처럼 다문화 감수성이 높은 사람은 비교적 다문화사회의 구성원들이 문화접촉 상황에서 겪게 되는 갈등과 분쟁을 해결하는 데 영향을 주는 것이다(박주희·정진경, 2008). 이처럼 다문화 감수성은 환경의 변화에 따라 우리 사회의 구성원 모두가 갖추어야 할 필수적인 능력이라 할 수 있으며 외국인 유학생을 지도하고 있는 교수자에게 다문화 감수성은 매우 중요한 역량으로서 타인과 상호작용하는 인지적·정서적·행동적 측면의 변화로 나누어 볼 수 있다.

Chen과 Starosta(2000)는 다문화 감수성을 문화 간 커뮤니케이션 능력의 하위 개념으로 보고, 문화 간 커뮤니케이션 능력을 측정하기 위해 다문화 감수성을 측정하는 'ISS(Intercultural Sensitivity)'를 제시했다. 그들은 다문화 감수성을 지닌 개인은 사회적 상호작용에서 자신의 행위에 민감하게 인식하고 타인에 대해 개방적이며, 뛰어난 감정이입 능력은 참여적 상호작용 능력을 갖고 있다는 점을 밝혔다. 그러나 다문화 감수성을 확보하는 과정으로서 교수자를 조명한 연구는 매우 미흡하며 대부분 예비교사와 유아 및 초등, 중등 교육을 담당하는 교수자를 대상으로 한 연구이다(김영옥·이규림, 2012; 이정연, 2010; 모경환·황혜원, 2007). 다문화 감수성은 교수자가 외국인 유학생을 지도하는 데 있어 다양성의 수용과 학생과의 상호작용을 보다 원활하게 해준다. 특히 다문화 감수성은 다문화 시대에 교수자가 갖추어야 할 필수적인 역량으로 지속적으로 제기되고 있다(김정덕·모경환, 2011; 김영주 외, 2012; 정혜욱, 2012). 따라서 다문화 감수성은 교수자가 긍정적인 가치관을 형성하고 교육방식을 결정하는 데 있어 중요한 요인이 될 것이라 판단된다. 또 Banks, 1988; Smith et al.(1999)을 바탕으로 타 문화와의 접촉 경험을 통해 형성된 가치관이 다문화 감수성을 확보하는 데 유의미한 영향을 미칠 것이라 예측할 수 있다.

다문화 감수성의 발달 단계[DMIS]

Bennett(1993)는 인지적·정의적·행동적 측면에서 다문화 감수성 발달 단계

(Developmental Model of Intercultural Sensitivity, DMIS)를 제시하였다. 다문화 감수성 발달은 문화적 차이를 경험하게 됨으로써 이를 인식하는 의식구조나 문화적 차이에 대한 태도 및 행동이 체계화하는 과정이다. 이러한 과정을 통해 다문화 감수성이 발달할수록 문화 간 차이를 인정하고, 자신의 정체성을 더욱 풍부하게 해주며, 궁극적으로 다문화사회에서 요구하는 다문화 정체성을 확립할 수 있게 된다 (김영주 외, 2012). Bennett(1993)의 다문화 감수성 발달 단계 모형으로서 인지적·정의적·행동적 측면에서 6단계를 거쳐 변화된다. Bennett에 따르면 다문화 감수성의 일반적인 수용과정은 우선적으로 자민족중심주의를 지키고자 하고 타 문화에 대한 저항이 나타나지만 점차 상대방의 문화에 대해서 개방적인 태도를 보이면서 적응하고 통합해 나가는 발달 단계를 거친다고 밝혔다. 즉, 부정(denial), 방어(defense), 최소화(minimization)의 자민족 중심적 단계에서 수용(acception), 적응(adaption), 통합(integration)으로 명명되는 문화상대주의적 단계로 이동한다고 주장했다. 다문화 감수성 발달 단계에 대한 세부적인 설명은 다음과 같다.

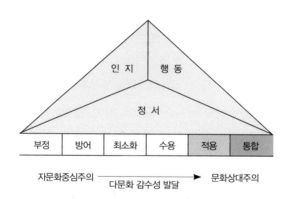

〈그림 4-1〉 다문화 감수성 발달 단계 모형
출처: Bennett(1993)의 다문화 감수성 발달 단계 모형 재구성

첫째, 부정의 단계는 고립(isolation)과 분리(separation)라는 하위단계로 구성되어 있는 자민족중심주의의 가장 낮은 단계이다. 이 단계는 문화의 차이를 인정하지 않으며, 자신의 문화만을 진정한 문화라고 생각하고 타 문화에 대해서는 관심을 가지지 않는다. 둘째, 방어의 단계는 비하(denigration), 우월감(superiority), 반전(reversal)이라는 하위 단계로 구성되어 있는 자민족 중심주의의 두 번째 단계이다. 이 단계에서 개인은 타 문화와의 문화적 차이를 인식하지만 자신이 속한 문

화를 기준으로 문화의 차이가 클수록 타 문화에 대한 부정적인 평가를 한다. 셋째, 최소화의 단계는 물리적 보편주의(physical universalism)와 초월적 보편주의(transcendent universalism)라는 하위 단계로 구성된 자민족 중심주의의 마지막 단계이다. 이 단계는 문화의 유사성에 보다 초점을 맞추는 자문화 중심적인 입장을 유지하면서, 자민족 중심적 단계의 마지막 단계로서 표면적으로는 문화적 차이를 인정하지만, 모든 인간이 근본적으로 유사하다는 가정을 한다(배재정, 2012). 넷째, 수용의 단계는 행동 차이에 대한 존중(respect for behavioral difference)과 가치 차이에 대한 존중(respect for value difference)이라는 두 하위 단계를 가지고 있는 문화상대주의의 초기 단계이다. 이 단계는 문화적 차이를 인정하기 시작하는 단계로서 문화상대주의의 개념에 바탕을 두고 타 문화에 대한 이해와 해석의 능력이 갖춰지기 시작한다. 다섯째, 적응단계는 공감(empathy)과 다원주의(pluralism)라는 하위 단계를 가지고 있는 문화상대주의의 개인은 문화 간 의사소통 능력을 발달시키는 단계이다. 또한 효과적인 공감과 감정이입을 통해 타 문화를 이해하려고 노력하며 자신의 문화뿐만 아니라 타 문화의 입장에서 사건을 바라보기 위해 노력한다. 여섯째, 통합단계는 맥락적 평가(contextual evaluation)와 건설적 주변성(constructive marginality)이라는 두 하위 단계를 가지고 있는 문화상대주의의 완성 단계이다. 이 단계는 개인이 다문화적 관점을 내면화하는 단계로서 보다 범경계적인 관점에서 문화 간의 관계를 조명한다. 이와 같은 다문화 감수성 발달 모형(DMIS)은 사회적 구성주의에 근거하여 다문화 감수성을 문화적 차이를 이해하고 조절하는 능력으로 보았으며, 경험의 재구성을 통해 세계관의 변화가 행동과 태도의 변화를 가져온다는 관점을 제공하고 있다. 또한 다문화 감수성의 발달 과정은 다문화 감수성이 정적인 단계가 아니고 지속적으로 변화해 가는 과정에 있는 단계로서 교육과 훈련을 위한 모형으로서도 활용도가 높다고 하겠다. 다문화 감수성은 사회·문화의 영향으로 인해 개인이 잠재적으로 가지게 되는 발달 단계가 개인마다 다르게 나타나게 된다. 이는 선행에서 검증된 바와 같이(김옥순, 2008; 백수은, 2012; Banks, 1988; Smith et al., 1999), 타 문화에서의 적응 경험은 다문화 감수성 발달에 긍정적인 영향을 미칠 것이라고 볼 수 있다.

3. 연구방법

본 글은 참여자의 경험들을 바탕으로 대학 교육의 현장에서 외국인 대학원생을 지도하는 대학 교수를 대상으로 심층 인터뷰를 실시하였다. 5명의 참여자는 현재 ○○대학교 일반대학원에서 10년 이상 다수의 외국유학생을 지도하고 있으며 다양한 방식으로 외국인 유학생과 학문적·심리적으로 친밀한 관계를 유지하고 있기에 본 취지에 부합된다고 판단하였다. 또한 이들은 오랜 기간 외국인 유학생과의 소통을 통해 외국인 유학생의 적응에 많은 기여를 하였으며, 현재까지도 꾸준히 다양한 국가에서 다양한 문화를 가진 외국인 유학생을 지도하고 있기 때문에 다문화 감수성의 확보 과정 및 발달 단계를 보다 정확히 판단하는 데 도움을 줄 수 있을 것이라고 예상하였다. 이러한 기준을 바탕으로 선정된 참여자의 일반적 특성은 다음 〈표 4-1〉과 같다.

〈표 4-1〉 참여자의 일반적 특성

참여자	성 별	전 공	유학 경험
1	남	국제정치	있음(미국)
2	남	문화교육	있음(독일)
3	남	국어교육	없음
4	남	한국문학	없음
5	여	언어학	있음(영국)

참여자 1과 2, 5는 유학 경험을 가지고 있으며, 참여자 3, 4는 외국 유학 경험이 없는 교수자이다. 우선 유학 경험이 있는 참여자 1은 미국에서 6년간 유학생활을 하였고, 국제정치학을 전공하였다. 현재 참여자 1이 지도하고 있는 유학생은 대략 10명으로, 8년 이상의 외국인 유학생 지도 경험이 있다. 참여자 2는 독일에서 5년간 유학생활을 하였으며, 문화교육학을 전공하였고 현재 다문화교육과 관련하여 다양한 국가에서 유학 온 외국인 학생들을 지도하고 있다. 그는 10년간 유학생을 지도하고 있으며 15명의 유학생을 지도한 경험을 가지고 있다. 참여자 5는 영국에서 6년의 유학경험이 있으며, 언어학을 전공하였고, 10년 이상 유학생을 지도한 경험이 있고 현재 80명의 지도 유학생이 있다. 외국의 유학 경험이 없는 참여

자 3은 국어교육학을 전공하였으며, 국어학을 배우기 위해 한국으로 유학 온 외국인 학생들을 10년 이상 지도한 경험이 있다. 현재 15명의 유학생을 지도하고 있다. 참여자 4 또한 마찬가지로 외국에서의 유학 경험이 없으며, 한국문학을 전공하였다. 10년 동안의 외국인 유학생 지도 경험이 있으며, 현재 8명의 유학생을 지도하고 있다.

교수자가 유학생활과 학생을 지도하는 과정을 통해 다문화 감수성을 어떤 방식으로 확보해 나가는지를 세부적으로 파악하기 위해, 〈표 4-2〉와 같이 Bennett(1993)의 문화 간 감수성 발달 단계를 기반으로 진행되었다. 다문화 감수성 발달 단계는 각 단계에서 나타나는 심리적 특징이 문화 차이에 대한 경험을 통해 정교화되고, 그 능력이 어떤 방식으로 발달되는지를 점차적으로 잘 나타내고 있어(은지용, 2007), 교수자의 가치관 및 인식을 파악하는 데 매우 유용하다.

〈표 4-2〉 다문화 감수성 분석 틀

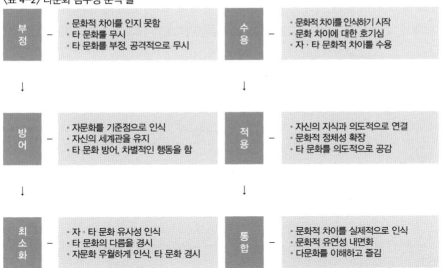

〈표 4-2〉와 같이 다문화 감수성의 발달 단계로는 자문화 중심의 부정, 방어, 최소화 단계를 거쳐 문화상대주의인 수용, 적용, 통합에 이르는 여섯 단계로 구분된다. 이러한 단계들은 각각의 세부내용들을 포괄하고 있으며, 〈표 4-2〉에 제시된 분석틀은 인터뷰 내용 분석의 지침으로 활용할 것이다.

자료수집 방법은 선정된 참여자들과 라포를 형성한 후 참여자와의 심층 인터뷰를 실시하여 자료를 수집하였다. 먼저 사전 이메일을 통해 참여자의 대략적인 정보를 수집하고 반구조화된 질문지를 보내어 간단하게 서면으로 질문에 대한 피드백을 받았다. 이후 기존의 질문을 재구성하여 2차 심층인터뷰를 실시하였다. 심층인터뷰는 개인별로 2차례의 만남을 통해 약 1시간씩 진행되었으며 그들이 심리적인 안정감을 제공하기 위해 교수자가 소속된 개인실에서 진행되었다. 참여자와의 인터뷰 시 대화내용의 누락을 예방하기 위해 1대의 녹음기에 녹음을 진행하였고 인터뷰 내용을 기록한 컴퓨터 파일을 자료로 활용하였다. 그리고 인터뷰 후 인터뷰 녹취록과 결과분석을 참여자에게 이메일로 전송하여 신뢰성 검증을 위해 검토 및 수정 절차를 가졌다. 이와 같은 과정은 연구자의 주관이 개입되는 것을 막고, 참여자의 의도나 발언이 연구자에 의해 잘못 해석되는 오류를 수정하고, 연구의 타당성을 확보하였다. 질적인 면에서는 대상자에 대한 윤리적인 측면을 고려하여 참여자와 인터뷰를 시작하기 전에 연구의 목적과 방법, 참여자의 자발성, 참여를 중단할 수 있는 권리의 보장, 비밀유지를 위한 익명 처리, 인터뷰 내용의 녹음 등에 대한 내용을 서면으로 기록하여 자세히 설명하였다. 인터뷰의 개요는 다음 〈표 4-3〉과 같다.

〈표 4-3〉 인터뷰 개요

인터뷰 일시	차수	참여자	인터뷰 방식	소요시간
2012.11.08	1	1	이메일인터뷰	–
2012.11.27	2		심층인터뷰	1:02:49
2012.11.08	1	2	심층인터뷰	1:07:02
2012.11.27	2		심층인터뷰	1:02:35
2013.01.26	1	3	이메일인터뷰	–
2013.01.28	2		심층인터뷰	57:42
2013.01.26	1	4	이메일인터뷰	–
2013.01.28	2		심층인터뷰	47:30
2013.01.26	1	5	이메일인터뷰	–
2013.02.03	2		심층인터뷰	40:05

4. 한국인 교수자의 다문화 감수성 확보 과정

한국인 지도교수가 외국인 유학생을 지도하고 의사소통하는 데 있어 나타나는 문제를 다음과 같은 네 가지 차원으로 나눌 수 있다. 첫째, 언어적 의미해석 및 문화의 차이에서 오는 문화 간 충돌, 둘째, 학생들 간의 차별과 역차별의 관계조정, 유학생과의 원활한 의사소통을 위한 해소방안에 대해 논의하고자 한다.

4.1. 언어적 의미해석 및 문화 간 충돌

의사소통의 언어적 의미해석의 문제는 가장 빈번하게 발생되는 문제다. 속담이나 관용어를 잘 알지 못하거나, 문화적 이해가 수반되지 않고 외국인 유학생의 부족한 언어적 표현 때문에 한국인 교수자의 의도를 잘못 해석하고 이해할 경우, 생활양식 및 가치관 차이에서 문화 간 충돌이 일어난다. 따라서 상호 간 문화의 차이를 존중하고 이해하는 자세가 반드시 필요하다.

> "처음에 몽골학생을 만났는데 몽골 문화적 차이로 강의실에 들어왔을 때 '가까이 와서 앉아라' 이렇게 얘기했는데 바로 앞에 앉는 거예요."(참여자 3)

> "내가 데리고 있는 친구도 굉장히 뛰어난 친구가 있긴 한데, 제가 먼저 갈 때 '잘가요', '잘 들어가요' 이런 거?"(참여자 4)

> "태국 학생의 경우 옆에서 쭈그리고 앉는다. 태국에서는 선생님보다 머리가 위에 있으면 안 된다며 (중략) 높은 사람과 구별하는 행동은 문화 차이에서 오는 것 같은데 나는 이런 것이 불편하다. 다 같은 사람이기에 그냥 편하게 하라고 말한다."(참여자 5)

> "베트남 학생들이 좀 이해 못 하는 것 중 하나가 10시에 만나자고 하면 10시에 꼭 나오는 애들이 없어. 그리고 오전에 약속을 하면 잘 안 돼. (중략) 약속을 잘 안 지켜. 지각을 하는 것에 대해서 양심의 가책이 별로 없고 시간관념에 대한 것이 약해."(참여자 2)

교수자가 외국인 유학생과 상호작용할 때 가장 중요한 것은 이를 받아들이는 교수자의 가치관 및 태도이다. 외국인 유학생과의 의사소통 시 잘못된 의미해석으로 유학생이 교수자의 기대와는 다른 행동을 보일 경우 교수자는 매우 당황스러워한다. 이러한 현상에 대해 유학 경험이 없는 교수자가 유학 경험이 있는 교수자에 비해 상대적으로 '방어'적인 자세를 보였다. 유학 경험이 있는 교수자는 문화상대주의적 관점에서 행동방식에 대해 '수용' 및 '적응'과 '통합'의 단계에서 이를 이해하고 있었다. 참여자 5의 경우 문화적 차이에 따른 행동양식의 다양성에 대한 공감능력이 탁월하였다. 더불어 참여자 2 또한 문화적 상대성에 대한 공감과 문화적 차이를 인식하는 문화적 유연성이 내면화되었다. 교수자에게는 문화 간 충돌을 최소화하기 위해서 그들의 상황과 맥락을 이해하고자 하는 노력과 지속적인 의사소통이 요구된다.

4.2. 학생들 간의 차별과 역차별 조정

의사소통 및 문화 간 충돌을 최소화하기 위해 교수자는 외국인 유학생을 더욱 배려하였다. 그러나 한국인 학생들은 외국인 유학생에 대한 교수자의 배려를 '차별'로 느끼고 있었으며, 외국인 유학생과 한국인 유학생의 관계에 있어 갈등내용은 다음과 같다.

"외국인 학생들도 한국 학생을 처음 접해보고, 우리도 처음이니까 힘이 들어갔던 것도 있고 서로 오해도 있을 수도 있고. 그렇게 몇 년을 지내다 보니 서로를 자연스럽게 이해하게 되더라고요."(참여자 1)

"실제로 똑같이 대해야 하는 것을 어떻게 보면, 한국인 학생들이 조금 질투할 정도로. 오히려 차별하는 것으로, 역차별, '저 교수님은 유학생들만 좋아해'이런 것을 갖고 있어요. 제가 느껴요. 한국인들한테."(참여자 3)

"외국인들을 대하는 그런 부분들을 오히려 더 배려하면 그것이 차별이 아닐까? 역차별 한국 역차별 이런단니까. 한국 애들이 그런 얘기를 해. 왜 설날과 명절 때는 외국인 학생들만 초대를 하느냐고."(참여자 2)

"지금도 편견적인 마인드를 많이 갖고 있어요. 한국 사람들은. 유학생들과 어울림을 갖는 사람들은. 나 같은 생각을 많이 갖고 있어요. (중략) 내가 볼 때 지도교수가 그런 것 때문에 노력도, 회의도 많이 하고 갈등을 많이 느껴요. 그렇게 해서 그런 어떤 편견을 갖지 말아야 하는데 우리는 아무 생각 없이 던지는 말인데 우리 학생들은 '우리를 구분하는구나'라고 생각해요."(참여자 4)

한국인 학생의 경우 타 문화를 가진 유학생과 상호작용하고자 하는 능동적 욕구 및 동기가 부족하기 때문에, 외국인 유학생뿐만 아니라 교수자의 태도에 대한 이해가 부족하다. 따라서 한국인 학생이 느끼는 '역차별' 및 외국인 유학생 간 갈등을 최소화를 위한 교수자의 역할이 매우 중요하다고 할 수 있다.

4.3. 유학생과의 원활한 의사소통을 위한 해소방안

외국인 유학생과 한국인 학생, 나아가 교수자와의 원활한 의사소통 및 성공적인 상호문화적응을 위해 5명의 교수자 대부분이 정기적 혹은 비정기적인 모임을 갖고 있었다. 유학생과의 원활한 의사소통을 위한 해소방안으로 교수자의 인식변화, 경험에 따른 타 문화 이해도, 교수자의 긍정적인 모델링, 적극적인 의사소통의 방식으로 나누어 볼 수 있다.

"제 지도학생인 경우 이제 제가 모이자 하면 그게 매개가 되겠죠. 국적이 달라도. 어제 보니까 굉장히 친해져 있었어요. 두세 번 정도 식사자리를 같이 가졌어요."(참여자 1)

"한국인 학생과 외국인 학생이 친해지기 위해 물론 교육도 필요하죠. 그런데 내가 볼 때는 교육이라기보단, 이제 한국사람, 외국인학생 대학원생이 같이 일하니까 거기서 같이 식사를 하고 이야기를 하게 되고."(참여자 3)

"나는 체계적으로 일주일에 두 번 정도 외국인 유학생을 상담한다. 상담과정에서 나타나는 여러 가지 소통에 관한 문제들을 위하여 해결방안을 함께 모색하고자 한다."(참여자 2)

"학생들이 와서 잘 얘기를 안 해요. 아무리 힘들고 어려워도 자존심이 굉장히 강하기 때문에 프라이드가 강하기 때문에, 자기들이 힘들고 어려운 점을 잘 얘기를 안 해요. 그러면 내가 우회적으로 '무슨 문제가 있냐', '잘 안 보인다'등. 한 학기에 두세 번 비정기적으로 식사도 하고."(참여자 4)

"한 학기에 여러 번 모임을 갖는다. 본국의 요리를 할 수 있는 공간이 부족하면 우리 집으로 와서 하게 한다. 10여 년을 지냈는데도 그 일을 놓은 적 없고 가족에게 미안할 만큼 학생들과 교류를 하고 있다."(참여자 5)

모임을 통한 소통의 시간은 '문화를 나누는 상호작용'이다. 이러한 소통은 의사소통, 문화충돌, 한국인 학생과 외국인 학생과의 갈등을 해소하고 발전시킬 수 있는 힘을 갖고 있다. 이와 같은 모임은 소통의 장으로서 서로의 생각을 교류하고 유대를 형성하는 데 촉매제의 역할을 하고 있다. 교수자는 여러 문화가 공존하는 모임과 같은 자연스러운 방식으로 인식의 변화를 유도하고 있었으며, 자신들의 고정관념을 돌이켜봄으로써 문화적 차이를 인식하고 다양한 상황에서 적절한 행동을 취할 수 있도록 도모하였다.

4.3.1. 교수자의 인식 변화

외국인 유학생을 지도하는 교수자의 유학과 경험에서 얻어진 결과는 다양한 민족과 언어와 문화가 공존하는 수업방식에서 교육의 다양성을 경험하는데, 이는 단순히 교육방식이 아니라 다양성을 고려한 것이라 본다. 선 경험으로 이루어진 교육방식은 교수자 자신의 교육과 지도과정에서 실천적으로 이루어지고 있다. 낯설음에 대한 저항도 있지만 이전과는 다른 다양한 수업방식과정을 통해 유학생의 변화와 함께 교수자의 인식 변화도 나타난다.

"내가 들었던 교수 중 한 사람은 인종차별주의자다. 그 모습을 보고 나는 교수자가 돼서 그러지 말아야겠다는 다짐을 했지. 이론보다는 전달할 메시지를 정확히 전달하기 위해 토론 수업을 많이 주도하는 등 이런 것을 통해 유학생에 대한 차별 없이 서로의 생각을 자연스럽게 공유하는 시간이 될 수 있도록 수업분위기를 이끌어내지."(참여자 1)

"나도 우리 강의실에 우리 학생들에게 그런 걸 되게 강조해. 여러분들이 따라하고 한국에서는 좀 어색할 수 있어 책도 없지 여러분들이 뭐 해야 할지 모르지 근데 이런 수업들이 매우 필요하다는 거야. 왜냐면 여러분들이 스스로 설계하면서 만들어 나가잖아 그런 것들이 굉장히 중요하다."(참여자 2)

"사실 내 전공이 한국어학이고 한국어학이면 사실 외국 학생들이 어려워하는 언어가 한국어인 데다가 그걸 또 국어교육과와 또 다르게 아카데믹하게 들어가는 한국어 문법 쪽으로 해야 하는데 그런 애들을 데리고 어떻게 대학원 수업을 하나 걱정이 많았다."(참여자 4)

"강의 교재를 만들고 있는데 부끄러움을 느꼈다. 지금 선 학습과 경험이 행사의 의미를 알았더라면 더 좋았을 텐데 하고 생각하였다. 나는 그 당시에 정말 몰랐다고 말을 한다. 다문화 역량을 유학 경험을 통해서 직접 많은 경험을 하게 되었다. 그래서 나는 그때의 부끄러움을 상기하면서 유학생들의 문화에 맞춰 다양한 방식으로 강의를 재구성하기도 한다."(참여자 5)

4.3.2. 경험에 따른 타 문화 이해도

앞에서 살펴본 바와 같이 교수자의 경험 유, 무에 따라 교수자가 인식의 변화를 갖게 된다. 이 변화에 동반하는 다른 문화에 대한 이해도의 확장은 언어를 넘어 종교와 음식, 그들이 가지고 있는 고유문화에까지 접하게 된다.

"어려움을 겪었기에 나는 유학생들이 문화적 다양성을 의식적으로 고려해나가면서 지도를 하려고 해요."(참여자 1)

"베트남에 국제학술대회가 있어서 내가 베트남어를 못 하니까 (중략) 동네잔치를 하더라고 둘러앉아서 뱀도 먹고 물고기도 넣고 버섯도 넣고 샤브샤브를 해주더라고 근데 그게 그 동네에서 최고의 요리인 거야. 지도교수가 학생을 받고자 했을 때는 그 나라에 대해서 좀 잘 알아야 해. 그 나라의 문화, 민속, 풍속이나 학제 그 나라 사람들이 가지고 있는 공통적인 가치들, 생활습관 등."(참여자 2)

"일단 그들에 대한 이해죠. 제일 중요한 것이 사실 문화 이해죠. 음식 같은 경우도. 나름 물론 크리스천이나 식사하러 가면 이슬람 애들이 있잖아요. 그들은 난 이해하고 배려를 많이 해주죠. (중략) 변화라는 건 저도 예전에는 구분을 지었어요."(참여자 3)

"예를 들어서 10시에 보자라고 하면 우리는 10시에 보는데 그들은 10시쯤으로 생각하는 거야. 그리고 또 뭐냐면 자기들끼리 칭찬을 안 해. 문화성들에 대해 해당 교수가 그 문화를 잘 이해해야 한다는 생각이 들어. (중략) 문화인류학을 하면서도 쉽게 깨닫지 못했는데 이제 내가 외국인 유학생과 몇 번 접하다 보니 그들의 문화를 이해해야 되겠고, 나는 외국인과 한국인을 차별 두지 않고 똑같이 이 학생의 특성이 어떤가를 잘 파악해서 거기에 맞는 좋은 코칭을 해줘야 하지 않겠는가라는 생각이 들어."(참여자 2)

"처음에 말레이시아 유학생이 있었는데 얘가 이슬람권 힌두교라 고기를 못 먹어요. 술도 회식 같은 거 하면 그 친구는 따로 시켜줘야 되고 그런 것들이 다 특성을 인정을 해줘야 되지 않을까. (중략) 원론적 얘기를 하고 되도록 갈등상황 관련 얘기는 안 하려고 해요. 종교적인 그런 것 때문에 애들이 힘들어 하는 것을 봤거든요. 애들과 공감대 형성이 되고 공동으로 그거에 대해서 얘기해요."(참여자 4)

이는 문화를 통해 그들의 문화를 수용하고 존중하면서 다문화 감수성을 함양할 수 있는 기회를 갖는다. 또한 교수자는 유학생의 문화접촉을 통해 다양성을 인정하며 수용은 교수자의 편견을 소멸시키고 적응을 통해 통합의 길로 나아간다.

4.3.3. 교수자의 긍정적인 모델링과 적극적인 의사소통

유학생을 지도하는 교수자는 자신의 다른 문화에 대한 이해와 수용으로 긍정적인 경험을 바탕으로 교수자 자신만의 교수법을 가지고 있다. 교수법에 따른 방법과 운영체계 그리고 교수자로서 지녀야 하는 확고한 신념은 교수자의 긍정적인 모델링을 통해 교육방식과 유학생과의 관계 설정에까지 구체화된다고 할 수 있으며 이는 선 경험을 통해 이루어진 것이라고 본다.

"유학시절 혹독한 경험은 슬픈 마음으로 지냈지만 그때 받은 훈련은 어떤 주제가 주어져도 자신감이 생겼다. 유학시절에 적응을 못 하고 떠나는 동료도 있다. 성공하고 학위 마치고 지도교수의 한마디가 중요하다."(참여자 5)

"굉장히 퍼스널하게 친하게 할 기회도 만들어주고 항상 웃는 얼굴이십니다. 그분도 나한테 굉장히 따뜻했다. 나중에 갈수록 그분을 닮고 싶다는 생각을 많이 했죠. 롤모델은 그분으로 딱 정해져 있으니까 알게 모르게 제스처까지도 따라하더라고요. 그런 것도 영향을 많이 받은 것 같아요."(참여자 1)

"나의 지도교수는 발표할 때 수업방식에 따라 다양성을 존중했다. 그래서인지 나도 유학생들에게 수업방식만큼은 다양하게 할 수 있도록, 그들이 창의적으로 발표할 수 있도록 기회를 준다."(참여자 2)

"우리는 좋은 뜻에서 하는데 그들은 똑같이 동등하게 참여시키고 같은 인원으로해 달라. 근데 또 그런 반면에 향수적인 요인도 많죠. 아무래도 와서 힘들고 어렵다보니 자기네들끼리 문화적인 결속력도 가지려고 노력하고 어떻게 보면 우리가 보면. 근데 또 우리가 그렇게 하면 싫어하고."(참여자 4)

"그리고 나는 방학 때 교수한테 당신하고 깊이 있는 대화를 나누고 싶다. 그래서당신의 집근처로 이사를 가겠다. 일주일에 한 번 정도 만나줄 수 있겠냐고 물었더니, '내 산책시간에 와서 언제든지 이야기를 나눌 수 있다' 해서 나는 3개월간 우리와이프를 데리고 이사를 갔어. 주택교체를 해서 그렇게 3년을 방학 때 가서 살았어. 산책하면서."(참여자 2)

앞에서 살펴본 바와 같이 교수자의 유학생활과 경험에 따른 강한 이미지는 인재를 양성하는 과정에서 나타난다. 유학생을 지도하는 과정에서 교수자의 다양한 경험을 통해 얻어진 결과이며 긍정적인 지도 방식과 어려움은 교수자의 격려와 지지 그리고 자신의 능력을 인정받음으로써 많은 영향을 미친다. 또한 교수자의 유학 경험은 교수자 자신이 다른 문화와의 접촉을 통해 다문화 감수성은 사회적 지지와 함께 적극적인 소통 방식으로 얻어진 결과이다.

4.3.4. 통합적 차원에서의 멘토 제도의 체계화

5명의 참여자들 모두 직·간접적으로 멘토 제도를 시행하고 있었으며, 중요성을 인식하고 있었다. 특히 체계적인 시스템으로 멘토 제도를 활용하고 있는 참여자 2와 5는 한국인 박사과정인 학생이 멘토가 되어 일대일 방식으로 외국인 유학생을 돕도록 장려하였고, 그 중심에 교수자가 멘토 제도를 총괄적으로 관리하는방식을 취하였다.

"학생들이 한국에 와서 문화적인 면 때문에 어려움을 많이 느껴요. 유학생들하고학제라는 것에 여러 가지 차이가 있기 때문에 예컨대 어떤 시기가 되었을 때 뭘 내야 한다든가, 그런 걸 잘 모르잖아요. 그래서 내가 학생들 중에서 외국인 학생들을담당하는 멘토를 하나씩 지정을 해서 그 학생이 유학생을 책임지는 멘토제를 해

요. 외국인 학생이 하나 있으면 우리 박사과정 하나가 그 아이의 멘토가 되는 거지."(참여자 2)

"처음 지도교수에게 올 때 한국학생을 멘토를 정해준다. 처음부터 맺어주고 지도할 때 한국학생인 멘토와 외국학생 멘티를 함께 지도한다. 유학생과 선배 외국학생이 세컨드 슈퍼바이저 역할을 한다. 유학생의 여러 상황을 고려해서 직접 멘토를 맺어준다."(참여자 5)

이들은 외국인 유학생의 문화적응을 돕기 위해 교육이 이루어지고 있는 현실이라는 실제적인 맥락 안에서 문제 해결력을 증진할 수 있도록 멘토제를 활용하였다. 멘토제라는 틀 안에서 멘토와 멘티라는 관계를 새롭게 형성시킴으로써 다양한 정보와 경험을 지속적으로 접할 수 있도록 도모하였다. 이처럼 멘토제를 체계적으로 시행하고 있는 교수자는 자신의 유학생활 경험과 유학생을 지도하면서 여러 시행착오를 거쳐 현실에 맞는 환경을 창출해 낸 것이라고 할 수 있다. 참여자 2와 5는 다문화적 관점을 내면화하고, 다양한 문화적 맥락에 적합한 행동을 취함으로써 '적응' 및 '통합'의 단계에 도달해 있는 것을 알 수 있었다.

"학생들 스스로 외국인학생들도 부탁하고, 서로 교류를 갖고 있는 거죠. 1년에 한 번씩 내가 집에 한 번 초청을 해요. 그때 변화되는 모습을 많이 보는데 아마도 내게는 말을 하지 않지만 한국학생들에게 도움을 많이 받고 있는 걸로 알고 있어요. 그 이유는 내가 몇 번을 지도했었는데 글이 너무 달라져 있는 거예요."(참여자 3)

"공식적인 시스템은 없는데 저는 그렇게 하고 있습니다. 아무래도 외국학생이 시간이 더 가는데, 예를 들어 보완해야 할 점을 따로 써서 얘기해줘야 하는데 극과 극인데 어떤 학생들은 그 의도를 파악해서 해오는 친구, 안 해오는 친구가 있는데 그렇더라도 매번 봐줘야 해요."(참여자 4)

유학경험이 없는 참여자 3, 4의 경우 간접적으로 멘토 제도를 시행하고 있거나 그 필요성을 인식하는 교수자로서 '최소화'단계에 머물러 있었다. 그들은 대학 안에 공존하는 외국인 유학생과 한국인 학생의 다양한 입장과 상황에 맞는 교육방식이 아닌 일반적으로 정형화된 교육방식을 고수하고 있었다. 교수자 자신이 멘토가 될 경우 모든 외국인 유학생을 관리하는 데 무리가 따르고, 한국인 학생이 자발적으로 멘토가 될 경우 한국인 학생의 자발적인 동기 및 욕구 없이는 외국인 유학생에 대한 지속적인 멘토링이 이루어지기란 매우 어렵다. 이처럼 5명의 참여자는 최소 10명 이상의 외국인 유학생을 지도하고 있고, 한국 학생들 또한 함께 지도하고 있기 때문에 모든 학생을 일대일 방식으로 지도하는 데 한계가 뒤따른다. 하지만 유학경험이 있는 참여자 2와 5처럼 이와 같은 시행착오는 자신의 환경에 알맞은 방식으로 교육방식을 개선해 나갈 수 있는 밑거름이 된다.

4.3.5. 대학 차원에서의 지원 확대 및 사후관리

대부분의 외국인 유학생들은 자신의 문제와 고민을 공유하거나 문제해결을 위해 나서지 않는다. 참여자는 이러한 문제의 책임을 학교 차원으로 확장하여 계속적으로 지원하고, 체계적으로 외국인 유학생을 관리해야 할 필요성을 제기하였다. 그러나 외국인 유학생이 겪는 적응의 어려움을 인식하고 그들을 이해하고자 하는 노력은 교수자뿐만 아니라 전사적인 측면에서 학교의 전반적인 부분에서 이행되어야 하는 것이다.

> "학생들이 가장 어려워하는 것이 한국에 와서의 외로움이에요. 그다음 문제는 자신에게 문제가 생겼을 때 혼자 힘들어하지 교수나 동료들이 해결해 줄 수 없다고 생각해서 말을 잘 하지 않아요."(참여자 3)

> "학생들의 어려움을 파악을 하기 위해 간접적으로 다른 학생들에게 물어 보죠. 그 친구들에게는 여러 가지로 다른 프로젝트를 넣어준다든지 해주려고 노력을 하죠. 근데 그런 것들이 이런 대학원에서 해주면 더 좋은 거죠. 그러나 지도교수 측면에서 해줄 수 없는 어려움이 있죠."(참여자 4)

> "교내에 기독교 대학이라서 1% 사랑 나누기 카리타스 재단을 통해 실천한다. 제3국의 유학생을 돕는 프로그램이 있다. 그 프로그램과 연결을 하고 외국 출장을 다니면서 발굴을 통해 지원을 받을 수 있도록 한다. (중략) 어려운 나라의 유학생을 우선으로 선발하여 도움을 주고 활용한다. 안 되면 근로장학금이라도 받을 수 있도록 노력한다. 외국인 연수기간으로서 어학당의 조교 등을 많이 한다."(참여자 5)

외국인 유학생이 졸업 후 학교에 대한 프라이드를 가지고 본국으로 돌아갔을 때, 가장 적극적이고 자발적으로 학교를 홍보할 수 있는 중요한 자원이라 할 수 있다. 그러나 대부분의 대학은 외국인 유학생뿐만 아니라 한국인 학생에게도 졸업

후 사후 관리가 매우 미흡하여 학생이 학교와의 지속적인 네트워크를 갖기 어렵고, 더구나 외국인 유학생이 해외에서 학교의 소식을 접하고 소통할 수 있는 공간과 매개체가 극히 제한적이다.

"음, 전에도 뭐 지금 하고 있다고는 하는데, 돌아간 아이들, 연결망이 꼭 필요해요. 지속적으로 학교에 뭐 어떤 보내진다든지. 학교에 대한. 내 방에 있는 한 학생이 잠깐 중국에 들어갔는데 남자친구가 홍콩에서 근무해요. 컴퓨터 바탕화면에 그 둘이 사진을 찍은 것을 봤는데, 유학생들이 인하대 옷을 입고 찍은 거예요. 학생들은 인하대에 대한 고마움과 그런 것을 갖고 있는 거예요. 그리고 방글라데시 화학과가 많이 오는데 연줄로 많이 와요. 호크 박사라고 교육부에서 일하는 친구가 있는데, 그 친구도 가끔 방문해서 하는 말이 졸업생 15명 정도가 정기적으로 만남을 갖는다고 하더라고요."(참여자 3)

"외국인 유학생은 대체로 서로 연결해서 한국에 오죠. 이게 항상 연줄로 해서 와요. 추천, 소개 이런 것으로 그래서 아무래도 학교를 졸업한 유학생 출신들이 교수가 돼서 다시 보내야죠."(참여자 1)

진정한 소통이라는 것은 한국의 문화를 강요하는 것이 아니라 자신의 문화를 지키고 본국에 돌아가 한국을 잘 이해하고 한국어를 좋아하는 사람들이 교수자가 되어 인재를 발굴하고 양성함으로써 세계 속의 한국을 알리는 것이 진정한 소통의 결과물이라고 볼 수 있다. 이러한 전사적인 관점으로 볼 때 다문화 감수성을 기반으로 대학이 외국인 유학생을 이해하고 지원할 수 있는 방법을 크게 두 가지 측면에서 강구할 수 있다. 첫째는 재학 중 외국인 유학생이 겪는 어려움에 대해 이해하고 학교 차원에서 장학제도와 같은 지원책을 적극적으로 마련하여, 다양한 방식으로 그들을 지원해야 하고 학업을 장려하는 것이다. 둘째로, 졸업 후 유학생과 지속적인 소통을 유지하고 정부와 대학차원에서 지속적인 네트워크를 구축하는 것이다.

이러한 과정을 통해 타 문화를 갖는 개인과 집단 및 국가적 차원에서 보다 통합된 다문화 감수성의 관점을 갖고 상호간의 문화적응을 좀 더 근본적으로 이해하고 의사소통 및 문화 충돌의 문제를 효율적으로 해결할 수 있다. 다양한 문화가 공존하는 대학이라는 공간 안에서 겪는 어려움을 대학 차원에서 수렴하고 관리하여 학생 및 교수자, 교직원 모두 다문화 감수성을 함양하고 내면화하는 '통합'의 단계로 발전하기 위해 노력을 기울여야 할 것이다.

5. 나가며

문화적응의 문제를 이주사회의 구성원으로서 주류문화에 속하는 한국인에게도 적용될 수 있다는 관점에서 교수자의 경험과 그들의 다문화 감수성 함양과정에 초점을 맞추어 본 연구를 진행하였다. 이를 위해 외국인 유학생을 지도하고 있는 교수자를 대상으로 타 문화 접촉 경험으로서 유학경험의 유무에 따라 다문화 감수성의 함양과정에 어떠한 차이가 있는지를 Bennett(1993)의 다문화 감수성 발달단계(DMIS)를 바탕으로 분석하였다.

본글에서는 의사소통의 문제, 교수자 인식의 변화 및 제도적 개선의 세 가지 차원으로 교수자의 다문화에 대한 감수성의 인식의 변화를 도출하였다. 예상대로 다문화 감수성 발달에 있어 다문화에 대한 선 경험이라 할 수 있는 유학경험은 선경험이 없는 교수자에 비해 상대적으로 높은 발달 단계에 위치하고 있었다. 각각의 차원에 따른 참여자에 대한 다문화 감수성 발달 단계는 다음과 같이 나타났다.

참여자 1은 유학생활 초기에는 인종차별주의를 경험하고 방어적 태도를 보였다. 그러나 지역 주민들과의 교류를 바탕으로 적응하기 시작했고, 교수자가 되어 다양한 방식으로 교육방식을 재구성하는 등 다양성에 대한 이해와 존중에 태도를 보였다. 의사소통 문화 이해도가 통합적으로 이루어지고 있었다.

참여자 2는 타 문화 접촉에 대해 매우 긍정적으로 바라보고 있었으며, 유학 당시 그는 이미 '적응'의 단계에 있는 것으로 확인되었다. 나아가 외국인 유학생을 지도함으로써 문화에 대한 공감적 태도와 함께 다문화 감수성이 확장되어 통합의 단계에 이른 것으로 확인되었다.

참여자 3은 타 문화에 대한 이해도의 수용의 과정을 거쳐 적응의 단계에 이르렀다. 유학경험이 없는 참여자는 유학생을 지도하면서 경험을 통한 갈등 및 어려움을 통해 다문화 감수성을 확장시켰다.

참여자 4는 타 문화와의 접촉에 있어서 조심스러운 반면, 자민족중심의 마지막 단계인 최소화에서 문화상대주의로 넘어가는 과정에 있는 것으로 나타났다.

참여자 5는 지도교수를 통해 경험한 타 문화의 이해도를 거부감 없이 수용하고 적응함으로써 적극적인 통합의 길에 이르고 있었다. 체화된 선 경험을 토대로 민감하게 다문화 감수성을 발달시키고 있었다.

유학경험을 통해 타 문화에 대한 접촉과 교류가 선행적으로 이루어졌던 교수자는 자신의 경험을 토대로 문화적 차이를 인식하고 문화적 정체성을 확장하는 문화상대주의적 관점을 갖고 있었다. 또한 지속적으로 외국인 유학생의 지도함으로써 문화적 유연성이 내면화되고 다문화를 이해하는 '수용'과 '적응' 및 '통합'의 단계에 있는 것으로 확인되었다. 반면 타 문화 접촉이 없었던 교수자는 다문화 감수성 발달의 초기단계인 타 문화에 대한 방어의 태도를 보였으나, 10년 이상 다양한 문화를 가진 외국인 유학생과 상호작용함으로써 유사성을 인식하고 문화적 차이를 수용하는 과정을 통해 자신의 관점 및 행동의 변화를 자발적으로 느끼고 실천하고 있었다.

그러나 앞에서 살펴본 바와 같이 다문화 감수성에 대한 차이는 개인의 경험과 시행착오를 겪고 있었다. 이러한 과정 속에서 고정관념을 돌이켜봄으로써 문화적 차이를 인식하고 다양한 상황에서 적절한 행동을 취하고 있었다. 결론적으로 유학경험의 유무에 따른 발달 단계에 따라 차이가 있으나 유학생 지도 경험을 통하여 교수자들의 다문화 감수성은 보다 높은 차원으로 확장되고 있었다.

또한 외국인 유학생을 지도하는 교수자의 다문화 감수성 함양은 개인의 경험으로 확장되고 있었다. 이는 언어적 의미의 해석 문제뿐만 전반적인 의사소통 및 문화 간 차이에서 비롯되는 문화충돌의 문제를 자신만의 경험을 토대로 다양한 방법을 활용하여 해결해 나갈 때 문화 간 감수성 발달이 이루어짐을 의미한다. 새로운 문화를 접촉하는 과정에서 타 문화를 이해하고 수용하는 일련의 과정을 통해 다문화에 대한 편견을 소멸시키고 자문화 중심에서 문화상대주의적 관점으로 이동하는 과정으로 볼 수 있다. 교수자 자신의 경험을 토대로 이루어진 확고한 신념과 실천적인 삶은 매우 값진 것이다. 이처럼 다문화 감수성 발달 단계를 이루는 긍정적인 변화는 결국 교수자의 적극적인 노력과 자기 반성적 사고를 확장하고 교육 현장에서 실천함으로써 이루어진다.

따라서 대학교육의 현장에서 다문화 시대에 걸맞은 교수자의 역할 및 교육적 지침을 제공하여 외국인 유학생과 교수자 모두 원활한 상호 문화 이해가 다문화 감수성을 통해서 이루어지고 있음을 밝히는 데 큰 의의가 있다고 본다.

5장

다문화사회에서 이주민에 대한 헌법교육

5 다문화사회에서 이주민에 대한 헌법교육*

정상우 · 최보선   * 이 글은 2013년 『법교육연구』 8권 3호에 게재된 논문 「다문화사회에서 이주민에 대한 헌법교육의 필요성과 방향성」을 수정 보완한 것이다.

1. 다문화사회와 헌법교육

다문화사회의 도래는 이주민들의 사회에 대한 적응, 이주아동 교육 등의 과제를 넘어 우리 사회구성원 전체에게 이주민들에 대한 이해와 사회통합에 대한 과제를 가져다주었다(권순희 외, 2010, pp.18~19). 특히 외국의 여러 다문화정책이 실패한 것을 고려하였을 때 앞으로 우리나라에서도 다문화사회의 사회통합 문제는 지속적인 과제가 될 것임은 물론이다. 이에 따라 다문화사회에서의 사회통합을 통해 공동체 발전에 기여할 수 있도록 이론과 실천적인 면에서 관심이 증가하고 있다. 이러한 현상은 입법에도 반영되어 「재한외국인처우기본법」, 「다문화가족지원법」 등 다문화사회에 대비한 법률의 제정 목적과 기본이념에서 사회통합을 분명히 하고 있다(김선택, 2010, p.4). 그러나 아직까지 사회통합의 구체적인 기준과 방법론의 제시가 미흡한 것이 현실이다.

어느 사회에서나 사회의 존속과 유지, 발전을 위해서 공동체의 통합은 대단히 중요한 과제이다. 그리고 공동체 통합의 기준은 공동체 구성원들의 최소한의 합의인 헌법이 중심이 되고 있다고 할 수 있다. 이에 따라 새로운 세대나 공동체 구성원들이 공동체의 약속에 대한 학습을 할 수 있도록 기회를 제공하는 헌법교육이 중시되어 왔다. 헌법교육을 통해 개인의 존엄성을 존중하고 각자의 행복을 추구하며 공동체의 이상과 지향점을 이해하고 공유함으로써 사회구성원 간에 다양성을 존중하고 서로 배려하는 민주시민의 기본 자질을 학습할 수 있기 때문이다. 이러한 헌법교육의 의미는 다문화사회에서도 여전히 유효하며 사회통합의 기준으로 작동될 수 있고 공동체 발전의 근간이 된다. 특히 다문화사회가 도래함에 따라 전통적인 개념에서의 국민들과 이주민들이 한국 사회의 일원으로서 서로 존중하고 공존하면서 사회통합을 이루어야 한다는 점에서 사회통합 방법으로서의 헌법교육이 주목받을 필요가 있다. 이주민도 우리 사회 구성원 중 일부이며 인간의 존엄과 가치를 가진 존재라는 것을 단순히 인정하는 것을 넘어(성선제, 2012, pp.130~131), 이주민이 주체적으로 공동체의 가치를 공유하고 우리 사회의 통합과 발전에 기여할 수 있도록 헌법교육을 통한 사회통합의 방법론을 구체화할 필요가 있다고 하겠다. 이를 위하여 민주시민교육의 근간이 될 뿐 아니라 이주민의 차별 금지, 인권 존중, 국가공동체 이해의 핵심 내용을 다루는 법교육(특히 헌법교육)을 중심으로 다문화사회에서 헌법교육의 필요성과 사회통합의 가능성을 살펴볼 필요가 있다. 그리고 이주민에 대한 헌법교육의 기능을 바탕으로 헌법교육의 방향성과 구체적인 내용을 탐색해야 하며, 특히 사회통합프로그램에서의 헌법교육 내용을 살펴보고 헌법교육의 내용이 체계적으로 재구성될 수 있도록 구체적 내용을 정립해야 할 것이다.

2. 이주민에 대한 헌법교육의 필요성과 기능

2.1. 사회통합을 위한 이주민에 대한 헌법교육의 필요성

2.1.1. 교육 참여자로서 이주민과 헌법교육

헌법교육은 헌법을 가르침으로써 민주시민을 양성하고자 하는 교육을 말한다. 헌법교육은 법학교육의 일부로서 법률 전문가를 양성하는 헌법교육도 있지만, 국가공동체의 구성원이 될 민주시민을 양성하는 헌법교육은 법교육의 일부로서의 헌법교육을 의미한다. 따라서 헌법교육은 단순히 헌법전의 내용 요소에 대한 교육을 넘어(김현철, 2009, p.95) 헌법이 추구하는 가치, 즉 민주주의와 인권 존중, 자유와 평등, 법치주의, 정의, 사회구성원 간의 배려와 존중, 국가에 대한 존중과 정부의 권위 등의 내용을 포함한다.

특히 헌법교육이 중요한 것은 헌법은 우리 국가공동체 형성의 근간이 되는 최고규범이기 때문이다. 헌법이 최고규범이라는 것은 한 공동체 내의 법규범 구조에서 헌법이 최고의 지위에 있다는 것을 말한다. 최고규범으로서의 헌법은 주권자이자 헌법제정권력의 주체인 국민의 주권적 결정으로 만들어지고, 모든 법규범이 헌법에서 파생되어 창설되므로 헌법은 공동체 내에 존재하는 법규범의 존재와 내용과 효력에서 최고 우위를 점하고 있다(정종섭, 2013, pp.30~31). 우리 사회에서 이주민이 주체적으로 공존하려면 자신의 권익을 실질적으로 보장받고 공동체에 참여할 수 있도록 안내하는 법교육과 더불어, 우리 사회에 적응하고 통합되는 과정에서 공동체가 지향하는 이상을 공유하며, 공동체 구성원에게 인정하는 인권의 내용을 습득해야 한다는 점에서 헌법교육은 필수적이다.

무엇보다 헌법은 민주주의와 인권의 관점에서 보편타당한 가치를 지향하고 특히 우리나라 국가공동체 형성과 역사를 같이하는 역사성을 갖는다는 점에서 이주민의 헌법교육은 사회통합 관점에서 대단히 의의가 높다고 하겠다. 헌법은 어느 국가에서나 오랜 역사에 걸쳐 보편적인 인권의 획득과 민주주의 정부 수립을 위한 투쟁의 산물이다(김선택, 2010, p.17). 그리고 헌법은 우리가 살아온 과거에 기초를 두는 한편, 장차 공동체가 지향하는 목표와 비전을 반영한 규범이다(강경선, 2012, p.307). 따라서 이주민도 공동체의 구성원으로 살아갈 때에는 헌법에 대한 합의, 즉 민주주의와 인권, 우리 국가공동체 비전의 최소한 합의에 대해 공감대를 형성하여야 한다. 이주민이 우리와 역사를 같이하지는 않았지만, 후발적으로 국가공동체에 편입하려고 하는 경우 헌법교육을 통하여 헌법에 대한 이해가 필요하다.

물론 다문화사회에서의 헌법교육은 모든 공동체 구성원을 대상으로 해야 하는 것이지만, 이주민에 대한 헌법교육이라고 할 때에는 이주민이 주체적으로 사회통합에 기여하고 이주민 스스로 자신의 헌법적 권리를 이해할 수 있도록 교육한다는 취지에서 일반적인 헌법교육과 구분하여 검토할 필요가 있다. 교육에 참여하는 이주민의 범위 역시 사회통합의 취지상 외국인 전체를 의미한다고 하기는 어렵다. 이주민의 개념과 유형은 학자마다 다를 수 있지만 우리나라의 이주민은 대체로 체류목적과 기간에 따라 결혼이민자, 외국인노동자, 이주아동, 화교, 난민과 무국적자, 미등록외국인, 북한이탈주민 등으로 분류할 수 있다. 이 가운데 이주민 헌법교육의 목적이 이주민의 사회통합에 있다고 한다면 모든 이주민을 대상으로 헌법교육을 할 수 있는 것은 아니며 사회통합을 위하여 실제로 헌법교육에 참여하는 것이 필요하고 가능한 사람들이어야 한다. 따라서 이하에서는 잠정적으로 헌법교육의 대상이 되는 이주민의 범위를 사회통합프로그램 관련 법무부 훈령 제856호(2012.03.27. 개정)를 참고하여 우리나라에 일시적 또는 영구적으로 사회구성원이 될 수 있는 자격을 부여받고 대한민국으로 이주하였거나 외국인으로서 우리나라에 이주하기 위하여 일정한 절차를 진행 중인 사람으로서 사회통합프로그램에 참여하거나 참여가 예상되는 사람으로 좁혀 이해하고자 한다.

2.1.2. 교육 내용으로서 사회통합과 헌법교육

과거와는 달라진 이민 환경과 이민자 유입으로 인한 사회갈등은 우리나라에서도 사회통합의 필요성을 부각시키고 있다(이용일, 2007, p.220). 이에 따라 이주민과 가장 관련이 깊은 입법이라고 할 수 있는 「재한외국인처우기본법」과 「다문화가족지원법」에서는 각각 제1조 목적에서 사회통합을 강조하고 있다. 물론 다문화주의가 사회적 소수집단의 정체성과 문화적 이해를 전제로 하는 것이기 때문에 (Parekh, 2000, p.263; 김남국, 2005, p.90. 재인용), 사회통합이 이주민에게만 일방적으로 요구되는 것은 아니다. 다문화주의가 발전하는 과정을 살펴보면, 차별배제에서 동화주의로, 그리고 다시 다문화주의로 발전하는 과정에서 사회통합을 어떻게 받아들이는지의 문제 혹은 다문화주의 가운데에서도 여러 가지 논의되는 모델 중에서 결국은 사회통합이라는 의미를 어떻게 받아들이느냐의 문제가 남아 있다. 하지만 다문화주의의 모델도 궁극적으로는 사회통합의 모델을 제시하는 데 그 목적이 있다고 해도 과언은 아니다. 그렇다면 다문화교육의 논의도 사회통합의 기준을 밝히고 사회통합을 제고하는 방법으로서 이주민과 내국인을 인간의 존엄과 행복추구권의 동등한 주체로 보거나, 이주민의 인권을 적극적으로 인정하고 불평등을 해소하며, 우리 공동체의 구성원으로서 자주적으로 편입될 수 있도록 교육하는 것을 의미한다. 그렇다면 사회통합의 기준을 어떻게 설정할 것인가의 문제를 구체화하는 것이 중요하다고 하겠다.

우선 통합(Integration)의 사전적 의미는 둘 이상의 조직이나 기구 따위를 하나로 합침 또는 여러 요소들이 조직되어 하나의 전체를 이룬다는 의미이다. 통합은 일찍이 다인종 사회로 출발한 미국에서 발달한 개념이라고 할 수 있는데 미국에서의 통합은 특히 인종 차별 철폐에 의한 인종 통합 정책이라는 의미로 사용되어 왔다. 우리나라의 경우 사회통합의 의미를 소극적으로 이해한다면 이민자의 사회부적응으로 인한 사회갈등을 최소화하고 우리 국민의 다문화사회에 대한 이해를 넓힘으로써 이주민과 갈등 없이 생활하는 것을 의미한다. 그러나 사회통합은 이주민과의 갈등이 없는 것이 필요조건은 될 수 있겠으나 이는 소극적 의미에 불과하여 충분조건이 될 수는 없다고 본다. 이주민을 우리 사회구성원으로서 동등한 주체로 인정하고 인권을 보장하는 것, 사회여론에의 참여를 최대한 보장하는 것, 공동체 발전에 주체적으로 이바지하는 것 등의 적극적 의미를 포함할 때 실질적 의미로서 사회통합에 가까운 개념이라고 할 것이다(이성순, 2010, p.167).

사회통합을 이렇게 이해하는 경우에도 인권의 보장, 참여의 보장, 공동체 발전에의 기여는 공동체의 상황이나 시대에 따라 다양하게 진술될 수 있어 사회통합의 기준으로 작동하기에는 한계가 있다. 이를 보다 규범적으로 정립한다면 사회통합의 방향과 기준을 공동체가 합의한 개념, 그리고 공동체가 공감대를 이루면서 지향하기로 한 것으로 구체화하는 것이 필요하고 이것이 바로 헌법이 지향하는 사회통합의 개념이 된다. 따라서 사회통합의 기준도 다름 아닌 헌법이 되는 것이 바람직하다. 왜냐하면 헌법은 공동체의 성립과 유지, 발전을 위한 공동체 구성원의 최소한의 합의이기 때문이다. 물론 국민국가 시대 혹은 국경이 보다 분명했던 시대의 국가에서 이주민의 사회통합 문제는 공동체의 핵심과제는 아니었고, 근대 혹은 현대 헌법이 다문화사회를 예상한 것은 아니다(김선택, 2010, p.18). 그러나 시대와 사회의 변화에도 불구하고 사회통합의 기준으로서의 헌법은 제정 당시나 헌법 개정 당시뿐만 아니라 현재에도 유효하다. 헌법은 시대적 변화에도 불구하고 기능할 수 있도록 개방적인 성격을 갖고 있으며 이러한 헌법의 특성을 고려하면 헌법을 통한 통합은 다문화사회에서도 유의미한 기준으로 작동될 수 있다.

이러한 취지에서 사회구성원으로서 이주민은 생래적인 공동체 구성원이 아님에도 불구하고 우리 사회에 들어오는 경우에는 우리 사회에 대한 최소한의 합의를 존중할 의무가 있다고 할 수 있다(김선택, 2010, p.17). 헌법이 규정하고 있는 인간의 존엄과 가치, 자유와 평등, 인권과 민주주의 등의 가치는 우리 국민뿐만 아니라 사회구성원 모두에게 정의롭게 적용하여야 하므로, 다문화사회에서 사회통합으로서 헌법적 기준은 다문화사회에서의 헌법교육에서도 원용해야 할 가치가 된다고 할 것이다.

2.1.3. 교육 배경으로서 다문화사회와 헌법교육

대표적 다인종 사회인 미국이나 캐나다 등에서 다문화교육은 차별금지 교육의 일부였고 지금도 민주시민교육에서 다루고 있음은 널리 알려져 있다. 다문화교육의 의미나 목표가 다양하게 진술되기는 하지만, 다문화사회에서 요구되는 지식과 기능, 태도의 습득을 목표로 볼 수 있다. 이러한 목표와 함께 차별의 금지, 문화적 다양성의 존중, 공동체에서의 자신의 지위 및 역할의 습득 등의 과제가 제시되고 있다(Banks, 2010, pp.2~8). 특히 이주민 인권의 존중, 차별의 금지, 문화다양성의 존중은 다문화사회에서의 헌법교육의 배경과 필요성으로 주목할 필요가 있다. 즉, 헌법교육과 다문화교육이 지향하는 본래의 목표나 교육의 내용 요소들이 동일한 것은 아니지만, 헌법교육은 다문화사회 도래에 따라 사회변화에 대응할 필요가 있고 다문화교육은 헌법적 가치관을 포함시킬 필요가 있다. 이러한 관점은 이미 헌법교육과 다문화교육이 지향하는 목표와 가치 속에서 내재되어 발전해 왔다고 할 수 있다.

우선 다문화교육이 먼저 발달한 미국의 경우 다문화교육의 핵심 내용 가운데 하나는 헌법교육이었다. Banks가 주장하는 다문화교육의 목표 중 하나는 교육평등의 증진이며, 미래의 미국사회에서 주류 백인 학생을 포함한 모든 학생들이 효과적으로 생존하고 활동할 수 있는 지식과 기능, 태도를 길러줄 필요성이 있다고 하였다(Banks, 2010, p.60). Bennett는 다문화교육에 있어서 차별금지와 민주주의를 중시하였다. 기존에 많은 교사들이 민주주의의 가치를 가르치거나 학생의 태도를 변화시키는 것에 두려움을 갖고 있어서 편견이나 차별과 관련된 문제들을 꺼려 왔다. 반면에 다문화교육에서는 미국사회가 백인 중심의 역사를 가진 인종차별적 사회라는 사실이 직접적으로 다루어진다. 인종차별주의로부터 해방하고 변화하기 위한 생각과 행동을 발달시키는 데 주목적을 두고 있으므로 민주주의의 원리는 다문화교육에서 다루어지는 대부분의 논쟁에서 핵심적인 위치를 차지한다(Bennett, 2009, pp.43~44). R. Paul은 다문화교육의 핵심적 가치를 크게 네 가지로 정리하였다. ① 문화적 다양성의 수용과 인정, ② 인간의 존엄성과 보편적 인권에 대한 존중, ③ 세계공동체에 대한 책임, ④ 지구상에 존재하는 모든 사람들에 대한 존중이다(Bennett, 2009, pp.34~35). Campbell은 인종차별주의와 문화적 억압에 대한 투쟁의 한 부분으로서 다문화교육을 주장하며(Campbell, 2012, p.148) 민주주의와 평등, 차별금지를 주요 내용으로 하였다. 이러한 내용은 우리나라에서의 이주민에 대한 헌법교육의 필요성에 대하여 다음과 같은 시사점을 준다.

우리 사회 역시 다문화사회가 도래한 이후 이주민에 대한 차별과 편견 등의 갈등 요소가 상당수 존재한다. 최근 다문화교육을 통하여 이러한 문제점을 극복하고자 노력하고 있지만 차별과 편견 등이 금지되어야 하는 것이 우리 공동체의 기본적인 약속인 점에 대한 이해는 크지 못한 것으로 보인다. 따라서 다문화교육에 있어서 헌법교육은 다문화사회에서 요청하는 민주시민성 함양을 위해 필수적이라고 할 수 있다. 헌법교육의 내용은 평등권을 기초로 하여 다수와 소수가 공존하는 법칙, 소수집단을 이해하고 관용하는 방법을 스스로 느끼고 자발적으로 행동할 수 있도록 하는 것이다(김다현, 2011, p.33).

헌법 애국주의의 관점도 다문화교육에서의 헌법교육을 강조하고 있다. 오승호(2011)는 동화주의와 다문화주의의 한계를 문제점으로 들며 헌법애국주의 관점에서 다문화사회 헌법교육의 필요성을 연구하였다. 다문화사회에서 정치공동체의 공통된 정체성을 형성하기 위한 보편적인 가치로서 인권과 민주주의를 들 수 있다. 헌법 애국주의 관점에서 헌법교육의 목표는 다양한 집단 정체성을 인정하는 것에 그치지 않고 공동체의 새로운 정체성을 형성하며 민주적 시민성을 함양하는 것이다. 그 내용으로는 인간의 존엄성, 상호존중과 참여, 헌법과 공동체에 대한 반성적 존중이 포함되어야 한다(오승호, 2011, pp.77~78).

이와 같이 헌법교육과 다문화교육은 상호 활용되어야 하고 이미 어느 정도 의존하며 발전해 왔다고 할 수 있다. 같은 맥락에서 다문화사회에서 민주시민교육으로서 헌법교육의 활용 가치는 매우 높다고 할 것이다. 다문화사회의 시민성 교육은 사회구성원들이 생산적인 노동력을 제공할 수 있는 소양과 분별력을 지닌 시민이 되도록 조장해야 할 뿐만 아니라, 공동체에서 다른 사람들을 배려하도록 가르치는 것이어야 하며, 인간적이고 공정한 사회를 만들기 위한 개인적·사회적·시민적 행동을 하는 시민이 되도록 지원하는 것이어야 한다(Banks, 2009, p.33). 즉, 다문화교육의 궁극적인 목표는 새로운 시민성의 형성과 발전으로 설정되어야 하고(곽한영, 2010, p.22), 이러한 다문화교육의 목표는 민주시민성 함양이라는 헌법교육의 목적과 일맥상통하는 부분이 있다.

2.2. 이주민에 대한 헌법교육의 기능

다문화사회에서 이주민에 대한 헌법교육은 이주민의 국가공동체로의 편입을 원활하게 하고 사회통합에 기여하기 위한 것이다. 헌법교육은 사회구성원 간의 갈등과 대립을 예방하며 공동체를 유지하고 통합하는 데 목적이 있다. 특히 헌법교육은 다음 네 가지 관점에서 사회통합이 가능하다고 할 것이다. 즉, 헌법교육은 첫째, 국가 형성에 대한 국민적 합의를 통한 공동체 구성원 간의 공감대 형성, 둘째, 권리장전에 대한 이해와 존중을 통한 소수자 인권 보호, 셋째, 민주주의에 대한 이해와 발전 및 신뢰감 형성, 넷째, 다문화사회의 도래에 따라 문화다양성의 보장 기능이 있으며 이러한 관점을 포함해 논의되어야 한다. 문화다양성의 보장은 국민국가에서의 헌법교육에서는 강조되지 않았으나 다문화사회의 도래에 따른 공동체가 정치·경제공동체를 넘어 문화공동체로서 발전하기 위해서는 필수적인 것이라 하겠다.

2.2.1. 헌법적 가치에 대한 공감대 형성

다문화사회에서 헌법교육은 다문화사회 혹은 이민자사회에서 헌법이 가지는 통합적 기능 또는 공동체 구성원의 헌법적 가치에 대한 공감대 형성 기능을 수행한다(김선택, 2010, p.15). 헌법은 주권자인 국민의 합의에 기초한 국가의 조직과 구성 및 국민의 자유와 권리보장을 위한 최고의 규범체계이자 권리장전이다(성낙인, 2013, p.29). 헌법은 국민적 합의에 의해 제정된 국민생활의 최고 도덕규범으로서 정치와 사회질서의 지침을 제공하고 있기 때문에 민주사회에서는 헌법의 규범을 준수하고 그 권위를 보존하는 것을 기본으로 한다(헌재 1989.9.8. 88헌가6). 이러한 점에서 헌법은 국가공동체에서 사회통합의 기준이 될 수 있고 이주민에 대한 헌법교육은 헌법적 가치에 대한 공감대 형성을 통해 헌법 질서에 대한 이해와 동의, 그리고 헌법 실천에 대한 참여(김선택, 2010, p.15)를 가능하게 한다.

헌법교육에서 공동체 구성원으로서 공감대를 형성할 수 있는 방법은 다양하게 논의될 수 있지만, 무엇보다 중요한 것은 헌법의 핵이라 말할 수 있는 국민주권, 민주공화국, 기본권보장, 시장경제질서 등에 대한 신뢰감을 형성하는 것이다. 이러한 점에 대한 신뢰는 국민적 합의로서 정해진 것이고 국민 간의 계약이기 때문이다. 이주민에 대한 헌법교육은 헌법에 대한 지식습득이나 헌법 준수의 강요 혹은 동화를 위한 것이 아니라 이주민이 공동체 구성원으로서 살아갈 때에 구성원의 합의에 대해 동의하고 공감대를 형성해야 하는 의무에서 비롯되는 것이다. 이러한 공동체 구성원으로서 공감대 형성에 함께할 때에 비로소 개인적 차원에서는 자신의 인간의 존엄과 가치를 존중받고 스스로 행복을 추구할 수 있게 되며, 헌법이 요청하는 자주적이며 주체적인 인간상을 이루어 나간다고 할 수 있겠다.

2.2.2. 소수자 인권 보호

다문화사회에서 헌법교육은 이주민이 소수자로서 인권을 스스로 보호할 수 있는 계기를 제공하는 기능을 한다. 이주민 역시 우리 사회의 구성원이므로 헌법에 의하여 보장된 인권을 보호받아야 하고 스스로 보호할 수 있는 능력을 갖출 수 있도록 교육받을 필요가 있다. 헌법은 공동체의 구성원이 가지는 자유와 권리를 보장하는 권리장전으로서의 역할을 가지고 있는바, 이는 이주민의 인권보장에서도 동일하며 다른 사회구성원이 이주민의 인권을 동일한 수준에서 보호해야 하는 것도 마찬가지이다. 우리 헌법이 권리장전에서 국민의 자유와 권리를 보장하고 있는 것은 비록 국민이라는 단어를 사용하는 경우라고 할지라도 국민에게 한정되는 것은 아니다. 일반적으로 인간에 대한 인권으로 인정받는 것은 내국인이나 외국인을 차별하지 않는 것이 원칙이다. 나아가 헌법에서 국민의 자유와 권리를 정한다는 것은 공동체의 구성원이 보유하고 행사하는 일정한 자유와 권리를 공동체의 최고법에 보장하는 것을 의미하고, 공동체의 구성원이나 헌법에 의해 창설된 국가권력이 어떤 경우에도 이러한 기본권을 침해할 수 없다는 것을 뜻한다(정종섭, 2013, pp.35~36).

헌법교육에 우선적으로 고려되어야 할 교육요소를 법학 및 교육학 전문가를 대상으로 조사한 연구결과, 가장 두드러지는 점은 기본권 관련 내용을 전반적으로 중요시하였다는 것이다. 평등권이 두 번째로 중요한 요소로 꼽혔으며, 이는 평등권의 문제가 곧 소수자의 권리에 대한 사고이기 때문이라는 의견도 있었다(곽한영, 2009, p.10). 이주민은 사회에서 하나의 인격체로 존중받아야 하며, 이주민이 보호받을 수 있는 인권의 내용은 인간의 존엄성, 평등권, 차별받지 않을 권리, 신체의 자유 등이다. 소수자 혹은 사회적 약자라는 이유로 이주민이 부당한 인권 침해를 받지 않도록 스스로 권리를 보장받아야 하며, 이는 헌법교육을 통하여 학습할 수 있다.

2.2.3. 민주주의 유지 발전을 통한 공동체 발전

헌법은 국가공동체가 정치공동체로서 평화롭게 유지되도록 하는 기능을 담당하고 있으며 이러한 맥락에서 헌법교육은 국민주권과 민주주의에 대한 신뢰감 형성, 국가적 권위에 대한 존중, 공동체 구성원의 정치 참여, 공동체 구성원의 다양한 이해관계의 조정, 갈등과 충돌을 완화시키는 기능을 할 수 있다. 즉, 헌법교육을 통해 이주민도 우리 사회의 정치공동체에 통합되어 살 수 있는 최소한의 가치를 습득할 수 있다.

특히 헌법은 공동체의 구성원이 추구하는 가치에 합치하는 일정한 가치지향과 질서로 나타나므로 이는 공동체의 구성원으로 하여금 공동체의 생활에 동화되고 통합되어 살 수 있도록 한다. 헌법이 공동체를 통합한다고 하여, 이러한 통합이 폐쇄적인 통합을 의미하는 것은 아니다. 이러한 통합은 사회의 변화에 따라 변화하고 적응하면서 존재하는 통합이므로 그 통합의 체계는 닫힌 체계가 아니라 열린 체계를 의미한다. 따라서 헌법교육은 갈등의 발생과 조정 그리고 갈등의 해소와 통합의 동적 운동이 존재하는 사회에서 갈등으로 인하여 공동체가 해체되지 않도록 하는 데 중추적인 역할을 수행할 수 있다(유사한 취지로는 정종섭, 2013, pp.37~38 참조). 이주민은 공동체의 일원으로서 민주주의와 법치주의를 바탕으로 민주시민성을 함양하여 공동체 발전에 기여할 수 있다. 헌법교육을 통하여 이주민이 자신의 권리와 의무를 학습한다면, 스스로 행복을 추구하면서 권리를 보호받을 수 있는 역량을 기를 수 있게 될 것이다.

2.2.4. 문화적 다양성의 보장

헌법교육은 다문화사회에서 갈등을 해결하는 데 있어서 국민정체성과 문화

정체성이 하나여야 한다는 고정관념을 버리고 문화우월주의를 탈피할 수 있도록 기능한다(김선택, 2010, pp.35~36). 헌법에 규정된 인간의 존엄과 가치조항을 비롯하여 학문, 예술, 종교, 언론·출판, 교육 등의 문화 관련 조항들을 묶어서 이해한다면, 우리 헌법이 문화적 다양성을 존중한다는 것은 무리가 없다(김상겸, 2007, pp.208~209; 전제철, 2010, pp.214~215). 비록 헌법 제정과 현행 헌법 개정 당시에 문화적 다양성에 대한 이해를 전제로 한 것은 아니지만, 우리 헌법의 행복추구권, 평등권, 자유권 등의 전체적 취지와 헌법이 갖는 개방성에 비추어 보면 문화적 다양성을 충분히 보장할 수 있다고 하겠다.

특히 우리 헌법에 문화적 다양성에 관한 명문의 규정은 없고 헌법 제9조가 문화국가의 원리에 대한 조항이라 하더라도, 이는 우리 국가가 문화적 다양성과 창의적 활동을 보장하면서도 특히 소멸할 위험이 있는 전통문화에 대한 특별한 보호를 의미하는 것이지 문화다양성을 배척하는 것이 아니다. 오히려 모든 문화는 그 문화를 공유하는 사람들에게 삶의 의미를 제공하는 것이며, 모든 문화는 동등한 가치를 갖는다. 문화의 동등한 가치에 대한 인정은 곧 인간의 평등함에 대한 인정으로 볼 수 있으며, 인종과 문화에 상관없이 동등한 시민의 권리를 갖듯이 자신의 전통문화를 향유할 권리가 있는 것이다(Taylor, 1997, p.253; 김남국, 2005, p.98. 재인용). 그러므로 헌법교육을 통하여 일반국민이 소수민족의 문화적 다양성을 인정하는 자세를 가지는 것이 중요하고, 아울러 이주민 스스로가 자국문화에 자긍심을 가지고 보장받을 수 있다는 인식을 가지도록 헌법교육이 기능해야 할 것이다.

3. 이주민에 대한 헌법교육의 방향과 구체적 내용

3.1. 사회통합 프로그램에서의 이주민에 대한 헌법교육

사회통합을 위한 방안으로 헌법교육이 필요하다면 이주민 헌법교육이 어떠한 방향성과 내용을 가져야 하는지 살펴볼 필요가 있다. 헌법교육의 내용요소가 명확하게 정립된 것은 아니지만, 주로 국가공동체에 대한 이해와 인권에 대한 이해로 크게 분류해볼 수 있다고 하겠다. 국가공동체에 대한 이해는 우리나라 헌법의 이념, 민주공화국에 대한 이해, 민주주의, 법치주의, 국회와 행정부, 사법부 등에 대한 이해 등으로 나누어 볼 수 있을 것이다. 그리고 인권영역에서는 인권보장의 일반론, 소수자로서의 인권, 인권의 종류, 다문화사회에서 문화적 다양성의 보장 등으로 나누어 볼 수 있다.

이러한 헌법교육의 기능과 취지, 내용 요소는 사회통합 프로그램에서도 어느 정도 반영되어 있다고 볼 수 있다. 이주민에 대한 헌법교육이 사회통합 프로그램에 포함되어 있다면 이를 분석하여 발전적으로 이주민 헌법교육의 내용 요소를 규정할 수 있을 것이다. 법무부에서 규정한 「이민자 사회통합 프로그램 운영 등에 관한 규정」 훈령 제888호(2013.02.25. 개정) 제6조에서 한국사회 이해 과정의 영역에서 가르쳐야 할 요소를 별표로 제시하는데 이 가운데 정치 영역과 법 영역의 학습목표와 학습 세부내용을 살펴보면 〈표 5-1〉과 같다.

〈표 5-1〉 한국사회 이해 과정 영역 중 정치 및 법 영역

영 역	이수 시간 50	학습목표	세부내용
정치	5	한국 사회의 민주주의와 국내외 정치의 현실 및 변화 모습을 파악하고 민주시민으로서 의식과 태도를 기름	민주공화국, 대통령제, 민주주의 발전 역사, 선거제도, 지방자치제도, 행정부, 국회, 법원, 정치참여 방법, 분단, 통일, 한반도 주변 4강 등
법	7	한국에서 외국인 및 귀화인으로서 살아가는 데 필요한 법적 지식과 기능을 파악하고 준법의식을 기름	체류에 필요한 것, 외국인이 보장받을 수 있는 권리, 대한민국 국민의 자격, 귀화 절차, 한국인의 권리와 의무, 사법기관, 재판, 재산관계의 법적 해결, 가족관계의 법적 해결, 준법정신, 적극적 법의식 등

* 법무부훈령 제856호(2012.03.27.)에서는 한국사회의 이해 과정이 기초교육, 정치, 역사, 법률, 지리, 경제, 사회, 문화, 교육, 생활 및 시사, 법질서 및 법문화, 지역사회의 이해 등 총 12개 분야이며, 총 50시간으로 구성되었고, 이 가운데 정치 4시간, 법률 3시간, 법질서 및 법문화 4시간으로 정치와 법 영역이 모두 11시간을 차지하였다. 법무부훈령 제888호(2013.02.25.개정)에서는 사회 1, 사회 2, 문화, 정치, 경제, 법, 역사, 지리 등 8개 분야로 변경되었으며, 이수 시간은 50시간으로 동일하게 유지되었다. 이 가운데 정치 영역은 5시간, 법 영역은 7시간으로 12시간을 차지하고 있다. 이 훈령은 2014년 4월 1일로 폐지되었으나 교육프로그램은 이 훈령에 기초하고 있다.

법무부의 사회통합 프로그램은 2013년 개정 전 12개 영역에서 개정 후 8개 영역으로 재편되었는데 헌법교육과 관련된 영역은 정치 영역과 법 영역이 중심이라고 할 수 있다. 정치 영역의 세부내용과 법 영역의 세부내용을 살펴보면 헌법교육의 필수적인 내용이 되는 국가공동체의 이해, 통치구조의 이해, 인권에 대한 이해 등으로 이루어져 있음을 알 수 있다. 비록 정치와 법 영역으로 구분되어 있지만 시민교육으로서의 헌법교육이 이주민에 대하여도 강조되고 있다고 이해할 수

있겠다. 또한 학습목표나 학습수준, 학습방법에서는 차이가 있겠으나 기본적으로 이주민이 공동체 구성원으로 편입되기 위한 헌법교육의 세부내용 요소는 일반 국민을 대상으로 하는 헌법교육과 크게 차이가 없음도 확인할 수 있다.

법무부의 사회통합프로그램 규정에 기초하여 동아대 동아시아 연구원에서 마련한 표준교안(정상희 외, 2009)은 비록 현행 법무부 고시가 개정되기 전의 것이기는 하지만 헌법교육의 내용 요소를 구체화하고 있다. 표준교안에 따르면 헌법교육과 관련된 영역이라고 할 수 있는 부분은 정치 영역 4차시, 그리고 법률 영역 3차시 가운데 헌법에 관한 1차시 부분이다. 강의안에 포함된 학습 내용 중 정치 영역의 내용은 〈표 5-2〉, 법률 영역 중 헌법에 관한 내용은 〈표 5-3〉과 같다.

정치 영역은 1차시에서 대한민국의 건국과 정치변동에 대해서 다루며, 학습내

〈표 5-2〉 정치 영역 학습 내용

차 시	주 제	주제별 지도 내용	주요 학습 활동
1	대한민국의 건국과 정치변동	대한민국의 정부 수립	대한민국의 건국과정 대한민국의 정부수립과정 헌법제정과정
		건국 이후의 정치변동	건국 이후의 정치적 혼란 소개 남북한의 분단과정 국민통합과 경제발전을 위한 국민들의 노력
2	대한민국의 정부구조와 지방자치	대한민국의 정부구조 (입법, 행정, 사법)	삼권분립에 의한 민주정치체제의 확립 국회와 법원의 기능 행정부의 역할과 국가의 정책
		지방자치제도	중앙정부와 지방정부의 역할 분담 민주주의 실천수단으로서의 지방자치제도 한국의 지방자치제도
3	민주주의와 공산주의, 자유민주적 기본질서	민주주의의 이념과 가치	민주주의의 기본원리 공산주의의 기본이념 자유민주주의의 당위성 소개
		공산주의의 이념과 가치	민주주의의 기본원리 공산주의의 기본이념 자유민주주의의 당위성 소개
		자유민주주의 기본질서: 개인의 권리와 의무	개인의 자유와 평등 국민의 권리와 의무 공동체 유지와 개인의 절제
4	대한민국의 정당과 선거제도, 시민참여	정당제도	정당의 성립과 역할 한국정당의 역사개관 선거제도의 의의와 운영
		선거제도	정당의 성립과 역할 한국정당의 역사개관 선거제도의 의의와 운영
		시민참여	민주주의사회에서의 시민의 역할 시민정치참여의 중요성 시민참여의 한계와 정치발전

용에는 헌법제정과정을 배우도록 되어 있다. 2차시에는 대한민국의 정부구조와 지방자치를 학습한다. 3차시에 민주주의와 공산주의, 자유민주적 기본질서를 주제로 하여 학습내용에는 민주주의의 기본이념, 개인의 권리와 의무, 공동체 유지와 개인의 절제 등을 다룬다. 4차시에는 대한민국의 정당과 선거제도, 시민참여를 주제로 민주주의 사회에서의 시민의 역할을 학습내용에 포함하고 있다.

법률 영역은 1차시는 출입국관리법령, 국적법, 재한외국인처우기본법, 2차시는 헌법, 3차시는 민형사 기초 총 3차시로 구성되어 있다. 총 3차시 중에서 헌법에 관한 내용요소는 1차시로만 이루어져 있는데, 구체적인 학습 내용은 〈표 5-3〉과 같다.

〈표 5-3〉 법률 영역 중 헌법 학습내용

차 시	주 제	주제별 지도 내용	주요 학습 활동
1	헌법 기본원리	대한민국의 헌정핵심요소	민주공화국 대통령제 민주정치의 핵심요소 시민사회
		기본권의 내용	인간의 존엄과 가치 및 행복추구권 평등권 자유권적 기본권 사회적 기본권 참정권적 기본권 청구권적 기본권
		헌법상의 의무	납세의무 국방의무 교육 및 근로의무

법률 영역 중 헌법에서는 헌법기본원리를 주제로 민주공화국, 기본권에 대해 서술하였다. 이는 정치 영역에서 이미 통치구조에 관한 내용을 다루었기 때문에 기본권을 중심으로 학습 활동을 구성한 것으로 이해된다.

이렇게 사회통합 프로그램에서 헌법교육이 이루어지고 있지만, 정치와 법 분야로 나누어져 구성되어 있음을 알 수 있다. 이러한 구성은 사회통합 프로그램의 구성 방식이 사회과학의 학문분야를 기준으로 구분하고, 법 교육은 헌법·민법·형법과 이주민에게 필요한 생활법 교육으로 이루어졌기 때문인 것으로 보인다. 그러나 헌법교육 차원에서 헌법은 정치적 성격과 법적 성격을 공유하는 것이고 정치 분야의 사회통합 프로그램이 결국은 헌법교육을 본질로 하고 있다는 점, 헌법교육이 강조되어 별도로 이주민이 접근 가능하도록 한다면 정치 분야와 헌법 분야가 분리될 필요가 없다는 점을 고려해야 할 것이다. 그렇다면 이주민에 대한 헌법교육은 실질에 있어서는 정치와 법의 구분을 지양할 필요가 있다고 할 것이다. 그리고 그것은 헌법교육의 기능과 헌법의 체계, 내용 요소를 고려할 때 우리나라 국가공동체에 대한 기초적 이해, 인권의 보호와 인권의식에 대한 이해, 민주주의와 정치질서에 대한 이해, 문화적 다양성에 대한 이해로 구성할 수 있을 것이다.

3.2. 국가공동체에 대한 이해

이주민이 우리 공동체 구성원으로서 통합되고 자주적으로 삶을 영위하기 위해서는 우리나라 국가공동체에 대한 이해와 구성원으로서 공감대 형성이 우선되어야 한다. 이러한 공감대 형성은 국가공동체에 대한 역사와 문화 등을 포괄적으로 학습하는 과정에서 이해할 수도 있겠으나, 전 국민의 합의이자 최고법인 헌법을 토대로 한 헌법교육은 한국사회를 이해하는 데 중요한 위치를 차지하고 있다. 헌법전의 내용을 가르친다는 관점보다는 우리 공동체가 지향하고 있는 가치와 원리가 무엇인지 확인해 보는 교육적 경험을 제공하는 것이 바로 헌법교육이기 때문이다(김다현, 2011, pp.44~45). 헌법은 우리 공동체의 정체성을 '민주공화국'으로 규정하였고(헌법 제1조), 헌법의 근본 목적을 '인간으로서의 존엄과 가치'(헌법 제10조)에서 구하고 있다. 즉, 우리의 민주주의는 주권자인 국민들의 존엄과 가치를 목적으로 하는 것이며, 또한 국민들의 존엄과 가치는 민주주의의 원리에 의하여 구체화될 것을 예정하고 있는 것이다. 따라서 헌법교육을 통하여 구성원 개개인이 민주질서 속에서 주권자적 인격을 함양할 수 있다(강경선, 2012, p.334). 따라서 이주민이 한국 사회를 이해하기 위해서는 우리나라 국가공동체에 대한 기초적 이해가 가장 먼저 선행되어야 한다.

국가공동체에 대한 이해의 범위를 어떻게 설정할 것인지 구체적인 연구가 별도로 필요하겠지만, 공동체 구성원으로서 공감대를 형성하기 위해서는 국가적 상징에 대한 이해, 국가 건설과 발전에 대한 이해, 국가 미래에 대한 이해가 필요하다고 본다. 국가 상징이라는 것은 헌법전, 한글, 태극기, 애국가, 수도, 행정부 수반, 공휴일 등에 관한 것인데, 이에 대한 교육은 헌법교육 이외의 분야에서도 이루어지는 경우들이 많겠으나 헌법교육적 차원에서도 학습되는 것이 필요하다.

참고로 미국의 헌법교육 또는 정치교육과 법교육의 지침이 되는 미국시민교육 지침서(*National Standards for Civics and Government*) K-4학년 절의 Ⅱ장에서도 공동 체의 가치와 원칙, 신조가 명시된 기본 문헌이라고 할 수 있는 독립선언서, 미국 연방헌법과 권리장전, 국가에 대한 맹세(Pledge of Allegiance) 또는 미국인이 공유 하는 가치와 원칙, 믿음을 나타내는 다양한 상징[예: 국기(the flag), 자유의 여신상, 정의의 여신상, 국가(national anthem), 취임 선서(oaths of office)], 미국인이 기념하 는 공휴일과 각각의 날에 반영되어 있는 공동의 가치와 원칙을 내용 표준에 포함 시키고 있다. 그리고 국가건설과 발전에 있어서는 우리나라의 근현대사와 관련이 있겠으나 헌정사로서 국민적 공감대 형성에 기여한 역사적 사건, 예를 들면 임시 정부 수립과 3·1운동, 해방과 정부 수립, 분단과 통일 노력, 경제발전과 민주주 의 발전, 인권 보장의 발전 등에 대해 국가 형성과 발전이라는 헌정사적 관점에서 학습된다면 공동체 구성원으로서 공감대 형성에 필요한 내용적 요소를 갖출 것이 라 기대된다. 아울러 국가 발전과 국가의 미래에 관한 학습을 통해 자신이 공동체 에 기여할 수 있음을 기억하고 자주적으로 행복을 추구할 수 있는 인격적 구성원 으로서 사회통합에 기여할 수 있도록 헌법교육이 이루어질 필요가 있다.

이러한 학습 내용들은 자칫 방대해질 위험이 항상 존재하므로 우리 사회구성 원으로서 기초적 이해가 될 수 있는 범위 내에서 학습자의 수준을 고려하는 것이 필요하다. 이러한 분야의 학습은 영상 자료의 활용이나 우리나라와 아시아 또는 세계의 민주주의, 인권 발전 등과 함께 학습된다면 효과적일 것이다.

3.3. 인권의 보호와 인권의식에 대한 이해

사회적 소수자 및 약자에 해당하는 이주민들에게 인권의 보호와 인권의식에 대한 이해를 향상시키기 위해서는 일반 국민들과 달리 특별한 교육과정의 구성이 필요하다. 일반적으로 헌법교육을 통해 다수의 결정에도 불구하고 소수를 인정하 고 배려하는 것을 학습할 수 있으나(김현철, 2009, p.97) 사회적 소수자에 해당하는 이주민으로서 평등하게 배려받고 존중받는 것은 단순히 이론을 넘어 실천적으로 학습할 수 있는 기회가 제공되어야 한다. 인권의 보호나 인권의식은 이주민들이 한국사회에 통합되는 데 스스로 주체라고 인식할 수 있는 중요한 계기가 되기 때문이다. 이에 따라 이주민들이 사회적 소수자나 약자임에 주목하여 기회의 균등 차원을 넘는 적극적 평등을 실현하고, 사회구성원들이 거부감을 느끼지 않고 공감할 수 있도록 하는 교육이 필요하다(전제철, 2013, p.109).

이러한 차원에서 첫째, 무엇보다 평등권에 대한 학습이 필요하다. 우리 헌법 제11조는 성별, 종교, 사회적 신분에 의한 차별을 금지하는 평등권을 보장하고 있으며, 이는 한국에 거주하고 있는 이주민에게도 적용된다. 이주민에게 헌법 조항의 내용 자체를 전달하기보다는 이러한 내용을 헌법에서 보장하고 있다는 사실을 인식시키는 것이 필요하다. 나아가 다문화 교육의 측면에서 일반 국민들이 평등의 개념을 알도록 하는 것도 중요하지만, 이주민 스스로 평등의 의미를 알고 평등권을 주장할 수 있어야 한다. 학습방법으로는 이주민이 실제로 겪는 차별의 사례를 제시한다면 이해를 도울 수 있을 것이다. 단순히 이주민이라는 이유만으로 차별을 당하는 경우 이외에 이주민이기 때문에 파생적으로 발생할 수 있는 경우, 예를 들어 인종, 이주 여성으로서 성별, 종교, 사회적 신분이나 경제적 능력 등에 따른 차별의 사례(허종렬 외, 2009, p.102)를 제시하고 불평등을 해결하는 절차 혹은 자신이 도움을 요청할 수 있는 방법, 구체적인 개선 사례 등을 학습하게 할 필요가 있다.

둘째, 이주민의 일상생활에서 가장 광범위하게 인권 문제로 다루어질 수 있는 자유권에 대한 학습이 필요하다. 예를 들어 이주민이기 때문에 더 흔하게 제한되거나 침해될 수 있는 신체의 자유, 종교의 자유, 직업의 자유, 법적인 도움을 받을 권리 등이 강조될 필요가 있다. 이러한 자유권은 일반론적인 내용보다 이주민에게 문제가 발생했을 때 어떻게 구제를 받을지가 중요하며, 일반 국민보다 현실적인 구제가 어려울 수 있으므로 인권 침해에 대하여 어떤 태도를 취해야 하는지 등의 인권의식에 중점을 두어야 할 것이다. 특히 결혼이주여성의 경우에 필요한 학습내용에는 결혼, 이혼, 취업에 따른 권리가 포함되어야 한다. 학습방법으로는 사례의 제시가 학습자가 흥미롭게 접근하기 쉬울 것으로 예상되지만, 판례의 경우에는 사례마다 구체적인 사실에 따라서 판결이 달라질 수 있기 때문에 일반적인 학습에 어려움이 있을 수 있다. 따라서 개별 사례를 전부 학습하기에는 양이 방대하다는 어려움이 있으므로 이주민이 실질적으로 법적 구제를 받았던 경우와 받지 못했던 경우로 나누어 접근하는 것이 도움이 될 것이다.

셋째, 정치적으로 참여하여 공동체의 의사결정에 자신의 의견을 반영할 수 있는 방법, 자신의 권익이 침해되었을 때 구제받을 수 있는 방법과 도움을 줄 수 있는 기관, 사회보장제도의 도움을 받을 수 있는 범위와 방법 등에 대해 인권 차원에서의 학습이 이루어져야 할 것이다.

3.4. 민주주의와 정치질서에 대한 이해

다문화사회에서 정치공동체의 공통된 정체성을 형성하기 위해서는 보편적인 가치가 필요하며 보편적인 가치의 대표적인 것이 민주주의이다. 민주법치국가의 헌법이 민주주의를 선언하는 것은 일반적인 일이다(오승호, 2011, pp.77~78). 한국에 거주하고 있는 이주민은 우리 사회의 구성원으로 살아갈 수 있도록 민주시민성을 함양할 필요가 있고, 민주시민이 됨으로써 공동체 발전에 기여할 수 있다. 결국 민주시민교육의 기본 목표는 학습자를 그와 같은 주권자적 인격체로서의 시민으로 성장시키는 것이라고 할 수 있다(강경선, 2012, p.334). 이러한 목표는 헌법의 기본원리와 동일하다고 볼 수 있고, 이는 헌법교육을 통해 이루어질 수 있으며 이러한 교육으로 함양된 시민성은 다문화사회에 진입한 우리에게 절실히 요구되는 것이라 할 수 있다(김다현, 2011, p.51). 민주시민성 함양을 위한 민주주의와 정치질서에 대한 이해는 통치구조에 대한 학습에서 중점적으로 이루어질 수 있다. 이주민의 경우에는 자국에서의 민주주의의 발달 양상과 수준이 우리나라와 다를 수 있으므로 다음의 사항을 고려하여야 한다.

첫째, 이주민에게 중요한 내용요소로서 학습해야 할 내용은 우리나라는 민주주의와 법치주의를 토대로 하고 있다는 점에 대한 이해가 필요하다. 또한 실제로 민주주의가 어떻게 작동되는지 쉽게 이해하기 위하여 우리나라 대통령과 국회의원이 누구이고 어떤 일을 하는지를 학습할 필요가 있다. 국민의 자유와 권리를 보장하기 위하여 권력분립을 채택하고 있다는 점과 입법부·행정부·사법부의 기본적인 기능도 학습해야 한다. 학습내용의 선정에 있어서는 이주민의 한국어 수준에 따라 법률적 용어 자체가 어려울 수 있으므로, 지나친 학습분량을 주는 것보다는 핵심적인 기능과 일상생활에서 접할 수 있는 내용을 중심으로 전달하는 것이 필요하다. 또한 수업시간에 부수적으로 이주민 자국의 통치기구와 한국의 통치기구를 비교하는 것도 이해를 도울 수 있는 방법 중 하나이다. 이는 사회과학적으로 비교하는 것이 아니라 국가 원수에 대한 비교, 통치기관의 종류 및 역할 정도에 대한 비교 수준의 학습을 의미한다.

둘째, 이주민은 우리 공동체의 주체로서 정치적으로 일정한 지위가 있음을 학습할 필요가 있다. 선거권의 경우에 모든 선거에 대하여 이주민이 선거권을 행사하는 것은 한계가 있지만, 이주민이 정치나 여론 형성에 참여할 수 있는 다양한 방법과 자신의 권익과 공동체의 발전을 위하여 의견을 제시하는 방법을 학습할 필요가 있다. 아울러 영주자격이 있는 이주민은 지방선거에 참여가 일정하게 보장되어 있으므로 이에 대한 학습도 이루어져야 하겠다.

셋째, 헌법적 기관에 대하여는 국회, 행정부와 대통령, 법원, 헌법재판소의 지위와 역할에 대한 기본적인 학습이 필요하다. 이러한 학습은 사회구성원으로서 국가공동체에 대한 이해, 그리고 자신이 각 기관에 참여하거나 접근하는 방법, 공동체의 발전 방향에 대한 이해를 위해 필수적이라고 하겠다. 따라서 학습 내용이나 방법 역시 일반적인 헌법교육에서 말하는 각 통치기관의 지위와 권한, 상호간의 관계가 아니라 각 기관이 민주주의와 법치주의, 국민의 권익을 위해 하는 역할이나 공동체 구성원에게 미치는 영향, 그리고 공동체 구성원이 각 기관에 참여 또는 접근하는 방식을 학습하는 것이 필요하다.

3.5. 문화적 다양성에 대한 이해

이주민이 정치·경제적 공동체의 구성원으로 통합되는 것을 넘어 문화공동체의 구성원으로 통합되는 과정에서는 문화적 다양성에 대한 이해가 필요하다. 아직 헌법교육에서 문화적 다양성에 대한 이해라는 학습요소가 생소한 것이 사실이고 오히려 문화국가의 원리와 전통문화의 보호가 중요하게 인식되고 있지만, 다문화 사회에서의 이주민에 대한 헌법교육에서는 문화적 다양성에 대한 이해가 새롭게 다루어질 필요가 있다. 이와 관련하여 이주민에게 한국의 문화를 가르치는 데 중점을 두고, 일반 국민에게 타 문화 체험을 할 수 있는 기회를 제공하는 학습 방식도 있지만 이는 문화현상 전달에 가깝다고 볼 수 있다. 그러나 헌법교육에서의 문화다양성 교육은 단순한 체험과 이해를 넘어서 다른 문화를 민주적으로 인정하고 인간의 존엄과 가치 차원에서 존중하고 배려하는 자세를 습득하는 것이 중요하다. 이주민 스스로도 자국의 문화를 존중하고 자긍심을 갖되 우리 사회의 통합에 기여하는 방향으로 문화다양성을 존중할 수 있도록 학습하는 것이 필요하다.

민주시민으로서의 관용과 배려의 가치는 문화적 다양성의 존중과 문화공동체 원리에서도 적용되는 것이다. Banks는 민주주의 사회에서 개인이 누리는 자유와 평등, 기회균등의 원리들이 그대로 문화집단에 적용되어야 하며, 소수와 다수 집단은 민주적 원리를 실천함으로써 국가 사회의 발전에 기여해야 한다고 주장하였다(김용신, 2009, p.17). 문화는 인간의 사고와 행동 양식을 해석하는 도구이며 체계이므로, 모든 인간은 문화적이며 문화적 방식이 다르다고 해서 더 우월하거나 열등하다고 볼 수 없다(김용신, 2010, p.47). 그러므로 문화적 다양성은 민주주의, 평등권, 사회통합과 공동체 발전에의 기여 등 다양한 관점에서 학습될 수 있다.

다문화사회의 문화적 갈등을 해결하기 위해서는 일반국민이 관용하고 배려하는 태도를 가지는 것도 반드시 필요하지만, 더 중요한 것은 이주민이 자국의 문화를 존중받을 수 있다는 인식이 필요하다는 점이다. 물론 예외적으로 우리 헌법적 가치의 한계를 넘어 다른 구성원의 인권을 침해하는 소수문화가 있다면 그러한 것은 인정할 수 없음은 물론이다. 그 외에는 소수문화도 문화적 다양성을 보장받고 그러한 문화가 우리 공동체의 발전에 기여할 수 있음을 이주민 스스로 인식하도록 학습하는 것이 필요하다.

4. 헌법교육을 통한 사회통합을 지향하며

다문화사회에서는 사회의 존속과 유지, 발전을 위한 공동체의 통합이 가장 중요한 과제라고 볼 수 있다. 우리가 지향해야 할 사회통합의 개념은 공동체가 합의한 개념, 그리고 공동체가 공감대를 이루면서 지향하기로 한 것으로 이해할 수 있으며, 그것은 헌법이 지향하는 개념과 동일하다. 따라서 사회통합의 기준으로 헌법이 제시될 수 있는 것이다. 다문화사회에서 사회통합을 위한 하나의 방안으로 헌법교육이 중추적인 역할을 할 수 있으며, 헌법교육은 다문화교육과 마찬가지로 사회통합과 민주시민 양성에 그 목표를 둔다. 이러한 의미에서 헌법교육을 통하여 다문화사회에서 사회통합의 가능성을 살펴볼 필요가 있다. 앞에서 살펴본 내용을 요약하면 다음과 같다.

다문화사회에서 헌법교육은 다음과 같은 기능을 한다. 첫째, 헌법적 가치에 대해 공동체 구성원 간의 공감대를 형성하는 기능이 있다. 헌법 준수를 강요하거나 동화를 위한 교육이 아니라 이주민에게 공동체 구성원으로서 최소한의 동의를 구하는 것이다. 이주민이 이러한 공감대 형성에 함께한다면 개인적 차원에서는 자신의 인간의 존엄과 가치를 존중받고 스스로 행복을 추구할 수 있게 되며, 국가적 차원에서는 공동체가 분열되지 않고 사회통합이 유지될 수 있다. 둘째, 헌법교육은 권리 장전에 대한 이해와 존중을 통한 소수자 인권 보호 기능을 수행한다. 이주민은 공동체 구성원이므로 헌법에 의해 기본권을 보장받을 수 있으며 헌법교육을 통하여 인간의 존엄성, 평등권, 차별받지 않을 권리, 신체의 자유 등을 학습할 수 있다. 셋째, 헌법교육은 민주주의에 대한 이해와 발전 및 신뢰감을 형성하여 공동체를 발전시키는 기능이 있다. 즉, 국민주권과 민주주의에 대한 신뢰, 국가적 권위에 대한 존중, 국민의 정치 참여, 공동체 구성원의 다양한 이해관계 조정, 갈등과 충돌을 완화시키는 데 기여한다. 넷째, 헌법교육은 문화다양성의 인정 및 보장받을 수 있다는 인식을 함양하는 기능이 있다. 헌법교육을 통하여 모든 문화는 동등한 가치를 가지고 있으며, 인종과 문화에 상관없이 자신의 전통문화를 향유할 수 있다는 인식을 가질 수 있다. 이러한 헌법교육은 국민과 이주민 모두에게 필요하며, 이주민에 한정하여 헌법교육의 방향성과 구체적인 내용을 제시하였다.

헌법교육의 내용요소는 크게 국가공동체에 대한 이해와 인권에 대한 이해로 분류할 수 있으며, 헌법교육의 기능과 헌법의 체계, 내용요소를 고려하여 헌법교육의 방향성과 구체적인 내용을 다음과 같이 네 개의 영역으로 분류하였다. 첫째, 이주민이 우리나라에서 사회구성원으로서 살아가기 위해서는 우리나라가 국가공동체로서 갖는 의미를 이해할 수 있어야 한다. 우리나라의 건국과정과 남북 분단문제, 우리나라에서 민주주의가 어떻게 발전해왔는지를 이해한다면 공동체의 구성원으로서 민주시민성을 함양하는 데 기여할 수 있을 것이다. 둘째, 이주민이 헌법에 의거한 기본권을 보장받을 수 있다는 인권의식을 가지는 것이 중요하다. 우리 헌법은 소수인권을 보호하며, 평등권, 자유권을 인정하고 있으므로 차별금지를 넘어서 적극적인 평등의 실현을 지향해야 한다. 셋째, 한국사회의 민주주의와 정치질서에 대한 기초적 이해가 필요하다. 공동체 구성원으로서 정치나 여론에 적극적으로 참여할 수 있도록 하고 우리나라 통치구조에 대한 기초적인 학습이 이루어질 필요가 있다. 넷째, 이주민이 정치공동체를 넘어 문화공동체의 구성원으로서 통합될 경우 문화다양성에 대한 이해가 필요한바, 주류문화와 소수문화는 우위관계가 없으며 이주민 스스로 자국 문화에 자긍심을 가지는 것이 필요하다. 이상에서는 다문화사회에서 이주민 헌법교육의 필요성과 방향성을 검토하는 데 의의를 두었으며, 앞으로 실태 분석과 구체적 방법론에 관한 연구도 요청된다고 하겠다. 끝으로 이주민을 대상으로 한 헌법교육이 자칫 이주민만 헌법교육의 의무를 갖는 것으로 해석되어서는 안 된다. 아울러 다문화사회 도래에 따른 국민 일반에 대한 헌법교육의 대응과 변화는 또 다른 연구과제가 되어야 한다.

6장

교육기부활동을 통한 대학생의 다문화 시민성 함양 과정

6 교육기부활동을 통한 대학생의 다문화 시민성 함양 과정*

정소민 · 김영순 * 이 글은 연구자들이 2013년 『한국교육』 40권 1호에 게재한 논문을 일부 보완한 것이다.

1. 대학생의 현실

'삼포세대', '스펙 5종'과 같은 단어는 현재 한국의 대학생을 단적으로 묘사하는 말이다. 이 단어들이 의미하는 바는, 경제적인 여건으로 연애 · 결혼 · 출산을 포기하고, 취업을 위해 인턴 · 봉사활동 · 수상경력 · 자격증 · 영어점수와 같은 스펙을 쌓아야 한다는 것이다. 요즘 우리 사회에서는 '개천에서 용 난다'는 속담이 해당되지 않는다는 우스갯소리가 생겨났다. 이럴 정도로 빈부격차와 청년 실업은 심각한 사회 문제로 대두되고 있다. 이와 더불어 시민에서 고객으로, 주권자에서 자원봉사자로 전락되었다는 현대 민주주의에 대한 비판(Crenson & Ginsberg, 2002/2013)을 고려하였을 때, 한국의 대학생들이 봉사활동을 통해 어떤 경험을 하고, 그것에 어떤 의미를 부여하는지 살펴볼 필요가 있다. 특히, 교육 정책의 흐름에서 도출되어 2012년부터 실시한 '대학생 교육기부' 활동은 공적 영역의 봉사활동으로서 새로운 형태의 봉사활동이라고 할 수 있는데, 그들은 이러한 교육기부 활동에서 어떤 교육적 경험을 하고 있을까?

Dewey(1916/2008: 156)가 강조하였듯이, 대학생의 봉사활동 경험이 '단순한 활동'으로 그치지 않고 질적인 변화를 일으켰다면, 그들은 경험으로부터 '무언가를 학습'했다는 의미가 될 것이다. 즉, 시민은 '태어나는 것'이 아니라 '되어가는 것'임을 고려할 때, 그 과정은 대학생이 된 후에도 일상의 삶 속에서 계속될 것이다.

초·중등 정규교육과정에서는 어떤 형태로든 시민교육을 받게 되지만, 대학에서는 자율적으로 선택할 수 있는 영역이 되기 때문에, 대학생들의 시민성 함양 과정에 관심을 가질 필요가 있다. 하지만 고등학생의 70% 이상이 대학을 가는 한국에서(통계청, 2012), 대학생들을 시민의 관점에서 바라보고 심도 깊게 논의를 하는 연구는 미흡한 편이다. 한편, 최근 들어 다문화사회로의 변화로 인해 교육 목표로서 요구되는 다문화 시민성에 대한 논의(구정화·박선웅, 2011; 김영순·윤희진, 2010; 현남숙, 2010; Banks, 2008b; Dusi, Steinbach, & Messetti, 2012)가 이루어지고 있지만, 다문화 시민성에 대한 이론적인 논의에 그쳤다는 점에서 한계가 있다. 따라서 현재 대학생들의 삶의 한 국면인 봉사활동 경험을 통해 다문화 시민성 함양 과정[1]을 논의하는 것은 의미가 있다고 본다.

그러나 봉사활동을 시민성의 측면에서 다룬 국내 연구는 찾아보기 어렵다. 우선 양적 연구로는 봉사활동에 대한 반성 경험이 시민성에 미치는 영향을 다룬 은지용(2002)과 자원봉사활동 경험이 시민의식에 미치는 영향을 분석한 연구로 원미순·박혜숙(2010)이 있다. 또한 심성보(2008)는 시민성을 연결하는 봉사학습과 시민교육의 결합을 모색하였고, 이승훈(2002)은 질적 연구를 통해 사회학적 관점에서 자발 결사체에 참여한 일반 성인을 대상으로 한국 사회의 '시민 됨'에 관한 형성과정을 고찰하였다.

이상의 연구들은 다음과 같은 점에서 한계를 가진다. 첫째, 시민을 'being'이 아니라 'becoming'의 관점에서 생각했을 때, 시민성을 정체된 속성이라기보다는 발달하는 과정이라는 측면에서 고찰하는 것이 교육적인 시사점을 더욱 많이 제공할 수 있다. 그러나 양적 연구는 'becoming'보다는 'being'에 초점을 맞춘다고 할 수 있다. 둘째, 이론적인 논의도 필요하지만, 실제 봉사에 참여한 이의 목소리를 통하여 일상 속에서의 시민성 함양을 고찰하려는 시도가 부족하였다. 셋째, 봉사활동의 형태와 속성이 변화하고 있는 현실(Hustinx, 2010)을 반영하지 않았다는 점이다.

이에 따라 본 글은 대학생 교육기부활동에 참여한 대학생들의 경험을 통해 그들의 다문화 시민성이 어떤 과정으로 함양되는지를 살펴보고자 한다. 이를 위하여 대학생 교육기부활동에 참여한 대학생들을 대상으로 심층면담을 실시하고, 그 자료를 현상학적 틀을 기반으로 분석할 것이다.

2. 다문화주의와 봉사활동

2.1. 비판적 다문화주의와 다문화 시민성

중등학교 이하의 학생들은 '좋은 시민'의 자질로 정치적 혹은 자발적인 참여보다는 소규모 공동체에 대한 헌신, 배려와 같은 개인적 윤리 등을 가장 중요하게 생각한다는 연구결과(모경환·이정우, 2004)가 있다. 이와 더불어 교사들이 좋은 시민성(citizenship)에 대하여 사회적이며 도덕적인 책임을 강조한 연구(Davies, Gregory, & Riley, 1999)를 고려할 때, 시민이라는 용어는 공동체 속의 개인을 가리킨다고 할 수 있다. 따라서 시민으로서 "한 사람을 위한 좋은 삶이 반드시 다른 사람을 위한 좋은 삶을 뜻하지는 않지만, 개인들 각자를 위한 좋은 삶은 정치 공동체를 지속하게 하는 행동을 포함해야 한다."(Oldfield, 1990: 25; Faulks, 2000/2005: 126 재인용)

여러 기관의 통계나 언론 등의 보도를 통해 한국이 다문화사회에 진입하였다는 것은 이제 사실로 여겨진다. 다문화사회에 필요한 시민의 자질을 다문화 시민성이라고 할 때, 다문화 시민성 논의에 앞서 "우리 학교 학생은 대부분 한국인이기 때문에 다문화교육이 필요 없다"라는 식의 '오개념'을 경계해야 한다(Nieto, 2002: 27~28). 다문화 시민성에 대한 논의를 다양한 민족, 인종 간 소통의 필요조건으로 한정짓고 협소한 의미에서의 타 문화만을 강조하게 된다면, 다수가 겪는 일상의 삶 속에서는 무의미한 외침이 되기 때문이다.[2] 또한 공존하는 다문화사회를 위한 핵심 열쇠는 문화적 사안만이 아니다. 이는 외국인을 대하는 태도에 있어서 그들의 사회경제적 지위에 영향을 받는다는 연구결과(유승무·이태정, 2006; 황미애, 2009)를 통해서도 유추할 수 있다. 현재 한국 사회에서 다문화인구가 겪는 문제는 인종적 정체성만의 문제이기보다는 "그와 연동되는 사회적·정치적·경제적 차별이 핵심"이라고 할 수 있다(심승우, 2011: 37). 즉, 다문화주의는 "서로 다른 사회계층·집단·문화·사상들 간의 정치적·계급적·경제적 입장들이 충돌하고 타협하는 과정을 모두 포괄하는 사회현상"이다(박휴용, 2012: 59).

자유주의적 다문화주의에 대한 대표적 이론가인 Kymlicka(1995/2010)는 차이의 정치를 옹호하면서 개인의 자유와 그에 따른 자율성을 강조한다. 이러한 논리하에 문화적 소수자들의 문화를 인정하는 것이 중요하며 개개인은 동등하다는 주장을 한다. 그러나 다양한 문화를 인정하는 것만으로는 모든 이가 동등해질 수 없다. 즉, 자유주의적 다문화주의는 특권을 가진 집단과 그렇지 않은 집단 간의 불평등과 힘의 불균형을 만드는 차별적 구조를 드러내지 못한다(Faulks, 2000/2005; Ladson-Billings, 2003; Sleeter & McLaren, 1995).

이에 반해 비판적 다문화주의는 사회 구조에 대한 비판적 의식과 사회변혁의 의지를 가지는 것을 강조한다(박휴용, 2012; May, 1999; Nieto, 2002; Sleeter & McLaren, 1995). 비판적 다문화주의에서는 사회변화를 가져올 수 있는 시민의 능력을 기르는 것을 강조한다(Ladson-Billings, 2003). 즉, 비판적 다문화주의에서 강조하는 시민은 '모든 형태의 차별을 거부'(Freire, 1998/2007: 41)하고, '현실과 현실을 숨기는 조건의 차이'(Giroux, 1988/2001: 64)를 비판적으로 사고해야 하며, 더욱 정의로운 사회를 위해 변화를 가져오려는 행동을 실천해야 한다.

비판적 다문화주의에서의 이와 같은 주장은 새로운 것이 아니다. 이는 민주주의에 대한 기존의 논의들에서도 꾸준히 다루어졌던 내용이다. 예를 들어, Parker(1996: 15~16)는 민주주의적 교육가들을 크게 세 종류로 구분한 내용 중 사회적 변혁을 강조하는 형태를 언급하였다.[3] 이러한 형태의 시민은 "문화적·정치적으로 당연하게 여겨지는 것들을 밝히고, 민주적인 삶을 방해하는 지배의 형태들을 영속화하는 사회적 힘과 투쟁한다." "민주주의를 위한 교육은 학생들에게 단순히 과거의 경험, 유산, 조상의 업적 등을 전달해주는 것이 아니다. 이보다 더 중요한 요소는 사회를 개혁하기 위하여 필요한 기능을 알려주고, 그러한 기능을 완전히 숙달하는 것이 중요하다는 것을 깨닫게 하는 것이다(Gay, 1997: 8)." 한편, 다문화 시민성의 하위요소를 규명하려는 시도[4]와 Oxfam(2006)에서 선정한 글로벌 시민성 교육 요소[5]를 통해서도 이와 유사한 내용을 발견할 수 있다.

Dewey(1916/2008)와 Banks(1996)는 교육과 경험을 통해서 시민으로서의 성장이 이루어진다고 주장했다. 이러한 성장의 과정을 통해 최종적으로 도달해야 하는 이상적인 시민성을 결국 우리가 추구해야 하는 시민성으로 볼 수 있을 것이다. 그러나 시민성은 고정불변하지 않으며 시대에 따라 변화한다(송현정, 2003). 세계화, 신자유주의로 인해 점점 불균형이 심해지는 다문화사회에 사는 모든 시민은 '사회정의와 민주주의, 사회적 연대의 문제(Lauder et al., 2006/2011: 376~378)'를 직시할 수 있어야 한다. 따라서 비판적 다문화주의에서 지향하는 시민의 자질은 다문화사회에서 추구해야 하는 시민성으로 보아야 한다.

이러한 관점에서 본 연구에서는 다문화 시민성을 구성하는 필수적인 요소로 다음과 같이 세 가지를 선정하였다. 첫째, 다문화 역량, 둘째, 불평등 구조 및 자신이 누리는 특권에 대한 비판적 사고, 셋째, 사회 개혁을 위한 임파워먼트이다.[6]

2.2. 봉사활동과 대학생 교육기부활동

봉사활동은 "보통 정부와 시장과 분리된 영역인 제3영역(the third sector)에서 조직되었고 비영리적이며 자발적인 조직과 관련하여 연구"되었다(Dover, 2010: 238). 그러나 봉사활동이 개인적인 측면뿐 아니라 사회적인 측면에서도 중요한 자원임이 인식되면서 정부, 학교기관 등에서 제도적인 지원을 확장하거나 직접적으로 활동 기회를 제공하게 되었다(Haski-Leventhal, Meijis, & Hustinx, 2009). 이와 같은 공적 영역에서의 봉사활동은 정부 기관이 조직하고 스폰서하는 자발적인 활동으로 정의된다. 또한 정부가 운영하는 학교 · 도서관 · 박물관에서부터 경찰서 · 병원에까지 다양한 장소에서 이루어진다(Dover, 2010). 이는 최근 정진경(2012: 43)이 번역하여 사용한 용어인 '국가봉사활동(national and civic service)'에 해당된다고 할 수 있다. 이러한 흐름은 전 세계적인 추세라고 할 수 있는데, 한국에서도 예외는 아니다. 하지만 공적 영역에서의 봉사활동은 "복잡하게 섞인 제도적인 논리(institutional logics)에 부응하기 위해 상향식(top-down)으로 제공한 봉사 기회(Hustinx, 2010: 173)"로서 '새로운 형태의 봉사'라고 할 수 있다. 즉, 전통적인 봉사와 달리 멤버십(membership) 기반으로 이루어지지 않고 누구나 자유롭게 활동에 참여하거나 관둘 수 있다는 점에서 '접속식(plug-in)' 유형의 봉사활동이 증가하며, 단기간의 봉사활동이 많아지면서 메뉴를 고르듯이 원하는 봉사활동을 골라서 할 수 있다는 특징이 있다(Hustinx, 2010; Lichterman, 2006: 545). 또한 일부는 활동 실비 혹은 다양한 형태의 인센티브를 지급한다는 점에서 기존의 전통적인 봉사활동에서 필수적인 요소로 여겨졌던 무보수성의 기준에도 맞지 않는다(Hustinx, 2010).

(구)교육과학기술부[7]와 한국과학창의재단이 주관하여 2012년부터 운영하고 있는 '대학생 교육기부' 활동은 이러한 특징을 가지고 있는 공적 영역에서의 봉사

활동으로 볼 수 있다. 대학생 교육기부활동이 출현하게 된 흐름을 요약하면 다음과 같다. 2009개정교육과정이 도입된 후로, 교육격차를 해소하고 창의·인성교육을 지역사회·기업 등과 연계하여 추진하기 위하여 정부 차원에서 산·학·연을 중심으로 교육기부운동[8]을 장려하였는데(교육과학기술부, 2010), 2012년부터는 '교육기부의 핵심인력으로서' 대학생에 주목하기 시작하였다(교육과학기술부, 2012a: 5). 2012년 봄에 대학생 교육기부를 지속적으로 기획하고 운영하기 위하여 '대학생 교육기부단'을 창단하였으며, 2012년 여름방학부터 개인 단위와 동아리 단위의 대학생 교육기부활동을 본격적으로 시작하였다. 대표적인 동아리 단위 대학생 교육기부활동으로는 '함성소리 토요프로그램', '쏙쏙캠프', '교육기부 인증(마크) 동아리' 활동이 있다(교육과학기술부, 2012b).[9]

이 중 '함성소리', '쏙쏙캠프'는 관주도의 행정적 기획과 활동 운영 실비 지원을 바탕으로, 대학생들이 자발적으로 참여하여 학교, 교육기관에서의 교육기부 프로그램을 스스로 기획하고 운영하는 활동이다. 이 두 가지 대학생 교육기부활동이 운영되는 방식은 다음과 같다. 우선, 교육과학기술부의 재정을 받아 한국과학창의재단에서는 교육기부 프로그램 홍보를 하고 참가 학교와 대학생을 선발한다. 그리고 선발한 대학생들을 개별 학교에 배치하며, 활동 실비를 지원한다. 매칭된 학교를 위한 교육기부 프로그램 기획부터 예산 운영은 모두 대학생교육기부 참가자들에게 위임되지만, 그 이전의 과정을 고려한다면 Dover(2010)의 정의에 따라 공적 영역에서의 봉사활동으로 간주할 수 있다.

우리 한국의 교육현장에 교육기부정책이 도입된 지 오래되지 않은 만큼, 교육기부에 관한 연구는 매우 적다. 그렇지만 정소민·김영순·강현민(2012)의 연구에서는 2009개정교육과정 이후 학교 교육활동과 지역사회의 자원을 연계하려는 시도가 많아졌다고 밝히고 있다. 이러한 맥락에서 교육기부 활성화 방안을 모색한 조현준·김이성·박태윤(2011)의 연구에서는 교사들을 대상으로 창의적 체험활동 활성화를 위해 정부 출연 연구기관의 참여 인식을 조사하였다. 하지만 교육기부활동에 얽힌 주체들의 목소리를 담아내지 못했다는 한계가 있다. 한편, 대학생 교육기부활동을 다루고 있는 정소민(2013)의 연구에서는 대학생 교육기부활동에 대한 심층적 연구를 제안하고 있지만 그 논의를 충분하게 다루지 못했다.

기존에도 정부 차원에서 대학생을 활용하여 멘토링과 같은 교육봉사 프로그램을 운영하여 왔지만, 멘토링 활동의 경우 장학금 명목으로 학생들에게 활동비를 지원한다는 측면에서 대학생 교육기부활동과 구별된다. 또한 일부 연구에서 지적한 바 있듯이 멘토링은 학습활동, 교과학습 위주로 진행되고는 하지만(서미옥·배상식, 2010; 윤경원·엄재은, 2009), '함성소리'와 '쏙쏙캠프'는 창의적 체험활동에 초점을 두므로 그 교육내용에도 차이가 있다. 특히, 멘토링의 경우에는 원칙적으로 멘토와 멘티의 1대1 혹은, 1대 다수의 형태로 이루어진다는 측면에서 공동체적 삶 속에서 다문화 시민으로서의 상호작용을 살펴보기에는 미흡하다. 또한 대학교 혹은 기업 등에서 기획하는 봉사활동은 '대부분 짜여진 프로그램'에 '진행자'[10]의 역할을 맡는 정도여서 역동적으로 변화하는 모습을 보기에는 참가자들에게 많은 자율성을 주고, 팀 단위로 운영되는 대학생 교육기부활동이 본 연구에 적합하다고 판단된다. 이에 '함성소리'와 '쏙쏙캠프' 중 공적 영역 봉사활동의 특성이 더욱 명백하게 드러나는 '쏙쏙캠프'를 연구 대상으로 선정하였다.

이상으로, 다문화사회에서 이상적인 시민성과 대학생 교육기부활동에 대한 논의를 살펴보았다. 본 연구에서는 "아이건 어른이건 성장은 계속되고 경험을 숙고함으로써 배움"이 일어나게 되며(Dewey, 1916/2008: 63), 민주시민은 태어나는 것이 아니라 되어가는 것(becoming)이라는 관점에서, 대학생들은 일상적인 삶 속에서 다문화사회의 이상적인 시민으로 성장하는 중이라고 가정할 것이다. 그리고 삶의 단면으로 교육기부활동이라는 봉사활동을 채택하여 그들의 경험을 고찰함으로써 시민성을 어떤 과정으로 함양하는지 논의하고자 한다. 이러한 연구를 통해 대학생들이 다문화사회의 시민으로서 성장하도록 돕기 위한 시사점들을 얻을 수 있을 것으로 기대한다.

3. 연구설계

3.1. 연구방법 및 자료수집방법

이 글은 방학 중 교육기부활동 프로그램인 '쏙쏙캠프'에 참여한 대학생들을 대상으로 교육기부활동 경험에 대한 심층인터뷰를 현상학적 연구를 통해 분석하여 다문화 시민성 함양 과정을 탐색한 것이다. 대학생이 교육기부활동을 통해 "경험하는 것은 무엇인지 그 경험으로부터 만들어 내는 의미에 대해 관심을"(Seidman, 2006/2009: 36) 가지므로 면담이 가장 적절한 방법이라 생각된다. 또한 여러 대학생들이 교육기부활동에서 갖는 '체험적(lived experiences) 의미'(Creswell, 2007/2010)를 기술하는 데 목적이 있기 때문에 현상학적 방법을 적용하였다.

자료수집 기간은 2012년 7월부터 2013년 1월까지이며, 면담 시간은 1회당 90분 내외 소요되었고, 개인당 1~2회의 1대1 면담을 실시하였다. 모든 면담내용은 연구 참여자의 동의를 얻어 녹음하고 이를 전사하여 문서화하였다. 또한 교육기부활동보고서에 실린 연구 참여 대학생들의 소감, 대학생 교육기부단 네이버 카페[11])의 글도 문서자료에 포함하여 연구결과를 보완하고자 했다.

대학생들이 교육기부를 통해 어떤 경험을 했고 그 경험에 어떠한 의미를 부여하는지와 그들이 교육기부 이전에 한 봉사 경험과 그 의미는 어떠한지를 알아보기 위하여 두 번의 반구조화(semi-structured) 심층 면담을 수행하였다. 첫 번째 면담은 교육기부 경험과 그 의미에 대하여 초점을 두면서 다음과 같은 질문을 했다. '쏙쏙캠프/함성소리 활동에 어떻게 참여하게 되었습니까?', '활동을 준비하면서 어려웠던 점/인상적인 일은 무엇입니까?', '활동을 준비하면서 팀원 간의 관계는 어떠했습니까?', '캠프 때 만난 학생 중 특별히 기억에 남는 학생이 있습니까?', '캠프를 운영하면서 어려웠던 점/인상적인 일은 무엇입니까?', '은퇴 멘토링 선생님과 학교와는 어땠습니까?', '캠프를 모두 마친 후 어땠습니까?', '캠프를 마치고 팀원들과의 관계는 어떠하였습니까?', '활동을 한 문장으로 요약한다면 어떻게 말하겠습니까?', '이전의 봉사활동과 비교하였을 때 교육기부활동은 어떠합니까?', '다양한 학교 소속의 대학생들을 만나고 어떤 생각을 했습니까?' 등이다. 즉, 교육기부에 참여하게 된 계기, 교육기부 과정(캠프 준비 기간, 캠프 기간, 캠프 후)에서의 경험, 연구 참여자가 경험에 부여하는 의미, 느낀 점 등에 대한 개방적인 질문으로 시작하였다. 그리고 연구 참여자의 대답에 따라 세부적인 질문들과 확인질문들을 추가적으로 제시하였다. 첫 번째 면담이 끝난 후에는 맥락과 현장 감각을 유지하기 위해 1~3일 내에 전사를 하고, 문서화한 자료를 읽으면서 메모를 작성하였다.

2차 면담에서는 명확하지 않은 의미에 대한 확인과 추가 질문을 하고, 학창시절과 교육기부 이전 대학교에서의 봉사활동 경험과 그 의미, 대학생의 역할에 대한 생각에 대하여 초점을 두고 다음과 같은 질문을 하였다. '초·중·고등학교 시절 인상 깊었던 일에 대해 이야기해주십시오', '초·중·고등학교 시절에 했던 봉사활동 경험은 어떠합니까?', '여러분의 인생에 있어 가장 의미 있는 봉사활동은 무엇입니까? 왜 그러합니까?', '대학생들이 우리 사회에서 어떤 역할을 할 수 있다고 생각합니까?', '대학생들이 사회에서 어떤 역할을 해야 한다고 생각합니까?' 등을 질문하였다.

3.2. 연구 참여자

2012년 여름방학 '제1회 쏙쏙캠프'에는 대학생 약 1,000여 명이 참여하였으며, 2013년 1~2월에 운영한 '제2회 쏙쏙캠프'에는 대학생 2,598명이 참가하였다(교육기부최종보고회 내용 중, 2013.2.22). 본 연구에는 '제1회 쏙쏙캠프'에 참가한 대학생 12명이 참여하였다. 본 연구는 현상을 심층적으로 기술하고 설명하는 데 목표를 두므로 최대 편차(maximum variation) 표본 추출 전략과 눈덩이 표집법을 이용하여 경험에 대하여 풍부한 정보를 제공할 수 있는 연구 참여자를 선정하였다. 연구자는 한국과학창의재단에 협조를 구하여 연구의 필요성과 목적을 설명한 후 2012년 여름 '제1회 쏙쏙캠프'를 운영하는 동아리팀과 개인팀[12] 각 1팀을 소개받았다. 그리고 직접 각 팀의 팀장에게 연락을 하여 참관 동의를 구하고 학교에 방문하였다. 방문한 학교에서 캠프를 관찰하고, 연구 참여 희망자를 섭외하였다. 교육기부 프로그램 최종보고회에서 직접 연구 참여자를 섭외하거나 전화로 연구 참여자를 섭외하기도 하였다. 또한 일부 연구 참여자는 기존의 연구 참여자로부터 소개받아 섭외하였다.

대학생들의 소속 대학교, 연령, 전공 등에 따른 다양성을 극대화하여 연구 참여자를 선정하였다. 남자는 7명, 여자는 5명이었고, 나이는 20세부터 26세까지 다양하였으며 1학년 5명, 2학년 3명, 3학년 4명이었다. 개인팀으로 중학교에서 활동한 대학생은 9명이었고, 동아리팀으로 초등학교에서 활동한 대학생은 3명이었다. 연구 참여자에 대한 정보는 다음 〈표 6-1〉과 같다.

〈표 6-1〉 연구 참여자에 대한 정보

연구 참여자	성 별	대학소재 지역/ 전공계열	학 년	활동 프로그램 (구분)[13]	면담 관련 특성과 교육기부활동 참여 동기
1	남	경기/ 이공계	1	쑥쑥캠프 (개-중)	중·고등학교 때 봉사를 진심을 다해 하지 못했다는 "죄책감을 속죄"하는 마음으로 교육기부활동에 지원하였음
2	남	경기/ 이공계	1	쑥쑥캠프 (개-중)	고등학생 때 개인적인 만족과 더불어 봉사시간을 채우고, 입학사정관제를 준비하기 위해서 후배를 가르치는 멘토링, 치매 노인 봉사, 유니세프 기부를 하였음. 대학 방학을 "잉여롭게" 지내고 싶지 않아 교육기부활동에 지원하였음
3	남	경기/ 이공계	1	쑥쑥캠프 (개-중)	중학생 때부터 다양한 대외활동과 외국문화교류활동을 했었음. 대학 입학 후에도 다양한 대외활동들을 하고 있음
4	남	경기/ 이공계	1	쑥쑥캠프 (개-중)	중학생 때 장애우를 위한 공책 만들기 등을 하였음. 대학교 방학 때 할 일을 찾다가 활동비를 지원해주기 때문에 "좀 더 편한 봉사가 될 거라는 생각에" 교육기부활동에 지원하였음
5	여	서울/ 인문계	2	쑥쑥캠프 (개-중)	대학에 들어와 교육기부활동 전에 중학생 멘토링을 한 적 있음. 교직 관련 봉사시간을 의무적으로 이수해야 하고 방학에 "내 시간을 잘 보내"고 싶어서 교육기부활동에 지원하였음
6	여	충남/ 예술계	3	쑥쑥캠프 (개-중) 함성소리 (동-초)	대학에 들어와 교육기부활동 전에 교직관련 봉사시간을 위하여 중학생 멘토링을 했는데 "잘 못했음". 대학교를 3년 휴학하였고, 휴학 동안 아르바이트 등을 하였음. 예술교육 쪽에 관심이 있어 동아리 사람들에게 교육기부활동을 소개하고 함께하자고 제안하였음. '제1회 쑥쑥캠프'를 마치고 '함성소리'도 활동하였음
7	남	서울/ 인문계	3	쑥쑥캠프 (동-초)	평소에 봉사를 하고 싶다는 생각은 많이 하지만 실제로 봉사를 시도한 적음. 연구 참여자 9가 쑥쑥캠프를 같이 해보자고 동아리에 소개하였는데, "큰 동기가 있다기보다는"금액이 지원되고 "우리(자신이 속한 동아리)가 하고 싶은 대로 할 수 있는 캠프"가 될 것 같아서 교육기부활동에 지원하였음
8	남	서울/ 이공계	3	쑥쑥캠프 (개-초)	군대에서 자신의 적성을 깨달아 제대 후 학교를 옮겼으며, 이공계를 학생들에게 알리고 싶어서 교육기부활동에 지원했음. 그러나 팀장을 맡아 캠프에 대한 전체적인 총괄을 하고 학생들을 직접 가르치지는 않았음
9	여	서울/ 인문계	2	쑥쑥캠프 (동-초)	고3 때 자신이 가진 꿈을 부모님께 이야기했으나, "일단 대학 가서 하라"라고 설득당했음. 기존 동아리에서 10대들을 위한 강연을 했었는데 서울 지역의 학교에만 치중되어서 다양한 지역의 10대들을 만나고 싶어서 교육기부활동에 지원했음
10	여	서울/ 인문계	2	쑥쑥캠프 (개-중)	교육기부활동 전에 중학생을 멘토링한 적 있음. "방학 때 뭔가 해야겠다"는 생각과 함께 초등학생 때 대학생과 함께한 여름방학 캠프에서의 좋은 기억 때문에 "나도 그런 사람이 되고 싶다"는 바람으로 교육기부활동에 지원하였음
11	남	서울/ 인문계	3	쑥쑥캠프 (개-중)	봉사활동 경험이 거의 없음. 휴학 중이어서 "아무거나 다 해보자"라는 생각이 있었음. 재미있을 것 같고, 연구 참여자 9의 소개로 동아리 사람들이 함께하기 때문에 교육기부활동에 참여하였음
12	여	서울/ 인문계	1	쑥쑥캠프 (개-중)	다른 대학을 다니다 "과에 대한 콤플렉스"로 학교를 옮겼음. 2012년 여름부터 도시락배달 봉사활동을 하고 있음. "스펙을 쌓는" 일로 방학을 보내는 모습을 안타까워한 친오빠가 쑥쑥캠프를 추천하였는데, '다른 교육봉사보다 가치가 있겠다'고 생각하여 교육기부활동에 지원하였음

〈표 6-1〉에서는 연구 참여자들에 대한 이해를 돕기 위하여 교육기부 참여 동기와 개인적 특성을 정리하였다. 대부분의 연구 참여자들은 학창시절에 "봉사활동 시간을 위해서" 봉사활동에 참여한 적이 있으며, 그러한 경험으로부터 봉사활동의 의미, 보람 등을 느끼지 못했다고 하였다. 하지만 일부 연구 참여자들은 "어쩔수 없이" 시작했던 봉사활동이었지만 결국에는 "배운 것이 많았다"고 말하기도 하였다. 한편, 대부분의 연구 참여자는 교육기부활동을 하기 전에 다양한 봉사활동을 했으며, 교육기부활동에 참여한 이유가 개인적으로 다양함을 발견할 수 있다. 또한 교육기부활동이 대학 입학 후 자율적으로 선택한 첫 봉사활동인 연구 참여자도 있었다.

한편, 연구 윤리에 관해서는 Seidman(2006/2009: 136~167)이 제시한 연구 참여 동의서 작성 시의 여덟 가지 주요 사항을 유의하여 연구 참여동의서를 제작하였다. 그리고 연구 참여자들에게 연구의 필요성과 목적에 대하여 설명을 하고 연구에 대한 질의 시간을 가졌다. 최종적으로 연구에 동의한 참여자에 한해 연구 참여 동의서에 서명 후 인터뷰를 실시하였다.

3.3. 자료분석

수집한 자료는 Moustakas(1994; Creswell, 2007/2010 재인용: 221~223)가 제시한 현상학적 자료분석 단계에 따라 분석을 하였다. 우선, 전체 전사 자료를 Nvivo10 프로그램에 넣고 이를 여러 번 읽으면서 전반적인 내용에 익숙해지도록 하고 교육기부활동 경험이라는 현상에 관련 있는 구절이나 문장을 찾아 표시하면서 '의미 있는 진술'을 선정하는 작업을 하였다. 이를 통해 총 258개의 진술을 선택하였다. 그다음으로는 '수평화' 단계를 거치면서 선정한 의미 있는 진술들을 나열하여 중복되지 않도록 목록화하고, 그것들을 '의미 단위' 혹은 주제라는 좀 더 큰 단위로 묶었다. 이 과정에서는 24개의 의미를 형성할 수 있었고, 이를 분류하여 5개의 주제로 구성하였다. 그 후, 이러한 전체적인 의미들을 통하여 교육기부활동 경험에 대하여 심층적인 기술을 시도하였다. 이와 동시에 해석의 타당성을 위하여 연구 참여자와 협의하는 과정을 거쳤다.

4. 교육기부활동에 참여한 대학생들의 경험

이번 장에서는 교육기부활동에 참여한 대학생들의 경험을 정리한 결과, 크게
1) 임파워먼트를 경험함, 2) 자신을 되돌아보고 성장함, 3) 협동을 경험함, 4) 자
신이 가진 편견을 깨달음, 5) 교육현실을 비판적으로 생각하고 '꿈'을 이야기함
등의 경험 유형을 나타냈다.

4.1. 임파워먼트[14]를 경험함

대학생 교육기부활동에 참여하게 된 이유로는 자신들이 직접 프로그램을 기획
하고 운영하며 예산을 운용하는 데 매력을 느꼈다고 진술하였다. 즉, 기존의 대학
생 봉사활동 같은 경우는 준비되어 있는 활동을 그대로 운영하는 '진행자'였다면,
대학생교육기부활동은 모든 활동을 대학생이 스스로 결정을 내리고 진행하는 자
율성이 주어졌다는 점이다.

> "교육뿐만 아니고, 대학생들에게 주어지는 봉사활동이 대부분은 어떤 만들어진 커
> 리큘럼에서…… 노동력? 그런 거를 대신하고, 시간을 받는…… 그런 대개 수동적
> 인? 입장이었다면은…… 함성소리나 교육기부에서는, 예산만 딱 받고 모든 거를
> 다 주체적으로 진행하는 거다 보니까…… 나도…… 교육에 있어서 생산자가 될 수
> 있구나, 그리고 또 많이 배우게 되잖아요."(연구 참여자 6, 2012.12.26.)

> "또 직접 기획하는 봉사라는 게 찾기가 힘들죠. 사실 짜주고, 이런 거 따라줘라 요
> 구하는 식이지만, 대학생 너네들이 직접 짜고 진행해 봐라, 그런 거는 진짜…… 모
> 든 사람들이 들으면 '아, 해보고 싶다'한 번쯤 그런 생각 했을 거예요. 저희 같은 경
> 우는 어렸을 때부터 공부해 오면서, 커서 누구 한번 가르쳐 보고 싶다, 왜냐면 무의
> 식적으로 선생님들은 높은 존재로 보이고, 선생님처럼 해보고 싶으니까, 그런 거를
> 일종의 동기 부여라고 볼 수 있을 거 같아요."(연구 참여자 4, 2012.9.7.)

연구 참여자들은 자신들이 그동안은 "항상 배우는 입장이고 커 가는 입장"으로
받아들여지고 학교교육에서 "정해진 틀 안에서 교육받아왔다"고 지적하면서, 교
육기부활동을 통해 자신들이 "주체적으로"프로그램을 "만들고", "처음부터 끝까

지 해내는" 경험을 했다고 진술하였다. 또한 이러한 활동들이 누적되면 대학생들에 대한 사회적인 믿음이 생길 것이라는 기대를 하였다.

4.2. 자신을 되돌아보고 성장을 함

연구 참여자들은 교육기부활동에서 만난 수혜 학생들을 통해 자기 자신을 되돌아보면서 '역지사지'를 배웠다고 진술하였다. 또한 학생들의 모습을 통해 자신의 모습을 반성하고 학생들의 협동하는 모습을 보면서 경쟁주의적인 대학 생활을 비판적으로 검토해보는 기회를 가졌다.

> "쏙쏙캠프에서 애들한테…… 제가 어떤 식으로 하면 반응이 오잖아요. 그게 제가 어렸을 때 했던 모습 같았어요. 그런 거 땜에 나도 저랬는데 생각이 들어서…… 다른 사람 만나도 제 생각하려고 하고…… 약간 제가…… '나는 안 그런가?' 역지사지?라고 해야 하나……." (연구 참여자 1, 2012.10.19.)

> "애들이 순수했어요. (중략) 저는 계속 그런 생각에만 빠져 있던 거 같아요. 겨우 2학년밖에 안 됐는데. '나중에 뭐 해야 하지? 이렇게 공부를 하고 있는 게 맞나?' 이런 생각을 했는데, (중략) 너무 현실만 생각하면서 내가 사람들 생각에 맞추려고 하는 것 같다는 생각도 들었고 (중략) (샌드위치 만들기 활동 후에 아이들이 샌드위치를 나누어 먹는 모습을 설명하면서)[15] 쟤네들도 그러는데 나는 진짜…… 왜 이렇게 한 해 지날수록 나밖에 생각 못 하는 거 같고…… 저는 여대라 그런지 모르겠는데, 과에서 친구들이랑 쟤는 공부를 얼마나 했지? 쟤는 저거를 아네? 쟤는 교수님하고 친하네? 그런 거를 경쟁하듯이 따지는 거 같아서……." (연구 참여자 9, 2012.10.18.)

또한 학생, 팀원 간의 관계를 통해 "사람을 대하는" 방법을 배움으로써 인간관계에 있어서 자신이 먼저 적극적으로 관계를 형성하려는 노력을 해야 함을 깨닫고, 함께하는 것의 즐거움을 알게 되었다고 진술하였다. 예를 들어, 2012년 1학기부터 중학생 멘토링을 하고 있던 연구 참여자 5는 아이들을 어떻게 대해야 할지 몰라 "무서웠고", 관계를 형성하는 데 어려웠지만, 교육기부활동 후에는 아이들이 "무서워해야 할 대상이 아니고", "이끌어 주는 사람이 잘하면 아이들이 좋은 방향으로 성장할 가능성이 많다"는 것을 느꼈다고 하였다. 한편, 중학교 시절부터 여러 교외 활동들을 많이 한 연구 참여자 3의 경우, "혼자 해서 새로운 사람들 만나고 친해지면" 된다고 생각해서 주로 혼자 활동을 했다고 한다. 그러한 그의 모습이 그 동안은 "관전자"의 입장에서 함께 활동을 하기보다는 "밖에서 바라보는 입장"이었다면, 교육기부활동을 통해 사람들 "안으로 들어와서" 바라보는 기회를 갖게 되었다. 또한 이러한 경험을 통해 "어깨동무를 하는 불편함을 편안하게 받아들이게 되었다"라고 설명하였다.

> "(쏙쏙캠프에서 무엇을 느꼈냐는 질문에) 나를 어른스럽게 만드는 거…… 좀 더 이런 사회에 나가서 사람들을 대하는 것도 알게 되고…… 책만 보다가 이런 쪽으로도 보게 되는 거고……."(연구 참여자 4, 2012.10.10.)

> "많은 사람들하고 다 하는 거 안 좋아하는데, 그냥 둥글둥글하게 사는 거? 아무래도 다 같이 해야 하는 거니까, 이럴 때는 내가 잘 듣고, 숙이고? 이럴 때는 의견 내고? '이렇게 하면 둥글둥글하면서 일을 마무리하고 이럴 수 있을까?' 사람 같이 사는 법 그런 거를 많이 배운 거 같아요."(연구 참여자 5, 2012.9.26.)

연구 참여자 5는 '쏙쏙캠프' 참여 이전에 아르바이트를 하는 동안 사장으로부터 그가 다른 사람을 배려하는 마음이 부족하다는 지적을 많이 받아서 자신의 모습을 자각했고, '쏙쏙캠프'는 "그것을 써먹을 수 있는 공간"이었다고 하였다. 이러한 인간관계에서의 경험은 이전의 인간관계 속에서의 자신을 되돌아보고 성장을 하는 계기가 되었다. 또한 개인 위주로 활동을 하던 일부 참가자들은 소속감과 함께하는 것의 즐거움에 대해 알게 되었다고 진술하였다.

4.3. 협동을 경험함

대학생 교육기부활동에서는 주어진 예산으로 연구 참여자들이 스스로 프로그램을 기획 및 운영해야 한다. 개인으로 참여하여 교육기부활동에서 처음 만나 팀으로 활동하게 된 대학생들은 대체로 협동이 잘 이루어졌으며, 스스로 참여하려고 노력했다고 보고하였다.

> "확실히 팀 단위인 거 하고, 개인 단위인거 하고 차이가 많은 거 같아요. 사실, 개

인은 준비를 잘 안 해요. 멘토링도 준비 잘 안 했어요. 팀 단위는 사실 처음엔 눈치 보면서 준비를 하면서, 나중에는 프로젝트니까 프로젝트 완성해야 하는 마음이 있으니까 준비과정도 더 오래 걸리고, 팀 단위는 팀원들 간에 협력이 가장 중요한 거 같아요. 그리고 잘 맞아야 해요. 중간에 나가는 사람도 있었거든요. 개인은 그런 게 필요 없거든요. 나만 잘하면 되니까."(연구 참여자 2, 2012.9.28.)

"어느 정도냐면요, 저희가 불미스러운 사건 때문에 3명이 나갔거든요. 갑자기 잠수 타고, 그날 못한다고 한 애들도 있었어요. '야, 개 빠졌대'그러면, '그래? 내가 도와줄게'그랬거든요."(연구 참여자 10, 2012.9.20.)

반면, 한 명이 주축이 되어 '쏙쏙캠프'를 다른 동아리원들에게 소개하면서 같이 해보자고 독려하여 팀원을 구성해 참가하게 된 동아리팀의 경우, 대체로 협동이 잘 이루어지기는 했으나 "일의 편중"이 생겼다고 지적하기도 하였다. 이는 서로의 상황을 잘 알고 있는 상태이기 때문에 일을 "시키고""주기가""미안"하거나 "눈치를 보는"경우가 생기기 때문이라고 하였다.

"준비하는 과정에서도 많이 만나고 많이 준비하고 그랬지만, 그 쏙쏙캠프 전날 가서 준비하고 회의하고, 그다음 날 일찍 일어나서 으샤으샤 가서 또 가서 수업 진행하고, 와가지고 오늘 하루 있었던 일 얘기하고…… 회의하고, 그다음 날 할 거 준비하고 자고 이러다 보니까 많이 서로 도와주고 밀고 당기고 하다보니까 굉장히(강조) 많이 친해진 거 같아요."(연구 참여자 11, 2012.10.29.)

"당연히 어떤 일을 꾸리고 하다 보면 공동의 분배와 역할이라는 거는 쉽지 않잖아요. (중략) 바쁜 친구들은 같이 나와서 얘기도 듣고 꾸려나가고 해야 하는데, 그게 아니라 나오는 사람만 거의 나오고 뭐 약간……(말을 흐림)."(연구 참여자 7, 2012.10.30.)

그러나 연구 참여자 대부분은 다른 사람들을 보면서 "나도 열심히 해야겠다"고 생각을 하면서 열심히 참여하려고 노력하고 "먼저 나서서 도우려고" 나섰다고 하였다. 교육기부활동을 마친 뒤 참가 대학생들은 "소속감"을 느끼고, "가족 같은" 연대감을 경험하였다.

4.4. 자신이 가진 편견을 깨달음

참가 학교에 교육기부활동을 하러 가기 전에는 미디어를 통해 초 · 중등학생에 대해 안 좋은 이야기를 많이 접해서 학생들로 인해 어려움을 겪을까 봐 걱정을 했던 참가자들은 미디어가 '과장'된 측면이 있다는 사실을 깨달았다고 진술하였다. 또한 교육기부활동 전에 개인적으로 과외, 멘토링을 통해 학생들을 접해 본 참가자들도 첫인상만으로 일부 학생들에 대해 안 좋게 평가했다가도 그것이 자신이 가진 편견이었음을 깨달았다고 보고하였다.

> "(전략) 무조건 스마트폰이 문제다, 인터넷이 문제다 학생들의 소통을 차단한다고 하는데, 만나보니까 과장된 거 같아요. 아이들도 결국은 사람 만나는 걸 좋아하는 것 같았고, 저희랑 활동하는 거 좋아하는 거 같았어요."(연구 참여자 4, 2012.10.10.)

> "처음에 쏙쏙캠프 시작할 때, 안 좋게 봤던 애들이 있었어요. 안 좋게 봤기보다는 '쟤네는 말썽 좀 부리겠구나'이렇게 생각했던 애들이 있었어요. 좀 꾸미고 오고, 다른 애들이랑 다르게 입고 오고 튀는 행동 같은 거 하는 애들이 있었어요. (중략) 그래도 쟤네들한테 먼저 다가가 보는 게 좋겠다고 생각해서 다가가 봤는데, 정말 애들이 (천천히 강조하면서) 너무너무 착한 거예요. '아, 내가 사람 볼 때 어느 정도 편견을 가지고 있구나'이런 생각부터 시작해서, 애들이 너무너무 천진난만하고……."(연구 참여자 10, 2012.11.22.)

또한, 대학생 교육기부활동에는 다양한 대학의 참가자들이 모이는 만큼, 대학의 서열로 인한 '학벌'에 대해 자신이 가진 편견을 발견하고 그것에 대해 다시 생각해보는 경험을 가졌다고 하였다. 일부 연구 참여자들은 처음에는 학벌로 인한 편견을 가지고 상위권 혹은 하위권의 학교에 다니는 교육기부 참여 대학생의 능력을 판단했으나 함께 교육기부활동을 운영하고 기획하면서 그 사람이 가진 능력을 다시 판단하게 된다고 하였다.

> "처음에는 그럴지 몰라도 지내다 보면, 서울대 출신인 애들도 (중략) 가치가 그 학교의 표면적인 밸류보다 뒤처지는 거 같다는 생각이, 만나면서 드는 거 같아요. 자주 만나고 뭐 해보고 그러면, 겉포장이죠. 학교는, 친해지고 이러면 그런 게 없어지는 거고, 애를 판단할 때는 학교보다 얘가 하는 말이나 행동 그런 게 중요한 거 같

아요."(연구 참여자 1, 2012.10.19.)

"(이 연구 참여자는 팀을 옮기면서 팀장을 자신보다 '학벌이 그렇게 좋지 않은'다른 팀원에게 넘기게 되었다. 처음에는 그 팀원이 잘할 수 있을까 걱정했는데 실제로는 굉장히 일을 잘했다고 말하면서) 아, 그때 느낀 게 그거예요. 학벌도 그렇고 나이도 그렇고…… 모든 사람한테는 다 배울 게 있는데 왜 그거를 몰랐을까. (중략) 너무 편견을 가지고 있었던 거 같다…… 그리고 만약 혼자 하는 거고, 단 둘이 하는 거 면은 단점이나 장점을 크게 느낄 수 있는 건데, 혼자 하는 게 아니고 여럿이 하는 거니까…… 장점과 단점을 서로가 이해하면서, 잘하는 거는 이렇게 해주고, 못하는 거는 보듬어주고 다른 애가 도와주면 되는 건데, 처음에 생각을 잘못했던 거 같아요. 편견을 가지고……."(연구 참여자 6, 2012.12.26.)

"모여 있으면은 밖에서 바라보는 입장이었는데, 이제는 안으로 들어와 있는…… 밖에서 가만히 서 있는 입장도 재밌긴 해요. '아, 이 사람은 이렇고 저 사람은 이렇고'혼자서 생각하는 게 재밌어요. 근데 그거는 저만의 착각. 저만의 착각(강조). 제가 완전히 이 사람에 대해서 선입견을 만드는 거예요."(연구 참여자 3, 2012.10.5.)

대부분 연구 참여자들은 학생이나 다른 대학교의 팀원들에 대해 가졌던 편견을 깨닫고, 이를 의식하면서 극복하려는 노력을 하였다고 말하였다. 또한 대부분은 수혜 학생들에 대한 편견에 대해서는 더욱 적극적으로 학생들에게 다가가면서 극복하려고 노력을 하였지만, 일부는 학벌에 대한 편견에 대해 "그러지 않으려고 노력"하지만 "어쩔 수 없다"고 대답한 경우도 있었다. 또한 학벌이 높다는 것이 "그만큼 엉덩이를 붙이고 오래 앉아 있었다는 성실함"의 증거라고 생각하는 연구 참여자도 있었다.

4.5. 교육현실을 비판적으로 생각하고 '꿈'을 이야기함

교육기부활동에 참여한 주요 학교급은 초등학교와 중학교였는데, 이 중 상대적으로 대학입시와 가까운 중학교에서 교육기부활동을 했던 연구 참여자들은 공통적으로 수혜학생들을 통해 교육현실을 다시 생각해보는 계기를 가졌다고 진술하였다. 이러한 교육현실에는 입시 위주의 교육, "꿈"이 없이 맹목적으로 대학을 가게 만드는 현실, 경쟁적인 분위기 등이 포함된다.

"학생들 하는 얘기를 들어보면, 정말 제가 어렸을 때처럼, 제가 공부에 목을 맸던 시절이 있었던 것처럼, 공부 이거 아니면, 점수가 조금만 못 나와도 엄청 낙심하고 그랬던 시절을 보는 거 같았어요."(연구 참여자 4, 2012.10.10.)

이거는 치유할 때 많이 본 건데, 그때는 70명 정도 있었잖아요. 중 3 애들이 많았는데, 치유 타이틀이 마음의 방을 만드는 거였어요. 현재 자기가 느끼는 감정이랑, 그걸 느끼게 된 원인, 중3 애들이 이거 안 적은 애들이 없는데, 걱정, 불안, 고민, 두려움이었어요. (중략) 중3은 진짜 재미있게 놀고 애들이랑 즐길 나이인데, 애들이랑 만나면 학원 얘기하고, 얘기 안 해주려고 하고……."(연구 참여자 10, 2012.9.20.)

또한 교육기부활동을 했던 학교급에 상관없이, 연구 참여자들은 학생들이 '꿈'을 키우는 것이 중요하다고 생각하였고, 자신들은 학창시절에 대학을 반드시 가야 한다고 '주입받고', '좋은 대학을 가야지 좋은 직장을 얻고 그래야 잘 산다고' 믿었다면서 자신의 학창시절을 회고하였다. 하지만 대학에 가보니 '너무 공부, 공부'했던 것 같다는 생각이 들고, 학생들이 '미리 꿈을 알고', 대학을 선택할 때 꿈을 고려하기를 바라는 마음을 가졌다고 진술하였다.

"(전략) 계속 획일적인 생각이 아니라…… 지금 대학에 가야 한다는 생각도 바꿔줘야 한다고 생각해요. 대학에 가지 말아야 한다는 생각을 심어준다는 게 아니라 '가야 한다면 왜 가야 하는가? 정말 가야 할 필요가 있는가?' 그런 생각이 들 수 있게……."(연구 참여자 9, 2012.10.18.)

"(학생들이 꿈을 미리 알았으면 좋겠다는 이유에 대하여 묻자) (전략) 저는 어렸을 때 꿈이 엔지니어였는데, 아무도 거기에 대해서 조언을 해주는 사람이 없었어요. (중략) 어렸을 때부터 다양한 걸 접하고 그 꿈에 대해서 뭔가 잡았으면 좋은데, 일단 좋은 대학, 좋은 대학 하니까. 애가 커서 자연스럽게 그냥 아무 대학에 가는 거죠. 그러다 저도…… 아무 데나 수학과에 들어갔다가, 군대 갔다가, '아, 역시 이게 재미있구나' 해서 엔지니어의 길을 걷게 된 거고. 어렸을 때부터 알았으면 더 빨리 했겠죠. 그래서 어렸을 때부터 알았으면 좋겠어요."(연구 참여자 8, 2012.10.19.)

"제가 좀 여러 일을 겪으면서 1학년이 된 거잖아요? 친구들이 저처럼 헤매지 않고…… 이렇게 대학에 들어간다든가? '자기를 위한 선택을 했으면 좋겠다' 그런 생각을 했어요. 대학교의 타이틀이 아니고 자기가 원하는 공부를 했으면 좋겠다는 바람이 있어서…… 그런 조언을 많이 해줬던 거 같아요. 너네가 원하는 거를 찾고, 그거에 맞게…… 꿈을 좇아가라고 말해줬던 거 같아요."(연구 참여자 12, 2012.10.9.)

이상의 인터뷰에서 연구 참여자들은 자신이 대학을 선택할 때 겪었던 어려움, 좌절, 꿈과는 다른 전공을 선택했던 경험 등에 비추어 현재의 학생들은 "꿈을 좇아갈 수" 있기를 바랐다. 또한 초등학교에서 교육기부활동을 했던 연구 참여자 중 일부는 순수하게 큰 소리로 자신의 꿈을 다양하게 이야기하는 초등학생들을 보면서 현실에 안주하려는 자신을 반성하고, 오히려 그들을 통해 "잊고 있던 꿈을 찾았다"고 말하였다.

5. 주제별 경험의 의미

지금까지 이글에서는 교육기부활동에 참여한 대학생들의 경험에 관한 인터뷰 내용을 다음 5개의 주제로 정리하고, 주제별 경험의 의미를 도출하여 다음 〈표 6-2〉로 정리하였다.

〈표 6-2〉 교육기부활동에 참여한 대학생 경험의 주제와 구성의미

주제	구성의미
1. 임파워먼트를 경험함	· 직접 기획하는 봉사여서 끌림 · 교육받는 입장에서 교육하는 입장으로 바뀜 · 교육에 있어서 생산자가 됨 · 직접 모든 것을 운영함
2. 자신을 되돌아보고 성장함	· 함께하는 것의 즐거움을 알게 됨 · 인간관계 기술을 배움 · 역지사지를 기름 · 자신의 꿈을 되새겨봄 · 발표 능력이 향상됨 · 먼저 다가가야 함을 느낌 · 다양한 전공의 학생을 통해 안목을 넓힘
3. 활동 운영에서 협동을 경험함	· 준비과정에서 많이 만나고 준비함 · 서로 많이 도와줌 · 협동의 필요성을 느낌 · 업무의 편중을 경험함 · 자발적으로 서로 도움
4. 자신이 가진 편견을 깨달음	· 학벌에 관한 편견을 발견하고 반성함 · 학생에 대한 선입견과 편견을 발견함
5. 교육현실을 비판적으로 생각하고 '꿈'을 이야기함	· 학원이야기만 하는 학생들이 안타까움 · 학업스트레스 받는 학생의 이야기를 듣고 충격을 받음 · 경쟁적인 교육 현실을 다시 생각함 · 학생들이 꿈을 키우게 해 주고 싶음 · 학생들에게 꿈을 좇아가라는 조언을 해줌 · 아이들이 꿈을 미리 알면 좋겠다고 생각함

이 글은 위와 같은 인터뷰 결과와 경험 주제 분류에 대해 비판적 다문화주의 관점을 기반으로 교육기부활동 참여 대학생들의 다문화 시민성 함양 과정과 그 한계를 다음과 같이 기술한다.

첫째, 대학생들은 교육기부활동을 통해 자기 성찰과 협동을 경험함으로써 다문화 역량을 함양하였다. 김영순(2010)은 다문화 역량 향상 방안의 일환인 협동학습을 제안한 바 있다. 이 협동학습이 실제로 '쑥쑥캠프'의 진행 과정에서 자연스럽게 발생하였다. 즉, 연구 참여자들은 '쑥쑥캠프' 준비 기간에 팀별 사전 협의, 리허설 연습 등을 위해 여러 번 만나서 함께 캠프 운영 방식을 논의하고, 각자가 설계한 프로그램에 대해 피드백을 주고받았다. 또한 캠프 시에는 교육기부 수혜학생을 비롯하여 다양한 사람들과 '소통'하는 과정에서 의사소통능력과 대인관계능력이 향상되었다. 또한 '역지사지'를 경험함으로써 타인에 대한 공감 및 수용 능력이 향상되었다고 할 수 있다.

한편, 교육기부활동에 참여한 대학생들 중 갈등관리 능력의 함양은 개인별로 차이가 있었는데, 교육기부활동 이전의 경험과 개인적인 성향이 영향을 미치는 것으로 보인다. 일부는 팀원들과 갈등상황이 되었을 때 회피하거나 '속이 시커멓게' 타도록 참았다고 하였다. 이와 달리 갈등상황에서 감정, 의견을 개방적으로 솔직하게 이야기하고 상대방의 이야기를 들으면서 해결하려고 한 참가자들도 있었다.

둘째, 교육기부활동을 통해 대학생들은 비판적 능력을 함양하였다. 본 연구에 따르면 연구 참여자들은 다양한 대학 출신의 팀원 및 자신들보다 어린 세대들과 교류하면서 자신이 가진 편견을 깨닫고 일부는 이를 극복하려고 의식적으로 사고했다. Freire(1998/2007: 41)가 강조했듯이 "인종, 계급, 성에 대한 선입견은 인간 존엄성의 본질을 해치고 민주주의를 부정하게 만든다." 신자유주의 한국사회 속에서 대학생들의 계급은 암묵적으로 부모의 부유함, 대학의 서열 등으로 나뉠 것이다. 이는 "인간성을 실현하기 위한 교육"을 지향하지 않고, 출세를 위한 교육을 한 결과일 것이다(Dewey, 1916/2008: 109; Nussbaum, 2010). 일례로, 한 연구 참여자는 배정받은 학교로 사전답사를 갔을 때 담당 교사로부터 들었던 첫 인사가 이름을 묻는 것이 아니라 "어느 학교에 다녀요?"였다고 하면서 "그 자체만으로도 사람을 나누는 것 같다"는 생각이 들었다고 고백하였다.

대다수는 "학교와 스펙이 그 사람의 모든 것을 말해주는 것처럼 사회가 돌아가는" 이러한 현실이 '불공평하다'는 생각을 한다고 하였다. 그러한 현실에 대해 갖고 있는 기대는 크게 두 가지로 나뉜다. 하나는 '바꾸기 힘들'것이라는 무기력함이고, 다른 하나는 겉포장보다는 속을 채우는 게 중요하고 그것이 점차 인정받을 것이라는 희망이다. 후자의 경우는 전자보다는 좀 더 희망적이라고 할 수 있지만, 그 속에서 변화를 위해 주체적으로 노력할 수 있다는 용기는 보이지 않았다. 이러한 연구 결과를 통해, 교육기부활동에서 함양한 비판적 사고 능력이 다문화 시민성에서 요구하는 "보다 인간적이고 정의로운 사회를 만들기 위한 개인적·사회적·시민적 행위(Banks, 2008a: 147)"를 행할 수 있는 능력으로 연결되지는 않음을 알 수 있다. 또한 비판적 사고 능력이 교육에 대한 구조와 이데올로기를 분석하는데 미치지 못하였다는 한계가 있다.

셋째, 대학생들은 교육기부활동을 통해 임파워먼트를 경험하기도 하였다. 즉, 교육기부 프로그램을 설계하는 것에서부터 예산을 운영하고, 배정받은 학교에 근무하는 담당 교사 및 멘토링을 담당하는 은퇴교사와 의사소통을 하며, 교육기부활동을 진행하는 등의 여러 과정에서 자기표현, 통제감, 자기효능감 등을 경험하였다. 연구 참여자들의 지적처럼 기존의 '짜인' 봉사활동과 초중등 학교 교육에서는 자율성과 의사결정의 권한 등을 갖기가 힘들다. 또한 대학생은 엄연히 투표권을 가진 법적 시민임에도 불구하고, 한국에서는 그들이 아직은 '좀 더 큰 어른의' 도움을 필요로 한다고 여기는 경향이 있다. 본 연구에 참여한 대학생들은 법적으로는 어른이지만, 다수가 사회적으로는 어른으로 인정받지 못한다고 느꼈다. 하지만 교육기부활동을 한 대학생들은 임파워먼트를 경험함으로써 자신이 '어른스러워졌다'고 말하였다.

Gutiérrez(1990)는 여러 학자들의 의견을 종합하여 임파워먼트가 크게 두 가지 의미로 쓰인다고 정리한 바 있다. 즉, 거시적인 수준에서 임파워먼트는 사회적 변화를 가져오고 개인을 둘러싼 환경을 통제할 수 있는 정치적인 힘을 증가시키는 과정을 의미하고, 미시적인 수준에서는 실질적인 구조 변화 없이 개인적으로 힘이나 통제력이 증가했다고 느끼는 것을 의미한다. 여기에 그는 한 가지 측면을 추가하였는데, 이는 대인관계 수준의 임파워먼트로서 타인에게 영향을 미칠 수 있는 능력을 뜻한다. 이 중 그가 '거시적 수준'(Gutiérrez, 1990: 150)이라고 분류한 내용은 비판이론에서 핵심적인 개념 중 하나로 뽑히는 임파워먼트의 의미와 유사하다. 비판이론에서 임파워먼트는 "정치적 용기와 정치적 효능감을 높이는 교육의 과정들을 의미한다."(Campbell, 2010/2012: 281) 또한 "임파워먼트 전략은 학생들이 사회적 · 정치적 · 경제적 힘과 스스로 결정내릴 수 있는 힘을 기르는 데 도움을 준다." 이러한 내용을 정리하면 비판이론에서 강조하는 임파워먼트는 자신의 힘으로 선택할 수 있다는 자신감과 그러한 선택이 사회를 바꿀 수 있다는 신념을 가지는 것을 의미한다. 이는 앞서 2장에서 논의하였던 다문화사회에서 이상적인 시민과도 연결된다.

그러나 본 연구 결과, 교육기부활동을 통해 대학생들이 경험한 임파워먼트는 개인적인 수준 혹은 대인 관계 수준에서 그쳤으며, 정치적 효능감으로 연결되지는 않는 것으로 나타났다. 연구 참여자들에게 대학생들이 사회에서 어떤 역할을 할 수 있다고 생각하는지를 물었을 때, 대다수는 정치적으로 중요한 문제에 대해서 "대학생이 문제 제기는 할 수 있지만, (최종적으로) 결정할 수 있는 사람이 정해져" 있고, "현실에 불만을 가지면서도 어쩔 수 없이 현실에 안주"하게 된다고 하였다. 일부는 "지금 대학생들에게 좋은 것을 경험시켜주면 위에 가서는 그걸 생각하면서" 사회적으로 변화를 가져올 수 있을 것이라는 희망을 이야기하기도 했지만, 그것은 교육기부활동에서 경험한 것과 같은 임파워먼트가 누적되어 그들이 진정한 '어른'이 되었을 때라는 가정하에서이다.

이상의 결과를 종합하였을 때, 대학생들은 교육기부활동을 경험함으로써 질적인 변화를 겪었고 그러한 변화는 비판적 다문화주의 관점에서 유의미하다고 할 수 있다. 그러나 그들의 성장은 다문화시민이 되기에 충분하지 않았다. 따라서 정부와 대학은 대학생들의 다문화 시민성 함양 과정에 더욱 관심을 갖고 그들이 다문화시민으로 성장할 수 있도록 교육적 · 제도적 뒷받침을 해주어야 한다.

7장

초등학교 다문화 미술교육의 방향

7

초등학교 다문화
미술교육의 방향

박순덕 · 김영순 * 이 글은 2013년 『교육과정평가연구』 16권 2호에 게재된 논문 「초등학교 다문화미술교육 방향 탐색을 위한 초등
교사 인식에 관한 연구」를 수정 보완한 것이다.

1. 교육과정과 다문화미술교육

현대 글로벌 시대를 맞이하여 전 세계적으로 인구의 이동이 활발해지면서 다
양한 인구분포가 나타나고, 문화적 다양성이 증가하고 있다. 우리나라도 국내 다
문화가정 학생 수가 5만 명을 넘어서고 이 중 초등학생 이하가 86%를 차지하
고 있다(교육부, 2013). 이는 향후 다문화가정 학생의 비율이 급격하게 증가할 것
이라는 것을 예견할 수 있다. 다문화가정 학생이 증가함에 따라 다문화가정과 더
불어 다문화가정 자녀들의 학교 부적응 문제, 중도 탈락, 학업 성취도 등의 문제
가 대두되고 이에 대한 연구들도 많이 발표되고 있다(원진숙: 2009, 장덕희 · 신효선:
2010). 이런 문제점들은 학교 교육과정을 통하여 체계적으로 지도될 때 적은 기회
비용으로 큰 효과를 가져올 수 있다. 다인종 다문화사회의 변화에 따라 국가교육
과정이 개정되고 이런 사회적 맥락에 따라 2009개정교육과정 총론에 다음과 같
이 다문화교육이 제시되었다. '교육적 배려가 필요한 학생을 위한 교육과정 운영'
에서 '학습부진아, 장애를 가진 학생, 귀국학생, 다문화가정 자녀 등이 학교에서
충실한 학습 경험을 누릴 수 있도록 특별한 배려와 지원을 하도록 한다.' '학교는
다문화가정 자녀 교육기회를 확대하고 학교 및 사회 적응을 돕기 위하여 노력하
며, 학생들이 다문화에 대한 이해의 폭을 넓힐 수 있도록 교육해야 한다'(교육과학
기술부, 2011, p.67). 또한 범교과 학습 및 계기 교육의 주제 중 하나로 '다문화교육'

이 제시되고 다문화교육 관련 자료의 개발을 인식하게 되었다.

총론은 각 과 교육과정의 큰 틀에서 다루어야 하는 기본 방향과 지침이므로 총론에서 제시한 다문화교육과 다문화가정 자녀를 위한 교육이 모든 교과교육에 반영되어 지도되어야 한다. 하지만 아직까지 각 교과 교육과정에 다문화교육의 내용과 목표에 대한 체계적인 접근은 시도하지 않는 한계를 드러내고 있다. 이는 각 교과교육에서 다문화교육의 내용과 목표는 교사가 교과목의 특성에 따라 적합한 내용을 재구성해야 하는 어려움이 있다.

교과교육 중 미술교과는 많은 예술작품들을 다루고 있고, 사회 문화적 가치와 신념을 직접적으로 제공하는 예술작품의 특성상 다문화교육의 이상과 목적을 실현하는 데 적절한 교과 중 하나라고 할 수 있다. 따라서 다문화미술교육을 통해 다문화사회로 빠르게 진입하고 있는 우리 사회의 문제점을 해결할 수 있는 방안도 모색할 수 있다. 이런 맥락에서 초등학교에서 미술을 가르치고 있는 현장교사의 설문을 통해 다문화미술교육에 대한 내용, 필요성, 방법, 기존 미술과의 차이점 등 초등교사의 다문화미술교육 인식을 살펴보고 향후 초등학교 다문화미술교육의 방향에 대한 시사점을 얻고자 한다. 그러기 위해서 먼저 최근 다문화미술교육에 연구 동향을 살펴볼 필요가 있다. 다문화미술교육에 대한 연구는 활발히 진행되고 있으며 다음과 같은 연구들이 있다. 홍은미 · 김선아(2009)의 '다문화미술교육에 대한 예비, 현직 교사의 인식과 교사교육의 방향' 연구를 볼 수 있는데 이 연구는 설문을 통하여 교사들의 다문화미술교육에 대한 인식을 알아보고 다문화교사교육의 중요성에 대한 담론을 활성화시키고자 하였다. 김선아(2011)는 다문화미술교육을 위해서는 먼저 교사 교육이 우선되어야 하며, 다문화미술교육의 정착과 확산에 있어 미술교사의 역량이 핵심적인 요소로 작용함에 주목하여 미술 교사의 다문화적 역량을 개발하기 위한 교사교육의 방향에 대해 논의하였다. 안혜리(2011)는 한국의 다문화미술교육의 현황과 문제점을 짚어보고 그에 대한 대안으로 문화적 다원주의 접근의 수업을 제안하였다. 박은덕 · 허태연(2009)은 다문화미술교육 프로그램을 개발하여 미술수업에 적용해 본 결과 외국문화에 대한 편견을 없애고 다른 나라 미술을 바라보는 긍정적인 태도를 함양하는 데 유효한 것으로 나타났다. 이지현 외(2009)는 초등학교 1~2학년 대상 다문화미술교육 프로그램을 통해 타인을 존중하고 모든 사람이 조화를 이루어 생활하는 다문화선진국의 모습을 추구하는 아동 발달 프로그램을 개발하였다. 송선희·이화식(2011)은 2007년 개정 초등학교 미술과 교육과정을 분석하고 다문화교육과정이 초등 미술과 교육과정에 반영되어야 한다고 주장하였지만 다문화미술교육의 수준과 범위를 충분히 제시하지는 못하였다. 박순덕·김영순(2012)은 2009개정 미술과 교육과정을 다문화미술교육에 근거해서 분석하고 다문화미술교육의 방향을 제시하였다. 이 연구는 다문화교육의 이론을 바탕으로 분석 틀을 만들고, 2009개정 미술과 교육과정에서 다문화미술교육이 어떻게 적용되고 있는지를 다방면에서 분석하여 향후 초등학교 다문화미술교육의 방향과 시사점을 제시하였다.

앞의 연구들을 종합하여 살펴보면 다문화미술 교사교육의 방향제시, 다문화미술교육 활성화 방안, 다문화미술수업 프로그램을 개발, 다문화미술교육에 근거한 미술교육과정 분석 및 다문화미술교육의 방향 제시 등으로 요약할 수 있다. 이렇게 다문화미술 교육에 관한 많은 연구가 발표되고 있지만 학교현장에서 교사들이 다문화미술교육의 내용과 방법에 대해 어떻게 인식하고 실천하고 있는지에 대한 연구는 찾아볼 수가 없다. 교육은 교사를 통해 실천되기 때문에 학교에서 직접 미술을 지도하고 있는 교사들이 다문화미술교육에 대해 어떻게 생각하고, 어떻게 느끼고, 어떤 요구가 있는지 알아야 한다. 그러므로 현장 교사들의 다문화미술교육에 대한 인식과, 교사들이 생각하는 효과적인 다문화미술지도 방향을 알아보는 것은 향후 다문화미술교육의 방향 탐색에 있어 꼭 필요한 일이다.

다문화미술교육은 궁극적으로 미술교육을 통해 다문화교육을 실천하고자 하는 것으로 이해할 수 있다. 다문화미술교육은 많은 예술작품들이 백인 중심의 주류문화에 기반을 둔 것에 의문을 제기하고 비주류 소수민족의 문화적 다양성을 존중하고 모든 민족 문화가 공평하게 다루어야 한다는 것에서 시작되었다. 미국의 1987년 국립미술지원기구(National Endowment for the Arts)가 설립한 국립미술교육연구의 프로젝트로 시작된 다문화미술교육은 타 문화 간의 상호 이해와 상호 포용력을 기르는 데 가장 효과적인 분야가 미술 분야임을 공감하고 전국의 학교 미술수업에 이를 반영하였다.

다문화미술학자들이 말하는 다문화미술교육의 개념을 살펴보면 다음과 같다. 먼저 미술교육의 어머니라고 불리는 맥피(Mcfee, 1991)는 다문화미술교육을 자민족중심주의와 반대되는 개념으로 설명하고 미술교육은 다문화교육을 하기에 가장 적합한 교과 중의 하나라고 말했다. 맥피는 "다문화미술교육은 다문화 미술에 대한 학생들의 이해도를 높이고, 미술에서 그들 고유의 자산을 인식하고 존중하도록 가르치는 것이다. 미술교육을 통해 다문화교육이 확산되면 미술이 더 중요한 핵심교과로 자리 잡을 수 있을 것이다"(Mcfee, 1991). 다문화미술교육을 통하여 다문화사회를 살아갈 학생들에게 자신의 문화와 다른 사람들의 다양한 문화를 존중하도록 가르쳐야 한다. 또한 생각은 언어를 통해서뿐만 아니라 미술을 통해서도 전달되는 것으로 미술작품은 문화를 이해하고 사회적인 의사소통의 매개체로 미술교육은 사회변화의 핵심적인 수단이다(McFee & Degge, 1997). 다문화미술교육을 통하여 보다 민주적이고 평등한 사회 변화에 미술교육이 기여할 수 있다. 또한 다문화미술 교육은 다른 학문과 통합적으로 가르쳐야 하며, 미술작품을 통하여 사회적 이슈를 찾아내고 편견을 버릴 수 있다. 이러한 과정을 통해 학생들은 비판적 사고능력과 민주사회를 구성하기 위한 행동 기술을 배울 수 있다(Stuhr, 1994). 다문화미술교육은 다양한 미술품과 문화 유물에 내재되어 있는 의미와 가치들을 학생들에게 탐구하게 함으로써 다른 문화를 존중하게 하며, 미술을 다문화적인 관점에서 이해할 수 있게 하는 것이다(이우종 외, 2011).

2009개정교육과정의 미술교육 목표는 "미적 감수성과 직관으로 대상을 이해하고 삶을 창의적으로 향유하며 미술 문화를 계승 발전시킬 수 있는 전인적 인간을 육성하는 데 있다"(교육과학기술부, 미술과 교육과정, 2011). 이 목표에 근거하여 교사들은 열심히 학생들을 지도하지만 대부분 교육과정을 재구성하지 않고 국가수준 교육과정과 미술교과서 위주로 가르치고 있는 실정이다. 우리나라 학교 현장에서는 다문화가정 학생들이 빠르게 늘어나고 있다. 전 세계의 각기 다른 지역에서 온 다문화 어린이들이 그들 자신의 문화와 다른 미술을 배우고 있는 현실이다.

다문화미술교육은 다양한 배경에서 온 학생들의 개인적인 경험과 삶의 맥락을 중요시하고 한 명의 학생도 미술수업에서 소외되지 않게 배려하는 교육이다. 다양한 민족·인종·계층의 미술작품을 통해 자신의 문화와 다른 문화를 비교함으로써 다양한 문화와 미술에 대한 이해를 확장시킬 수 있어야 한다. 즉, 다문화미술교육은 비주류 학생들에게 자신에 대한 깊이 있는 이해가 가능하게 하고 어떤 민족이나 문화가 다른 민족이나 문화보다 열등하거나 우월하지 않음을 깨닫게 한다. 우리는 학교미술수업에서 다문화배경을 가진 학생들은 자기 민족의 작품과 문화를 거의 배우지 못하고 한국인 위주로 된 교육과정을 배우면서 주류 위주로 된 문화만을 배우고 있는 것에 대해 다시 생각해보고 다문화가정 학생들을 위한 다문화미술 교육과정에 대해 진지하게 고려해 보아야 한다.

2. 연구방법

초등학교 교사들의 다문화미술교육에 대한 내용, 필요성, 방법 등을 알아보고자 초등학교에서 미술을 가르치고 있는 현장교사들에게 설문조사를 실시하였다. 교사 설문은 다문화가정 학생이 밀집된 수도권 지역을 제외하고 다문화가정 학생이 고르게 분포된 지역을 선택하였다. 다문화가정 학생은 약 40%가 서울과 경기 지역에 분포되어 있고 나머지 60%는 각 지역에 골고루 분포되어 있다(2013, 교육부 보도자료). 이런 이유로 광역시과 비수도권 지역을 포함하고 있는 교사들을 대상으로 하였다. 그러므로 수도권으로부터 다소 떨어진 대구광역시와 경상북도 초등학교 일급 정교사 자격연수를 받는 교사들을 대상으로 현장에서 설문지를 배부하고 회수하였다. 일급 정교사를 대상자로 선정한 이유는 1급 정교사 자격연수 대상자는 3~5년 사이의 경력을 가진 교사로, 교육대학교 미술교육과정을 이수한 교사들로서 다문화미술교육에 대한 기본 지식이 있다는 전제를 하고 있기 때문이다. 205명에게 설문을 돌렸으나 202명분이 수거되어 본 연구에서 분석 자료로 사용되었다. 〈표 7-1〉에서와 같이 남교사 대 여교사의 비율은 남교사 103명(51%), 여교사 99명(49%)으로 남교사의 비율이 높았다.

〈표 7-1〉 연구 참여자의 일반적 특성

연구 참여자		빈 도
성 별	남	103명(51%)
	여	99명(49%)
교직 경력	3~5년	215(96.5%)
	5년 이상	5(3.5%)
미술지도 경력	1~5년	215(96.5%)
	5년 이상	5(3.5%)

본 설문지의 신뢰도와 타당도를 높이기 위하여 다문화미술교육의 필요성과 내용은 맥피(Mcfee, 1991), 스튜어(Stuhr, 1994) 등이 말하는 다문화미술교육의 내용과 개념을 바탕으로 구성하였다. 다지선다형 문항의 다문화교육을 위한 미술교과에 대한 인식, 다문화미술교육의 필요성, 다문화미술교육의 내용 등에 대해서는 5점 척도를 사용하여 다문화미술교육 인식 정도에 대해 빈도 분석을 통하여 알아보았다. 다지선다형 문항 중에서 다문화미술교육의 대상, 미술교과가 다문화교육을 하기에 적합하고 유용한 교과라고 생각한 이유, 다문화미술교육의 효과적인 확산 방안의 3개 문항은 답이 나올 모든 가능성을 열어 두고자 복수 응답 문항으로 설정하였다. 설문은 홍은미·김선아(2009)의 연구를 토대로 하였다. 홍은미·김선아(2009)의 연구에 따르면 75.3%의 미술교사가 다문화미술교육이 필요하다고 응답하였고 다문화미술교육에 대한 이해와 태도 측면에서도 50% 이상의 교사들이 긍정적으로 답한 것으로 나타났다. 이런 이유로 이들의 연구를 설문 문항 구성의 기초로 삼고 수정 보완하여 현장교사들의 다문화미술교육 인식과 지도 방법 등을 알아보기 위한 문항을 개발하였다. 설문 문항의 구성은 다음 〈표 7-2〉와 같다.

〈표 7-2〉 설문 문항 구성

구 분	질문 내용
자유 응답형	1. 다문화미술교육과 일반미술교육과의 차이점 2. 다문화미술 교수-학습 과정안 작성 시 중점을 두어야 할 부분 3. 다문화미술교육의 지도 방법 4. 다문화미술교육 지도경험과 어려움
다지 선다형	1. 다문화미술교육 대상 2. 다문화교육을 위한 미술교과에 대한 인식 3. 다문화교육의 필요성에 대한 동의 4. 맥피(1997)의 다문화미술교육의 내용에 대한 동의 5. 다문화미술교육의 효과적인 확산 방안

〈표 7-2〉에서 자유응답형은 연구 참여자들의 다문화미술교육에 대한 이해를 전제로 하여 초등학교 교사들이 느끼고 생각하는 다문화미술교육의 실제적인 교수-방법과 인식을 알아보고자 하였다. 개방형 문항은 먼저 모든 응답자의 답을 전사하였다. 전사한 후 줄 단위 분석과 문단 분석을 통해 다문화미술교육에 부합되는 코드를 도출하였다. 코드 도출 후 개념적으로 유사하거나 의미상 관련되어 있다고 여겨지는 개념들을 모아 하위범주로 묶었다. 하위범주를 모아 연구의 중심 주제를 대변하는 상위범주(중심범주)로 정리하였다. 이 방법은 개방코딩의 단

계를 참고하였다(신경림 역, Strauss & Corbin, 1998). 개방형 문항을 분석한 후 질적
연구 전문가 2인의 자문을 통해 분석의 타당성을 검토받았다. 5점 척도 문항은 빈
도 분석을 통하여 다문화미술교육의 필요성과 내용에 현장교사들이 얼마나 동의
하는지 알아보았다. 복수 응답 문항 역시 빈도 분석을 통하여 현장교사들의 다문
화미술교육에 대한 현황을 알아보았다. 개방형 문항을 제외한 5점 척도 문항과
복수 응답 문항은 SPSS를 사용하여 전체적인 코드북으로 분석하였다. 초등학교
교사의 다문화미술교육에 대한 인식과 지도 방향에 대해 알아보는 것이므로 도·
농 간, 성별에 따른 상관 등은 유의미한 관계가 거의 없으므로 도출하지 않았다.

3. 다문화미술교육에 대한 초등교사의 인식

3.1. 다문화미술교육과 일반미술교육과의 차이점

다문화미술교육과 일반미술교육과의 차이점에 대한 응답을 분석한 결과 〈표
7-3〉과 같이 37개의 개념과 16개의 하위범주 6개의 상위범주가 도출되었다.

〈표 7-3〉 다문화미술교육과 일반미술교육과의 차이점

상위범주	하위범주	codes(개념)
표현보다 정의적 목표에 중점을 두는 것	학습 관점의 변화	· 일반미술교육은 미술 기법이나 방법을 학생에게 가르치는 것 · 다문화미술교육은 기능중심에서 벗어난 교육 · 그 사회의 문화를 이해하는 관점에 중점
	정의적 목표	· 미술을 통해 이질감을 극복하고 차이를 인정 · 기능적인 면보다 정의적 목표에 중점을 두는 것
작품의 사회적 맥락을 고려한 감상	감상능력	· 표현 능력 향상보다 체험과 감상에 중점 · 작품 속 문화를 감상하는 능력을 길러줌
	작품의 배경	· 일반미술교육은 작품만 보지만 다문화미술교육은 국가나 민족적 배경까지 함께 봄 · 다양한 문화와 작품의 배경에 대한 학생 스스로 조사, 인식할 수 있는 수업
	문화이해	· 각 나라의 문화가 미술작품에 투영되므로 문화에 대한 선이해가 필요한 수업
시대적 요구	시대적 상황 반영	· 시대적 상황 반영(다문화 가정과 다문화) · 기존의 학문중심, 창의중심 미술교육에서 벗어나 다문화미술 반영
	다양한 요구 수용	· 다양화되고 있는 학급 구성원들의 요구를 수용하기 위한 미술교육
	개성, 다양성	· 개개인의 다양성과 차이점을 반영 · 개성을 인정

인종, 민족, 계층, 소수문화, 비주류 문화 등 다양한 작품을 선정	작품 선정의 다양성	• 다양한 작품 선정 • 작품에 내재된 타 문화의 다양성을 이해 • 여러 나라의 전통미술 작품을 경험하게 해줌 • 미술 교육 소재가 다양해짐 • 미적 체험 대상의 영역 확대
	비주류문화, 소수문화 인정	• 주류문화, 소수문화에 대해 그 나름의 가치와 다양성을 인정한다는 점에서 가장 큰 차이를 보임 • 특정계층에 대한 편견 없이 소통에 초점 • 소수자, 사회적 약자, 소외된 계층을 돌보는 교육 • 기존의 한국, 서양 미술뿐 아니라 미술작품의 범위를 넓히게 됨 • 주류인 백인작가 위주의 작품을 벗어나 비주류 미술 학습
문화 상대주의에 입각한 교육	문화상대주의	• 문화상대주의에 입각해 세계 여러 나라의 문화를 존중하고 이해하는 교육
	다양한 시각	• 가정환경의 차이와 문화적 인식의 차이 • 같은 작품을 다른 시각으로 볼 수 있음을 지도
다문화 미술교육의 신중한 선택	역차별과 부작용	• 다문화학생들에 대한 일반학생의 이해를 돕는 측면도 있지만 이를 아무런 고려 없이 실시했을 경우 부작용이 우려됨 • 역차별의 우려 • 다문화미술교육으로 학생들 간의 반목이 우려
	다문화 미술교육의 활용	• 다문화미술교육은 학습부진을 해결할 수 있는 방편 • 다문화학생에게 정서적인 면에서 미술 치료적 도움
기존의 교육과 별 차이 없음	차이 없음	• 일반미술교육과 다문화미술 크게 차이 없음 • 기존 미술에서도 다양한 작품을 다루고 있음
	관점병행	• 작품에 대한 관점교육만 병행한다면 다문화미술교육이 굳이 필요하지 않음

〈표 7-3〉에서 보듯이 다문화미술교육과 일반미술교육과의 차이점은 다음과 같이 요약할 수 있다. 다문화미술교육은 다양화된 다문화사회의 시대적 요구에 따른 것으로 표현 중심교육에서 벗어나 정의적 목표에 중점을 두고 사회적 맥락을 고려한 감상교육을 중시하는 것이라고 하였다. 또한 인종, 민족, 계층, 소수문화, 비주류문화 등 다양한 작품을 선정하여 다양한 시각을 수용하고 문화상대주의 입장에서 교육하는 것이라고 하였다. 그러나 일부 교사는 일반미술교육과 다문화미술교육은 별 차이가 없으며 역차별과 부작용을 우려하고 있었으며, 다문화미술교육을 지도할 때는 다문화학생과 일반학생을 모두를 배려하여 신중하게 선택해야 한다고 하였다.

3.2. 다문화미술교육 대상 및 미술교과에 대한 인식

초등교사들이 다문화미술교육의 대상자를 누구로 인식하느냐에 따라 다문화미술교육의 방법과 내용에 영향을 미칠 수 있으므로 교사들의 다문화미술교육 대상자를 누구로 생각하는지를 알아보았다.

〈표 7-4〉 다문화미술교육 대상

대 상	빈 도	퍼센트(%)
1. 일반학생만	1	0.5%
2. 다문화가정 학생만	5	2.5%
3. 일반학생 다문화학생 모두	47	23%
4. 모든 학생과 교사	146	72%
5. 기타	3	1.5%
계	202	100%

〈표 7-4〉에서 보듯이 다문화미술교육은 누구를 대상으로 해야 한다고 생각하는지 알아보는 질문에서는 모든 학생과 교사라고 답한 비율이 72%로 과반수이었다. 그다음으로 일반학생과 다문화학생 모두라고 답한 비율은 23%였다. 다문화가정 학생만이라고 답한 사람은 2.5%에 지나지 않았다. 이 결과로 보면 교사들이 인식이 다문화미술교육은 다문화가정 자녀뿐 아니라 모든 학생과 교사 모두가 함께 받아야 한다고 생각하고 있었다. 이는 다문화교육이 이제 더 이상 다문화가정 자녀들만을 위한 교육이 아니라 소수와 다수 모두가 함께해야 하는 교육이라는 인식이 넓게 형성되어 있음을 미루어 알 수 있다.

다문화교육을 위한 미술교과에 대한 인식을 알아보기 위해 '미술교과는 다문화교육을 하기에 유용하고 적합한 교과인가?'라는 물음에 대한 결과는 〈표 7-5〉와 같다.

〈표 7-5〉 다문화교육을 위한 미술교과에 대한 인식

구 분	빈 도	퍼센트(%)
1. 매우 그렇다	58	28.7%
2. 그렇다	114	56.4%
3. 보통이다	25	12.4%
4. 그렇지 않다	3	1.5%
5. 매우 그렇지 않다	2	1.0%
계	202	100%

〈표 7-5〉에서 보듯이 미술교과가 다문화교육을 하기에 유용하고 적합한 교과라고 응답한 그렇다 이상의 비율이 85.1% 이상으로 거의 대부분의 교사들이 미

술교과를 다문화교육을 하기에 적합한 교과라고 인식하고 있음을 알 수 있다. 위의 4번 문항에 대해 '매우 그렇다'와 '그렇다'를 대답한 교사들을 대상으로 미술교과가 다문화교육을 하기에 적합하고 유용한 교과라고 생각하는 이유를 물어보았다. 이 문항에 대해서는 복수 응답이 가능하게 하였다. 결과는 〈표 7-6〉과 같다.

〈표 7-6〉을 살펴보면 미술은 개인의 예술성에 기초하기 때문에 특별히 다문화학생을 배려할 필요가 없기 때문이라는 항목과 기타 항목만 3%대로 낮게 나오고 나머지 문항은 거의 골고루 응답하였다. 이는 미술교과가 다문화교육을 하기에 적합하고 유용한 교과라고 생각하는 이유는 여러 가지가 있음을 알 수 있다. 그중 특히 다양한 예술 작품을 다룸으로써 문화의 다양성을 수용하고 편견 감소에 기여할 것이기 때문이라는 항목이 93명, 46%로 가장 비율이 높았다.

〈표 7-6〉 미술교과가 다문화교육을 하기 적합하고 유용한 교과라고 생각하는 이유

내 용	빈 도	퍼센트(%)
1. 다양한 예술 작품을 다룸으로써 문화의 다양성을 수용하고 편견 감소에 기여할 것이기 때문	93	46%
2. 다른 교과와 달리 문자해독이 없어도 작품이 가능하기 때문	75	37%
3. 예술 작품에 내표되어 있는 가치와 신념을 이해함으로써 그 사회와 문화를 이해하기 때문	74	36.6%
4. 일반 학생과 다문화 학생들을 가장 쉽게 통합교육을 할 수 있는 교육이기 때문	42	20.7%
5. 미술은 본인의 예술성에 기초하기 때문에 특별히 다문화학생을 배려할 필요가 없기 때문	7	3.4%
6. 기타	6	3.0%
계	297	146.7%

3.3. 다문화미술교육의 필요성과 내용에 대한 교사들의 인식

교사들이 미술을 가르치면서 다문화미술교육의 필요성과 다문화미술교육의 내용에 대한 동의 정도를 물어보았다. 이 문항에 대한 결과는 다음 〈표 7-7〉, 〈표 7-8〉과 같다.

〈표 7-7〉에서는 다문화미술교육의 필요성을 3문항으로 나누어 동의 정도를 물어 보았는데 '국제화시대에 다양한 계층, 인종, 민족의 미술 문화를 이해하고 소통능력을 키울 수 있다'라는 문항에 대해 '그렇다' 이상이 89.6%로 약 90%의 교사가 동의하고 있다. '우리 전통문화에 대한 정체성 확립과 자긍심을 키울 수 있다'고 한 문항에서는 '그렇다' 이상의 긍정적인 응답 비율이 70.3%이다. '다문화

〈표 7-7〉 다문화미술교육의 필요성에 대한 동의

내 용 값	국제화 시대에 다양한 계층, 인종, 민족의 미술 문화를 이해하고 소통능력을 키울 수 있음		우리 전통 문화에 대한 정체성 확립과 자긍심을 키울 수 있음		타 문화에 대한 오해와 편견, 차별을 줄일 수 있고 다양성을 수용할 수 있음	
	빈도	(%)	빈도	(%)	빈도	(%)
1. 매우 그렇다	71	35.3	45	22.3%	84	41.6%
2. 그렇다	110	55%	97	48.0%	98	48.5%
3. 보통이다	18	9.2%	47	23.2%	17	8.4%
4. 그렇지 않다	1	0.5%	10	5.0%	2	1.0%
5. 매우 그렇지 않다	2	1.0%	3	1.5%	1	0.5%
계	202	100%	202	100%	202	100%

미술교육이 국제화시대에 소통 능력을 키울 수 있다'에 공감한 비율은 약 90%에 비해 20%가 낮게 나타났지만 약 70%의 교사들이 다문화미술교육은 우리 전통문화에 대한 정체성 확립과 자긍심도 키울 수 있다고 생각하고 있음을 알 수 있다. '타 문화에 대한 오해와 편견, 차별을 줄일 수 있고 다양성을 수용할 수 있다'는 것에 '그렇다' 이상의 긍정적인 동의를 한 비율이 90.1%이다. 그러므로 이 결과로 보면 약 90% 이상의 교사가 다문화미술교육의 필요성에 대해 깊이 공감하고 있음을 알 수 있다.

다문화미술교육의 내용은 맥피(1991)의 다문화미술교육에 대한 내용을 정리하여 교사들에게 이 내용에 대해 얼마만큼 동의하는가를 물어보았다. 결과는 〈표 7-8〉과 같다.

〈표 7-8〉을 살펴보면 '다양한 계층의 문화와 미술 작품이 선정되어야 한다'에 대해 '그렇다' 이상을 답한 비율이 88.1%로 매우 높다. 이는 다문화미술교육에 있어 모든 계층의 문화와 예술작품이 고르게 선정되어야 한다는 것을 모든 교사들이 인지하고 있음을 알 수 있다. 대중미술을 다문화미술교육의 내용에 포함시켜야 하는지에 대해 '그렇다' 이상을 답한 비율이 83.7%의 교사들이 대중미술을 다문화미술교육의 내용으로 포함시켜야 한다는 것에 동의하고 있음을 알 수 있다. '보통이다'와 '그렇지 않다'는 비율이 16% 이상으로 아직까지 대중미술을 다문화미술교육에 포함시키는 것에 동의하지 않는 교사도 상당부분 있음을 알 수 있다.

〈표 7-8〉 맥피(1991)의 다문화미술교육의 내용에 대한 동의

값 \ 내용	다른 나라와 다른 민족의 미술, 여성미술, 원시미술, 순수미술 등 다양한 계층의 문화와 미술 작품이 선정되어야 함		컴퓨터 그래픽, 인터넷, TV, 영화, 만화, 광고 같은 대중미술이 포함되어야 함		미술사와 미술감상 학습은 문화상대주의에 입각하여 존중하고 객관적으로 다루어야 함		환경문제를 해결하기 위한 환경디자인 교육이 필수적인 내용으로 포함되어야 함	
	빈도	%	빈도	%	빈도	%	빈도	%
1. 매우 그렇다	87	43.1%	61	30.2%	96	47.5%	51	25.2%
2. 그렇다	91	45.0%	108	53.5%	85	42.1%	93	46.0%
3. 보통이다	18	8.9%	29	14.3%	20	9.9%	42	20.9%
4. 그렇지 않다	5	2.5%	3	1.5%	0	0%	15	7.4%
5. 매우 그렇지 않다	1	0.5%	1	0.5%	1	0.5%	1	0.5%
계	202	100	202	100	202	100	202	100%

미술사와 미술 감상 학습에 있어서 문화적 상대주의에 입각하여 객관적인 입장에서 다루어야 한다는 것에는 약 90%의 교사들이 '그렇다'고 동의하고 있다. 이는 다문화미술교육에서 감상교육이 중요시되고 있다는 점을 감안할 때 매우 바람직한 현상이다. 미술사와 미술 감상 학습은 학생들이 인식을 변화시키는 데 표현활동보다 훨씬 큰 영향을 미치기 때문이다. 환경문제를 다문화미술교육의 중요한 부분으로 인식하고 있는 비율은 '그렇다' 이상을 답한 비율이 65.2%로 절반 이상의 교사들이 환경문제를 다문화미술교육의 중요한 부분으로 포함시켜 교육해야 한다고 인식하고 있음을 알 수 있다. 그러나 다른 다문화미술교육의 내용 문항들은 80%를 넘어서는 데 비해 다소 낮은 인식으로 아직까지 약 40%의 교사들은 환경문제를 다문화미술교육에 포함시켜야 한다는 필요성을 느끼지 못하고 있음을 알 수 있다.

다문화미술교육 내용의 선정에 있어 앞의 표를 종합하여 보면 약 90%에 가까운 교사들이 맥피가 말한 다문화미술교육의 내용을 동의하는 것으로 나타났다. 이는 5년 미만의 젊은 교사들이 다문화미술교육의 중요성과 내용을 인지하고 있는 것으로 사료된다. 잠재적 교육과정에 따르면 교사들의 사고와 지식은 학생들에게 많은 영향을 미칠 수 있으므로 학생들은 은연중에 다문화미술교육을 받고 있다고 할 수 있다.

3.4. 다문화미술교육 지도 시 어려움과 효과적인 지도방안

교사들이 현장에서 다문화미술교육 지도 시 어려움에 대한 응답을 분석한 결과 〈표 7-9〉와 같이 57개의 개념과 21개의 하위범주 8개의 상위범주가 도출되었다.

〈표 7-9〉 다문화미술 지도 시 어려움

상위범주	하위범주	codes(개념)
교사의 다문화미술교육에 대한 지식과 능력 부족, 다문화 효능감 부족	교사의 다문화에 대한 지식	· 다양한 문화권에 대한 충분한 이해 없이 수업에 들어가서 세세한 부분에서 어려움을 겪음 · 교사의 다문화적 지식 부족 · 단순히 작품만으로 다문화미술교육을 하는 한계점 · 교사가 문화의 다양성을 경험하지 못함 · 교과 지식의 한계
	교사의 능력	· 전통주의 교육을 받은 교사의 전통 미술수업 방식을 벗어나지 못함 · 소통의 어려움, 문화의 차이에 대한 지도 어려움 · 교과서에 없는 내용, 개념과 지도방법 모름
	교사의 인식	· 교사의 인식이 자신도 모르게 학생에게 상처를 줄 수 있음 · 다문화미술교육에 대한 이해 부족, 경험 부족 · 실천 동기 및 의지 부족
다문화미술 교육자료 확보 및 지도방법	표현부분	· 색칠 부분에서 아이들이 더 편견을 가지는 것 같아 어려움 · 접해보지 못한 미적 체험 활동 시 작품의 완성도를 어느 수준까지 지도해야 할지의 어려움
	다문화 미술의 범위와 소재 확보의 어려움	· 어떤 문화를 어디까지 소개할 것인지 범위 잡기 어려움 · 소재의 확보가 어려움 · 모방과 전통미술 경시가 우려됨 · 우리나라 전통미술과 같은 수업에서 방향을 잡기 힘듦 · 익숙하지 않은 작품의 흥미유발에 대한 어려움
	다문화 미술 프로그램 필요	· 가르쳐야 할 것은 너무 많은데 자료가 없음 · 다문화미술교육을 쉽게 실시할 수 있도록 정형화된 틀이나 프로그램을 제공해야 함
	미술교육 관점의 문제	· 작품 감상에 초점이냐 제작에 초점이냐 선택의 어려움 · 다른 문화와 어떤 의미를 두고 수업을 진행시켜야 하는지 잘 모름 · 다문화수업의 중점과 기존 미술지도 내용 안배의 문제 · 학생들에게 '왜 배워야 하는가'를 전달하는 어려움
	타 교과와 연계 지도	· 교과와 연계된 실제 지도방법 사례를 접할 기회 부족으로 방법적인 면에서 지도 방법이 어려움
다문화가정 학생 배려	다문화가정 학생의 부적응	· 다문화가정 학생이 부끄러워함 · 다문화 학생에 초점을 둠으로써 일반 학생들의 소외감 및 다문화 학생의 차별의식 심화 · 너무 다문화에 매여 있어서 오히려 다양하게 지도하지 못함 · 학생의 의사소통 능력이 낮은 경우 미술교과내용과 접목이 어려움
	일반학생의 다문화 미술교육	· 주변에 다문화가정 아동이 없을 때 어떻게 흥미를 이끌어낼 것인지 동기유발의 어려움
	환경적인 문제	· 다문화가정학생의 결핍과 빈곤의 안타까움 · 수도권과 지방의 격차

다문화가정 학생의 정체성 확립의 어려움	한국인의 정체성	• 대한민국 국민이 아닌 다른 나라 국민을 양성하는 교육 • 다문화 학생의 한국인으로서 정체성과 인식 부족 • 다문화 학생이 지도내용에 대해 얼마나 잘 수용하는지 잘 모르겠음
	우리 문화와 다른 문화의 소중함	• 다른 문화를 배우면서, 어떻게 우리 문화에 대한 소중함을 느끼게 할 것인지 이율배반적이라고 생각됨
	문제점 못 느낌	• 미술은 만국 공통어이므로 크게 문제가 있다고 느껴지지 않았음 • 특별히 다문화미술수업의 필요성을 느끼지 못함
교사와 학생의 다문화에 대한 편견	학생들의 편견	• 다문화에 대한 오해, 편견으로 인한 학생들의 오개념 • 문화적 편견을 가지고 있는 일반학생들이 다문화 미술을 이해하고 온전히 받아들일 수 있을지 학생들의 편견이 어려웠음
	교사의 편견	• 서로 다른 문화 차이에서 오는 편견 • 다문화에 대한 교사의 인식 확립 어려움 • 교사의 인식이 학생에게 영향을 줄 수 있음 • 문화상대주의적인 관점유지의 어려움
연수를 통한 다문화 역량강화	가족단위 연수 필요	• 다문화교육 대상자를 가족 단위 연수로 해야 한다고 생각함
	다문화교육 과정 필요	• 교사가 먼저 다문화에 대한 미술적 안목을 길러야 하는데 연수나 대학원 등에 그러한 교육과정 많이 없음
다문화 미술교육 시간의 확보	과다한 수업량	• 학습내용 증가에 따른 수업 부담 • 교사 준비가 힘듦 • 개개인의 맥락과 경험에 맞는 교육과정 재구성 어려움 • 미술지도만으로도 교육목표 달성이 어려운데 다문화내용까지 포함해 지도하면 과연 효율적 미술목표가 달성될지 의문
	미술시간의 문제	• 일주일에 2~3차시 배정되어 있는 미술시간인데 실제로 다문화미술교육시간이 효용을 가질지 의문

〈표 7-9〉를 살펴보면 다문화미술을 지도한 경험이 있는 교사들이 느낀 어려움을 코딩하여 범주화한 결과를 요약하면 다음과 같다. 먼저 교사들이 다문화지식에 대한 부족, 능력 부족, 다문화효능감 부족 등으로 다문화미술 수업이 어렵다고 말했다. 둘째, 다문화미술교육 자료의 부족과 방법적인 면에서 다문화미술 수업의 효과적인 재구성과 내용을 어디까지로 잡아야 하는지에 대해서는 어렵다고 말했다. 셋째, 다문화가정학생의 부적응과 환경적인 어려움을 말했다. 넷째, 다문화미술교육을 통한 한국인의 정체성을 어떻게 확립할 것인지 어렵다고 했다. 다섯째, 교사와 학생의 다문화에 대한 편견으로 인해 바람직한 다문화미술교육을 하기가 어렵다고 했다. 여섯째, 연수를 통해 교사와 다문화가족 모두의 역량강화가 선행되어야 한다고 했다. 일곱째, 지금 현행 미술시간으로는 다문화미술교육을 실시하기가 부족하므로 더 많은 시간이 있어야 한다고 했다. 그러므로 이런 어려움이 있으므로 다문화미술 교수-학습과정안 작성 시 중점을 두어야 할 부분에 대한 응답을 분석한 결과 〈표 7-10〉과 같이 63개의 개념과 25개의 하위범주, 9개의 상위범주가 도출되었다.

〈표 7-10〉다문화미술 교수-학습과정안 작성 시 중점을 두어야 할 부분

상위범주	하위범주	codes(개념)
다문화미술 수업은 체험과 다양한 표현 방법을 시도 하고 역사적 배경을 고려한 감상에 중점	체험 중점	· 문화가 미술에 반영된 연계성 설명 · 실제 체험에 중점-다른 문화 인식, 다른 문화끼리 소통 · 다양한 문화를 접할 기회 제공
	다양한 표현 방법	· 표현-다양한 표현 방법 권장 · 전개-작품을 모방, 변형하여 표현하기 · 표현 방식과 표현 대상 모방 교육이 중요
	다양한 작품 감상능력	· 작품 감상에 중점을 두고 많은 시간 할애 · 문화 반영, 어떤 전통적 특성, 미술가의 역할 살펴보기 · 다양한 미술작품에 대한 이해와 감상능력
	역사적 배경 강조	· 다양한 문화와 작품의 배경에 대한 수업에 중점 · 작가의도 작품을 하게 된 배경에 중점 · 미술사-시대적 지역적 배경, 미술 비평-객관적인 입장
다양한 민족, 계층의 작품의 선정	동남아미술	· 동남아시아 미술에 대한 자료 제공이 필요함
	대중미술	· 생활 속에서 자주 접할 수 있는 대중미술에 더 중점
	다양성의 수용	· 다양성-동영상이나 삽화 제시로 인식 전환의 계기를 줌 · 다양한 문화 존중, 수용 태도 기르기 · 우리나라 문화와 다른 나라 문화 비교 차이점 알기
편견과 차별을 없애는 데 중점	모든 예술작품의 평등성 강조	· 모든 미술에 있어 우월하거나 수준이 낮거나 하는 문화적 우월성은 없다는 것에 중점 · 나라별 문화 존중 · 반편견(문화적 편견 없애기, 상호 존중)
	개방성	· 개방성 강조
	인성강조	· 인성적인 부분 강조 · 정의적 부분에 중점
	공유	· 작품에 대한 생각, 느낌, 가치 등을 공유하는 시간이 필요함
미술의 생활화로 긍정적인 학교 경험 늘리기	존중	· 개인적 개성 표현의 기회와 존중의 기회 주기 · 제작된 자료를 수업에 활용하기 · 학생이 자신이 만든 작품을 설명할 때 시간을 많이 할애하기
	학생의 경험과 관심	· 학생의 흥미와 관심, 대중성과 실용성 고려 · 학생들이 그냥 미술이라는 것을 생활에서 자연스럽게 받아들일 수 있도록 해야 함
	긍정적인 학습	· 학생 실태파악을 통한 발달과 인식에 맞는 미술교육 · 구체적인 조작을 통해 흥미, 관심 유도 · 긍정적인 자아경험으로 자신감을 갖게 하는 것이 중요
다문화미술수업을 효과적으로 전달할 다양한 수업 방법 적용 및 재구성	토의, 토론학습	· 작품 배경이나 상황에 대해 모둠별로 토의, 의견 나누기 · 우리나라 미술과 다른 나라 미술 공통점과 차이점 알기 · 다문화 미술의 작품 감상과 토론과정이 중요함
	스토리텔링, 역할극	· 다른 문화의 양식, 배경, 특징 등을 수용 · 문화의 역사적 배경, 작가의 의도를 알 수 있는 스토리텔링, 역할극 등의 활동
	교육과정 재구성	· 미술사를 통해 미술 및 문화양식에 대해 이해를 길러줌 · 미술과 다른 교과와 연계하여 지도 · 작품의 개인적 이해와 문화적 해석, 현 상황에 맞게 재구성
교사의 다문화미술교육 지식에 입각한 미술수업 준비 철저	교사의 오픈마인드	· 문화적 편견 없는 공정한 관점이 중요 · 다문화미술교육과 우리 문화의 공통점과 차이점을 제시 · 문화별 특징을 개괄적으로 구성

교사의 다문화미술교육 지식에 입각한 미술수업 준비 철저	교사의 관점 제시	• 왜 이 작품과 문화를 소개해야 하는지에 중점 • '소통'과 미술 비평-교사의 관점제시가 중요 • 작품제시-하나의 주제에 대하여 관심을 가질 만한 내용을 잘 선택하여 학생이 익숙한 작품과 함께 제시
	교사의 수업준비	• 다문화 미술작품의 강조점과 효과적인 지도방법 찾기 • 어떻게 다문화적으로 아동들이 활동할 것인가 고려 • 개개인의 맥락과 경험에 근거하여 과정안을 작성해야 함 • 다문화미술 수업을 위한 충분한 사전조사가 필요함
국가수준 다문화미술교육 과정 제시	다문화 미술교육 관점과 내용	• 구체적인 다문화미술 교수-학습 과정안의 예시가 필요함 • 다문화미술 관점, 내용 등을 교육부, 도교육청에서 제시
학교 환경과 실정, 학생의 배경에 맞는 다문화 미술교육이 이루어져야 함	다문화가정 학생 배려	• 다문화만 주목하면 다문화가정 학생들이 원치 않는 주목 • 수업 중에 다문화가 자연스럽게 녹아나도록 해야 함 • 다문화 가정의 학생들이 소외감을 느끼지 않도록 주의 • 오히려 다문화 학생들에 대한 부각으로 따돌림 우려 • 일반 학생과 다문화 학생 간의 공통점을 느끼도록 지도 • 다문화에 대한 이해, 차별이 아닌 차이, 협력하는 세 요소가 골고루 투입되도록 해야 함 • 다문화학생을 위해 자국미술문화소개 필요함
	전통문화, 정체성	• 다문화가정학생의 정체성 교육이 중요함 • 다문화가정 학생의 정체성 확보를 위해 우리 전통 문화가 근간이 되어야 함
	역차별	• 다문화가정 자녀의 많은 혜택으로 일반학생의 역차별 • 미국식 다문화교육과 국내 정서와의 차이 고려 • 일상에서 괴리된 다문화교육은 바람직하지 않음

〈표 7-10〉을 살펴보면 다문화미술 교수-학습과정안 작성 시 중점을 두어야 할 부분에 대해 코딩하여 상위범주를 뽑아낸 결과는 다음과 같다. 첫째, 다문화미술 수업은 체험과 다양한 표현방법을 시도하고 역사적 배경을 고려한 감상에 중점을 두어야 한다. 둘째, 미술작품의 선정에 있어 다양한 인종, 민족, 계층의 작품을 선정하는 것이 중요하다. 셋째, 수업에서의 중점은 문화적 편견과 차별을 없애는 것이다. 넷째, 자연스러운 미술의 생활화로 긍정적인 학교 경험을 늘리는 것이다. 다섯째, 다문화미술수업을 효과적으로 전달할 다양한 수업방법과 교육과정 재구성이 요구된다. 여섯째, 교사의 다문화지식에 근거한 철저한 수업준비가 요구된다. 일곱째, 국가수준 다문화미술 교육과정이 필요하다. 여덟째, 학교 환경과 실정, 다문화학생의 배경에 맞는 다문화미술교육이 이루어져야 한다.

다문화미술교육의 효과적인 지도방법에 대해서는 〈표 7-11〉과 같이 30개의 개념과 21개의 하위범주 7개의 상위범주가 도출되었다.

〈표 7-11〉을 살펴보면 현장교사들이 생각하고 있는 다문화미술교육 지도방법에 대해 코딩하여 상위범주를 뽑아낸 결과는 다음과 같다. 첫째, 다문화미술교육은 그 지도방법에 있어 교과 내 주제 통합, 교과 간 통합 등 통합, 융합교육으로

〈표 7-11〉 다문화미술교육 지도 방법

상위범주	하위범주	codes(개념)
통합교육	교과 내 통합	• 미술교과 안에서 주제 통합
	교과 간 통합	• 다문화 관련 각 교과와의 통합이 효과적 • 교과 간 통합을 통해 부족한 시수 확보 • 그 나라의 역사, 환경, 기초 지식과 미술작품과 연계
	스팀교육	• 사회, 과학 등과 연계한 융합교육(STEAM)
다양한 학습방법	협동학습	• 소통과 상호작용이 강화되도록 소집단 협동학습
	프로젝트	• 시간에 구애받지 않는 프로젝트 학습
	포스트모더니즘	• 포스트모더니즘 방법
모든 학생의 작품은 가치 있음	작품 존중	• 잘 된 작품만 전시하거나 상을 주지 말고 독창성, 창의력, 다양성 존중 • 학생 상호간 작품을 존중하고 상호간 평가
	배려	• 미술 실기에 관심이나 기능이 떨어지는 학생을 배려해야함
체험교육	미술관 관람	• 미술관 관람 및 작가 탐방
	시간융통성	• 미술시간과 창의재량, 방과 후 시간 활용
	체험교육	• 다양한 감각자극을 통한 체험교육 • 전통의상 입고 그림그리기, 전통문양 비교 등
수업단계에 대한 계획필요	수업의 구성	• 작품유목화(예: 인간 본성을 표현한 작품 공통점) • 한 재료로 문화별로 다양하게 나타나는 기법소개 • 민족과 문화에 따른 다양한 미술재료 소개 • 각 문화적 배경에 의해 나타나는 특징소개, 따라해 보기 • 다문화 미술자료로 지식학습 후 제작, 감상으로 진행
	발달 단계	• 구체적 조작기의 학생의 발달에 맞게 진행
다양한 작품 감상을 통해 문화 이해	다양한 작품 감상	• 다양한 미술작품을 감상 • 유사한 표현활동 그리고 작품에 대한 이해 활동 • '미술 작품을 보는 감상 능력'키우기 • 동서양 작가별 특성 등을 비교 및 탐구
	감상관점	• 감상 영역 지도 시 다문화 감상 관점 추가 제시
	다양한 작품	• 문화에 대한 이해로 동기부여 • 생활 속에서 많이 접하는 친숙한 문화를 교육에 활용 • 한국에 이주한 나라를 중심으로 그 나라의 문화 이해 • 미술사조별 다양한 문화권 작품 활용 • 교과서의 유명한 작품과 더불어 독특하고 다양한 작품 소개
교사의 다문화미술 전문성	전문성 확보	• 교사 연수나 교육을 통하여 교사 다문화미술 전문성 확보가 중요함 • 다문화미술 교수-학습과정안 작성 시 전문성 확보
다문화 미술에 대한 이해 부족	차이	• 다문화미술교육과 미술교육 지도 방법에는 차이 없음
	미술 애호가	• 다른 문화에 대한 소개로 문화적 차이 완화 • 작가를 기르는 교육에서 미술 애호가로 기르는 교육
	역효과, 부작용	• '다문화'라는 용어 사용이 문화를 분해하는 역효과 • 특별히 다문화미술교육의 필요성에 대한 의문 • 잘 모르는 것에 대한 두려움으로 인한 갈등 우려 • 학생의 가정환경에 대한 이해와 배려

이루어짐이 바람직하다. 둘째, 학습방법에 있어 프로젝트 학습, 소집단 공동학습,

포스트모더니즘 학습 등 다양하고 새로운 학습방법을 적용하는 것이 효과를 높일 수 있을 것이다. 셋째, 박물관, 미술관 등 체험 교육위주로 이루어지는 것이 좋다. 넷째, 단위시간 수업 단계에 대해 세밀한 계획이 요구된다. 다섯째, 작품 감상에 있어 감상 관점을 명확히 제시하고 예술작품은 사회적 산물이므로 다양한 작품을 통해 문화를 이해시키는 것이 필요하다. 여섯째, 교사의 다문화미술에 대한 전문성이 요구된다. 일곱째, 다문화미술에 대한 이해 부족으로 다문화미술교육이 제대로 이루어지는 것이 어렵다는 것을 알 수 있다.

3.5. 다문화미술교육 확산 방안

다문화미술교육이 현장에서 효과적으로 확산되기 위해 필요한 것은 무엇입니까? 하는 질문은 복수 응답으로 설정하였으며 응답 결과는 〈표 7-12〉와 같다.

〈표 7-12〉 다문화미술교육의 확산 방안

내 용	빈 도	퍼센트
1. 교사의 다문화적 지식	77	38.1%
2. 다문화미술교수–학습 모델 개발 보급	63	31.2%
3. 교육청 주관 다문화미술 직무연수	50	24.8%
4. 교사 인식개선	39	19.3%
5. 연수를 위한 경비지원	33	16.3%
6. 기타	25	12.3
7. 다문화미술교수–학습 자료 보급	19	9.4%
8. 자기 연수	16	7.9%
9. 교사 효능감	7	3.4%
계	329	162.7%

〈표 7-12〉를 살펴보면 현장에서 미술을 가르치는 교사들이 바람직한 다문화미술교육의 확산을 위해 필요한 것으로 교사의 다문화적 지식(38.1%), 다문화교수학습 과정안 개발(31.2%), 교육청 주관 다문화미술 직무연수(24.8%), 교사 인식 개선(19.3%) 순으로 나타났다. 그 외 연수를 위한 경비지원(16.3%)과 기타(12.3%)를 들었다. 가장 많은 교사가 다문화미술교육의 효과적인 확산방안으로 교사의 다문

화적 지식을 들었는데 교사의 다문화적 지식은 자기연수와 직무연수를 통해 얻어 질 수 있으므로 다문화미술연수 개설이 필요하다. 더불어 교사들이 현장에서 쉽 게 적용하고 활용할 수 있는 다문화미술교수-학습모델 개발과 자료 보급이 필요 함을 알 수 있다.

4. 다문화미술교육의 바람직한 방향

초등학교에서 미술을 가르치고 있는 현장 교사들의 목소리를 통하여 다문화미 술교육 대상, 일반미술교육과의 차이점, 지도 시 어려움과, 내용, 필요성, 방법 등 다문화미술교육에 대한 전반적인 교사 인식을 살펴보았다. 초등교사 다문화미술 교육에 대한 인식을 분석한 결과 다음과 같은 시사점을 얻을 수 있다.

첫째, 다문화미술교육과 일반미술과의 차이점에 대해서는 다문화사회의 시대 적 요구에 따른 것으로 다양한 작품을 선정하여 문화상대주의 입장에서 교육하는 것이다. 또한 기존의 표현중심교육에서 벗어나 사회맥락을 고려한 정의적 목표에 중점을 두는 것이다. 일부 교사는 별 차이가 없다고 답함으로써 다문화미술교육 에 대한 이해 부족과 더불어 부작용을 우려하였다.

둘째, 다문화미술교육 대상과 미술교과에 대한 인식에서는 다문화미술교육 대 상은 모든 학생과 모든 교사가 대상이라고 답했다. 이는 다문화미술교육은 다문 화가정 학생뿐 아니라 모두가 함께하는 교육이라는 인식이 자리 잡고 있음을 알 수 있었다. 미술교과가 다문화교육을 하기에 유용한 교과라는 인식도 85.1% 이상 으로 미술은 다문화교육을 하기에 유용하고 적합한 교과라고 공감하였다. 미술교 과가 다문화교육을 하기에 유용하고 적합한 이유에 대해서는 다양한 예술작품을 통해 문화의 다양성을 수용하고 편견감소에 기여할 것이기 때문이고 다른 교과와 달리 문자해독이 없어도 작품이 가능하다는 점을 들었다.

셋째, 다문화미술교육의 필요성과 내용에 대한 인식에서는 85% 이상의 교사가 그렇다고 대답하였다. 이는 대부분의 교사들이 다문화미술교육의 필요성과 내용 에 대해 알고 있고 깊이 공감하고 있음을 알 수 있다.

넷째, 다문화미술교육 지도 시 어려움과 효과적인 지도 방안에 대한 분석이다.

다문화미술교육 지도 시 어려움은 교사들의 다문화미술에 대한 지식 부족, 능력 부족, 다문화 효능감 부족을 들었다. 그 외 시간이 부족하다는 점도 말했다. 다문화미술 교수 – 학습과정안 작성 시 중점을 두어야 할 부분은 다음과 같다. 교사의 다문화 지식에 근거한 많은 수업 준비가 있어야 하고, 다문화미술수업 방향과 작품 선정 등 학생의 경험과 맥락을 고려한 수업을 설계하여 다문화미술수업을 효과적으로 전달할 수 있게 해야 한다. 이를 위해 국가 수준의 다문화미술교육과정이 요구된다.

다섯째, 다문화미술의 효과적인 지도법방안에 대해서는 통합, 융합 교육으로 이루어져야 하고 학습 방법에 있어 프로젝트 학습, 소집단 공동학습, 포스트모더니즘 학습등 기존의 학습방법에서 탈피하여 창의적인 지도방법이 필요하다. 또한 창의적 체험활동과 연계한 박물관, 미술관 교육 등을 권장했다. 특히 다양한 작품을 선정하여 감상 관점을 제시하고 교사는 문화상대적인 관점에서 모든 문화가 공평하게 다루어지는 것이 중요하다. 끝으로 다문화미술교육의 확산 방안으로는 교사의 다문화적 지식과, 다문화교수–학습과정안과 자료 개발 및 보급을 들었고 이를 위해 교사 연수가 필요하다.

앞의 분석 결과를 통해 다음과 같은 시사점을 얻을 수 있다. 대부분의 초등교사들은 다문화미술교육과 일반미술교육과의 차이점을 잘 인지하고 있었다. 그리고 다문화미술교육의 내용과 필요성에 대해 깊이 공감하고 있지만 교사의 다문화적 지식 부족, 연수 부족, 다문화미술교수 학습 자료 부족 등으로 현장에서 다문화미술교육 지도 시 어려움이 많았다. 이에 따라 다문화미술의 체계적인 교육과 바람직한 확산을 위해 국가수준과 도 단위 수준의 교육과정 개발 보급이 필요하다고 판단된다. 더불어 학교 현장에서 바로 적용 가능한 다문화미술 교수-학습 프로그램과 다문화미술교수 자료들도 개발하여 보급해야 한다. 현장에서 미술을 가르치는 교사들은 다문화미술교육의 효과적인 지도 방법으로 다문화미술교육에 맞는 새로운 학습 모델을 적용하고 체험학습을 통해서 하는 것이 가장 효과적이라고 생각하였다. 그러므로 이를 반영하여 학교 현장에서는 실질적이고 적용가능한 창의적 체험활동 활성화 방안이 마련되어야 한다. 교육의 질은 교사의 질을 능가할 수 없다는 말이 있듯이 교사의 다문화적 지식, 교사의 다문화적 효능감이 중요하기 때문에 교사의 다문화미술교육 연수가 우선되어야 한다.

앞의 결론을 바탕으로 다문화미술교육의 정착과 활성화를 위해 다음과 같은 연구들이 이루어져야 할 것이다.

첫째, 다문화미술교육의 내용, 목표 등에 대한 국가 수준 혹은 도 단위 수준의 다문화미술교육과정이 개발 보급되어 다문화미술교육이 체계적으로 이루어질 수 있게 해야 한다.

둘째, 교사들의 다문화미술교육 지도 시 어려움을 바탕으로 하여 다문화미술 교수–학습 모델과 학습자료 등을 개발, 보급하여 현장 교사들이 실질적으로 쉽게 활용할 수 있게 해 주어야 한다.

셋째, 다문화미술교육 인식에 관한 연구뿐 아니라 초등학교 다문화미술 수업을 직접 참여하고, 관찰하는 깊이 있는 질적 연구가 필요하다고 생각된다.

끝으로 다문화미술교육이 현장에서 활성화되기 위해서는 교사의 다문화 지식과 효능감을 위해 연수가 필요하고 이를 위한 다문화미술 직무연수와 이에 따른 경비 지원 등이 필요하다.

8장

국내 중국인 유학생의 미디어 이용 실태와 문화적응

8 국내 중국인 유학생의 미디어 이용 실태와 문화적응

임지혜

* 이 글은 2009년 『교육문화연구』 15권 2호에 게재된 논문 일부를 수정 · 보완한 것이다.

1. 문화적응과 미디어

20세기 후반부터 국가 간 '사람들의 교류'는 가파르게 증가하기 시작했다. 다양한 문화적 배경을 가진 사람들이 이념과 국적에 구애받지 않고 일상영역에서 함께 생활하는 환경이 조성되었고, 세계 질서는 '문화'에 의해 역동적으로 재편되고 있다. 따라서 한국문화는 더 이상 한국인들만의 문화로 향유되지 않는다. 한국인에게는 자국(自國)문화이지만 국내 거류(거주 또는 체류) 외국인들에게는 새로운 생활환경으로 주어진 이질(異質)문화인 것이다(김현주 외, 1997: 106). 이러한 '문화 간 이동과 접촉'은 여러 가지 '문화적응'의 문제를 제기한다.

2000년 이래 정부와 대학들이 고등교육의 국제화의 일환으로 외국인 유학생의 유치에 매진하면서 국내 외국인 유학생이 급증하게 되었다. 교육인적자원부의 「2007년도 외국인 유학생 통계조사」 결과에 따르면, 2000년 이후 국내 외국인 유학생 수가 급격히 증가함을 확인할 수 있다. 1994년에는 1,879명에 불과하였으나 2001년 11,646명으로 증가하였고, 2005년 2만 명, 특히 2007년도에는 5만 명에 육박하는 등 매년 30% 이상의 증가율을 보이고 있다(박은경, 2008). 이와 같은 현상은 유학생 유치에 따른 긍정적 파급효과가 크다는 점에 대한 인식이 확산되었기 때문이다. 실제로 외국인 유학생은 출신국의 미래 엘리트로 성장할 가능성이 높으며, 향후 국가 간의 경제적 · 정치적 · 학술적 교류협력에 가교역할을 담당

할 수 있다. 또한 외국 유학생의 유치는 유치국의 대외적 위상을 강화시킴과 동시에 교육과 연구, 문화를 풍부하게 해주는 요소로 파악된다. 이와 같이 외국 유학생은 많은 국가에서 희구하는 이주자 집단의 하나이며, 이는 동시에 유치국의 국제적 표현이자 장·단기적으로 경제적·정치적·학술적 이점을 자국에 가져다주는 국제화 또는 세계화의 '모터'로 간주되고 있는 것이다(Budke, 2003: 21; 안영진·최병두, 2008 재인용). 특히 외국인 유학생의 출신 국가 중에서 외국인 유학생의 수가 가장 많이 증가한 국가는 중국이다. 2001년에는 3,221명으로 전체 외국인 유학생 중 비율이 27.2%로 불과했지만 2007년에는 33,650명으로 전체 외국인 유학생의 절반이 넘는 68.3%를 차지하였다(교육인적자원부, 2007). 이와 같이 높은 중국인유학생의 비율은 지리적인 근접성이나 상대적으로 저렴한 유학경비의 이점, 한·중 간의 역사·문화적 동질성 등을 추론해 볼 수 있는 근거가 된다. 뿐만 아니라 통계적으로 다수를 차지하고 있는 중국인 유학생들에 대한 문화적응 연구는 국내 유학생들의 문화적응 양상의 표본이 될 수 있다는 점에서 의의가 있다.

하지만 외국인 유학생들은 기본적으로 현지에서 사회문화적으로 차별적인 지위를 차지하고 있기 때문에 현지 국가의 학생들보다 더 많은 어려움을 경험하게 된다. 즉, 문화적응의 문제이다. 외국인 유학생들의 문화적응에 큰 영향을 미치는 요인 중의 하나는 미디어다. 매스미디어는 문화통로로 문화를 반영하기도 하고 새로운 문화를 형성하기 때문에(홍기선, 1985) 타 문화적응 과정에서 매스미디어는 주도적인 역할을 한다고 볼 수 있다. Ball-Rokeach에 의하면 사람들은 외부에 대한 위협이나 불확실성이 커질수록 정보에 대한 욕구가 커지며 최종에는 미디어에 의존하는 양상을 보인다. 타지에서 생활하는 유학생의 환경은 Ball-Rokeach가 지적한 인간의 미디어에의 의존양상과 밀접한 관련이 있다고 볼 수 있다. 실제로 해외에서 유학을 하는 대학생들은 미디어(인터넷)에 의존하여 정보에 대한 욕구나 향수에 대한 욕구를 충족시키고 있는 것으로 나타났으며(김진영, 2003), 매스미디어를 적극적으로 이용할수록 문화적응도 높아진다(이창현, 2000)는 연구결과도 있다. 또한 김선남(2007)은 외국인 유학생의 대학적응에 관해서 완충모델에 입각한 대학적응을 살펴보았는데, 완충요인으로 매스미디어의 활용을 제시하고 있다. 여기에서 매스미디어는 대학적응에 부정적 영향을 주는 요인들을 완충해 주는 역할을 한다.

하지만 기존의 문화적응과 미디어의 관계에 대한 연구들은 '미디어가 유학생들의 문화적응에 많은 영향을 끼친다'까지 도출하는 데 만족하였다. 다시 말해서 '어떻게' 많은 영향을 미치는지를 알기 위해서는, 보다 적극적인 관찰과 대화를 통한 미시적인 접근의 질적 연구가 필요한 것이다. 따라서 이 글에서는 국내의 외국인 유학생 중에서 중국인 유학생들의 미디어 활용 양상에 초점을 두고, 그것이 한국의 문화적응에 어떠한 영향을 미치는지를 현상학적 질적 연구를 통해 살펴볼 것이다.

2. 문화적응과 미디어 이론

2.1. 문화적응 이론

인류학자와 사회학자들은 '문화적응(acculturation)'이라는 개념을 "문화적 근원이 다른 사람들 간의 지속적이고 집적접인 접촉의 결과로 일어나는 변화"라고 정의하였다(Redfield, Lintron & Herskovits, 1936; 정진경 · 양계민, 2004 재인용). 이는 문화적으로 서로 다른 배경을 가진 사람들이 만나서 발생하게 되는 개인적인 또는 집단적인 변화를 의미한다. 인간이 물리적 환경의 변화에 반응하여 적절하게 대처한다는 뜻의 적응(adaptation)보다 광범위한 개념으로, 총체적인 환경의 변화를 포함하고 있다. 이주민은 홀로 이동하는 것이 아니라 이주민이 생활하던 본국에서의 문화 · 언어 · 신념체계 등과 함께 이동하기 때문이다. 따라서 문화적응은 원칙적으로는 중립적인 용어로 상호작용하는 두 집단 모두에 해당되나, 실제적으로는 어느 한 집단이 다른 집단에 비하여 더 많은 변화를 겪는 경우가 대부분이다(Berry, 1990).

문화적응에 대한 초기의 연구들로는 이민자와 유학생의 정신건강에 대한 연구로 시작하였고, 이후 연구의 범위는 확장되어 다양한 패러다임들의 등장과 함께 활발한 연구가 진행되었다. 그중 대표적인 연구방향으로 문화학습 접근, 스트레스 대처 접근, 사회 정체감 이론의 세 가지 패러다임을 제시할 수 있다.

문화학습(Culture learning)이론은 새로운 문화에 대한 지식이나 사회적 기술에 초점을 둔 문화적응의 행동적 측면에서의 접근이다. 즉, 문화적 적응을 위한 적절

한 개입은 치료가 아니라 준비, 오리엔테이션, 문화와 관련된 사회적 기술의 획득
이라는 것이다(Furnham & Bochner, 1982; Klineberg, 1982; 정진경 · 양계민, 2004 재인
용). Argyle(1969)은 비교문화적인 상황에서 문제가 발생하는 이유는 유학생 등의
외국 체류자들이 일상생활에서 다른 사람들과 적절히 상호작용하지 못했기 때문
이라고 보았다. 이러한 관점에서의 '적응'이란 새로운 문화와 관련된 사회적 지식
과 구체적인 기술을 학습하는 것으로, 문화 내 의사소통의 맥락 정도와 상호 간의
에티켓 문제가 중점적으로 다루어진다.

스트레스 대처(Stress and coping)이론은 문화적 적응에 영향을 미칠 수 있는 여
러 가지 심리적 환경에 초점을 둔 문화적응의 정서적 측면에서의 접근이다. 문화
적인 이동 자체를 스트레스적인 사건으로 보고, 이를 극복하기 위한 적응적 자원
과 대처반응을 연구한다. 스트레스 대처 연구에 관련된 변인으로는 개인적인 성
향, 사회적 지지, 특정지식 및 기술 등이 영향을 미치는 것으로 밝혀져 있다.

사회정체감(Social identification)이론은 심리학에서 자아 또는 정체감 등과 관련
이 있는 문화적응의 인지적 측면에서의 접근이다. 문화적 정체성은 자기 자신을
한 민족문화 집단의 구성원으로 인식하고 범주화시켜 동일시하는 것을 의미하는
데, 문화접촉이 태도, 가치, 행동 등에서 변화를 가져오게 된다는 점에서 중요하
다. 사회정체감 이론은 자신이 속한 집단이 자신에게 호의적이지 않고, 부정적인
고정관념과 편견의 대상이 되는 상황에서 자신의 자존감을 유지하기 위한 전략을
설명한다. 연령 · 성별 · 교육수준 등이 사회정체감에 영향을 미치는 요인이다.

〈표 8-1〉 문화적응 이론의 내용 및 특징

문화적응 이론	접근측면		내용 및 특징
문화학습	행동적	개념	문화와 관련된 사회적 지식과 기술의 획득
		요인	의사소통의 맥락과 상호간의 에티켓
스트레스 대처	정서적	개념	문화적 적응에 영향을 미치는 다양한 심리적 환경
		요인	개인적인 성향(성격), 사회적 지지(배우자, 친구), 특정지식 및 기술(언어), 사회적 위치(성별, 교육수준)
사회정체감	인지적	개념	자기 자신을 한 민족문화 집단의 일원으로 인식하고 범주화시키며 동일시하는 문화적 정체성
		요인	연령, 성별, 교육수준 및 사회경제적 지위, 국가정책

〈표 8-1〉에 정리된 바와 같이 문화학습 이론은 행동적 접근으로, 스트레스 대

처 이론은 정서적 접근으로, 사회정체감 이론은 인지적 접근으로 구분하여 살펴볼 수 있다. 문화적응의 행동적 차원에서는 개인 또는 집단이 실질적인 문화접촉으로 인해 학습할 수 있는 경험적인 내용이 주를 이룬다. 예를 들면, 옆 사람과의 거리, 제스처, 태도나 감정의 표현, 인사하기 등이 이에 속한다. 문화적응의 정서적 차원에서는 개인 또는 집단에게 심리적으로 영향을 미치는 다양한 환경적 요인들이 대상이 된다. 예를 들면, 개인의 성격, 사회적 지지, 문화적응의 방식, 위치 및 인구학적 변인 등이 이에 속한다. 마지막으로 문화적응의 인지적 차원의 접근은 인지적으로 속해 있는 내적 집단과 반대의 외적 집단의 범주화를 통해 드러나는 문화적 정체성이 개인 또는 집단의 문화적응에 어떤 영향을 미치는지에 관심을 갖는다. 예를 들면, 젊은 사람들이 나이 든 사람들에 비해 더 쉽게 새로운 문화를 용인하고 가치를 받아들이는 경향(Marin, Sabogal, Martin, Otero-Sabogal, & Perez-Stable, 1987; 정진경·양계민, 2004 재인용)을 연구한 것이다. 따라서 이를 종합하면 '문화적응'이란 문화적 접촉으로 인하여 경험하게 되는 변화가 개인과 집단의 행동적·정서적·인지적 대처반응에 영향을 주는 총체적인 상호작용의 과정이라고 할 수 있다.

2.2. 미디어 의존 이론

Ball-Rokeach & DeFleur(1976)는 매스미디어의 의존이 그 수용자들의 지각과 인지에 큰 영향을 미친다고 주장한다. 현대사회에서 미디어는 전체 사회에 체계적으로 연결되어 있고, 각 주체는 매스미디어를 통해 사회관계에 참여하고 있다는 것이다. 미디어와 사회의 체제에 맞춰 수용자들은 미디어에 의존하게 되고, 그 의존도에 따라 미디어 메시지로부터 영향을 받는다. 그리고 이러한 영향으로부터 비롯한 수용자의 인지적·정서적·행동적 변화는 다시 피드백되어 사회와 미디어를 변화시킨다는 것이 '미디어 의존 이론'이다. 이와 같이 미디어 체제-사회 체제-수용자는 유기적으로 연결된 상호의존적 관계를 가지고 있다.

미디어의 의존에 영향을 주는 조건은 크게 두 가지로 볼 수 있다. 하나는 사회의 변화, 갈등양상을 포함한 불안정의 정도이고, 또 하나는 정보를 제공하는 원천으로서 미디어의 중요도이다. 사회를 불안정하게 하는 큰 변화가 있을 때에는 미디어가 제공하는 정보에 대한 사람들의 의존도가 높아지고 미디어가 한 사회 내에서 수행하는 기능들이 많을수록 그 사회에 있어 미디어의 의존도가 커진다는 것이다(Ball-Rokeach & Loges, 1996). 예컨대 외국에서 유학하는 학생들에게 만약 인터넷 이용이 자국의 유일한 매스미디어라면 그 인터넷 미디어의 의존도는 높아질 것이고 그 결과 메시지로부터 상당한 인지적·정서적·행동적 영향을 받을 것이라고 가정할 수 있다. 정보제공의 출처로서 이용 가능한 미디어가 부족할수록 수용자들이 쉽게 이용할 수 있는 특정 미디어에 더욱 의존하게 되는 것이다.

미디어 의존이론을 크게 거시적인 미디어 시스템 의존 접근법(MSD; media system dependency)과 미시적인 개인 미디어 의존 접근법(IMD; individual media dependency)의 두 가지 관점으로 나눌 수 있다. 미디어 시스템 의존(MSD)은 수용자와 미디어, 사회의 3자 간의 관계가 하나의 시스템처럼 서로 연관되어 있다고 보는 시각이다. 반면 보다 세부적이고 미시적인 관점의 개인미디어 의존(IMD)은 수용자가 미디어를 이용하는 중요한 동기로 사회와 자신에 대한 이해, 적응력, 놀이의 세 가지 목표를 개념화시키고 있다. '사회에 대한 이해'란 자기 자신과 주변, 세상에 대한 기본적인 개념화를 추구하는 수용자들의 기본적인 욕구를 설명하고, '오리엔테이션'이란 보다 효과적이고 성공적으로 사회생활을 할 수 있는 가이드를 얻고자 하는 개인들의 욕구를 말하며 '놀이'를 통해서 수용자들은 긴장완화와 탈출이라는 가치 있는 메커니즘을 가지게 된다(Skumanich & Kintsfather, 1998).

〈표 8-2〉 미디어 의존 이론의 내용 및 특징

미디어 의존 이론	접근측면	내용 및 특징
DeFluer & Ball-Rokeach, 1989	행동적	• 수용자들이 의존하고 있는 미디어의 영향으로 그 수용자들이 어떤 행동을 하게 됨
	정서적	• 사회구성원들의 느낌이나 감정 등을 포함 • 사회구성원들은 매스미디어가 보여주는 여러 이벤트에 서로 다른 강도의 두려움·근심·좌절 등 그 사건에 관련된 감정들을 보여줌
	인지적	• 불확실성의 감소(사회 격변시기에 정보 제공) • 태도의 형성(미디어를 통해 새로운 공적인사 등장) • 의제설정(미디어에 의해 토론의제가 선택됨) • 신념 확대, 변화(사회 믿음 체계에 대한 정보 제공) • 가치관의 형성과 명료화

미디어 의존 이론에 의하면 대중 매체는 그것이 작용하고 있는 사회에 인지적·정서적·행동적 영향을 가져다준다(DeFluer & Ball-Rokeach, 1989). 수용자들이 그들의 욕구를 충족시키기 위해 미디어에 의존하고 있을 때 메시지는 수용자

들의 정서적, 인지적, 그리고 행동적 측면을 변화시킬 수 있다는 것이다. 이는 〈표 8-2〉에 정리된 내용과 같이 매스미디어의 3가지 효과로 설명될 수 있다. 첫 번째는 행동적 효과로 수용자들이 의존하고 있는 미디어의 영향으로 인해 그들이 어떤 행동을 하게 되었을 때 일어난다. 두 번째는 정서적 효과로 매스미디어를 통해 실제로 사회구성원들이 느끼고 체험하는 여러 다른 감정들을 공유하게 되는 것이다. 세 번째는 인지적 효과로 불확실성의 감소, 태도의 형성, 의제설정, 신념의 확대나 변화, 가치관의 형성과 명료화 등이다.

미디어 의존 이론은 이용과 충족이론과 마찬가지로 개개인들이 다양한 방법으로 미디어 정보에 의존하고 있다는 것을 기본적으로 가정하고 있다. 사회가 점차 복잡해지고 과거의 전통적이고 대인적인 영향력이 점차 감소되면서 개인들은 여러 가지 정보의 원천으로서 대중 매체에 의존하고 있는 것이다(Ball-Rokeach & DeFeur, 1976). 특히 유학사회라는 사회적 변화와 자국의 대중 매체를 충분히 이용하는 데 제약을 받고 있는 유학생들에게 접근 가능한 미디어의 의존적 양상은 부각될 수밖에 없을 것이다.

3. 연구방법

이 글은 앞의 선행연구 및 이론적 배경에서 살펴본 기본적 시각과 방법을 전용하여 한국에서의 외국인 유학생의 문화적응 문제를 미디어의 활용 양상의 관점에서 접근하고자 한다. 이를 위해 한국으로 유학 온 중국 유학생들이 경험하는 다양한 개인 및 사회적 문제에 대처하여 사용하는 미디어 활용 양상을 탐구하기 위한 참여관찰과 심층인터뷰의 질적 연구방법을 사용하였다.

참여관찰은 3월 30일부터 4월 10일까지 2주간 대학원생 연구실에서 함께 생활하며 참여관찰법으로 진행하였다. 이것은 심층면접을 하기 전의 단계로서, 심층면접 시에 표피적인 내용을 피하고 더 본질적인 질문과 내용을 유도하기 위한 방향을 설정하는 작업이다. 따라서 심층면접을 통해서는 유학생들이 미디어를 이용하는 동기, 또는 미디어를 통해 해결하고자 하는 욕구가 무엇인지를 파악함에 목적을 두었다. 참여관찰 시에 연구자는 미디어의 사용 목적에 대한 의견을 중국인 유학생들과 나눴지만 개입하지 않는 관찰자의 입장을 견지하였다.

심층면접은 4월 13일부터 4월 23일까지 2주간, 기 선별된 연구 참여자 9명을 대상으로 개별면접 방식으로 이루어졌다. 면접은 빈 강의실과 회의실을 활용하여 진행되었고, 모두 소형녹음기를 통해 기록되었다. 면접방식은 '면접 안내 접근방식'을 채택하였다. 면접 안내 접근방식은 연구자가 중심적으로 다룰 방향이나 주제들을 설정하지만 면접과정에서 참여자들이 개진하는 주제들에 대해서도 열려 있는 방식을 말한다(Rossman & Rally, 1998). 면접을 위해서 선정된 주제들은 ① 미디어의 접근성, ② 미디어의 사용 목적, ③ 미디어의 사용시간, ④ 미디어의 역할, ⑤ 미디어의 사용 내용 등이었다. 면접 전에 주제별 질문들을 준비했지만 고정된 틀 안에서 질문하기보다는 주제 내에서 각 참여자가 원하는 대화 방향에 따라 질문순서를 바꾸거나 새로운 질문들을 추가하였다.

이 글에서는 표본 추출의 적절성과 충분성을 고려하여 연구 참여자들을 선정하였다. 적절성이란 연구에 가장 좋은 정보를 제공해 줄 수 있는 참여자를 선택하는 것이고, 충분성은 현상에 대해 풍부한 설명을 하기 위해서 충분한 자료를 수집해야 한다는 것이다(신경림 역, 1997). 연구 참여자는 모두 인하대 학생을 대상으로 9명을 선정하였다. 인하대학교 내 외국인 유학생은 매년 증가하고 있으며, 특히 중국 유학생의 수가 절반 이상을 차지하고 있다. 인하대학교 내 중국 유학생의 수는 2007년(10월 1일 기준) 전체 유학생 606명 중 421명(69.47%), 2008년(10월 1일 기준) 전체 유학생 776명 중 558명(71.9%), 2009년 현재(4월 1일 기준) 전체 유학생 890명 중 648명(72.8%)으로 매년 증가하고 있는 추세다(인하대학교 국제교류팀 내부자료 참조). 또한 다양한 응답과 상호 비교를 통한 해석의 가능성을 넓히기 위해 연령은 20대 초반부터 30대 중반까지로 제한하였고, 전공은 언론정보, 스포츠심리, 화학공학 등 다양한 분야이도록 했다. 재한기간은 6개월 이상으로 성별과 혼인유무의 사례는 전체적으로 균형을 이루도록 구성하였으며, 민족은 대부분 한족으로 선별하였다. 모두 학생의 신분으로, 한국어 실력의 구분은 면접을 진행함에 있어 '의사소통의 문제가 없다=고', '다소 통역이 필요하다=중', '전체 통역이 필요하다=초'를 기준으로 하였다. 이와 같은 연구 참여자의 일반적 특성들은 다음의 〈표 8-3〉에 정리되어 있다.

〈표 8-3〉 연구 참여자의 일반적 특성

연번	성별	연령	혼인	민족	전공	학력	직업	재한기간	한국어
1	여	35	기혼	조선족	언론정보	석사과정	학생	20개월	고
2	남	32	기혼	한족	스포츠심리	석사과정	학생	8개월	초
3	남	25	미혼	한족	화학공학	석사과정	학생	24개월	중
4	남	32	기혼	한족	화학공학	박사후과정	학생	54개월	고
5	여	28	기혼	한족	문화경영	석사과정	학생	32개월	중
6	여	29	기혼	한족	한국어학	석사과정	학생	14개월	고
7	여	24	미혼	한족	국어교육	석사과정	학생	24개월	고
8	여	25	미혼	한족	언론정보	석사과정	학생	26개월	중
9	남	23	미혼	한족	기계공학	학부과정	학생	6개월	초

이 글에서 활용하는 자료는 연구자들의 심층면담을 통해 수집되었다. 자료수집 기간은 2009년 4월 한 달간이다. 연구 참여자당 1회에서 3회까지의 면담횟수를 가졌고, 면담시간은 대화가 진행되는 상황에 따라 1~2시간 정도가 소요되었다. 중국 유학생들의 한국어 소통 수준은 초급에서 고급까지 다양했기 때문에 통역이 필요했다. 이외에도 연구 참여자와의 일상적인 대화와 인터넷 채팅을 통해 수집된 자료도 본 연구에서 참고하여 활용하였다. 그리고 선행연구에서 검토된 외국인 유학생의 문화적응과 미디어의 관계에 있어서 도출된 연구결과들은 본 연구의 심층면접의 과정에서 확인할 수 있었다.

이 글에서는 앞서 수행한 선행연구 및 이론적 배경에서 살펴본 기본적 시각과 방법을 전용하여 연구자와 연구 참여자가 함께 진행할 면접의 주제와 방향을 설정하였다. 문화적응 이론에서 보았던 세 가지 패러다임인 문화학습, 스트레스 대처, 문화정체감과 미디어 의존 이론에서 보았던 세 가지로 제시된 미디어의 이용 동기와 미디어의 효과를 접목시켜 하나의 틀을 구성하였다. 다음 〈표 8-4〉는 면접의 주제 및 방향을 도식화한 것이다.

〈표 8-4〉 면접내용의 범주화

미디어 이용 동기	적응	놀이	이해
문화적응 양상	문화학습	스트레스 대처	문화정체감
미디어 효과	행동적 기능	정서(심리)적 기능	인지적 기능
면접내용의 범주화	문화적 행태 학습	정서적 욕구 충족	사회적 정체감 형성

이와 같은 면접내용의 범주 내에서 기본적인 질문 문항을 구성하여 면접을 진행하였다. '면접 안내 접근방식'의 특성인 연구 참여자의 자율성에 따라 개방적인 면접 분위기를 유지하였고, 다양한 의견이 교차하는 원활한 상호작용이 될 수 있도록 유기적으로 대화를 진행하였다. 마지막으로 수집된 모든 자료를 문서화하고 체계적으로 정리하는 작업을 행하였다. 그리고 유학생들의 문화적응에 영향을 미치는 미디어의 기능에 초점을 맞추어 6단계의 질적 분석절차를 따라 자료를 분석했다. 구체적으로는 ① 자료 정리하기 및 친숙해지기, ② 범주(category), 주제(theme), 유형(pattern) 만들기, ③ 자료 코딩하기, ④ 자료에 대한 초기의 이해 및 해석 점검하기, ⑤ 대안적 해석 및 설명 찾기, ⑥ 보고서 작성하기를 말한다 (Marshall & Rossman, 1999).

4. 중국인 유학생의 미디어 이용 실태

4.1. 문화적 행태 학습

중국 유학생들이 한국의 문화에 적응하기 위하여 미디어를 활용하는 양상의 하나는 '학습'이다. 실질적으로 경험하는 문화적응의 문제를 해결하기 위해서는 해당 사회에서 필요한 지식과 기술을 습득하는 것이 가장 우선한다. 유학생들의 경우 이를 위해 가장 많이 활용하는 것은 '인터넷(컴퓨터)'이었다. 유학생들은 지상파 방송물을 비롯한 다양한 영상물을 인터넷을 통해서 접하고 즐기는 것이 일상화되어 있었다. TV를 구입하는 것보다 인터넷으로 선호하는 영상물을 선택하여 시청하는 것을 선호하기 때문이다.

"저는 솔직히 처음에 한국에 왔을 때 한국말 18개월도 안되어 배웠을 때 거기 가서 선생님한테 배우는 것보다 인터넷을 통해 배우거나 텔레비전을 보고 배우는 것이 더 도움이 됐어요. 요즘도 인터넷에서 교육하는 프로그램들을 많이 봐요."(연구 참여자 7)

외국 유학생들이 문화적응을 함에 있어서 가장 큰 변수는 '언어장벽'이다. 언어

학습은 문화콘텐츠(드라마, 영화 등)를 통해서 이루어지기도 하며, 직접적으로는 어휘나 문장의 뜻을 해석하기 위해 인터넷 검색을 이용하는 사전의 기능을 활용하기도 한다.

> "저 친구는 저보다 한국어 실력이 좋은 것 같아요. 저는 네이버 사전을 열어놓고 대화해요. 저는 중국어로 사전 찾아봐야 하거든요."(연구 참여자 8)

드라마를 비롯한 미디어 프로그램은 한국문화를 학습시킬 수 있는 좋은 기제가 되었다. 문화란 현실사회를 전제로 한 실천적인 성격을 내포하고 있기 때문에 어떤 완벽한 교재로도 학습함에 부족함을 느끼게 된다. 이때 한 사회의 문화코드를 흥미로운 내러티브에 용해시킨 문화콘텐츠(영화, 드라마 등)는 좋은 문화학습의 도구가 될 수 있다.

> "그럼요. 한국 드라마에서 많이 봐요. 물건 전할 때 손 모아서 주는 거 이런 거요. 하지만 중국에서는 그렇게 하지 않아요. 아주 세밀한 건데 신경 쓰지 못하면 오해 살 수가 있어요. 교수님께서 쟤 왜 이러냐 하고 생각할 수 있어요. 약간 좀 그냥 외국인이라서 그렇겠다 하고 이해해주신 분들도 있고요."(연구 참여자 7)

반면 미디어를 활용하는 것이 한국문화를 학습함에 오히려 방해가 된다는 견해를 가지고 있는 경우도 있었다. 영상물을 통한 학습은 이미지에 의한 도상적인 의미 이해에 불과하기 때문에, 언어능력 향상에 도움이 되지 않는다는 의견이다. 이는 문화학습을 언어학습과 동일시하는 생각으로부터 기인한 것이다.

> "하지만 텔레비전 보는 건 집중하지 못해서 공부에 도움이 되지 않아요. 공부에 도움이 되기 위해서는 집중해서 혼자 공부해야 해요. TV화면 보면서 한국 이해하는 건, 진짜 아는 게 아니라 영상 때문에 이해하는 거예요."(연구 참여자 3)

유학생의 사회적 위치의 특성상 학문연구를 위한 학업의 문제는 유학생활의 가장 큰 목적이며 중요한 과제이다. 따라서 수업을 들을 때나 연구를 함에 있어서 다른 한국 학생들과 함께 작업해야 하는 경우가 생긴다. 이때 자료를 공유하기 위해 일상적으로 활용하는 것이 인터넷 카페와 같은 가상공간이다. 학습 자료를 공유하는 것 뿐 아니라, 온라인 공간을 활용하여 친구를 사귀고 동일한 네트시스템을 사용함으로써 사회적 네트워크를 구축, 확장하고 있음을 알 수 있다.

"일촌에는 한국인 친구가 더 많아요. 네. 그때는 한국 친구 위해서 싸이 들었어요. 한국친구 사귀려고 싸이 하는 거예요. 그리고 과제 하려면 클럽도 가입해야 해요. 클럽에서 자료 다운받아서 과제해요."(연구 참여자 8)

인터넷으로 쇼핑을 하는 것은 유용하게 생각하고 있었다. 실제적으로 얼굴을 보고 물건을 사게 되면 외국인이라는 배경으로 부당한 취급을 받는 경우도 있는 반면, 인터넷으로 물건을 사는 것은 그러한 것들로 인해 스트레스를 받을 필요가 없다. 대중 매체는 실제 대면접촉에서 발생할 수 있는 현지인의 부정적 피드백에 대한 심리적 압박 없이 일방적 매체의 성격을 가지고 있기 때문이다(Kim, 1977).

"저희 경우는 지난 연도 아이들 우유 사는 거요, 분유 살 때도 인터넷 많이 사용했어요. 다른 사람이 써놓은 상품평(이런 게 좋고, 저런 게 좋고) 이런 것들이 많이 도움이 돼요. 또 인터넷으로 사는 것은 싸고 또 편해요. 그리고 믿을 수 있어요."(연구 참여자 5)

미디어를 활용한 문화적 행태를 학습함에는 암묵적으로 거치게 되는 일종의 단계가 작용하고 있었다. 유학 초기에 대인채널이 부족한 상황에서 보다 쉽게 현지 생활에 필요한 정보를 얻는 데 미디어를 활용했다면, 어느 정도 시간이 지나면 대인채널을 충분히 확보하여 미디어에의 의존도가 낮아진다. 하지만 이후에 다시 미디어의 활용이 높아지게 됨은 대중 매체가 외국인들의 제한된 일상의 생활 환경을 넘는 다양한 문화적 경험을 축적하게 함으로써 대인 채널로 충족되지 않는 영역의 적응을 돕는 보완재의 역할(이창현, 2000)을 하기 때문이다. 즉, 미디어는 중국인 유학생들에게 확장된 경험을 제공함으로써 포스트 모던적 지식(한승희, 1998)을 가능하게 한다. 포스트 모던적 지식이란 단순히 지식 자체의 특성에 의해 그 자체의 차별성을 가지는 것이 아니라 그것이 페다고지, 특히 성인교육이라는 장을 통해 살아 있는 경험(lived experience)을 획득하며 생성·전파·변형·발전하는 것이다.

"언어를 배울 때 최대한 자기가 할 수 있는 만큼 원어민처럼 말하는 것이 목표였어요. 처음에 아무것도 모를 때 그때는 인터넷이 편할 수가 있어요. 그것이 1단계고, 그다음에 2단계로 넘어갈 때는 한국인을 만나서 직접 대화를 통해서 더 깊게 알 수 있어요. 한국인을 만나야 그 사람이 어떤 모습인지 어떻게 사는지 더 확실하게 파악할 수 있어요. 그런데 3단계가 있어요. 거기까지 가면은 한국인도 얼마만큼 만난 경험도 있고, 또 자기 일 가지고…… 그런데 인터넷을 통해서 더 높은 단계로 가려면은 그런 매체를 접촉하는 경험이 필요해요."(연구 참여자 7)

4.2. 정서적 욕구 충족

사회적 지지를 형성하기 위해 미디어를 활용하는 대표적인 사례는 메신저이다. 유학생마다 선호하는 메신저가 다르게 나타나는 것을 볼 수 있는데, 이는 가상공간 안에서 소통의 방향과 가능성을 조율하는 요인이 되기도 하였다. 예컨대 중국인 유학생은 QQ를 많이 쓰고, 한국인학생은 NATE ON, 영어권유학생은 MSN을 많이 사용하고 있는데, 서로 다른 메신저를 사용하는 것은 소통함에 장애를 가져오기도 한다.

"저는 중국에 있는 친구는 QQ 많이 써요. 한국의 네이트온처럼 써요. 사실 중국에 있는 친구와는 별로 채팅하지 않아요. 주로 한국에 있는 중국친구들과 채팅해요. 일을 처리해야 할 것, 내일 뭐해야 하는 것인지, 이런 것들을 얘기해요."(연구 참여자 5)

미디어는 모국에 있는 가족에 대한 그리움을 달래기 위한 수단이다. 외국인 유학생은 해당 국가의 교육시스템을 통해서 학위 과정이나 구체적인 학업 목표를 달성하고 학업을 마치면 귀국할 것임이 전제되어 있는 집단(황해연, 2007)이다. 학문적 업적을 성취하기 전에 돌아갈 곳에 대한 향수를 채울 수 있는 방법으로 미디어는 매우 유용하게 사용되고 있다.

"가장 힘든 것은 딸이 보고 싶은 거예요. 영상채팅을 해요. 일주일에 한 번씩 해요. 그런데 전화를 더 많이 해요. 영상채팅을 하면 이모 집에 가서 해야 하니까 좀 불편해요. 그리고 영상채팅을 하면 시간이 많이 걸려요. 두 시간 정도 하면 딸이 계속하고 싶어 해요. 그런데 저희가 일이 있어서 떠나면 아이가 울 거예요. 그래서 많이 하면 안 돼요."(연구 참여자 6)

미디어는 좋아하는 드라마나 영화를 보는데도 활용된다. 텔레비전보다 인터넷을 선호하는 이유는 시간활용도가 높기 때문이다. 외국인 유학생의 경우는 현지

학생들보다 시간적 경제적 여유가 부족한 환경에서 비롯한 것이라 추측된다. 또한 개인 미디어적 성향이 큰 인터넷(컴퓨터)을 사용하는 것이 유학생이 가지고 있는 여건에 더 부합되었을 것이다.

"TV 드라마는 안 좋아해요. 시간낭비니까요. 인터넷을 통해서 영화를 다운받아서 보는 것을 좋아해요. 영화는 좋아하지만 드라마는 좋지 않아요. 왜냐하면 드라마는 너무 길어서 시간 낭비예요."(연구 참여자 3)

또한 작업시간과 휴식시간의 구분이 모호한 특성을 가지고 있는 유학생에게 시간활용에의 선택할 수 있는 자유는 미디어 선호에 큰 영향을 미친다. 학문적 성취를 위한 노력의 결과는 시간(학위취득기간)으로 나타나기 때문에, 어떤 결정을 함에 있어 시간적 제약은 매우 중요한 변수로 작용한다. 미디어를 활용함에 있어서도 프로그램 편성이 비교적 규칙적인 텔레비전보다는, 다시보기가 가능하고 필요할 때 찾아볼 수 있는 인터넷에 대한 접근성이 더 크다고 볼 수 있다.

"TV 경우에는 우리가 선택할 수 없어요. 시간이나 채널을 선택할 수 없어요. 하지만 인터넷에서는 지난 프로그램, 지금 하는 프로그램 모두 선택할 수 있어요. TV는 지금 하는 프로그램을 봐야 하지만, 인터넷으로는 보고 싶은 프로그램을 시간이나 채널에 상관없이 볼 수 있어요."(연구 참여자 4)

공공의 공간에서 텔레비전을 보는 행위는 텔레비전을 시청하는 행위 자체보다 그것으로 인해 형성되는 일상생활의 문화적인 소통이 중요하게 작용한다. 이는 미디어를 단순한 정보수집이나 정서적인 즐거움을 위해 활용하는 것에서 더 나아가, 타자와 함께 같은 현실을 공유하는 문화적 체험을 제공함에 의미가 있다. 미디어가 제공하는 내용을 수동적으로 받아들이는 것을 넘어서, 미디어가 제공하는 내용을 적극적으로 수용하고 타자와 공론의 장을 형성하고 있는 것이다.

"저는 기숙사 생활하고 있고요, 휴게실에서…… 텔레비전 있으니까 가끔은 거기에서 보고, 아무래도 인터넷으로 보면 더 편하고요. 그런데 휴게실에서 텔레비전을 보는 것이 더 재미있어요. 사람들이랑 같이 웃고 얘기해요."(연구 참여자 9)

4.3. 사회적 정체감 형성

　뉴스 프로그램을 보는 것은 일종의 사회적인 행위이다. 개인을 포함한 사회에 대한 공동체 의식과 상징적인 참여의 경험을 제공하기 때문이다. 또한 뉴스는 가장 객관적이면서 가장 문화적인 프로그램이다. 프로그램의 특성상 사실을 그대로 보도하기도 하며, 사실을 그대로 보도하는 문화적인 재현양상 역시 보여준다. 본 연구에 참여한 중국 유학생들은 한국에서 일어나는 많은 사건들을 궁금해한다. 하지만 한국어에 익숙하지 않은 중국 유학생들은 이에 대한 욕구를 해소하기 위해 '중국뉴스'를 통해 '한국뉴스'를 본다. 다시 말해서 한국에서 벌어지는 사건사고를 포함한 전반적인 이야기가 중국어에 의한 뉴스로도 제공되고 있는 것이다. 반면 중국의 언론규제로 인해 발화되지 않은 여러 가지 이야기들에 대한 궁금증은 '한국뉴스'를 통해 해소되기도 하는 등 역방향으로의 뉴스검색 모습도 볼 수 있었다.

> "출근하게 되면 한국사이트 들어가고 중국사이트 들어가서 주요한 뉴스들을 보고 하루 일과를 시작하는 거죠. 한국사이트가 재미있기도 하고⋯⋯. 중국은 언론규제가 많은 편이잖아요⋯⋯. 그래서 보통 중국사이트에 들어가면 뉴스 같은 경우에 관의 입장으로 편향된 이야기(관방적인 이야기)가 많아요. 세계를 알고 싶은데, 중국을 통해서는 한정된 내용만 알 수 있으니까, 영어는 잘 못하고, 한국사이트를 보고 알 수 있어요. 그러면서 드라마도 보고⋯⋯ 여러 가지 다른 일도 하고요⋯⋯."(연구 참여자 1)

　미디어는 사용자의 동기에 따라 선별되어 활용된다. 정치 또는 경제와 같은 사회적이고 전문적인 내용에 대해서는 영상(청각) 이미지의 텔레비전보다는 상호텍스트성의 인터넷에 대한 선호가 뚜렷하게 나타나고 있는 것이다. 이는 한국어에 대한 언어(듣기)능력에 기인하기도 하지만, 사회적 담론에 참여하고자 하는 의지 역시 추론해 볼 수 있다.

> "한국의 생활, 정치, 경제 등에 대해서 알고 싶으면 중국 인터넷을 통해서 알아요. TV는 무슨 말인지 몰라요. 인터넷을 통해서⋯⋯ 중국 인터넷도 있잖아요. 또 똑같은 내용을 찾아볼 수 있어요. 그리고 비슷한 중요한 소식이 뜨면 한국에서도 중요한 소식이에요. 대부분은 인터넷으로 한국 생활에 대해 찾아보고 또 배워요."(연구 참여자 2)

중국 유학생들은 드라마를 보거나 영화를 봄에 있어서도 다른 사람의 평가에 관심을 기울이는 모습을 보이기도 했다. 단지 문화콘텐츠의 유희적 소비뿐만이 아니라 그것을 평가하는 사회적 담론에도 귀를 기울이고 있는 것이다. 이는 사회적 정체성이 형성되고 있는 과정으로 판단될 수 있다. 즉 사회적으로 형성된 담론에 참여하고 또 그 공감대를 공유하는 일종의 공동체의식을 암묵적으로 받아들이고 있는 것이다. 이때 중국인 유학생과 미디어는 '대화적 관계'(강명구, 1993)를 가진다. 여기서 '대화'란 어떤 주제에 관해 상대방과의 대화를 통해 일치하듯이 해석자가 텍스트(미디어가 매개하고 있는 문화적인 내용)의 의미를 이해하고 재구성한다는 것을 의미한다. 미디어와 유학생(수용자)은 메시지 전달의 일방적인 관계가 아니라, 쌍방향의 대화적 관계인 것이다.

"○○○이라든가…… 딱 밥 먹는 시간대라서 TV를 틀어놓긴 하지만 내용이 억지스럽고 짜증스러워요. 하지만 ○○○에서는 여러 가지…… 스토리가 억지스럽지 않고 자연스럽게 엮어나가는…… 보기 좋았어요. 재미있었어요. 인터넷에 들어가면 다른 사람들도 많이 얘기해요. 저도 그렇게 생각해요."(연구 참여자 1)

미디어가 재현하고 있는 모국(중국)의 이미지에 대한 지대한 관심도 확인할 수 있었다. 민족적 정체성일 수도 있고, 왜곡된 재현 양상에 대한 미디어 비판적 리터러시의 관점일 수도 있다. 분명한 것은 미디어가 투영하고 있는 모국의 모습과 한국에서 유학하고 있는 본인의 모습을 일치시켜 생각하고 있다는 것이다.

"그리고 한국의 다른 TV는요, 한국에서 중국에 대해 설명한 TV프로그램 있어요. 그런데 중국의 가난한 모습만 보여주고, 중국에 도둑이 많다, 중국에 교통도 너무 안 좋다…… 이런 거요. 중국의 인격, 수준, 상품의 품질에 대한 이야기요…… 그런 이야기는 좋지 않아요."(연구 참여자 6)

5. 미디어의 열린 공간을 지향하며

이 글에서 진행한 중국인 유학생의 문화적응과 미디어 이용 실태에 대한 연구는 문화적 행태 학습, 정서적 욕구 충족, 사회적 정체감 형성의 세 가지 축을 중심으로 정리될 수 있었다. 이와 같은 결과는 미디어가 메시지 전달의 역할만을 담당하는 중립적인 매체가 아니라는 것을 전제로 한 것이다. 중국인 유학생들의 필요에 부응하고, 또 그들의 관점과 사고에 영향을 미치는 정치적인 과정들이 미디어를 통해 이루어지고 있음을 알 수 있었다. 미디어는 유학생들의 정보습득 또는 정서적 안정을 위한 수동적 장치로 활용될 수 있다.

중국인 유학생들이 봉착하는 문화적응의 문제에 있어서의 문화란 일상적인 것이며, 삶의 모습 그 자체이다. 문화는 그 자체가 구성적인 과정으로, 문화권 내의 사람들에 의해서 구체적이고 다양한 모습이 된다. 문화는 교육의 소재이지만, 또 그 과정이 될 수 있는 것이다. 중국인 유학생들의 미디어 활용 양태는 문화를 배우고 습득하며 또 재구성하는 과정으로 나타났다. 이는 제도권에서 제공하는 교육의 형태가 아닌, 일상생활세계에서 일어나는 문화적 메시지들의 생산과 수용, 그리고 전달과정에의 무형식 학습인 것이다. 무형식 학습이란 의도되고 계획된 메시지에 대한 수동적·무의식적·우연적 습득과정을 의미한다. 알란 로저스(Rogers, 1992)에 의하면 학습자의 입장에서 볼 때 그러한 내용의 학습에 참여할 적극적 의도성이 존재하는 것은 아니지만 분명히 그러한 내용을 조직하고 제공하는 쪽의 입장에서 본다면 의도적 학습을 목적으로 하는 기호들이 존재하는데 이것을 '무형식 학습'이라고 부른다. 즉, 문화를 대상으로 한 무형식 학습이란 대단히 치밀하게 의도되고 선택된 메시지를 무차별적 학습자에게 방출함으로써 학습자의 입장에서 볼 때 그러한 내용의 학습에 참여할 적극적 의도성이 없음에도 불구하고 그 메시지에 설득되도록 요구하는 의도적 과정인 것이다. 즉, 미디어의 열려진 공간 속에서 유학생을 포함한 다양한 사람들 간의 대화와 정보의 교환, 청취, 연대를 가능하게 해 주는 실천행위로서의 학습이라고 할 수 있다.

중국 유학생들이 문화적 문제해결을 위해 미디어를 활용하는 양상을 살펴봄으로써 의미 있는 몇 가지 시사점을 도출할 수 있었다. 첫째, 중국 유학생들의 미디어 활용은 문화학습의 일 방향적인 한계를 넘어, 미디어가 쌍방향의 능동적이고 주도적인 학습을 위한 기제로 작용할 수 있는 가능성을 보여주고 있다. 둘째, 중국 유학생들이 활용하는 미디어의 이용 실태는 미디어를 이용하는 양상과 문화적응의 정도 간에 관련이 있음을 암시한다.

9장

방가 씨와
한국인 동료가
함께하는 직장생활

정지현 · 김영순 * 이 글은 2013년 『교육문화연구』 18권 4호에 게재된 논문 「생산직 이주근로자 고용 한국 회사 내 한국인 근로자의 다문화 감수성에 관한 연구」를 수정 보완한 것이다.

9 방가 씨와 한국인 동료가 함께하는 직장생활

1. 방가 씨 한국에 오다

오늘날 한국사회는 가파른 경제 성장과 고학력 · 저출산 · 고령화 현상에 따라 사회 전반의 구조적인 변화를 맞이하게 되었다. 또한 다양한 인종적 · 문화적 배경을 가진 사람들의 입국으로 인한 급격한 사회 변화를 경험하고 있다. 2014년 2월 법무부 출입국 · 외국인 정책본부 통계에 따르면 한국 내 이주민의 수는 1,560,365명에 이르고 있고 취업자격 체류 외국인은 551,843명으로 가장 많다. 이제 한국 내의 이주민은 UN에서 제시하는 다문화국가의 인구 유입선인 2.5%를 넘어섰으며, 더 이상 우리 사회는 다양한 피부색 · 언어 · 문화를 가진 사람들을 일상에서 만나는 것이 어려운 일이 아니게 되었다. 앞으로 한국사회의 다문화현상은 점점 가속화될 전망인데 이로 인해 우리는 이제 한국사회로 유입된 소수 이주민에 대한 교육을 넘어서서 이들을 바라보는 우리 사회 구성원 다수자의 적극적인 인식 전환과 다문화 시민의 자질이 요구되고 있는 시점이다. 특히 이주민 중에서 가장 많은 수를 차지하고 있는 이주근로자에 대해서는 이들과 함께 근무하고 있는 한국인 근로자의 인식 변화가 더욱 절실하다.

지금까지 한국사회에는 이주근로자, 결혼이주여성, 유학생, 북한이탈주민 등 이주민 소수자에 대한 연구가 다양하게 이루어져 오고 있다. 이주근로자 연구에서는 이주근로자의 한국사회 적응과 관련된 연구(김승만, 2011; 김성숙, 2011; 김영란,

2008; 김수재, 2008; 함한희, 1997), 이주근로자의 인권을 다룬 연구(설동훈, 2009), 이주근로자 지원 정책에 관한 연구(최병두 외, 2011; 류정순, 2004; 선미란, 2011; 조현상, 2009; 김영미, 2009), 이주근로자의 지역사회 학습과 이주공동체에 대한 연구(김진희, 2010), 사회통합과 갈등에 관한 연구(이종희, 2012; 정재각, 2011), 이주근로자 관련 법제에 관한 연구(최경옥, 2011; 김용환, 2010; 박진완, 2010) 등과 같이 소수 이주민으로서의 이주근로자에 대해 제한된 연구가 진행되었을 뿐, 이주근로자와 함께 일하는 한국 회사 내 한국인 근로자에 대한 연구는 이주근로자에 관한 연구에서 찾아보기 어렵다.

이주근로자의 한국사회 이주 목적은 본국과 한국 간의 임금격차로 인한 취업기회를 한국에서 얻고자 하는 것인 만큼 이주근로자의 생활 중 가장 많은 시간을 보내는 곳은 한국 회사이다. 이렇게 한국 회사로 유입된 이주근로자는 일을 통해 한국인 근로자들과 가장 가까운 곳에서 직접적으로 접촉하면서 가장 긴 시간 노출되어 있다. 한국 회사에서 일하고 있는 이주근로자의 어려움은 한국인 근로자들과의 의사소통의 어려움뿐만 아니라, 이들의 차별적인 태도와 욕설이나 모욕에서 느끼는 어려움이 더 큰 것으로 나타나고 있다. 이는 한국사회가 다문화사회로 진입하면서, 한국 회사에 유입된 다양한 문화적 현상으로부터 비롯되는 '차이'를 한국인 근로자들이 이해하고 존중하는 인식의 변화가 선행되어야 함을 보여주는 것이다.

앞으로 우리는 우리 사회의 다수 구성원 모두가 서로 다름에 대해 이해하고, 그 차이를 인정하고 존중하여, 더불어 살아가는 다문화시민으로서의 자질을 갖추어야 한다. 특히 한국 회사의 한국인 근로자는 보다 개방된 자세로 우리와 다른 피부색, 다른 언어, 다른 문화를 가진 이주근로자와 함께 어울려 살아갈 준비를 서둘러야 한다. 이주근로자가 일정한 체류기간 동안 한국사회에 대해 느끼는 이미지는 바로 한국 회사의 한국인 근로자들의 인식에서 기인하는 것이기 때문이다. 따라서 한국인 근로자는 다문화 감수성을 우선적으로 습득하고 발전시켜야 한다.

다문화 감수성은 타 문화와의 문화적 차이를 인식하고 타 문화를 인정하고자 하는 능력으로, 일상 속에서 '다양성'을 발견하여 '다름'을 인정하고 '존중'하는 관계를 경험하고 익히며 습득하는 것이다. 그리고 이를 발전시키는 것은 다문화 역량을 키우는 것이고, 다문화 역량을 키우는 것은 다문화시민의 자질을 함양해

나가는 과정이라 할 수 있다. Hammer et al.(2003)은 다문화적 감수성(intercultural sensitivity)이란 문화적 차이들을 적절하게 구별하고 경험할 수 있는 능력이고, 다문화적 역량(intercultural competence)은 문화적으로 적절한 방법으로 생각하고 행동하는 능력이므로, 다문화적 감수성과 다문화적 역량 사이의 높은 상관관계에 근거하여 둘 간의 발달 과정 및 발달 단계를 유사하게 다루고 있다(배재정, 2010, p.148).

이 글은 한국 회사에서 생산직 이주근로자로 일하고 있는 방가 씨[1]의 한국인 동료들의 경험을 통해, 한국인 동료들이 지니고 있는 다문화 감수성의 정도를 알아보았다. 그리고 이들의 다문화 감수성을 인지적·정의적·행동적 측면에서 분석하여 발달 단계를 파악한 후 다문화 시민의 자질로서 갖추어야 할 다문화 감수성 함양을 위한 교육적 방안을 제언하였다.

2. 다문화 감수성 발달 단계

다문화시민은 다양한 방법으로 사물을 인식하고, 평가하고, 행동할 수 있는 개인을 의미하는 것으로, 문화 사이에 존재하는 차이를 받아들이고 인정하는 능력을 가진 인간을 뜻한다(Banks, 1988; Gudykunst & Kim, 1984). 다문화시민의 자질을 함양하는 것은 다양한 문화에 대해 인식하고 이해하며 문화적 차이를 존중하여 더불어 살아갈 수 있는 소양을 키우는 것, 즉 다문화 감수성을 기르는 것이다. 다문화 감수성은 인간에게 생태적으로 생성되는 것이 아니라 학습의 과정이 전제되어야 한다. 그러나 다문화 감수성은 단순히 학습을 통해 문화지식만을 습득하는 것으로는 얻을 수 있는 능력이 아니라, 타 문화와 그 문화의 사람들에 대한 유연하고 개방적인 태도를 가지고 직접 경험하고 스스로의 고정관념을 돌이켜봄으로써 생기는 깨달음과 성찰의 과정을 통해 습득되는 것이다. 그리고 다문화 감수성의 습득과 발달을 통해 다문화 역량을 강화시킬 수 있고 다문화시민의 자질을 갖출 수 있게 된다. 〈그림 9-1〉은 다문화시민 개념을 정립하기 위한 다문화시민의 자질 함양단계를 나타낸다.

다문화시민 자질 함양
↑
다문화 역량 강화
↑
다문화 감수성 발달
↑
다문화 감수성 습득

〈그림 9-1〉 다문화시민의 자질 함양단계

〈그림 9-1〉에서의 다문화 역량은 의사소통 능력, 사회적 · 대인관계 능력, 갈등관리 능력과 문화적 역량에 포함되는 공감 · 관용 · 수용 능력, 문화 간의 차이 인정 능력, 개방적 능력 등이 포함될 수 있다(김영순, 2010: 45). 다문화 감수성은 문화 간 의사소통 능력에 대한 연구에서 제기되어 온 개념으로, Chen(1997)에 의하면 문화 간 의사소통 능력(문화 간 역량)이란 '문화 간 인지 능력(intercultural awareness)', '문화 간 감수성(intercultural sensitivity)', '문화 간 기민성(intercultural adroit-ness)'의 세 요소로 구성된 개인이 지닌 역량이다. 이 중에서도 문화 간 역량을 향상시키는 가장 효율적인 방법은 문화 간 감수성을 증진시키는 것이라고 볼 수 있다(Spitzberg, 1991; Bhawuk & Brislin, 1992). 문화 간 감수성이 증진되면 개인은 자신의 문화와 타인의 문화의 차이를 구별할 수 있으며, 그 차이를 인정하면서 타인의 문화를 존중하는 태도로 주어진 환경에 가장 적절한 행동을 판단할 수 있게 되는 것이다. 이렇게 함으로써 개인의 문화 간 역량이 향상될 수 있다.

다문화 역량에 관해 국내에서 이루어지고 있는 연구들을 살펴보면, 다문화사회를 살아가는 시민에게 필요한 자질을 다문화 역량으로 간주하고, 다문화 역량을 함양할 수 있는 방안을 시민교육 방법을 통해 제안한 연구(김영순, 2010)와 대학생의 다문화 역량을 문화적 인식 · 지식 · 기술을 중심으로 탐색한 연구(김민경, 2010: 민성혜 외, 2009) 등이 있다.

Brach & Fraser(2000)와 Bennett(1993)는 다문화적 감수성을 문화적 차이에 대한 정의적 측면뿐만 아니라, 인지적 · 행동적 측면이 통합된 보다 포괄적인 개념으로 다루고 있다.

Bennett(1993)는 문화 간 차이에 대한 문화 간 감수성 발달이론(Developmental

Model of Intercultural Sensitivity, DMIS)을 인지적·정의적·행동적 측면의 변화 과정에서 이를 6단계로 세밀하게 구분하여 제시하고 있다. 문화 간 감수성 발달과정은 타 문화 또는 문화적 차이에 대한 부정(denial)·방어(defense)·최소화(minimization)·수용(acceptance)·적응(adaptation)·통합(integration)으로 명명되는 일련의 연속적인 발달 과정으로, 부정·방어·최소화 단계의 자민족중심적(ethnocentrism) 단계에서 수용·적응·통합 단계의 민족상대주의적(ethnorelativism) 단계로 이동한다고 주장하였다.

첫째, 부정의 단계는 고립(isolation)과 분리(separation)라는 하위 단계로 구성되어, 타 문화와의 차이를 인정하지 않으며 자신의 문화만을 진정한 문화라고 생각하고 타 문화에 대해서는 관심을 가지지 않는 자문화중심주의의 가장 낮은 단계이다. 둘째, 방어의 단계는 비하(denigration)·우월감(superiority)·반전(reversal)이라는 하위 단계로 구성되어, 개인은 타 문화와의 문화적 차이를 인식하지만 자신이 속한 문화를 기준으로 타 문화에 대해 부정적인 평가를 하는 자문화중심주의의 두 번째 단계이다. 셋째, 최소화 단계는 물리적 보편주의(physical universalism)와 초월적 보편주의(transcendent universalism)라는 하위 단계로 구성되어, 모든 인간이 근본적으로 유사하다는 가정을 수용하지만 문화의 유사성에 좀 더 초점을 맞추는 자문화중심주의의 마지막 단계이다. 넷째, 수용 단계는 행동 차이에 대한 존중(respect for behavioral difference)과 가치 차이에 대한 존중(respect for value difference)이라는 하위 단계로 구성되어, 문화상대주의의 개념에 바탕을 두고 문화적 차이를 인정하기 시작하는 문화상대주의의 초기 단계이다. 다섯째, 적응 단계는 공감(empathy)과 다원주의(pluralism)라는 하위 단계로 구성되어, 개인은 문화 간 의사소통 능력을 발달시키고, 효과적인 공감과 감정이입을 통해 타 문화를 이해하려고 노력하는 문화상대주의의 두 번째 단계이다. 여섯째, 통합 단계는 맥락적 평가(contextual evaluation)와 건설적 주변성(constructive marginality)이라는 하위 단계로 구성되어, 개인이 다문화적 관점을 내면화하고 범경계적인 관점에서 문화 간의 관계를 조명하는 문화상대주의의 완성 단계이다.

저자가 생산직 이주근로자와 함께 일하는 한국인 근로자에게 집중하는 이유는 이주근로자에 대한 차별이 다른 소수집단에 비해 심각하고, 이러한 차별적인 태도에서 나타나는 부정적인 사례는 이주근로자들의 한국 사회 적응을 방해하여 미래 상호 공존하는 다문화사회로의 정착에 저해 요소가 되기 때문이다. 반면, 성숙된 시민의식을 보여주는 긍정적인 사례도 찾아볼 수 있다. 이주근로자 개개인이 체류기간 중 겪게 된 한국에 대한 긍정적인 이미지는 그들이 귀국한 후에는 한국을 알리는 민간외교관 및 한국 상품의 수출역군이 되어 한국사회에 엄청난 파급효과로 되돌아올 수도 있기 때문에, 앞으로 한국사회는 이러한 긍정적인 부분을 극대화하고, 부정적인 부분을 최소화하기 위해, 우리 사회 구성원 다수자에게 필요한 요소를 찾아야 한다. 그것은 바로 다문화시민의 자질인 다문화 감수성을 함양한 개인으로 교육해야 하는 것이다. 다문화 감수성을 함양한 개인은 높은 자아존중감을 가지고, 타인과의 의사소통에서 뛰어난 공감의 능력으로 참여적인 상호작용의 모습을 보이고, 타인의 반응에 주목함으로써 스스로를 반성하고 차이를 이해하고, 상대방과 소통함에 있어서 성급히 결론을 내리기보다는 진지하게 경청하여 이해하려고 하며, 타 문화와의 문화 간 차이를 경계하지 않고 즐길 수 있도록 한다(Chen & Starosta, 2000). 또한 문화접촉 상황에서 겪게 되는 갈등과 분쟁을 다룰 수 있다(박주희·정진경, 2008).

다양한 문화가 공존하는 한국 회사의 한국인 근로자는 이주근로자들에게 관심과 주의를 기울이고 적극적인 자세로 타 문화를 이해하고, 문화적 차이를 인정하며 타 문화에 대해 공감할 수 있는 다문화 감수성을 기르고 발달시켜 다문화사회에서 요구하는 다문화시민의 자질을 갖추게 해야 한다.

다문화 감수성에 관한 국내의 연구들은 다문화교육에서 다문화 감수성의 중요성을 강조한 연구(배재정, 2010: 정혜욱, 2012: 이규림 외, 2012), 다문화경험과 문화 간 감수성의 관계를 탐색한 연구(한수진, 2012) 등과 같이 다문화교육 현장에서의 다문화경험과 다문화 감수성의 연구가 진행되고 있다. 반면 한국 회사에서 이주근로자와 함께 근로를 통해 직접적으로 접촉하면서 다문화경험을 하고 있는 근로현장에서의 다문화 감수성에 대한 연구는 찾아보기 힘들다.

이미 이주근로자는 한국의 경제발전에 없어서는 안 되는 존재이다. 무엇보다 가장 중요한 것은 한국사회가 건강한 다문화사회로 발전하기 위해서는 한국사회의 어떤 이주민도 소수집단의 소수자인 이유로 차별이나 배제를 받아서는 안 된다. 그러므로 지금 우리가 이들을 포용하지 못하면 한국사회는 진정한 다문화사회로 결코 나아갈 수 없다.

한국 회사는 이주근로자와 한국인 근로자의 공동의 목표를 성취하기 위해 다양한 문화 및 민족적 배경을 지닌 구성원들이 함께 작업하는 공간으로, 회사 내에 존재하는 개인의 다양성을 가치 있는 자원으로 우선 인식하고 존중해야 한다. 또한 이러한 집단 구성원들 간의 다양성을 아우르는 직접적인 교류와 긍정적인 상호작용 및 협동적인 태도로 하나의 공통된 힘을 발휘하고 실천한다면, 조직의 효율성 및 생산성도 향상될 수 있다. David W. Johnson & Johnson은 다양성을 가진 집단은 동종성의 집단보다 협동적인 태도가 높게 나타나며, 그 결과로 조직의 생산성 증가, 창의적 문제 해결, 합리성 향상, 관계성 증진 등의 효과가 있다는 연구 결과를 보여주고 있다(김영순 외 공역, 2010: 27). 즉, 다문화 감수성을 길러 다양성의 가치를 인정하고 협동하는 태도를 가질 때 한국 회사 및 구성원 모두의 목표 달성을 극대화할 수 있다고 본다.

이 글은 Bennett(1993)의 문화 간 감수성 발달 단계에 따라 나타나는 특징을 분석의 틀로 정하였다. 즉, 문화적 배경이 다른 사람과 접촉할 때 개인이 경험하게 되는 인지적 · 정의적 · 행동적인 세 가지 측면과 문화 간 감수성의 각 발달 단계에서 개인의 반응으로 나타나는 부정 · 방어 · 최소화 · 수용 · 적응 · 통합의 6단계를 바탕으로 하여, 한국인 근로자가 이주근로자와 함께 근무하면서 겪게 된 전반적인 경험을 분석하였다. 이를 구체적으로 나타내면 〈표 9-1〉과 같다.

〈표 9-1〉 다문화 감수성 분석 틀

측면/단계	부 정	방 어	최소화	수 용	적 응	통합
인지적 측면	문화적 차이 인지 못함	자문화 기준 점으로 인식	자 · 타 문화 유사성 인식	문화적 차이 인식 시작	자신의 지식과 의도적 연결	문화적 차이 실제적 인식
정의적 측면	타 문화 무시	자신의 세계관 유지	타 문화 차이 경시	문화차이 호기심	문화적 정체성 확장	문화적 유연성 내면화
행동적 측면	타 문화 부정, 공격적 무시	타 문화 방어, 차별적 행동	자문화 우월, 타 문화 경시	자 · 타 문화적 차이 수용	타 문화 의도적으로 공감	다문화에 대한 이해와 즐김
	자문화중심주의			→	문화상대주의	

다문화 감수성은 정적인 개념이 아니라, 다문화적 개념과 교육에 의해 일생 동안 역동적으로 변화하는 과정으로, 다양한 형태의 타 문화 접촉 경험을 통해 이루어질 수 있으며, 다른 문화를 접하면서 생기는 편견을 인식하고 고정관념에 도전하도록

함으로써 자신이 가지고 있는 세계관의 의미 구조를 지속적으로 전환시킨다. 따라서 이 글은 타 문화를 접촉하는 실천 현장인 한국 회사 내 한국인 근로자가 인식하고 있는 다문화 감수성의 단계를 파악하여 다문화 감수성 교육의 방안을 제언함으로써, 내국인 다수자에 대한 다문화교육의 토대가 될 것으로 본다.

3. 연구방법

한국인 근로자의 인터뷰는 비구조적인 개방형의 질문을 실시하여, 첫 번째 인터뷰에서는 연구자의 다양한 지식의 상태를 알게 되고, 두 번째 인터뷰에서를 이를 통해 더 명백한 이야기를 알게 된다. 박성희(2004)는 질적 연구방법의 특성을 고려하여, 생산직 이주근로자와 함께 일하고 있는 한국인 근로자의 다문화 감수성이 어떠한지를 분석하였다.

연구의 대상은 서울과 경기, 인천 지역 한국 회사에 있는 한국인 근로자 6명의 심층 인터뷰를 실시하였다. 우선 한국 회사의 선정은 연구자가 5년 동안 서울·경기·인천 지역의 경제인 단체의 CEO들과 매달 한 차례씩 만남을 가져온 회사들이다. 이 중에서 이주근로자 5명이 일하는 소규모 회사에서부터 41명이 일하는 중견 회사들을 선정하였다. 본 연구의 참여자는 선정된 한국 회사의 생산직 이주근로자와 함께 일하고 있는 남녀 한국인 근로자로 한정하였다. 그 이유는 첫째, 생산직 이주근로자와 함께 일하는 한국인 근로자는 다문화 현장을 직접 체험하고 있는 주인공으로, 이들이 가진 다문화 감수성은 미래 한국의 다문화사회로의 정착에 중요한 역할을 할 수 있다. 둘째, 생산직 이주근로자와 함께 일하는 한국인 근로자는 한국에 이주한 가장 많은 수의 이주근로자가 일하는 한국 회사의 다문화정책과 교육을 실천하게 될 주인공으로, 미래 사회통합을 위해 잠재된 역량을 발휘할 수 있다는 것이다. 본 연구에 참여한 한국인 근로자는 이주근로자들과 3~13년간 함께 근무한 동료들로, 성비는 여성 근로자 2명과 남성 근로자 4명, 연령은 32~44세이다.

〈표 9-2〉는 연구에 참여한 한국인 근로자의 특성이다.

〈표 9-2〉 한국인 근로자의 인적 배경

한국인 근로자	성별 (남/여)	연령 (세)	기업명	이주근로자 수/ 한국인 근로자 수(명)	이주근로자와 근무한 경력(년)
1	남	44	**테크	41 / 65	11
2	여	32	**전자	20 / 32	6
3	남	39	**기계	16 / 22	3
4	남	34	**유리	35 / 38	5
5	여	38	**산업	12 / 16	9
6	남	42	**공업	5 / 9	13

저자는 직접 2012년 2월 초부터 5월 말까지 네 달에 걸쳐 비구조적인 개방형의 질문을 통해 6명의 한국인 근로자와 개별적으로 각각 두 차례씩 접촉하여 인터뷰를 실시하였다. 인터뷰 실시 일주일 전에 미리 전화로 인터뷰 목적을 설명한 후 방문 일정을 약속하였고, 인터뷰 당일에는 사업장 근처 카페에서 개별적으로 접촉하여 각각 60분씩 인터뷰하였다. 이주근로자와의 경험 이야기를 통해 한국인 근로자의 인식과 다문화 감수성에 관한 진정성이 있는 응답을 듣기 위해 노력하였다.

1차 접촉에서는 한국인 근로자와의 라포 형성을 위한 만남으로 이주근로자와 함께 일하면서 겪은 전반적인 경험에 대한 개방형의 인터뷰를 실시하여 자료를 수집하였고, 2차 접촉에서는 한국인 근로자가 지닌 다문화 감수성의 전반적인 양상을 도출하기 위해, 인지적·정의적·행동적인 측면에 초점을 두었다. 추후 이메일과 전화를 통해 자료를 추가하여 모든 범주를 포괄하는 자료를 얻어 낼 수 있었고, 인터뷰 내용은 모두 녹음하였으며 녹음된 면접내용은 녹취록을 작성하였다.

자료 분석은 심층 인터뷰 기록을 원자료로 기본 틀을 구성하고, 인터뷰 시 기록했던 행동·감정·상황 등 메모의 내용을 비교하여 종합하였다. 전사된 자료는 여러 차례 반복해서 읽고 일정한 속성을 찾아 유사한 개념의 주제끼리 묶은 다음, 한국인 근로자의 다문화 감수성을 세 가지 측면에 배치하고 다시 6단계로 재배치하여 연구의 의미를 도출하였다.

〈표 9-3〉은 한국인 근로자의 다문화 감수성을 알아보기 위한 인터뷰 질문의 내용이다.

<표 9-3> 한국인 근로자의 심층 인터뷰 질문

차 시		인터뷰 질문
1차-Q1		이주근로자와 함께 일하면서 겪는 가장 큰 어려운 점은 무엇입니까?
	2차-Q2	이주근로자 나라의 문화를 알고 있습니까?
	2차-Q3	자신의 문화와 이주근로자 나라와의 문화적 차이를 인정하고 있습니까?
	2차-Q4	자신의 문화와 이주근로자 나라와의 문화적 차이를 즐기고 있습니까?

1차 인터뷰에서 실시한 이주근로자와 함께 일하면서 겪은 전반적인 경험에 대한 개방형 질문에서는 언어 문제와 의사소통의 어려움, 문화 차이에서 오는 불편함, 역차별에 대한 불안감 등의 다양한 이야기를 들을 수 있었다. 한국인 근로자의 다문화 감수성을 알아보기 위한 2차 인터뷰에서 실시한 개방형 질문에서는 인지적 측면으로는 상이한 문화와 환경을 가진 이주근로자에 대해 어떻게 이해하고 있는지를 알아보았고, 정의적인 측면으로는 타 문화에 대한 편견 · 선입견 · 고정관념 · 차이 등을 어떻게 수용하고 있는지를 들었으며, 행동적인 측면으로는 타 문화와의 차이를 습득하기 위해 어떻게 노력하고 즐기고 있는지 등을 살펴보았다.

4. 방가 씨 한국인 동료의 이야기

한국 회사에서 함께 일하고 있는 이주근로자와 한국인 근로자 간의 상호공존을 모색하기 위해서는 한국인 근로자의 다문화 시민의 자질을 갖추어야 한다. 따라서 본 연구에서는 우선 한국인 근로자의 다문화 감수성을 파악하고자 했으며, 이를 통해 앞으로의 지향점을 논의할 것이다. 다음은 한국인 근로자의 다문화 감수성을 알아보기 위해 인터뷰한 결과이다.

4.1. 인지적 측면

4.1.1. 이주근로자, 우리와는 다른 사람

인지적 측면의 다문화 감수성을 알아보기 위해 한국인 근로자가 이주근로자 나라의 문화를 알고 있으며, 그 차이를 이해하고 있는지에 대한 인터뷰이다.

"일터 밖에서는 만날 일이 거의 없어요. 뭐하러 밖에서 만나요? 개인적인 대화요? 저는 애들과 개인적인 대화는 한 번도 안 해 봐서 솔직히 애들에 대해 아는 게 없어요. 애들은 일이 끝나면 컨테이너에 들어가고 우리는 퇴근하고⋯⋯ 일부러 같이 나갈 일이 없죠. 목적이 돈 벌러 온 건데, 대화 나눌 게 뭐 있어요?"(한국인 근로자 2)

"저는 다른 문화는 몰라요. 관심 없어요. 저들이 한국에 왔으니 우리 문화를 빨리 배우고 우리 사회에 빨리 적응해야죠. 여기 있는 애들은 선진국에서 온 애들이 아니잖아요. 우리가 지들한테 배울 게 뭐 있어요? 우리나라에서 돈도 벌고 저들보다 나은 문화도 배워 가면 일석이조의 기회인데 이런 기회를 잡지 못하면 지들이 멍청한 거죠."(한국인 근로자 3)

"애들은 시간만 있으면 쉰다는 게 낮잠을 잡니다. 요즘 우리나라 애들은 이런 일을 안 해서 그렇지⋯⋯ 우리는 원래 부지런한 민족이잖아요. 가난은 어쩔 수 없는 것 같아요. 우리가 세 개 만들 때 한 개도 못 만들고 있으니⋯⋯ 바빠 죽겠는데 뭘 이해하고, 뭘 더 가르쳐 줘요? 애들은 이게 한계인 거죠."(한국인 근로자 4)

한국인 근로자 2는 같이 일하면서도 개인적인 대화를 한 적이 없고, 한국인 근로자 3은 자국의 주류문화에 대한 우월감을 가지고 타 문화를 부정하고 있으며, 한국인근로자 4는 우리와 다른 생활습관의 차이를 민족성으로 낙인찍어 이들과 거리를 유지하고 격리하려고 한다. 이들은 다문화 감수성의 인지적 측면에서 부정의 단계에 있으며, 다른 문화에 대한 차이를 전혀 인식하지 못하고, 다른 문화에 대한 정보나 지식도 없으며 문화적 차이를 보지 않으려고 한다. 다양한 문화에 대한 가시적이고 표면적인 지식과 정보를 습득해서 문화적 차이를 지각해야 할 필요가 있다.

4.1.2. 이주근로자, 우리가 이해할 존재

"사장님은 모두들 앞에서 공공연하게⋯⋯ '이러니 니들이 가난한 거야⋯⋯'라고 하세요. 사장님이 애들을 불러서 아무도 없는 데서 말씀하시면 좋겠다고 생각하면서 저도 매일 애들 땜에 스트레스를 받게 되니까, 사장님 말씀이 백번 이해가 돼요."(한국인 근로자 5)

"○○은 ○○○교를 가진 이주근로자예요. 시간이 되면 기도하러 가잖아요. 사장님은 엄청 싫어해요. 저도 처음엔 이해가 안 됐어요. 하지만 예의도 바르고 일도 열심히 하는 사람인데, 어느 날 저는 우리가 저들을 너무 우리 잣대로만 보고 있구나, 하는 생각이 들었어요. 종교적인 행동인데 우리가 이해를 해야겠구나 생각하고 있어요."(한국인 근로자 1)

"작업장에 한국 노래를 틀어 놓고 해요. 그런데 점심시간에 애들이 모여서 고향 노래를 듣는 거예요. 제가 물어봤죠. 그 노래가 좋냐고, 너무 좋아한다고 하대요. 그래서 크게 틀어서 들으라고 했어요. 한국에 온 지 4년인데 고향이 얼마나 그립겠어요."(한국인 근로자 6)

한국인 근로자 5는 다른 사람이 타 문화를 가진 사람의 인격적인 차별과 무시하는 태도에 대해서 경시하지만, 자신도 자문화만을 존중하고 타 문화를 차별하는 태도를 가진 최소화의 단계에 있다. 반면에 한국인 근로자 1은 자신의 가치와 신념이 다르지만 종교의 차이를 인지하고 있어 다문화 감수성의 인지적 측면에서 수용의 단계에 있으며, 타 문화의 표면적 차이에서 심층적인 차이에 관해서도 지각하려고 한다. 그리고 한국인 근로자 6은 타 문화에 대해 공감하고, 자신의 인지적인 틀을 변화시키면서 타 문화에 대해 자신의 감정을 이입하는 적응의 모습을 보이고 있다.

4.2. 정의적 측면

4.2.1. 이주근로자, 나라마다 등급이 다르다

정의적 측면의 다문화 감수성을 알아보기 위해 이주근로자 나라의 문화적 차이를 이해하고 인정하며, 그 차이를 수용하고 있는지에 대한 인터뷰이다.

"종교에 따라 금기 음식이 있다는 것을 알아요. 그래도 우리 근로자들은 모처럼 회식에 가면 돼지고기 삼겹살에 소주 한잔이 딱 좋잖아요. 그런데 애들은 안 먹으니까…… 우리도 자리가 많이 불편하지요. 근데 왜 따라다녀요? 따라오지 말아야지요. 저들끼리 먹고 있어야지요. 애들 보면 막 짜증난다니까요?"(한국인 근로자 4)

"요즘 한국 사람도 안 하는 일을 이런 데 와서 열심히 하는 애들 보면 인간적으로 동정은 느끼지만요. 그래도 같이 생활해 보세요. 나라마다 등급이 좀 있어요. 좀 나은 나라에서 온 애들하고 못 사는 나라에서 온 애들하고는 생각부터가 달라요. 그러니 자연히 저도 차이를 둘 수밖에 없더라고요."(한국인 근로자 5)

한국인 근로자 4와 5는 타 문화의 차이를 이해하지만 이를 인정하거나 존중하지 못하고 부정하는 단계에 있다. 한국인 근로자 4는 자문화와 다른 타 문화의 차이를 이해하고 있으나, 이를 수용하지 못하고 부정하고 있으며, 한편 한국인 근로자 5는 인간적인 동정도 느끼지만 이주근로자의 출신국에 대한 등급을 가지고 무시와 차별, 배제를 하는 것으로 나타났다.

"한국이 다문화사회가 될 수 없는 밖에 이유는 알아요. 하지만 유전자가 좋은 나라 애들을 들어오게 하면 좋은데…… 한국 수준이 점점 떨어지고 있는 것 같아요. 그리고 이제 애들이 우리 일자리까지 침범해 오고 있으니, 솔직히 겁이 좀 나요. 앞으로 이러다 한국 사람들은 모두 직장 잃고 이주근로자 천국이 될 것 같아 무서워요."(한국인 근로자 2)

한국인 근로자 2는 사회변화를 인지하지만, 이주근로자들의 문화가 확산되는 것을 두려워하고, 그러한 변화가 자신을 위협한다고 여기는 부정적인 시각을 가지고 있는 방어의 단계에 있다. 그리고 부정적인 고정관념을 가지고 문화적인 우열을 가르는 등, 한국 회사 내의 이주근로자의 문화를 부정적으로 평가하고 있다.

"휴…… 게을러 터져서 정말 미치겠어요. 맨날 쉬엄쉬엄 하는 거 있죠? 급한 게 하나도 없어요. 얘네들이 살아온 생활태도나 문화가 그렇다고들 하더라고요. 하지만 며칠만 같이 일해 보세요. 여기는 한국이잖아요. 한국 사람들의 '빨리 빨리'정신을 배워야지요."(한국인 근로자 3)

한국인 근로자 3은 다른 문화와의 차이를 충분히 인지하고 있으나, 여전히 이해보다는 자문화중심주의적인 사고로 한국으로의 동화만을 요구하고 있는 최소화의 단계에 있다.

4.2.2. 이주근로자, 대부분 내 조카뻘

"저녁에 저는 이주근로자들하고 가끔 술 한잔 해요. 대부분 내 조카뻘 되는 애들이잖아요. 고향에는 누가 있는지, 돈 벌어서 뭐 할 건지, 뭘 좋아하는지, 꿈이 무엇인지…… 조금은 알고 있어요. 이들도 우리하고 똑같이 가족 그리워하고…… 그런 사람들이잖아요."(한국인 근로자 1)

"저는 요즘 ○○ 씨에게 언어나 춤을 한번 배워볼까 해요. 제가 우리말을 가르치고 우리도 그들의 말이나 춤을 배우면 이들도 한국에 있는 동안 자부심 같은 것도 느끼고 더 열심히 적응하지 않을까 싶어서요. 앞으로 이들이 우리 회사에 있는 동안 꼭 배워볼 계획이에요."(한국인 근로자 6)

반면, 한국인 근로자 1은 수용의 단계에서 자신과 다른 문화를 가진 사람들을 동등한 인간으로 받아들이고 이들의 문화를 직접 경험하고자 하며, 한국인 근로자 6은 자문화와 타 문화에 대한 동등한 관점을 가지고 있으며, 자신의 문화적인 정체감을 어느 한 곳에 두지 않고 다른 문화 세계와 자유로이 이동하여 통합하는 모습을 보이고 있다.

4.3. 행동적 측면

4.3.1. 이주근로자, 우리에겐 귀찮은 존재

행동적 측면의 다문화 감수성을 알아보기 위해 이주근로자 나라의 문화에 대해 적응하고 존중하며, 그 차이를 즐기고 있는지에 대한 인터뷰이다.

"우리 일은 팀이 같이 해야 하는 건데, 며칠 전에는 쉬는 시간이 지나고 작업이 시작되었는데도 안 오기에, 이름을 부르다 화가 나서, 가서 발로 한 방 찼더니 벌떡 일어나 도로 나를 때리는 거예요. 일이 다 끝나고 한 방 더 때려 줬더니…… 그날 정신이 번쩍 들었을 거예요."(한국인 근로자 2)

"가끔 퇴근 후에 전화하는 애들도 있어요. 근데 잘 안 받게 되더라고요. 가깝게 지내봤자 이것저것 우리들 얼마나 귀찮게 하는지 아세요? 어디 간다. 차 좀 태워 달라. 뭐 좀 사야 한다. 같이 가 달라…… 그래서 일하는 시간 외에 연락이 오면 모른 척해요. 영어라도 할 줄 아는 애라면 모르겠지만…… 일 외에 개인적으로 관심을 안 갖고 싶어요."(한국인 근로자 3)

"까만 애들은 늘 안 씻고 다니는 것 같아요. 더울 때 옆에 있으면 이상한 냄새도 나고 까만 땀이 뚝뚝 떨어질 것 같고…… 특히 밥 먹을 때는 향수 냄새가 독해서 진짜 역겨워요. 사실 같이 앉아 있기가 싫어서 식당 저기 한쪽에 아예 애들 자리를 정해 줬어요."(한국인 근로자 4)

한국인 근로자 2, 3, 4는 부정의 단계에 있으며, 자신이 보고자 하는 것만 보고 인식하고 이해할 뿐, 자신과 다른 문화와 차이에 대해서는 고의적으로 회피하고 부정하는 선택적 지각을 하고 있다. 이러한 단계에서 한국인 근로자 2는 과격한 행동을 동반하고 있고, 한국인 근로자 3은 무관심을 보이고 있으며, 한국인 근로자 4는 피부색이나 금기 음식으로 그 집단 전체의 문화를 부정적으로 평가하여 방어와 멸시하는 방법을 사용하고 있으며 격리를 선택하여 거리를 유지하고 있다.

4.3.2. 이주근로자, 얘들도 인간인데

"일단 작업에 필요한 용어라도 먼저 숙지한 후에 일을 시켜야 하는데 우리 현실은 단 한 명이라도 빨리 필요한 입장이라…… 입장을 바꿔서 생각하면 안타깝죠. 대화가 안 통하니 처음에는 직접 동작을 보여주면서 일하는 방법을 따라하도록 해요. 일이 숙달될 때까지 제가 많이 도와주는 편이에요."(한국인 근로자 1)

"이주근로자들은 들어오자마자 작업복 갈아입고 생산라인에 바로 투입이 돼요. 아무리 단순노동이라고는 하지만요, 얘들도 인간인데…… 말도 모르는 애들이 위험에 직접 노출되는 걸 보면, 걱정이 되지요. 최소한 언어 교육이나 안전 교육 정도는 시켜주고 투입해야 하는 것 아닙니까? 안타까워서 제가 매일 교육시킨다니까요."
(한국인 근로자 5)

"우리 회사에는 제 눈에 아주 성실히 일하는 이주근로자가 있었어요. 개인적으로 자주 만났고 밥도 사주고 했는데, 어느 날 말도 없이 나가서 안 들어오잖아요. 아마 불법체류자가 됐을 거예요. 그때부터 저는 애들이 들어오면 자주 대화해주고, 목표를 이루어서 고향에 돌아가라고 말해 주고 있어요."(한국인 근로자 6)

반면 한국인 근로자 1, 5, 6은 다른 문화를 적극적으로 경험하고 그 경험에서 얻은 관점을 수용하여 상호작용하면서, 타 문화에 대해서 자신의 문화적 관점과 인식과 행동을 적응시키고 변화시키면서 감정의 이입단계로 확장시켜 나가는 적응의 단계에 있다.

지금까지 한국 회사에서 이주근로자와 함께 일하는 한국인 근로자의 다문화 감수성을 알아보기 위해 진행한 인터뷰를 분석한 결과, 한국인 근로자 1은 이주근로자와 함께 일한 기간이 11년으로, 자신의 가치와 신념은 다르지만 종교의 차이를 인지하고, 자신과 다른 문화를 가진 사람들을 동등한 인간으로 받아들이고 있으므로, 인지적, 정의적 측면에서는 수용의 단계에 있다. 그리고 행동적 측면에서는 자신의 관점과 행동을 적극적으로 변화시키는 적응의 단계에 있다.

한국인 근로자 2는 이주근로자와 함께 일한 기간이 6년으로, 함께 일하면서도 인간적으로 무관심하고 자신과 다른 문화와 차이에 대해 고의적으로 회피하고 과격한 행동까지 동반하고 있어, 인지적 · 행동적 측면에서는 부정의 단계에 있다. 그리고 정의적 측면에서는 사회적 변화를 인지하지만 변화가 자신을 위협한다고 여기는 부정적인 시각을 지닌 방어의 단계에 있다.

한국인 근로자 3은 이주근로자와 함께 일한 기간이 3년으로, 인지적 · 행동적 측면에서 보면, 자국의 주류 문화에 대한 우월감으로 자신과 다른 문화에 대해 무관심하고 회피하는 부정의 단계에 있다. 그리고 정의적 측면에서는 다른 문화와의 차이를 인지하고 있으나, 여전히 이해보다는 자문화중심주의적인 사고로 한국으로의 동화만을 요구하고 있는 최소화의 단계에 있다.

한국인 근로자 4는 이주근로자와 함께 일한 기간이 5년으로, 우리와 다른 생활 습관의 차이를 알지만, 이를 인정하거나 수용하지 못하고 민족성으로 낙인찍어 거리를 유지하고 격리하려고 하며, 또 자신이 보고자 하는 것만 보고 인식하는 선택적 지각을 하고 있는 것으로 보아, 인지적 · 정의적 · 행동적 측면 모두에서 부정의 단계에 놓여 있다.

반면 한국인 근로자 5는 이주근로자와 함께 일한 기간이 9년으로, 인지적 측면에서 보면 다른 사람이 가지는 타 문화에 대한 차별적인 태도를 경시하지만, 자신도 자문화만을 존중하고 타 문화를 차별하는 최소화의 단계에 있고, 정의적 측면에서는 이해하는 마음도 있지만 출신국에 따라 사람을 가리고 배제하는 태도를 가진 부정의 단계에 있다. 또한 자신의 인식의 틀을 온전히 변화시켜 타 문화를 이해하거나 인정하지는 않을지라도, 행동적 측면에서는 이주근로자를 위한 언어교육이나 안전교육의 필요성을 제기하면서 도움을 직접 주는 등의 감정 이입의 단계로 확장해 나가고 있는 적응의 단계에 있다. 이는 경력 6년의 여성 근로자 2

와는 다른 특성을 보여주고 있었다.

한국인 근로자 6은 이주근로자와 함께 일한 기간이 13년으로, 인지적 · 행동적 측면에서는 타 문화에 대해 공감하고, 자신의 인지의 틀을 변화시키면서 자문화와 타 문화에 대한 동등한 관점을 가지고 적응해 가고 있으며, 정의적 측면에서는 자신의 문화적인 정체감을 어느 한 곳에 두지 않고 다른 문화 세계와 자유로이 이동하고 통합하는 모습을 보이고 있다.

이를 통해 이주근로자와 일한 기간이 긴 한국인 근로자 1, 5, 6은 비교적 문화상대주의 단계에 있는 것으로 보이나, 이주근로자와 일한 기간이 짧은 한국인 근로자 2, 3, 4는 비교적 자문화중심주의 단계에 놓여 있는 것을 볼 수 있다. 그러나 한국인 근로자 5는 다른 경향을 보이고 있다. 한국인 근로자 5는 정의적 측면에서는 자문화중심주의를, 행동적 측면에서는 문화상대주의 단계를 보이고 있다. 특히 한국인 근로자 5의 다문화 감수성은 넓은 단계에 걸쳐 있는 것으로 보아 이는 교육을 통해 빠른 향상이 기대된다.

인터뷰 분석 결과, 한국인 근로자의 다문화 감수성은 자민족중심주의의 낮은 단계에 머물러 있는 것을 볼 수 있었다. 그리고 이주근로자와 접촉한 기간에 따라 자문화중심주의에서 문화상대주의로 이동하고 있었고, 이주근로자와 접촉한 기간이 긴 한국인 근로자의 다문화 감수성이 이주근로자와 근무한 기간이 짧은 한국인 근로자에 비해 감수성 발달 단계가 비교적 높게 나타나고 있었다. 그러나 모든 근로자에게 동일하게 나타나는 현상은 아닌 것으로 보아, 접촉한 기간만으로 다문화 감수성을 향상시킬 수 있는 것으로 판단하기는 어려웠다.

5. 방가 씨의 행복한 직장생활을 기대하며

한국인 근로자의 다문화 감수성의 단계별 특성을 다시 정리하면, 부정의 단계에 있는 한국인 근로자는 일반적이고 단순한 문화적 차이를 지각하지 못하고, 타 문화는 이방인이라는 인식을 가지고 있었고, 방어의 단계에 있는 한국인 근로자는 다른 문화권에 있는 사람들과의 차이를 인지하지만, 자신의 문화권에 있는 사람들과 다르다는 인식을 가지고 있었다. 최소화의 단계에 있는 한국인 근로자는 다른 문화권에 있는 사람들과의 차이를 인지하지만, 자신의 문화가 우월하다는 인식을 가지고 있으며, 수용의 단계에 있는 한국인 근로자는 다른 문화를 이해하기 시작해서 받아들이고 있지만, 자신의 문화적 정체성을 확장시키지 못하고 있었다. 또한 적응의 단계에 있는 한국인 근로자는 공감과 감정이입을 통해 자신의 인지적인 틀을 변화시키면서, 자신의 문화적 정체성을 확장시켜 나가고 있었으며, 통합의 단계에 있는 한국인 근로자는 문화적 유연성을 가지고, 여러 문화를 통합적으로 인지하고, 자유롭게 즐기고자 하고 있었다.

이 글에서 한국인 근로자의 다문화 감수성은 자민족중심주의의 가장 낮은 단계인 부정의 단계에 많이 놓여 있는 것을 볼 수 있었다. 따라서 이주근로자를 고용한 한국 회사의 한국인 근로자에 대한 다문화시민의 자질 및 다문화 역량 강화를 위해서는 다문화 감수성을 습득하고 향상시킬 수 있는 다문화 감수성 교육이 필요하다.

특히 이주근로자와 함께 근무한 기간이 짧은 한국인 근로자에 대한 다문화 감수성 습득을 위한 교육은 시급하고, 이주근로자와 함께 근무한 기간이 긴 한국인 근로자에 대해서는 다문화 감수성의 발달을 도울 수 있는 교육을 통해 이를 더 증진, 확장시켜야 하겠다. 즉, 부정의 단계에 있는 한국인 근로자에게는 단순한 문화적인 차이를 지각하는 교육을, 방어의 단계에 있는 한국인 근로자에게는 다른 문화권에 있는 사람도 동등하다는 인식 개선 교육을, 최소화 단계에 있는 한국인 근로자에게는 자문화중심주의에서 문화상대주의로의 관점 변화 교육을, 수용의 단계에 있는 한국인 근로자에게는 자신의 정체성을 잃지 않으면서 타 문화 수용하는 교육을, 적응의 단계에 있는 한국인 근로자에게는 자신의 문화적 정체성을 확장하는 교육을, 통합의 단계에 있는 한국인 근로자에게는 다른 문화 세계와 자유로이 이동하는 통합 교육을 제안한다.

이 글은 Bennett가 제시한 틀로서 한국인 근로자 6명의 답변을 분류 배치하여 연구의 결과를 다소 일반화한 경향에 대한 한계가 있었다. 따라서 후속 연구에서는 한국인 근로자의 특성이 충분히 고려된 데이터 확보와 아울러 구체적인 감수성 교육의 프로그램 연구도 진행되어야 할 것으로 본다.

미래 한국사회가 사회적 비용을 줄이고 다문화사회의 성공적인 안착을 위해, 우리 사회 다수 구성원에 대한 다문화교육의 하나이자, 한국 회사의 한국인 근로자에 대한 다문화교육의 일환으로, 다문화 감수성 교육에 기초를 제공해 줄 것으로 기대한다.

10장

중국계 중도입국청소년의 한국사회 적응과 부모 역할수행

10 중국계 중도입국청소년의 한국사회 적응과 부모 역할수행

김영순 · 박봉수

* 이 글은 2013년 『열린교육연구』 21권 2호에 게재된 김영순 · 박봉수 · 최승은의 논문 「중국계 중도입국청소년의 한국사회 적응을 위한 부모 역할수행에 관한 연구」를 수정 · 보완한 것이다.

1. 사회문화적응과 부모의 역할

이 글은 중도입국청소년의 부모가 자녀의 입국 초기 한국사회 적응을 위해 어떠한 역할을 해야 하는가를 고찰한 것이다. 부모의 역할은 부모-자녀 간의 관계 속에서 이루어지는 것 같지만, 그 역할의 기저에는 다양한 요인들이 상호작용하고 있다. 예컨대 부모가 되기 전의 선행적 경험들부터 현재에 이르기까지 다양한 차원의 요소들이 부모의 역할이라는 복합적 결정체로 나타난 것이다(현미숙, 2003).

최근 우리 사회에는 한국에서 태어나지 않고 외국에서 성장하다 학령기에 한국으로 입국하거나, 이미 한국에 살고 있는 부모의 초청으로 입국하게 된 중도입국청소년들이 급증하고 있다. 한국에서 태어난 다문화가정 자녀와는 달리 이주로 인한 중도입국청소년의 한국사회에 대한 적응은 매우 복잡하다. 예를 들면 낮은 수준의 언어에서 오는 학습부진 문제와 또래와의 관계로 인한 사회성 문제 등으로 학교에 적응하지 못하고 있는 실정이다. 또한 의사소통 부재로 인한 위축, 사회적 편견과 차별, 정체성 혼란, 가치관 혼란 등으로 인한 한국사회 부적응이 문제가 되고 있다(성상환 외, 2010; 장명선 외, 2011).

이러한 한국사회 적응의 문제를 해결하기 위해서는 체계적인 재사회화 방안이 필요하다. 또한 중도입국청소년이 건강하게 한국사회에 적응하기 위해서는 상황과 맥락에 적절한 체계적인 부모의 역할 수행이 강조되고 있다. 부모는 자녀에게 단순히 훈육하고 교육하며 능력 있고 독립된 사회의 일원이 될 수 있도록 지원하는 역할을 넘어 능동적이고 적극적인 참여로 자녀와 상호작용해야 한다(김영순 외, 2012; 박봉수, 2013).

기존의 중도입국청소년에 관한 연구를 살펴보면, 이민의 역사가 깊거나 이미 수용하고 있는 나라의 이주청소년 사회통합이나 교육제도, 지원정책 등을 들어 시사점을 찾아 다문화교육 방안과 교육복지 정책 방안 등을 제시한 연구들이 대부분이다. 김명정(2011)은 다문화교육의 수요분석과 외국의 다문화사회의 교육정책 분석하여 동반·중도입국자녀를 위한 교육적 대안으로 대안학교의 필요성을 제언하였다. 설동훈(2010)은 외국의 다문화 정책 현황, 중앙 및 지방정부의 다문화가족 자녀를 위한 지원 정책, 외국의 다문화가족 자녀를 위한 지원 정책, 다문화가족 자녀 양육실태, 지원 실태 파악과 욕구 파악하여 아동대상 사업의 지속과 체계성, 아동 특성에 맞는 개별화 서비스 제공, 유기관과의 연계성, 관련 종사자의 전문성 등을 제언하였다. 그리고 교육기회의 보장과 적응을 위한 제언과 중도입국청소년의 사회적응을 위한 다양한 프로그램 제공 및 이들의 욕구와 사회문화적 배경을 활용할 수 있는 다양한 교육과 진로 지원을 제언한 연구들이 있다. 김민정 외(2012)는 중도입국청소년들에게 활동의 주체로서 지속적으로 성장할 수 있도록 성인교육에서도 사회기능적 역할을 해야 하므로 장기적이고 체계적인 다양한 프로그램을 제공해야 함을 논하였다. 김영순 외(2012)는 입국 초기 중도입국청소년들 적응을 위해 사회화 기관의 역할이 매우 중요하며, 이들을 이해하고 수용하며 소수문화에 대한 이해 수준을 높일 수 있는 교육적 개입이 선행되어야 함을 제언하였다. 류방란 외(2012)는 학교나 대안학교 진입 경로를 파악하여 교육기회 획득과 적응 실태를 단서로 교육기회이 보장과 적응을 위한 학교 제도의 개선 및 지원 정책 등을 제언하였다. 조혜영 외(2012)는 중도입국청소년들의 교육실태와 진로 포부에 대해 파악하여 이들이 건전한 사회구성원으로 성장할 수 있도록 이들의 욕구와 사회문화적 배경을 활용할 수 있는 다양한 진로 지원이 이루어져야 함을 피력하였다. 오성배(2012)는 진로준비행동과 사회적 지원 실태를 탐색하여 중도입국청소년 스스로 책임질 수 있는 역량을 키울 수 있는 사회적 지지가 필요함을 논하였다. 이처럼 중도입국청소년에 관한 연구는 시작단계로 사회 전반적으로 적응에 가장 힘들어할 현실 세계를 구성하는 개인적 · 사회적 문제에 초점을 맞춘 이들의 부모에 관한 연구는 매우 의미 있다고 본다.

중도입국청소년의 부모들은 자녀들의 한국사회 적응을 위해 어떠한 역할을 수행하였는지, 그리고 그 역할 수행은 어떠한 양상을 보이는지를 탐색할 것이다. 또한 이때 부모들은 문제 해결을 위해 어떻게 접근하였으며, 개인적 배경에 따라 어떠한 차이가 있는지를 알아보았다.

2. 중도입국청소년의 사회문화 적응 및 부모 역할

2.1. 중도입국청소년의 사회문화 적응

중도입국청소년이란 외국에서 성장하다 학령기에 한국으로 입국하게 된 이주 배경 청소년이다. 중도입국청소년에는 한국인과 재혼한 이주여성 본국의 자녀, 외국인 부모와 동반 입국한 청소년, 근로 및 학업을 목적으로 청소년기에 입국한 외국인 무연고 청소년 등이 있다. 또한 북한 이탈 주민과 외국인 사이에서 제3국에서 태어난 청소년, 국제결혼가정의 자녀 중에서 외국인 부모의 본국에서 성장하다가 청소년기에 재입국한 청소년 등을 말한다(양계민 외, 2011; 류방란 외, 2011, 김영순 외, 2012). 법무부 자료에 따르면 2013년 현재 특별귀화를 신청한 중도입국자녀는 7,565명에 달하며 단순 동거나 방문을 목적으로 입국한 자녀를 포함하면 수만 명에 이른다고 한다. 〈표 10-1〉은 중도입국자녀의 체류유형별 현황이다.

〈표 10-1〉 체류유형별 중도입국자녀 현황 (단위: 명, %)

구 분	빈 도
거주국민자녀(F-2-2)	2,219(29.3)
귀화자	4,539(60.0)
국적취득 중	730(9.6)
영주국민자녀(F-5-3)	77(1.0)
전체	7,565(100.0)

출처: 법무부 내부자료(2013)

7,565명 중 60.0%가 이미 한국 국적을 취득한 귀화자였으며 그다음으로 거주 국민 자녀(F-2-2)인 경우가 2,219명(29.3%), 국적을 취득 중인 자녀는 730명(9.6%) 이었으며, 영주국민 자녀(F-5-3)는 77명(1.0%)이었다. 〈표 10-2〉는 중도입국자녀의 연령별 현황이다.

〈표 10-2〉 연령별 중도입국자녀 현황 (단위: 명, %)

구 분	2011	2012	전년 대비 증가율
10세 이하	2,196(33.0)	2,579(34.1)	17.4
11~13세	805(12.1)	949(12.5)	17.9
14~16세	1,181(17.8)	1,348(1708)	14.1
17~19세 이하	2,470(37.1)	2,689(35.5)	8.9
전체	6,652(100.0)	7,565(100.0)	13.7

출처: 법무부 내부자료(2013)

연령별 분포를 살펴보면 17~19세의 고등학교 연령대 자녀 2,689명(35.5%), 14~16세의 자녀는 1,348명(17.8%), 11~13세는 949명(12.5%), 10세 이하의 초등학교 저학년 자녀가 2,579명(34.1%)으로 나타났다. 2011년도와 비교하여 볼 때 중도입국자녀는 6,652명에서 7,565명으로 13.7% 증가하였고, 특히 13세 이하의 중도입국자녀가 2012년에 비해 상당히 증가한 것으로 나타났다. 〈표 10-3〉은 중도입국자녀의 출신국별 현황이다.

〈표 10-3〉 출신국별 중도입국자녀 현황 (단위: 명, %)

구 분	2011	2012	구 분	2011	2022
한국계 중국인	3,182(47.8)	3,379(44.7)	타 이	26(0.4)	33(0.4)
중 국	2,341(35.2)	2,842(37.6)	키르기스스탄	25(0.4)	30(0.4)
일 본	175(2.6)	213(2.8)	파키스탄	17(0.3)	27(0.4)
몽 골	172(2.6)	212(2.8)	캄보디아	10(0.2)	12(0.2)
베트남	127(1.9)	201(2.7)	러시아(연방)	47(0.7)	45(0.6)
필리핀	76(1.1)	94(1.2)	한국계 러시아	7(0.1)	7(0.1)
우즈베키스탄	41(0.6)	52(0.7)	기 타	406(6.1)	418(5.5)
총 계				6,652(100.0)	7,565(100.0)

출처: 법무부 내부자료(2013)

2013년 중도입국자녀의 통계를 보면 82.3%가 중국출신이라는 것을 알 수 있

다. 그중 한국계 중국인이 3,379명(44.7%)이고, 중국인이 2,842명(37.6%)이다. 다음
으로 일본 · 몽골 · 베트남 · 필리핀 순으로 중국 출신에 비해 소수이지만 점점 늘
어나는 추세이며 출신 국적 또한 다양화되고 있다. 이는 국제결혼 재혼가정이 지
속적으로 늘어날 추세임을 감안하면 그 수는 더욱 증가할 것으로 예측 가능하다.

이들은 새롭게 구성된 가족과의 관계 형성의 부담뿐만 아니라 가정의 해체와
재결합, 오랜 기간 이별에서 오는 친모와의 소통 단절을 경험하기도 한다. 또한
이들은 새로운 문화를 접하면서 이미 본국에서 형성된 가치관과 한국 사회문화
적응에서의 문화적 격차를 해소하지 못함으로 인한 갈등을 겪고 있다. 특히 한국
생활에서 가장 필수적인 한국어 소통, 즉 언어에서 오는 학습부진의 문제, 또래와
의 관계 형성의 어려움 등의 사회성 문제 등이 지적되고 있다. 이러한 부적응을
간과하면 실제로 가족의 해체를 넘어 사회적 문제로 야기될 가능성이 높다. 따라
서 중도입국청소년들의 문화적응 문제는 다문화사회로 진입하는 우리나라에서는
매우 중요한 이슈가 아닐 수 없다.

문화적응은 개인이 새로운 사회와의 상호작용을 통해 밀접한 관계를 맺고, 타
협하며 문화적으로 일정 기술을 습득하여 새로운 환경에 효과적으로 대처하기 위
한 문화학습으로, 둘 이상의 문화가 만나 서로 접촉함으로써 발생하는 변화의 과
정이다. 따라서 하나의 문화 속에 살다가 다른 문화 속으로 들어가 실제 살게 되
면 새로운 문화에 대한 적응 때문에 신체적이고 심리적인 변화를 일으키기도 한
다(김영순 외, 2012; 이미정 외, 2012).

Berry(2002)는 새로운 사회로 이주한 개인이 시간이 경과함에 따라 겪게 되는
문화적응과정을 접촉 이전 시기, 접촉 시기, 갈등기, 위기기, 적응기로 구분하였
다. 첫째, 접촉 이전 시기로 개인이 이주하게 된 동기와 사회적 요인이 포함된다.
둘째, 접촉 시기는 두 개의 서로 다른 문화가 만나서 문화적 변화와 행동의 변화
가 시작되는 시기로 이주민들은 새로운 문화로 인해 스트레스를 받는 시기이다.
중도입국청소년들은 이중문화에서 오는 스트레스와 한국어의 미숙에서 오는 스
트레스 정도에 따라 개인의 만족도가 달라진다. 셋째, 갈등기는 이주민들이 개인
과 집단 간 갈등을 일으키는 시기로 이 시기에 정체성의 혼란을 겪을 수 있다. 넷
째, 위기기로 이 시기에는 갈등기의 문제가 해결되지 않고 긴장과 갈등이 계속되
면 고도의 불안과 좌절, 우울증, 가정불화 등이 야기되기도 한다. 다섯째, 갈등기

와 위기기를 넘기면서 문화에 적응하게 된다는 적응기이다(김옥남 외, 2009: 57~58; 박봉수, 2013).

이주와 관련된 사회문화 적응은 문화학습이나 사회적 기술을 획득하는 것으로 자신을 새로운 생활에 맞추거나 조정하는 과정이다. 성, 성격, 거주기간, 문화적 지식, 주류사회와의 접촉, 언어능력 그리고 문제해결 능력 등이 포함된다(최운선, 2007). 중도입국청소년들의 경우 대부분 본국에서 정체성이 형성된 청소년기에 입국하여 한국어와 한국 문화적응에 어려움을 겪고 있다. 이들은 낯선 문화에 적응하기 위해 스스로 새로운 문화를 배워 나가면서 위기를 극복해야 한다. 이때 이들에게는 익숙하지 않은 환경에 적응하고, 기능적으로 유능해지기 위해 사회적·정서적으로 지원할 수 있는 부모의 역할이 중요하다.

부모의 지지는 청소년들에게 자기효능감을 높일 수 있고, 자기효능감이 높은 청소년들은 학업 수행 등 자기가 맡은 역할을 성공적으로 수행한다(박영신·김의철, 2013). 자기효능감이란 주어진 목표달성에 필요한 행동과정들을 조직하고 실행하는 능력에 대한 개인의 신념과 관계가 있다. 그러나 대부분 중도입국청소년의 부모들은 가정의 경제적 갈등을 겪고 있으며, 가족을 부양하고 자녀를 양육하기 위해 맞벌이를 하고, 늦은 귀가 때문에 체계화된 지지가 이루어지고 있지 않다(성상환 외, 2010). 또한 친모들은 한국어의 미숙으로 인해 정확한 정보 전달의 사각 지대에 놓여 있어 자녀의 취학에 대처하지 못하고 있는 실정이다.

2.2. 중도입국청소년 부모의 역할수행

사빈(Sharbin)에 의하면 역할은 주어진 사회적 지위에 있는 사람이 따르는 사회적으로 규정된 기대로 어떠한 지위를 가지고 있는 사람이 주어진 지위에 따라 능동적으로 계획하고 책임을 지며 요구와 기대하는 행동을 학습하며 수행하는 과정이다(박순천, 2009). 개인들은 사회화를 통해 사회적 역할을 내면화하고 그것들을 어떻게 수행할지에 대해서 학습하며 지속적인 사회적 상호작용을 통해 사회적 역할을 이해하여 수행한다. 현재 처한 지위에 부여되는 역할기대가 분명하면 분명할수록 역할 학습은 촉진된다(Giddens, 1992; 김미숙 외, 2003: 47).

또한 사빈은 역할기대란 어떠한 지위를 차지한 특정인이 그 지위에 부여되는 일반적인 기대에 따라 수행하는 행동을 역할이라 하며 역할에 관련성이 있는 특정인에게 바라는 기대를 일컫는다(류승규, 2004). 개인과 개인이 상호작용할 때 상대방에 대한 어떠한 행동의 기대와 자기 자신의 행동을 예견하는 것을 말한다. 그러나 한 개인이 실제로 수행하는 역할수행은 외부에서 요구하는 역할기대와 일치하는 것은 아니지만 역할수행자가 상대방이 요구하는 역할기대를 정확하게 인식하고 있는 사람일수록 적응성이 높다.

따라서 부모 역할수행이란 부모로서 기대되는 행동으로 지식·태도·기술 등 자녀 양육수행으로 볼 수 있다. 전통적으로 아버지는 외적인 일에 더 많은 관심을 기울이고 가족의 경제적 담당자로서 생활비를 책임지는 역할을 수행하였다. 그리고 어머니는 자녀의 성격형성에 지대한 영향을 미치고 최초의 사회화 과정의 대행자이며, 가족관계에서 교량적 역할을 수행하는 것으로 나타났다. 즉, 아버지는 도구적·수단적 역할과 어머니는 정서적 역할을 담당하였다(박봉수, 2013).

그러나 현대에 이르러 바람직한 부모는 교사·모델·상담자 역할 등을 수행하여야 한다고 한다. 부모의 역할을 어떻게 하느냐에 따라 자녀에게 발생하는 결과는 상당히 다른 양상을 띠게 되기 때문이다. 부모가 적절한 부모 역할을 하게 되는 경우 자녀는 또래 관계에서 적응력·수용력이 높고 또래 관계가 좋으며 자아존중감이 높으며, 유능감과 적응발달이 높다. 그러나 부모가 적절한 부모 역할을 하지 못하는 경우, 자녀는 또래 관계가 원만하지 못하고, 자아존중감이 낮으며 부정적 자아개념을 가지고 있는 경향이 높다. 그뿐만 아니라 부모의 잘못된 양육 행동은 자녀의 문제행동을 유발할 가능성이 높다. 따라서 부모의 바람직한 양육과 보호는 자녀의 성장에 필수적이며, 자녀의 발달에 결정적인 역할을 수행한다고 할 수 있다(허묘연, 2000; 현미숙, 2003).

Lamb(1986)과 Palkovitz(1997)의 연구에 따르면 부모의 역할 수행을 직접적인 참여와 접근성, 그리고 책임의 세 가지로 나누어 자녀와 직접 상호작용하거나 자녀의 복지 및 안녕을 도모하고, 양육하는 것이라고 정의하였다. 구체적인 예로서는 대화하기, 가르치기, 통제하기, 부양하기, 정서적 지원하기 등이다(이재림 외, 2012). 따라서 본 연구에서 부모의 역할은 부모라는 지위를 가진 개인에게 요구하는 기대이자 그 기대에 따라 수행하는 구체적인 행동을 의미한다.

대부분의 중도입국청소년은 이른 나이에 부모의 이혼으로 외가에서 외조부모의 보살핌으로 청소년기를 맞았다. 부모로부터 영향을 받아 인지적 능력의 향상 및 규범과 가치 등을 내면화하고, 학습할 시기에 제대로 된 사회화에 따른 역할학 습 등이 이루어지지 않았다고 본다. 따라서 한국으로 이주 후에 새롭게 구성된 가 족구성원 간의 역할수행에 따라 중도입국청소년의 한국 사회문화 적응 정도가 달 라지기 때문에 특히 부모의 역할수행이 중요하다고 사려된다.

3. 연구방법

이 글은 인천 지역 내 대안교육기관에서 연구자가 2011년 9월부터 한국어를 가르치고 있는 입국 2년 이하의 중도입국청소년과 그들의 부모에 관한 것이다. 부모 5명 중 친모 3명은 모두 중국의 한족이다. 연구 참여자의 국적이 모두 중국 인 것은 한국으로 이주하는 이주배경 청소년 중 90% 이상이 중국 국적의 소유자 이기 때문이다. 인터뷰 전에 몇 차례 공지하여 연구 목적을 밝혔다. 이 같은 절차 는 중도입국자녀를 둔 부모님들을 직접 접촉하는 현실적인 어려움 때문이기도 하 며, 인터뷰라는 형식에 의한 거부감을 해소하기 위한 방법, 그리고 라포(Rapport) 형성의 과정의 의미를 지닌다. 본 연구에 응한 연구 참여자들의 개별 사항에 대한 요약은 〈표 10-4〉와 같다.

〈표 10-4〉 연구 참여자의 특성

부 모					자 녀				
구 분	성 별	연 령	출신국	한국 거주 기간	구 분	성 별	연 령	학 력	한국 입국일
부모1	남	65	한국	-	청소년1	남	19	고1 중퇴	2011.08
부모2	여	42	중국	6년					
부모3	남	60	한국	-	청소년2	남	16	중2 중퇴	2012.01
부모4	여	43	중국	6년					
부모5	여	43	중국	7년	청소년3	남	19	고1 중퇴	2011.11

본 연구에 등장하는 연구 참여자의 이름은 모두 가명이다. 또한 연령 및 거주기 간은 예비조사 당시(2012.5)를 기준으로 한 것이다. 인터뷰 당시 연구 참여자 친모

들은 한국에 입국한 지 6~7년으로 모두 중국 국적을 소유하고 있으며, 생업에 종사하고 있어 거의 자녀를 돌볼 수 없는 상태였다. 연구 참여자 부모 1과 부모 2는 연구 참여 청소년 1의 부모이다. 또한 연구 참여 부모 3과 연구 참여 부모 4는 연구 참여 청소년 2의 부모이다. 그리고 연구 참여 부모 5는 연구 참여 청소년 3의 친모이다. 연구 참여자 친모들은 아직 한국 국적 취득 전으로 오랜만에 만난 자녀와 정서적 친밀감으로 인한 갈등상태에 놓여 있을 뿐만 아니라 새로 구성된 가족 간의 갈등도 겪고 있다.

연구 참여 청소년들은 15~19세로 모두 학교 밖의 청소년이며, 한국인 남성에게 입양 절차를 거쳐 입국하였다. 또한 입국한 지 2년이 안 되어 초기 한국사회 적응이 매우 중요한 시기로 특히 부모의 역할이 관건이 되는 시기라 할 수 있다. 입국 2년 미만 학교 밖의 청소년으로 연구 참여자를 선정한 것은 학교 제도권 안에 있는 청소년보다 학교 밖에 있는 청소년들이 적응 기간이 길고, 교육의 사각지대에 놓여 있는 이들을 교육의 제도권 안으로 연착륙하기 위한 제도가 필요하기 때문이다. 이들은 서툰 한국어와 본국과 다른 사회문화 때문에 양부와 갈등을 겪고 있는 상태로 일부는 한국 사회문화의 수용 전의 상태이고, 일부는 부적응으로 귀국을 생각하는 혼종 상태에 놓여 있다.

이 글에서는 중도입국 청소년 부모 5명을 심층 인터뷰하여 공통으로 드러난 의미를 중심으로 자녀의 한국사회 적응을 위해 어떠한 역할을 수행하였으며, 자녀들은 부모에게 어떠한 기대를 하였는가를 수행하는 것이다. 자녀를 한국사회에 적응시키기 위한 과정은 매우 복잡할 것이다. 이처럼 복잡한 인간의 태도와 행위의 의미에 관한 탐구와 인간의 행동은 그 행위자가 자신의 행동에 어떤 의미를 부여하느냐에 따라 달라지기 때문에 심층적인 접근 방법이 타당하다고 볼 수 있다.

중도입국청소년의 한국사회 적응과정이 개인적·가족적·사회적 관계 속에서 어떤 의미 체계를 구성하고, 그 과정에서 부모들은 어떤 역할을 수행하였는가에 관한 연구는 매우 의의가 있다. 또한 이러한 의미는 다중적이라서 단순히 인과적 논리에 의한 해석으로는 일반화할 수 없다. 따라서 본 연구에서는 연구 참여자들이 자유롭게 말하게 함으로써 연구 참여자들의 생각과 감정을 충분히 끌어내기 위한 반구조화 면접법을 사용하였다.

연구 참여자는 입국 2년 이하의 중도입국청소년과 그들의 부모, 즉 한국인과 재혼한 결혼이주여성과 그녀의 자녀를 입양한 한국인 남편으로 제한하였다. 이와 같이 중도입국청소년 부모의 역할 수행을 연구하기 위해 〈표 11-5〉와 같이 심층 면접 계획을 세워 진행하였다.

〈표 10-5〉 인터뷰 개요

인터뷰	기 간	인터뷰 장소	시 간
1차 인터뷰	2012년 6~8월	대안교육기관	2시간
2차 인터뷰	2012년 7~10월	대안교육기관	1시간 30분

〈표 10-5〉에서와 같이 인터뷰는 2012년 6월부터 2012년 10월까지 각각 2회 씩 1시간 30분~2시간 정도 소요로 진행되었다. 인터뷰가 이루어지기 며칠 전부 터 이들의 부모들에게 본 연구의 취지를 3회에서 4회 공지를 하고 인터뷰 시간을 정하였다. 인터뷰는 연구 참여자의 특성상 대안교육기관에서 진행하였으며, 인터 뷰에서는 주로 〈표 10-6〉과 같은 내용으로 질문하였다. 이 질문의 토대는 이재림 외(2012)의 「부모역할 수행」에서 거론된 Lamb(1986), Palkovitz(1997) 등에서 기초 하며, 류방란 외(2011), 양계민 외(2011: 269~271), 장명선 외(2011: 163)에서 나온 내용들을 재구성한 것이다.

〈표 10-6〉 인터뷰 내용

영 역			내 용
가족 및 개인사	한국입국전	부모	출신국, 연령, 학력, 직업, 가족 관계, 가정경제, 갈등 및 해결 방안, 자녀의 학교생활, 입국시기, 입국 동기 등
		자녀	출신국, 연령, 학력, 가족 관계, 가정경제, 갈등 및 해결 방안, 학교생활, 학업 정도, 교사와의 관계, 또래 관계, 입국시기, 입국 동기 등
	한국입국후	부모	거주기간, 직업, 현재 가족 관계 및 가정생활, 가족 내의 갈등 및 해결 방안, 경제적 상황, 자녀 입양 후 변화, 가정 내 사용언어, 친지와의 관계, 자녀의 적응을 위한 노력, 자녀의 한국사회 적응 정도, 자녀의 스트레스 인지, 자녀가 현재 지원받고 있는 내용, 자녀가 현재 지원받고 있는 내용의 효과성 등
		자녀	거주기간, 현재 가족 관계 및 가정생활, 가족 내의 갈등 및 해결 방안, 친지와의 관계, 경제적 상황, 가정 내 사용언어, 또래 관계, 한국사회 적응 정도, 스트레스 인지, 현재 지원받고 있는 내용, 현재 지원받고 있는 내용의 효과성 등

〈표 10-6〉의 질문들은 자녀가 한국으로 이주할 수밖에 없었던 현실적 지위와 위치, 개인의 행동방향을 결정하는 주요한 변수일 뿐만 아니라 자신의 행동과 일 상생활의 의미를 구성하고 해석하는 데 영향을 미치는 내용들이다. 따라서 질문

은 중도입국청소년 자녀를 둔 부모들의 상황과 입장에 따른 차이점에 주목하고자 개인적 · 가족적 · 사회적 관계 등에 초점을 맞추었다.

또한 가족적 · 사회적 관계에 관한 질문을 한 것은 청소년들이 부모 · 가족 · 친구 · 교사 등에게서 세계관을 구성하는 요소를 배우고, 특히 부모의 역할을 흉내내는 사회적 학습과 독특한 개인적 경험은 청소년기에 세계관을 정립시키는 가장 중요한 구성요소이기 때문이다(Campbell, 2010: 77). 아울러 자녀의 입국 전 · 후로 나누어 질문한 것은 부모의 이혼으로 말미암은 가족의 해체와 친모의 재혼으로 인한 입국은 자녀의 한국 입국 동기에 어떠한 영향을 미쳤으며, 새롭게 구성된 가족에 어떠한 변화가 생겼는지를 보기 위함이다.

4. 중도입국청소년의 입국시기에 따른 부모 역할

4.1. 자녀 입국 전

사회적 지지 가운데서 가장 직접 삶의 방식에 영향을 줄 수 있는 곳이 바로 가족이다. 가족 중에서도 청소년에 있어 가장 밀접하게 영향을 미칠 수 있는 사회적 지지 대상자로서 부모를 들 수 있다. 부모와 자녀 관계는 인간이 맺게 되는 최초의 관계이며, 가장 기본이 되는 관계로 인간은 이 관계를 통하여 성장하고 발달하게 된다(이철우, 2011: 126).

4.1.1. 자녀가 기대한 부모의 역할

자녀들에게는 연령, 학력, 가족 관계, 가족 내 갈등 및 해결 방안, 학교생활, 교사와의 관계, 또래 관계, 학업 수행 정도, 가정 경제 등의 질문에 대한 반응은 다음과 같다.

> "저는 부모님이 보고 싶으면 친구들 하고 몰려다니면서 싸움을 했어요. 저도 부모님한테 관심받고 싶었어요. 그러면 엄마가 돈을 보내줘서 해결하고요. 하지만 저는 내 고민을 들어주는 친구 같은 엄마를 원했어요."(청소년 3)

"한국에서 유행하는 것은 다 가지고 있었어요. 엄마가 돈을 벌어서 사서 보내주었어요. 하지만 생일 날 가족과 함께한 적이 한 번도 없었어요. 내가 원하는 것은 유행하는 옷이 아니고 엄마의 따뜻한 마음이었어요. 엄마가 계신 친구들이 부러웠어요."(청소년 1)

"저는 학교에 가고 싶을 때만 갔어요. 학교에 간다고 하고 친구들하고 당구치고, 게임하고 놀았어요. 선생님도 신경도 안 써요. 왜 학교에 안 왔는지 물어보지도 않았어요. 용돈은 엄마가 보내줬어요. 하지만 그런 것은 중요하지 않았어요. 다른 아이들처럼 가족들하고 놀러도 가고, 외식도 하고, 그런 가족이 그리웠어요."(청소년 2)

부모가 자녀의 학업에 대해 높은 기대를 할수록 청소년 자녀도 학업에 대한 높은 기대를 내면화하고, 이러한 높은 학업 기대는 자기효능감을 높일 수 있으며, 높아진 효능감은 학업성취도를 증진시킨다(Reeve, 2003). 그러나 연구 참여 친모들은 이혼 후 외지에 가서 경제활동을 해 자녀에게 생활비와 용돈을 보내 자녀를 양육하고 있었다. 이에 연구 참여 청소년들은 물질적으로는 다소 풍요로울 수 있었으나 유년기 부모에게 느끼는 애정이나 안정된 정서가 결핍되어 있었다. 연구 참여 청소년들은 부모에게 물질적 지원군 역할이 아닌 '정서적으로 지지해 주는 역할'을 기대하고 있었다.

"학교 친구들이 저를 배신했어요. 만약에 부모님이 계셨으면 친구들이 저를 무시하거나 배신하지는 않았을 거예요. 아빠가 제일 원망스러웠지만 한편으로는 아빠가 그리웠어요. 하지만 엄마는 내가 아빠한테 연락하지 못하게 했어요."(청소년 1)

"초등학교 때부터 담배 피우고 당구치고, 공부도 안 했어요. 외할머니는 저를 관리할 수 없었어요. 외할머니한테는 학교 간다고 하고 친구들하고 돌아다니다가 저녁에 집에 갔어요. 제가 힘든 일이 있어도 엄마한테 얘기할 수 없었어요. 아빠가 계시면 좋을 텐데 (중략) 남자끼리 할 수 있는 얘기가 많잖아요. 하지만 연락할 수 없었어요. 엄마가 화를 내시니까요."(청소년 2)

부모와 긍정적인 관계를 맺고 있는 청소년은 대체로 부모의 사고와 행동을 내면화할 것이다. 또한 아버지의 사회적 지원은 청소년의 자기효능감을 증진시키고, 결과적으로 향상된 자기효능감이 성취도를 높인다(박영신 외, 2013). 따라서 자녀 교육의 주된 책임을 아버지와 어머니의 역할 분담 속에서 이루어지는 것이 바람직한 부모의 역할이라 할 수 있다. 아버지에게는 자녀와의 상호작용하면서 자녀가 위기에 처해 있을 때 슬기롭게 대처하는 것을 가르쳐 주고 자녀를 부양하는 역할이 주어진다. 그러나 연구 참여 청소년들은 부모의 이혼 후 외가에서 생활하고 친부를 만나지 못하고 있었다. 청소년기를 맞아 방황할 때 이야기를 들어주고 진로를 상담자해줄 수 있는 친부를 그리워하고, 친모가 '친부와의 연결고리 역할'을 해줄 것을 기대하고 있었다.

> "선생님은 저한테 관심도 없었어요. 집에 부모님도 안 계시고요. 외할머니는 그냥 밥만 해줬어요. 무슨 일이든 저는 혼자 생각하고 혼자 결정하고 (중략) 저는 아무것도 몰랐어요. 사회생활을 하려면 무엇을 준비하고 무엇이 필요한지 (중략) 부모님이 계셔서 상의할 수 있으면 얼마나 좋을까 생각했어요."(청소년 3)

> "아빠 하고는 한국에 오기 전까지 한 번도 만난 적이 없어요. 그래서 학교에서 부모님 오시라고 하면 저는 부모님이 안 계시니까 혼자 해결했어요. 정말 힘들었어요. 아마 부모님이 옆에 계셔서 상의했다면 그렇게 힘들지 않았을 거예요."(청소년 1)

부모가 자녀에게 갖는 기대 수준은 자녀의 성취와 밀접한 관련이 있다. 연구 참여 친모들은 먼저 한국으로 입국하여 본국에 있는 자녀에게 휴대전화를 사 주고, 전화를 걸어 자녀의 안위를 확인하는 것으로 친모로서의 역할을 수행했다고 생각했다. 하지만 연구 참여 청소년들은 오랫동안 떨어져 지낸 친모를 그리워하며 한국에 있는 친모와 전화로 소통한 것은 사실이나 청소년기에 닥친 갈등과 위기를 대처할 수 없다고 했다. 휴대전화는 친모와의 연결고리 역할은 했지만 자녀의 장래에 대한 고민을 나누는 직접적인 해결의 실마리는 되지 못했다. 뿐만 아니라 계속되는 친모의 전화는 청소년에게 관심에서 간섭으로 변하고 심지어 친모가 자신들을 감시한다고 표현하였다. 연구 참여 청소년들은 부모에게 감시자가 아닌 실질적인 '상담자 역할'을 기대하고 있었다.

4.1.2. 부모의 역할수행

자녀들의 한국사회로의 이주 배경을 보기 위해 부모들에게 연령, 입국 전 본국에서의 생활, 교육 정도, 가정 경제, 양육활동, 자녀의 학교생활, 가족 내 갈등 및 해결방안 등의 질문에 대한 반응은 다음과 같다.

"남편 하고 이혼 후 막막했어요. 남편한테 아이를 맡길 수 없어서 내가 키운다고 했어요. 그런데 위자료도 하나도 못 받은 상태에서 양육비도 안 주는 거예요. 할 수 없이 친정 엄마한테 아이를 맡기고 외지에 나갔어요. 내가 학교 보내고, 용돈 주고, 잘은 못 해주었지만 정말 힘들게 키웠어요. ○○는 아빠 얼굴도 모르고 자랐어요." (부모 5)

"우리가 이혼하고 ○○이는 아빠랑 살았어요. 그런데 ○○이 아빠가 재혼 후에 밥도 안 주고, 때리고, 게다가 계모도 애를 때리고 학대했어요. 그래서 애를 친정엄마한테 맡기고 내가 돈을 벌었어요. 학비는 무료지만 사춘기가 되니 용돈도 많이 필요하고, 생활비도 내야 하고, 정말 힘들었어요. 남편은 양육비도 안 주고요. 몸은 몸대로 힘이 들고, 애는 애대로 반항하고(후략)"(부모 4)

가족의 본질은 가족의 목표를 성취하기 위하여 개인의 활동을 통합시키고, 가족자산을 구성원 개개인에게 지원하며 또한 협력하는 것이다. 더 나아가 가족집단의 영속화에 이바지하는 데 초점을 두고 있으며, 그렇게 하는 것이 당연하거나 가치 있다고 믿고 이를 위해 가족결속력을 중시한다. 또한 부모의 역할은 청소년의 초기 인격 형성에 지대한 영향을 미친다(양춘 외, 1990: 74; 이철우, 2011: 124~128). 하지만 연구 참여 친모들은 모두 이혼 후 자녀의 부양 의무로 인해 외지에서 경제활동을 했기 때문에 자녀의 고민을 들어주거나, 같이 여가활동을 하는 등 자녀를 위한 행사에 참석하는 역할은 수행하지 않고 있었다. 중도입국청소년 부모들은 본국에서 자녀에게 정서적인 지원 역할이 아닌 '물질적 지원군 역할'을 하고 있었다.

"○○가 3살 때 이혼을 했어요. 이혼하고 위자료도 못 받고 양육비도 안 줬어요. 저는 바로 외지에 가서 회사에 다녔어요. ○○가 학교에서 친구와 싸우고 학교에 안 갈 때는 ○○한테도 아빠가 필요하다는 것을 알지만 아빠를 만나는 것은 말렸어요."(부모 5)

"○○ 아빠가 바람을 피웠어요. 그래서 이혼했고요. 이혼 후 저는 외지에 가서 일을 했고, ○○ 아빠도 외지에서 일을 했는데 할머니가 '손자는 누가 뭐래도 내 손자'라며 ○○를 키웠어요. 하지만 저는 아빠를 만날까 봐 싫었어요. 제가 아빠를 못 만나게 했어요."(부모 2)

부모의 갈등을 많이 경험하면 자녀도 부모와의 갈등관계에 놓이기 되고, 이러한 부모자녀 간의 갈등은 청소년의 자기효능감을 저하시키며, 자기효능감은 삶의 질에 영향력을 가짐으로써 낮아진 자기효능감은 삶의 질도 감소시킨다(Reeve, 2003). 부모들의 이혼은 부부의 이별뿐만 아니라 가족의 해체를 가져왔기 때문에 자녀의 삶의 질도 낮아졌다. 부모의 역할 수행은 직접적인 참여와 접근성, 그리고 책임의 세 가지로 나누어 자녀와 직접 상호작용하거나 자녀의 복지 및 안녕을 도모하고, 양육하는 것이 이재림 외(2012)다. 그러나 친부들 또한 친모와 마찬가지로 이혼 후 외지에서 일하며 자녀와 시간을 함께하지 못했다. 뿐만 아니라 친모는 자녀가 친부를 만나는 것을 감시하는 '통제자 역할'을 하고 있었다.

"지금은 내가 아무리 힘들어도 ○○를 보고 있으면 다 참을 수 있어. 내가 없으니까 우리 엄마, 아빠가 ○○를 키웠지만 잡을 수 없었어요. 단지 밥 해주고 빨래 해주고 (중략) ○○는 어릴 때부터 아버지가 없어서 친구들을 부러워했어. ○○ 학교생활? 나도 잘 몰라요."(부모 5)

"내가 해줄 수 있는 것이 없었어요. 먹고살기 힘들었으니까요. ○○는 친정 엄마, 아빠가 돌봐줬어요. 전화를 해서 잘 있냐고 물어보면 잘 있으니까 걱정하지 말라고 하셨어요. ○○한테 정말 미안해요. ○○이 어렸을 때 동물원 한 번 못 갔어요."(부모 4)

Cooley & Mead는 자아발달에서 어린아이 대 부모와의 정서적 관계를 통해 형성된 자아상은 지속적이어서 그 후의 인성발달에 결정적인 영향을 준다고 했다(양춘 외, 1990: 157). 그러나 연구 참여 부모들은 가족 부양의 책임과 자녀 양육으로 인하여 자녀에 관한 일은 사실상 외조부모가 관여한 것으로 부모들은 자녀의 인성발달에 긍정적인 영향을 미치지 못하고 방임과 방치로 결국 '방관자 역할'을 하고 있었다.

4.2. 자녀 입국 후

중도입국청소년 중 대부분은 본인의 의사와는 무관하게 한국에 입국한다. 이때 서로 다른 배경을 가진 사람들을 만나게 되며 문화 간 접촉이 일어나게 된다.

중도입국청소년들은 처음 한국 문화의 접촉으로 새로운 문화에 대한 호기심, 황홀과 감탄, 그리고 열정을 느끼는 정서적 반응을 보이다가 바로 좌절과 분노, 불안과 부적절함을 느끼는 등 심한 스트레스를 경험한다(정경진 외, 2004). 이들은 낯선 문화에 적응하기 위해 스스로 새로운 문화를 배워나가면서 위기를 극복해야 한다.

4.2.1. 자녀가 기대한 부모의 역할

시간이 지남에 따라 자녀들은 주변과의 상호작용이 원만하지 않아 스트레스가 심화하고, 이러한 스트레스는 정신 건강에 취약한 것으로 사료된다. 자녀들에게는 거주기간, 가족 내 사용하는 언어, 가족 내의 갈등 및 해결 방안, 한국사회 적응 정도, 스트레스 정도, 친지와의 관계, 경제적 상황, 또래 관계 등의 질문에 대한 반응은 다음과 같다.

> "한국에 오기 전에 한국 문화나 한국어를 배우지 않고 왔어요. 하지만 아빠는 이렇게 해라, 저렇게 해라 해요. 처음에는 그런 대로 좋았어요. 하지만 아빠는 성질이 급한 데다가 말이 안 통하니까 소리 지르고 화를 내요. 제가 지금까지 살면서 습관된 것을 어떻게 바꿔요. 한국문화를 강요하지 말고 소개해주는 정도를 원해요. 한국문화도 배우고 우리 문화도 버릴 수는 없어요."(청소년 1)

> "한국에 살러 온 것이 아니라 그냥 다니러 왔어요. 아빠가 가르쳐주는 한국문화는 무슨 말인지 전혀 몰라요. 아빠가 이렇게 해라, 저렇게 해라 하면 따라서 해요. 그렇지만 지금까지 몸에 밴 습관을 하루아침에 바꿀 수는 없어요. 그런데 아빠는 화를 내요. 천천히 익숙해질 때까지 기다려주었으면 좋겠어요."(청소년 3)

'나'의 문화적 정체성은 성별·연령·언어·종교·직업 등을 통해 구성된다(Banks, 2007). 이처럼 다양한 요인으로 형성된 중도입국청소년들은 문화정체성에 의해 한국 문화를 만났을 때 갈등이 발생한다. 언어가 자유롭지 않은 상태에서 양부에 의해 한국 가족 문화와 생활 문화에 대한 모방 학습이 이루어진다. 이때 중도입국청소년들은 새롭게 구성된 가족과 한국사회·문화 전반에 걸쳐 상호작용함에 있어 이해관계가 다소 달랐다. 자녀들은 부모에게 문화전수자가 아닌 '문화매개자'로서의 부모 역할을 기대하였다. 한국문화와 아울러 한국의 가족문화에 관한 교육도 중요하지만, 무엇보다도 자녀를 이해하고 수용하는 부모들의 교육이 선행되어야 한다.

"가족이랑 말이 안 통하니까 서로 아는 체도 안 해요. 중간에 엄마가 있어서 좋긴 하지만 엄마가 집에 안 계시니까 문제예요. 저는 엄마가 안 계시면 밖에 나갈 수도 없어요. 엄마가 쉬는 일요일만 기다려요. 그런데 일요일에는 피곤하다고 자요. 엄마 얼굴 보기도 힘들어요. 중국에서도 나 혼자였어요. 그런데 한국에 와서도 나 혼자예요. 가족이 나를 보호해주면 좋겠어요."(청소년 2)

"내가 의지할 사람이 없어요. 엄마는 저를 이해하지 못해요. 세대 차이가 나요. 또 엄마가 너무 바빠서 도와줄 수 없어요. 아무도 도와주는 사람이 없었어요. 부모님이 도와주었으면 좋겠어요. 하루하루가 매우 불안해요."(청소년 1)

중도입국청소년에게 있어서 언어의 유창성은 문화의 격차를 줄여주고 자신의 좀 더 나은 삶과 행복을 추구하기 위해 필요한 권리가 될 것이다(한광훈 외, 2012). 그러나 서툰 한국어 때문에 행동반경이 좁고, 새로운 시작에 대한 불편함과 두려움을 가지고 있는 연구 참여 청소년들 부모에게 한국사회 적응을 비롯한 외부로부터 자신을 보호해줄 수 있는 '문지기 역할'을 기대하였다. 이에 부모들은 문지기 역할을 한다고 생각하고 있지만 연구 참여 청소년들은 부모가 행한 문지기 역할은 자신들이 생각하는 문지기 역할이 아니라고 생각한다. 바쁜 부모는 자신을 보호할 수 없다고 한다. 이러한 엇갈린 해석은 부모와 자녀 간의 상호작용할 수 있는 시간과 이해 부족에서 기인한 것이라고 판단된다.

"저는 요즘 고민이 좀 많아요. 엄마랑 자주 다퉈요. 엄마는 저를 이해 못해요. 처음에 한국 왔을 때는 좋았어요. 하지만 지금은 사이가 좀 안 좋아요. 아빠가 저를 이해하고 친구처럼 지냈으면 좋겠어요."(청소년 3)

"저는 아빠로 받아들이기 싫어요. 그러나 엄마는 나이와 관계없이 아빠는 아빠라고 했어요. 하지만 저는 인정하기 싫어요. 그래서 엄마는 저를 계속 설득하고 있어요."(청소년 1)

자녀들은 친모에게 가족과의 '갈등을 조정해주는 역할'을 기대하였고, 친부에게는 한국 사회와의 갈등을 최소화하는 갈등조정자의 역할을 기대하였다. 성상환 외(2010), 김영순 외(2012)의 연구와 같이 본국에서 친모에 대한 그리움으로 한국으로 이주에 관한 사전 준비 없이 입국한 자녀들은 처음에는 친모를 만난다는 기쁨과 새로운 문화를 접한다는 설렘으로 입국하였다. 입국 초기에는 가족, 친지들이 호감을 가지고 대해 주어 이주에 관한 갈등이 없었지만 시간이 지남에 따라 양부와도 갈등 양상이 보였다.

부모가 자녀에 대해 느끼는 갈등이 클수록 자녀가 부모에 대해 느끼는 갈등의 정도도 강하다. 이러한 경험은 부모에 대한 존경심과 밀접한 관련이 있고 양부에 대한 신뢰에도 부정적 영향을 미친다. 이러한 문제를 해결하기 위해 부모들에게도 자녀를 이해하고 수용하는 부모와 자녀 간의 생활 경험을 보다 깊이 이해하고 원활한 관계를 촉진하는 부모 역할 수행 프로그램 지원이 필요하다.

> "누나가 학교에 다니고, 아빠가 돈이 없으니까 엄마가 고생해요. 아침에 나가서 밤 늦게 와요. 제 용돈은 일주일에 2,000원에서 3,000원 정도예요. 사실 아빠랑 엄마가 자주 다퉈요. 돈 문제인 것 같아요. 내가 와서 아마 힘이 드는 것 같아요. 그래서 아빠 눈치도 봐야 하고요."(청소년 2)

> "저는 엄마를 이해할 수 없어요. 아빠랑 나이 차이가 많아요. 게다가 엄마가 아빠를 부양해요. 아빠가 직업이 없거든요. 제가 중국에 있을 때는 가지고 싶은 거 다 있었어요. 하지만 한국에 오니까 물가가 너무 비싸서 아무 것도 살 수 없어요. 빨리 취직해서 돈을 벌고 싶어요."(청소년 1)

연구 참여 청소년과 부모의 견해 차이가 컸다. 부모의 입장에서는 자녀의 용돈 등 '물질적 지원 역할'을 수행하였으나 연구 참여 청소년들의 입장은 달랐다. 연구 참여 청소년들은 본국에 있을 때는 친모가 보내주는 용돈이 풍족하지는 않았지만 부담 없이 사용했으나 정작 한국에 입국하여 느끼는 가정 경제는 자기가 생각했던 것보다 훨씬 긴장 상태라고 했다. 물질적 지원은 연구 참여 청소년들이 부모에게 기대한 것이다. 그러나 경제로 인한 부모들의 다툼 등으로 인하여 부모한테서 물질적으로 지원을 받고 있다고 생각하지 않았다.

> "저는 커피바리스타나 칵테일 만드는 기술을 배우고 싶어요. 비록 한국말을 잘 못하지만 보고 하는 것은 따라할 수 있으니까요. 그런데 어디에서 가르치는지 몰라요. 아빠가 바쁘니까 알아볼 수 없어요. 또 엄마는 한국말 잘 못 하니까 힘들고요.

여기도 한국어 선생님이 알려줬어요. 부모님께서도 이런 곳을 많이 알려줬으면 좋겠어요."(청소년 3)

"저는 요리사가 되는 것이 꿈이에요. 빨리 요리를 배워 독립할 거예요. 그런데 어디에 가서 요리를 배워야 하는지 아직 몰라요. 엄마가 한국말을 잘 모르고, 또 회사 일로 바쁘니까 알아볼 수 없어요. 부모님이 그런 것을 많이 알아서 가르쳐주면 좋겠어요."(청소년 2)

미래의 성취를 위한 청소년은 가족이나 친구로부터 정서적 도움, 선생님으로부터 정보적 도움을 필요로 한다(박영신 외, 2013). 연구 참여 청소년들은 또한 부모에게서 지식과 정보를 제공받기를 원하였다. 연구 참여 청소년 3은 비교적 사회성이 좋고, 새로운 것에 대한 호기심이 강하고 진취적이다. 입국하기 전에 뚜렷한 이주 목적을 세운 것은 아니나 한국으로 이주 후에도 무엇이든지 다 할 수 있다고 믿고 이주하였다고 한다.

그러나 무엇을 어떻게 해야 하는지 막막하고 목표가 없는 것 같아 실망스럽다고 한다. 한국사회는 전반적으로 본국과 다를뿐더러 한국어가 서툴고, 가족으로부터 여전히 방임이 이어지고 있기 때문이다. 특히 부모들의 사회적 지위 때문에 자신들이 원하는 정보 전달자나 제공자가 되지 못함을 밝혔다. 따라서 자녀들이 부모에게 바라는 것은 한국사회 전반적인 '지식과 정보를 제공해주는 역할'을 기대하고 있었다.

"엄마는 너무 바빠서 저한테 신경 쓸 수 없어요. 하지만 친구들은 달라요. 우리는 사정이 다 비슷하니까 서로 이해하고 도와요. 그래서 친구가 편하고 좋은데 부모님은 제가 친구들 만나는 것을 싫어해요. 친구끼리 모여서 담배 피우고, 술 마신다고요. 물론 우리끼리 만나면 나쁜 짓도 해요. 그렇지만 친구는 꼭 필요해요."(청소년 1)

"고민이 있으면 엄마한테는 얘기 안 해요. 그래서 그냥 친구들한테 얘기해요. 우리는 상황이 비슷하니까 이해해요. 근본적으로 해결은 안 되지만 마음이 편해요. 그런데 엄마는 친구들을 못 만나게 해요. 오히려 우리들이 스트레스를 해소할 수 있게 부모님이 친구들을 만날 수 있는 기회를 주어야 한다고 생각해요."(청소년 2)

자녀들의 교우 관계는 본국에서는 폭넓은 교제가 이루어졌으나 한국으로 이주 후 상황이 비슷한 본국에서 온 또래들과 관계를 형성하는 제한적 교제 관계에 있었다(성상환, 2010). 이들은 자기와 비슷한 또래의 한국 친구를 만날 기회가 없어 상황이 비슷한 본국의 친구들과 어울린다. 일부 자녀들은 본인의 고민을 또래 친구에게 이야기함으로써 근본적인 해결은 안 되지만 바쁜 부모를 대신해 본국의 친구들에게 더욱 의지하며 동병상련을 경험하였다. 또한 본국의 친구로 인하여 한국사회와 문화를 이해하고 힘든 처지를 위로받고 스스로 치유하고 있었다.

예컨대 이들은 사회생활에서 오는 긴장감을 본국의 친구에게서 깊은 심리적 안정과 만족을 느끼는 것은 물론이고 새로운 에너지를 생산하고 있다고 볼 수 있다. 한편 자녀와 다르게 부모들은 같은 나라에서 온 상황이 비슷한 처지의 친구들과 어울리는 것을 감시하는 역할을 수행하고 있었다. 하지만 자녀들은 부모가 친구를 만나지 못하게 감시하는 것이 아니라 '친구와의 교량 역할'을 해주길 기대하였다.

4.2.2. 부모의 역할수행

자녀 입양 후 가족 내 사용 언어를 비롯하여 거주기간, 직업, 현재 가족 관계, 가족 간의 갈등 여부와 해결 방법, 경제적 상황, 자녀의 한국생활 적응 정도, 자녀의 스트레스 인지 정도 등 자녀 입양 후 가정생활의 변화와 부모의 역할에 관한 질문에 대한 반응은 다음과 같다.

> "성격이 안 좋아요. 그러니까 자꾸 밖에 나가서 좀 보고, 배우고, 폭넓게 하고 하다 보면 괜찮아지지 않을까 생각이 들어요. (중략) 1살 많은 누나가 있으니까 더 어려워요. 밥 먹을 때도 "잘 먹겠습니다" 한 마디도 없고, "잘 먹었습니다" 한 마디도 없고, 내가 먹거나 말거나 지 먼저 먹고 획 나가고 (중략) 전혀 예의가 없어요. 가르쳐야 한국에서 살지, 내가 가르쳐야죠."(부모 3)

> "내가 출근할 때 인사도 안 해요. 퇴근해서 와도 문도 안 열어 보고요. 밥 먹을 때 어른이 먼저 먹는 거라고 가르쳐주는데 안 해요. 벙어리나 마찬가지예요. 대답도 '응'이라고 하면 안 되고 '예'라고 해야 한다고 가르쳐도 잘 안 하고, 아주 힘들어 죽겠어요."(부모 1)

중도입국청소년들의 경우 대부분 어린 나이에 부모의 이혼으로 인하여 가족의 해체를 경험하였고, 이러한 경험은 한국으로의 이주 배경이 될 것이다. 대부분의 중도입국청소년들은 한국으로 이주 과정에서 한국에 대한 정보와 한국어 학습 등에 대한 사전 준비 없이 입국한다(전경숙 외, 2012). 일반적으로 자녀는 부모와의 상호작용을 통해 얻게 되는 지식과 경험을 바탕으로 사회적 역할을 배우게 된다. 그러나 의사소통이 자유롭지 않은 상태에서 양부에게서 배워야 하는 한국문화는 중도입국청소년에게 스트레스로 작용한다. 한국인의 토착심리에 영향을 받은 양부는 자녀의 한국사회 적응을 위해 한국 문화를 전수해주는 문화 전수자 역할을 하고 있었다. 그러나 청소년들은 문화전수자가 아닌 '문화적응 촉매자 역할'을 기대하였다.

> "만약에 집에서 내 위치가 약하면 내 자녀가 굴욕을 당하는 거예요. 나의 자리를 굳건히 하면 내 자녀도 굴욕을 당하지 않아요. 우리 남편은 저와 23살 차이가 나요. 내가 잘 못하면 우리 아들 또한 굴욕을 당할 게 뻔해요. 우리가 왜 한국에 왔어요? 더는 옛날처럼 살 수 없어요. ○○의 장래를 위해서 왔어요. 그런데 어떻게 아들에게 굴욕을 당하게 해요?"(부모 2)

기든스(Giddens)에 의하면 사회화는 무기력하게 태어난 인간이 그 사회의 구성원들과 상호작용을 하면서 점차 사회적·문화적 존재로 성장하며 한 사회의 성원이 되어 가는 과정이라고 한다(김미숙 외, 2003: 45~64). 연구 참여 부모 2는 자녀를 한국사회에 적응시키기 위해 주도적인 모습이 강하게 드러났다. 비록 결혼하는 과정에서 위장 결혼으로 일정 금액을 지급하고 시작하는 매매혼의 형태를 빌렸지만, 남편의 경제적 무능력에도 불구하고 국제결혼의 결심은 좀 더 나은 미래를 위한 자발적인 선택임은 여지가 없다. 또한 '아들의 미래를 위해 선택한 길'에 후회하지 않고 잘 살아보겠다는 의지가 자녀의 적응에 기반이 되고, 이러한 긍정적 기운은 가족 간 상호의존성에 의해 자녀에게 전이되어 자녀의 한국사회 적응 정도에도 영향을 미칠 것으로 예상한다. 그러나 자녀들은 한국사회 생활에서 차별을 경험하였다. 이들이 한국사회에 건강하게 적응하기 위해서는 우선 시민들의 인식이 개선되어야 한다고 주장한다. 연구 참여 부모들은 자녀가 한국사회 적응하는 데 있어 위험으로부터 보호하고 지켜주는 '문지기 역할'을 하였다.

> "한국에 와서 아는 사람도 없고 해서 이해하려고 해요. 하지만 통제가 안 돼요. 지그 엄마한테 큰 소리 지르고 대든다니까. 나는 그 꼴 못 봐요. 중국으로 보내야지.

내가 참는 것도 한도가 있어요. 도대체 집안 꼴이 말이 아니야. 딸 눈치 보느라 힘들어 죽겠어요. 요즘 딸이 나랑 말도 안 해요."(부모 3)

"말 안 듣고 화나게 하는 것이 제일 힘들죠. 처음에는 돈 때문에 정말 힘들었어요. 그런데 지금은 내가 일하니까요. 만약에 ○○이가 용돈이 필요하면 제가 좀 줄 수 있어요. (중략) 아빠하고 잘 지냈으면 좋겠어요. 아빠는 말 안 들으면 중국으로 보낸다고 해요. 저는 남편한테 조금만 참아달라고 사정해요."(부모 4)

"○○가 처음 한국에 왔을 때 아빠랑 잘 지냈어요. 할머니도 잘해주시고요. 그런데 요즘은 아빠가 술 마신다고 소리 지르고 대들어요. ○○는 어려서부터 혼자 자랐어요. 그래서 고집도 세고 성질이 불같아요. 불안해 죽겠어요. 남편한테 ○○가 적응할 때까지 조금만 참자고 하는데 힘들어 죽겠어요."(부모 5)

연구 결과 연구 참여 청소년들은 언어의 장벽으로 인해 양부의 행동을 모방하여 익히는 한국 사회문화에 대한 더딘 학습이 이루어지고 있음을 알 수 있다. 이러한 과정에서 서로 다른 문화에서 성장한 사람들의 만남에서 문화갈등은 피할 수 없다. 생활양식뿐만 아니라 사고방식에서도 다양한 문화차이를 가지고 있기 때문이다. 자녀들은 본국과의 문화적 차이와 오랜만에 합류한 친모와의 정서적 친밀감이 갈등으로 심화된다. 친모는 자녀와 양부와의 갈등, 이복형제들과의 갈등을 최소화하기 위해 노력하고, 양부 또한 자녀 간의 갈등을 최소화하기 위해 인내하는 등 '갈등 조정자 역할'을 하고 있었다.

"불쌍하니까 내버려 두는 거야. 외국에서 왔으니까 10배는 더 잘해준다고 생각하면 돼요. 나중에 원망 듣기 싫으니까요. 벌써 애들은 눈치가 있잖아요. 못 해주고, 눈치 주고 그러면 나중에 나쁘다고 한다고요. 그런 소리 안 들으려고 열심히 용돈도 주고, 필요한 것을 다 사 줘요. 하지만 속이 터지지요. 말이 통해야지요."(부모 3)

"비록 지금은 내가 돈이 없어요. 하지만 돈이 생기면 우리 ○○가 어리니까 보금자리는 해줘야지, 그것은 변하지 않을 거야. 내가 용돈을 아껴서 ○○한테 주고 있어요. 숟가락 하나 더 놓는 것도 어렵더라고요."(부모 1)

현미숙(2003)에 따르면 부모가 적절한 부모 역할을 하게 되는 경우 자녀는 사회관계에서 적응력·수용력이 높고 자아존중감이 높으며, 유능감과 적응발달이 높다. 그러나 연구 참여 부모 1은 고령으로 경제활동을 하지 못하기 때문에 부인이 식당에서 일해 가사를 책임지고 가족을 부양한다. 연구 참여 부모 4 또한 본국에서도 자녀와 오랫동안 떨어져 지내다 한국으로 이주한 후 가정의 경제와 자녀의 양육을 해결하기 위해 아침 일찍 출근해 저녁 늦게까지 일하며 생활비와 자녀의 용돈을 지급하는 등 '물질적 지원 역할'을 하고 있었다.

> "한국에 와서 학교에 갔었어요. 그런데 한국말도 못하고 책도 너무 어려워 안 다녔어요. 한국에서 살려면 우리처럼 이렇게 살면 안 된다고요. (중략) 내년에 인터넷으로 중국의 검정고시를 봐서 고등학교 과정을 마치라고 했어요. 그리고 관광 가이드 시험을 보라고 했어요."(부모 5)

> "다문화대안학교가 생긴대요. 알아봤더니 기숙사도 있다고 하더라고요. 지도 이제 한국 사람이 될 텐데 배운 거 없으면 한국에서 어떻게 살아요. 사람 취급 못 받아요. 말도 안 듣고, 하지 말라는 것만 하고 (중략) 이제 집에서 빈둥대는 꼴 보기 싫어요. 빨리 학교에 갔으면 좋겠어요."(부모 3)

가족 간의 대화와 가족활동에의 참여는 위험환경의 충격을 완화하고 건강한 가족 성장을 지속할 수 있는 보호적인 힘이 된다. 그러나 대다수의 중도입국청소년은 한국어에 대한 인지가 부족한 상태에서 입국하게 되어 가족들과 소통할 기재가 없어 가족으로부터 소원하게 된다(류방란 외, 2011). 이러한 자녀를 위해 부모는 미약하지만 자녀의 한국사회 적응을 위해 자녀가 장래 계획수립이나 의사결정을 할 때 필요한 정보를 수집하고 조직하여 자녀들에게 '정보제공의 역할'을 한다.

> "제가 퇴근하면 11시에서 12시, 어떤 때는 새벽 1시도 돼요. 나는 너무 피곤해서 씻고 바로 자요. 얼른 자라고 하면 자는 척해요. 그리고 내가 잠들면 그때부터 새벽까지 게임을 해요. 게임 못하게 인터넷을 끊었어요. 그랬더니 이제는 휴대전화로 게임을 해요."(부모 2)

> "사실 나쁜 친구를 만날까 봐 걱정이 돼요. 중국에서도 사흘이 멀다 하고 싸워서 돈으로 해결해 주었어요. 지금도 제가 회사에서 늦게 오고 신경을 못 쓰니까 친구들하고 담배 피우고 (중략) 며칠 전에도 아빠하고 다퉜어요. 중국에서 온 친구 집에 가지 말라고 해서요."(부모 5)

청소년의 사회성 및 인지발달에 영향을 미치는 가장 큰 요인으로 또래를 들 수 있다. 특히 연구 참여 청소년들은 주로 또래와의 관계가 중요하며, 부모와의 애착보다는 또래와 더 많은 애착 관계를 형성한다. 또래의 지지를 받은 청소년은 또래관계 등 사회성이 발달하여 자기효능감이 발달하고, 그러한 효능감은 자기 성취에 영향을 준다. 자기효능감이란 주어진 목표달성에 필요한 행동과정들을 조직하고 실행하는 능력으로 구체적이고 실제적인 기술을 포함한다(박영신 외, 2013). 따라서 자녀들은 또래의 지지를 한국사회 적응의 매개체로 생각했으나 부모들은 본국의 상황이 비슷한 친구들과 어울리는 것을 '제재하며 감시'하고 있었다.

4.3. 자녀 입국 전·후 부모의 역할 비교

이 글에서는 인천에 거주하는 중도입국청소년 3명과 그의 부모 5명을 심층 인터뷰하여 공통으로 드러난 의미 체계를 중심으로 부모들은 자녀의 한국사회 적응을 위해 어떠한 역할을 수행하였는가, 또한 중도입국청소년들은 한국사회 적응과정에서 부모에게 어떠한 역할을 기대하였는가를 살펴보았다. 부모가 수행한 역할과 청소년들이 기대한 부모의 역할을 정리하면 〈표 10-7〉과 같다.

〈표 10-7〉 부모 역할수행과 자녀 기대 부모역할 비교

구 분	부모가 수행한 부모역할	자녀가 기대한 부모역할
자녀 입국 전	물질적 지원 역할	정서적 지지 역할
	통제자 역할	친부와의 교량 역할
	방관자 역할	상담자 역할
자녀 입국 후	문화 전수자 역할	문화 매개자 역할
	문지기 역할	문지기 역할
	갈등조정자 역할	갈등조정자 역할
	물질적 지원 역할	물질적 지원 역할
	정보제공자 역할	정보제공자 역할
	감시자 역할	친구와의 교량 역할

이를 종합하면 본 연구에 참여한 부모들의 역할은 자녀가 한국으로 이주하기 전 본국에서 물질적 지원자 역할, 통제자의 역할, 방관자의 역할을 수행하고 있었

다. 또한 자녀가 한국으로 이주 후 새로운 문화를 접촉한 시기에는 한국 문화를 가르치는 문화의 전수자 역할, 문지기 역할을 하고 있었다. 그리고 시간이 지남에 따라 사회생활과 가족 간의 갈등 등을 조정하는 갈등 조정자 역할 및 물질적 지원자 역할을 하였다. 그뿐만 아니라 정보제공의 역할 및 감시자 역할이라는 의미로 구성되어 경험되고 있었다.

이와 같이 부모가 수행한 역할과 자녀가 바라는 부모 역할은 차이가 있음을 알 수 있다. 이러한 견해 차이는 부모와 자녀가 상호작용의 부재와 자녀 이해의 부족에서 비롯되었다고 본다. 이러한 결과를 통하여 중도입국청소년 부모의 올바른 역할 수행을 위한 교육 프로그램이 절실함을 알 수 있다.

5. 중도입국청소년 부모의 바람직한 부모 역할

이 글에서는 중도입국청소년의 부모는 자녀의 한국사회 적응을 위해 어떠한 역할을 수행하였는가를 심층인터뷰를 통해 탐색하는 것이었다. 연구 결과 연구 참여자에게서 공통적으로 다음과 같은 내용을 확인할 수 있었다. 친모가 외지에 나가 경제활동을 해서 가족을 부양하고 자녀를 양육했기에 부모로서 해야 하는 역할을 제대로 수행하지 못했다. 또한 친모들이 한국인 남성과 결혼하여 자녀를 입양한 것은 자녀의 미래를 위한 것이었지만 한국으로 이주한 자녀가 낯선 환경에 적응해야 하는 정서적 역할을 수행하지 않고 있었다.

연구 참여 부모들은 자녀가 한국으로 이주 전에 수행한 부모의 역할은 자녀가 부모에게 기대한 것과는 달랐다. 자녀들은 물질적 지원 역할이 아닌 정서적으로 지지해주는 역할을 더 중시하였다. 비록 부모와 자녀 한국 사회문화 적응과 같이 모두 같은 방향을 바라보고 있지만 자녀가 기대한 역할과는 많은 차이가 났다. 이러한 결과는 부모와 자녀 간의 상호작용이 원활하지 않은 것에서 비롯된 것이라고 판단된다. 특히 중도입국청소년의 한국사회 적응에 관한 사회적 지지 기반이 빈약하기 때문이다.

중도입국청소년들이 한국사회에 건강하게 적응하기 위해서는 개인적 차원에서 한국의 가족문화에 대한 소개와 교육이 잘 이루어지는 것도 중요하지만, 보다 바람직한 다문화적 태도를 구축하기 위해서는 부모들에게도 자녀를 이해하고 수용하는 교육이 동시에 이루어져야 한다. 특히 이복형제와 함께 거주하는 중도입국청소년들의 경우에는 부모와 자녀 간의 생활 경험을 보다 깊이 이해하고 원활한 관계를 촉진하는 부모 역할 수행 프로그램 지원이 필요하다. 뿐만 아니라 부모들이 자녀들의 자기효능감을 높일 수 있는 프로그램과 지원해줄 수 있는 장치가 필요하다. 미래사회는 결국 그 사회를 구성하는 사람들이 만들어 가는 것이며, 고정된 실체가 아니기 때문이다.

또한 사회제도적 차원에서 중도입국청소년이 건강하게 적응하기 위해서는 체계적인 사회화 프로그램이 지원되어야 한다. 중도입국청소년이 활동의 주체가 되어 지속적으로 성장하고 자립할 수 있도록 장기적이고 체계적인 다양한 프로그램이 제공되어야 한다. 특히 다양한 생각과 배경을 지닌 집단 구성원 사이에 이질감을 완화시켜줄 제도적 장치를 마련하는 것이 절실히 필요하다. 하지만 무엇보다도 시민들의 인식 개선이 선행되어야 한다. 그 사회의 구성원들이 현재 어떠한 공유된 사회적 표상을 가지고 있는가에 대한 이해는 미래 한국사회에 대한 예측의 실마리를 제공할 것이다. 규율과 규칙에 앞서 감수성으로 접근해야 한다. 부모 역할의 기저에는 부모-자녀 간 다양한 요인들이 상호작용하고 있기 때문이다. 나아가 부모의 역할과 사회적 지지의 방향이 같아야 중도입국청소년들이 건강한 한국사회의 구성원으로 거듭날 것이다.

11장

문화예술 체험활동에 참여한 고등학생의 다문화경험 이야기

11

문화예술 체험활동에 참여한 고등학생의 다문화경험 이야기

전영은 · 김영순

* 이 글은 2013년 『문화예술교육연구』 8권 2호에 게재된 논문 「문화예술 체험활동 '국경없는마을 RPG' 참여 고등학생의 다문화경험에 관한 연구」를 수정 · 보완한 것이다.

1. 문화예술 체험활동과 다문화경험

세계화의 흐름에 따라 한국사회에도 1990년 이후 외국인이 꾸준히 증가하였다. 2012년 8월 대한민국 내외국인의 수는 1,437,576명(합법체류자: 1,261,897명; 불법 체류자: 175,679명)으로 전체 인구의 2.8%('행정안전부 네년 지방자치단체 외국인주민 현황'자료 참고)를 차지하고 있다. 이는 UN이 제시하는 다문화국가의 인구 유입선인 2.5%를 넘고 있다. 다문화학생은 연 평균 약 6,000여 명씩 증가하고 있으며, 이러한 추세가 지속될 것으로 논의되는 가운데 2014년에는 전국 초 · 중 · 고교생의 1%에 이를 것으로 예상하고 있다. 이와 같이 다문화학생 수는 증가하고 있는 반면, 한국학생의 수는 점차 감소하고 있다.[1]

이에 정부는 사회통합을 위하여 다문화가족지원법과 재한외국인처우기본법 등을 제정하고, 다양한 다문화정책과 프로그램을 진행하고 있다. 그러나 현재 진행되고 있는 대부분의 다문화교육 프로그램은 외국인 노동자 및 결혼이주여성의 한국사회에 대한 이해만을 강조한다(황순영, 2012). 이것은 사회통합을 목적으로 하는 진정한 의미의 다문화교육이라 할 수 없으며, 방향성도 부재하다고 할 수 있다. 오히려 본질적인 다문화교육이 아니라 외국인이 한국사회에 동화하도록 하는 교육사업이라고 할 수 있다. 이와 관련하여 김현덕(2009)은 앞으로 다문화교육의 주요 대상을 지금과 같은 한국사회의 소수집단 중심으로 진행하는 것을 넘어서 이들의 평등과 권익 보호를 위한 교육으로까지 발전시킬 것을 제안하였다. 이는 다문화교육이 한국사회 구성원 전반에 걸쳐 다문화에 대한 이해를 높이고 문화적 배경이 다른 구성원들 간의 공존 방법을 모색하는 방향으로 나가야 한다는 의미로 이해할 수 있다.

이제 한국사회가 다문화사회로 변화함에 따라 타 문화에 대한 다양성 인정과 수용의 자세와 정주문화의 주체성과 정체성을 지키면서 공존할 수 있는 다문화교육이 필요하다(서종남, 2012). 이를 위해 먼저 문화적 다양성과 유사성을 이해하고 나와 다른 사람들로부터의 선입견과 편견을 배제하여 존중하고 배려하여 우리 사회에 공존할 수 있는 관용의 태도를 함양하도록 해야 한다(김선미·김영순, 2008). 즉, 바람직한 다문화사회를 형성하기 위해서는 외국인 노동자 및 결혼이민자뿐만 아니라 주류사회를 구성하고 있는 국민들도 대상으로 하여 다문화교육을 진행하여야 한다.

이러한 사회적 변화에 따라 교육부(구, 교육과학기술부)에서는 2007개정교육과정 총론에 다문화교육 요소를 포함하였으며, 단일민족, 한 핏줄, 한민족이라는 용어를 삭제했으며, 순혈주의 전통, 단일민족 등의 개념도 삭제한다는 내용이 검토되었다. 교육부와 유네스코 한국위원회는 다문화 공동프로그램으로 '외국인과 함께하는 문화교실'을 실시하였다(황순영, 2012). 2009개정교육과정에서는 교과 내에서뿐만 아니라 범교과 시간을 통해서도 다문화교육 내용을 수용하고 있다. 이처럼 학교에서의 다문화교육은 필수적인 요구사항이며, 학생들은 다양한 문화에 대한 존중과 인정, 이해, 관용의 태도와 자질, 역량을 갖추도록 요구되고 있다. 또한 2009개정교육과정의 총론에 다문화 학생을 위한 특별 학급 설치·운영 및 한국어 능력을 고려한 교육과정 운영과 학습 지원을 위한 내용을 포함하고 있다.

청소년기는 특히 발달상으로 볼 때, 다문화교육의 적기이며, 그 효과도 지속적이고 클 것으로 생각된다. 그럼에도 불구하고 현실은 입시 위주의 교육과정 속에 적극적인 다문화교육의 여지가 많지 않다. 뿐만 아니라 교사들 또한 다문화교육에 대한 인식이 부족하며, 이를 실천하기 위한 교수방법 및 교수자료와 다문화교육에 대한 이해와 지식이 부족한 편이다(김흥운·김두정, 2008; 모경환·황혜원, 2007; 최문성·김순자, 2011). 이러한 다문화교육을 문화예술교육을 통해 학습한다면 다문화교육의 효과는 더욱 커질 것으로 예상한다. 왜냐하면 다문화교육의 맥락에서 예술은 찬란한 과거의 유물이나 뛰어난 개인의 창조적 성취보다는 일상적인 삶 속에서의 문화적 소통 방식으로 이해되기 때문이다(김선아, 2012). 또한 문화예술교육을 통해 다문화교육을 학습한다면 창의적 사고의 습관을 형성할 수 있을 것이다. 왜냐하면 다양한 예술을 활용한 다문화교육은 다른 문화의 가치를 이해하고 존중하며 편견을 극복하게 하는 태도를 가르치는 것 이외에 다양한 문화 속에서 서로 다름을 발견하여 새로운 가능성을 탐색하게 하기 때문이다(차윤경 외, 2011). 즉, 문화예술교육을 정의하는 방식이 다문화교육의 이상과 가치에 많은 부분이 중첩된다고 본다.

따라서 이 글은 고등학생을 대상으로 문화예술 체험을 활용한 다문화교육 사례를 살펴보며, 이 프로그램에 참여한 고등학생의 다문화에 대한 경험을 연구함으로써 청소년을 위한 다문화교육의 방향을 모색하고자 한다.

2. 다문화경험과 다문화교육으로서 문화예술교육

2.1. 다문화경험

이 글에서는 '다문화경험'을 청소년의 다문화에 대한 인식 · 태도 · 가치함양 등을 포괄하여 넓게 이해한다.

변정현(2011)은 Banks(2008)를 인용하면서 다문화인식에 대해 다음과 같이 정의하고 있다. 현재 학습자들이 살아가면서 접하는 집단 내부 및 집단 간에 존재하는 인종 · 민족 · 문화 · 언어 · 종교 등 광범위한 편차를 수용하는 수준을 말하며, 이 수준은 지식 · 정의 · 태도적인 면으로 구분하여 이해할 수 있다. Rothfard(1992)는 다문화인식에 대해 다른 문화를 향한 상호작용과 개방성, 타 문화를 바라보는 존중과 공평함, 사회적 상호작용과 존중으로 구분하였다. Fritz 외(2001)는 다문화인식을 상호작용 약속, 상호작용의 세심함, 다른 문화에 대한 존중, 상호작용의 즐거움, 상호작용의 신뢰감으로 구분하여 상호작용을 통한 다양한 문화를 바라보는 시각과 문화의 전달과 학습의 과정을 강조하였다. Larke(1990)는 다문화인식을 일반적 문화인식, 가족 문화의 다양성, 문화 간 의사소통 평가, 다문화적 환경으로 구분하였다.

또한 국내 학자들의 다문화인식 연구는 외국연구자의 다문화인식 측정도구를 활용한 것이 대부분이다. 양영자(2011)는 다문화인식은 다양한 인종 · 성 · 언어 · 계층 등과 다양한 나라의 문화에 대한 긍정적 혹은 부정적 인식이라고 하였다. 최진우(2011)는 다문화인식이란 집단 간에 존재하는 인종 · 민족 · 문화 · 언어 · 종교 등의 광범위한 편차를 수용하는 수준을 말하며, 다문화에 대하여 인지적 · 정의적 · 행동적인 요소를 모두 갖출 수 있는 상태라 하였다. 박순희 · 김선애(2012)는 다문화인식은 다양한 인종이나 민족의 언어와 문화, 행동을 이해하는 능력을 배양하고, 자기 문화에 대한 개방성과 타 문화에 대한 수용성을 함양하는 태도와 가치의 중요성을 인식하는 것이라 하였다. 변정현(2011)은 다문화인식은 우리가 살고 있는 사회 안에 존재하는 다양한 집단이 가지고 있는 서로 다른 문화를 인지하고, 그것을 바탕으로 나와 다른 사회의 문화적 배경의 차이를 이해하고 존중하는 것이라 하였으며, 다문화인식을 문화상대주의, 문화수용성, 문화다양성, 세계지향성, 자국문화 만족도, 국제관계 이해 등으로 구분하였다. 안병환(2012)은 다양한 사람들이 함께 살아가는 다문화사회에서는 다양한 배경을 가진 사람에 대한 존중을 통한 포용력이 필요하며, 서로를 이해할 수 있는 주요 방법 중의 하나가 상호작용이라 하였다.

기존에 진행된 연구에서 나온 다문화인식의 개념들을 종합하여 청소년의 다문화경험을 다음과 같이 정리한다. 다문화경험은 청소년기에 다양한 문화에 대하여 인식하여 상호작용하거나 또는 긍정적으로 판단하고 수용 및 존중하여 다른 문화에 대해 개방성 · 협동 · 다양성 · 공감 · 참여 · 소통 · 관용 · 수용 · 인정 · 존중 · 책임 · 정체성 등 다문화사회를 살아가는 시민이 갖추어야 할 자질을 함양하는 것으로 이해한다. 나아가 이러한 자질을 바탕으로 문화적 다양성과 다문화 역량을 확보하기 위한 다양한 활동을 경험하는 것으로 간주하고자 한다.

2.2. 다문화교육으로서 문화예술교육

다문화교육과 문화예술교육의 관련성을 크게 두 가지로 정리하면 다음과 같다. 첫째, 다문화교육과 문화예술교육은 동일한 철학적 기초 위에 있다. 문화예술교육이 자국의 문화를 중심에 두고 다른 문화를 배격하는 문화우월주의의 근대성을 극복하고자 하는 문화적 다원주의를 철학적 배경으로 하고 있다는 점에서 다문화 교육과 공통적인 지향점을 가지고 있다(최성환·이진아, 2012). 다시 말해 다문화교 육이나 문화예술교육은 개방적 태도로 문화의 다양성을 인정함으로써 적극적인 공존과 통합, 그리고 그 다양성을 창의성의 거름으로 활용하여 개성과 발전을 도 모하는 철학을 공유하고 있다는 것이다.

둘째, 다문화교육과 문화예술교육은 통합교육을 지향한다. 오은순(2010)은 Salili와 Hoosain(2001)을 인용하면서 다문화교육이란 한 단위의 과정이나 교수방 법으로서 접근하는 것이 아니라 통합적 교육과정의 차원에서 이루어져야 한다고 주장하였다. 또한 Ramsey(2004)의 다문화 교수방법은 사진 속에서 다양한 인종 골라내기, 다양한 인종의 사진, 인형 등 활용해 짝지어보기, 친숙하지 않은 방식으 로 가족 활동을 하고 있는 사람들의 사진 보여주기, 다른 언어로 된 노래나 이야 기 들려주기, 친숙하지 않은 음식을 먹고, 자신과 다른 언어를 사용하는 친구들과 놀기 등이다(오은순, 2010 재인용). 여기서 시사하는 바는 다문화와 문화예술이 학 생들로 하여금 다양한 영역에서 문화적 다양성과 다양한 장르의 문화예술을 통해 서로 이해하고, 체험하고, 학습할 수 있는 통합교육을 행하게 한다는 것이다.

한국에서도 다문화교육과 문화예술교육은 거의 동시에 교육계의 중요한 과제 로 부각되었다. 특히 2005년 제정된 문화예술교육지원법을 계기로 문화예술교 육이 확산되었다(정문성 외, 2011). 여기서 문화예술이란 문화, 미술, 음악, 무용, 연 극, 영화, 연예, 국악, 사진, 건축, 어문 및 출판을 말한다(문화예술진흥법 제2조). 이 러한 다양한 장르의 문화예술에는 그 시대, 그 지역 사람들의 삶이 녹아들어 있으 며 문화의 다양성은 이러한 문화예술을 다루는 가운데 자연스럽게 경험된다. 그 리고 다양한 장르들은 삶 속에서 통합되어 나타나기 때문에 다문화교육은 통합교 육을 지향하고 있다고 볼 수 있다(차윤경 외, 2011). 더욱이 문화예술교육은 미래사 회에 창의적 문화시민 육성을 목적으로 하기 때문에 타인에 대한 이해 및 소통능 력의 배양에 가치를 두고 있다. 문화예술은 언어가 아닌 생각과 마음으로 상호소 통이 가능하기 때문에 특히 다문화교육의 효과성을 높일 수 있으며, 이것은 다문 화교육 목적에 부합된다고 할 수 있다. 또한 문화예술교육은 다양한 장르를 가지 고 있기 때문에 그만큼 다양한 교육방법을 활용할 수 있고 학습자가 능동적으로

의미를 부여해야 하는 교육방식의 형태를 가지고 있는 것도 장점이다.

3. 연구방법

　지역적 배경은 안산시 단원구 원곡동에 위치한 사단법인 국경없는마을이다. 이 단체는 외국인 근로자들의 한국 사회 적응 교육은 물론 내국인의 다문화인식 개선을 위한 다문화교육을 활발하게 진행하고 있다. 그중 2012년 3월 31일부터 12월 15일까지 9개월간 진행된 '국경없는마을 RPG'는 인근 지역 고등학생을 대상으로 문화예술 체험활동을 통한 다문화교육 프로그램을 진행하였다.[2]

　면담은 2012년 10월 27일부터 3월 3일까지 실시하였으며, 면담시간은 Dolbeare와 Schuman이 제시한 90분 체제를 사용하였다. 면담시간은 면담이 시작되기 전에 미리 이야기하여 동의를 얻었으며, 연구 참여자의 신뢰를 잃어버리지 않도록 90분의 시간을 넘기지 않도록 노력하였다(Seidman, 2009). 구체적인 면담은 다음과 같이 수행하였다. 우선 연구 참여자가 면담을 시작하기 전에 편안한 마음을 가질 수 있도록 일상적인 이야기를 하였다. 예를 들어 저자는 연구 참여자가 고등학생이기 때문에 진로에 대한 상담을 해주거나 일상생활에 대하여 솔직한 이야기를 하였다. 면담이 진행되는 동안의 면담자료는 미리 준비한 녹음기와 휴대전화 녹음서비스를 이용하였다. 면담에서 질문의 형태는 연구 참여자가 자신의 경험을 최대한 재구성할 수 있도록 반구조화된 개방형 질문을 선택하였다. 또한 저자는 면담 중에 연구 참여자의 이야기에서 추가로 질문하고 싶은 것이 있다면 면담이 진행되는 중간에 메모하여 바로 질문하였다. 이를 통해 저자는 연구목적에 맞는 자료 수집을 위해 노력하였다.

　면담은 Dolbeare와 Schuman이 제시한 면담 구조를 적용하였다. Dolbeare와 Schuman은 연구자가 연구 참여자로 하여금 경험을 끌어내서 그 경험을 맥락 안에 놓도록 돕는 복수의 면담 형태를 설계하였다(Seidman, 2009). 첫 번째 면담에서는 연구 대상에 대한 정보를 얻기 위해 연구 참여자가 가능한 많은 이야기를 해달라고 요청하였다. 이 단계에서 연구자는 연구주제에 대해 '왜?'를 묻는 것이 아니라 '어떻게?' 바라보았는지와 참여하였는지를 물어본다. 이것은 연구 참여자가 자신이 참여한 연구주제 현상에 대한 사건들을 재구성하여 이야기하기를 원하기 때문이다. 두 번째 면담에서 연구자는 연구와 관련하여 연구 참여자가 경험의 세부 내용에 초점을 맞추도록 요청한다. 이를 위해 연구 참여자가 연구주제 현상에 관련하여 경험한 내용 그대로의 이야기를 재구성할 수 있도록 유도하였다. 연구 참여자는 연구주제 현상과 관련하여 많은 경험을 가지고 있을 것이며, 이에 대한 기억이 불완전할 수도 있다. 그럼에도 불구하고 연구자는 연구 참여자가 특정 경험에 대해 재구성할 수 있도록 특정 연구주제 현상에 초점을 맞춰야 한다(신수진 외, 2011; Seidman, 2009).

또한 첫 번째 면담의 목적은 라포를 형성하기 위한 것으로 '국경없는마을 RPG'에 '왜?' 참여하였는지에 대한 것보다는 '어떻게?' 참여하게 되었으며, 연구 참여자가 바라보는 '국경없는마을 RPG'와 그에 대한 사건들을 재구성하여 이야기를 듣는 것으로 설정하였다. 이를 위해 연구 참여자가 연구주제 현상과 관련하여 사건을 재구성하여 이야기하게 하였다. 두 번째 면담은 첫 번째 면담내용에 비해 상세한 이야기를 요구하였다. 어떻게 보면 첫 번째 면담과 비슷할 수 있지만, '국경없는마을 RPG'의 세부내용 경험에 대한 상세한 답변을 들음으로써 구체적인 고등학생의 다문화인식과 태도개선에 대한 경험을 듣기 위한 목적으로 설정하였다. 이를 위해 연구 참여자의 '국경없는마을 RPG' 경험을 물어보고, 세부적인 내용까지 이야기하도록 하였다.

이 글의 자료 분석은 반복적 비교분석법(cconstant comparison method)을 선택하였다. 분석법의 1단계는 '개방 코딩'으로 자료를 읽으면서 중요한 자료에 이름을 붙이고 이를 분류하는 작업이다. 2단계는 '범주화'로 개방 코딩을 통해 비슷한 코딩의 이름으로 분류해 놓은 자료들을 상위 범주로 분류하고, 범주에 이름을 붙이는 작업이다. 3단계는 '범주 확인'으로 범주화 작업을 마친 후 범주가 잘 구성되었는지 개방 코딩 전 단계의 원 자료와 비교하면서 확인하는 절차로 구성된다((유기웅 외, 2012). 이 글에서는 이와 같은 절차를 통해 크게 세 가지 구분 축인 '다문화에 대한 긍정적 판단 및 태도', '새로운 문화에 대한 개방성', '다문화교육의 필요성 절감((공감)'을 도출하였다. 다음 장에서는 이 세 가지 축을 중심으로 학생들의 다문화경험을 기술하고 해석할 것이다.

4. 다문화교육 활동 참여 고등학생의 이야기

4.1. 다문화에 대해 긍정적 태도를 갖게 되다

4.1.1. 새로운 문화에 대해 다양성을 인정하고 소통하는 태도를 보이다

학생들은 미션을 수행하는 동안 새로운 경험을 한다며 즐거워하였다. 처음 학생들이 국경없는마을에 왔을 때는 다문화 체험활동의 미션 수행에 대해 낯설어하고, 거부감 및 두려움을 가지고 있는 모습을 보여 미션 수행에 대해 염려가 되었다. 하지만 활동 횟수가 거듭되어 갈수록 새로운 문화에 대해 인정하는 학생들의 모습이 눈에 보였으며, 새로운 문화와 소통하며 접촉하려는 모습이 나타났다. 특히 연구 참여자 F는 면담 가운데 미션 수행 중에 만난 외국인과 대화도 나누고, 인사도 나누었다면서 문화적 다양성을 인정하는 태도와 소통적 태도를 보였다.

> "이제 입구부터가 익숙해요. 아는 사람도 있고, 얘기 몇 번 나눈 사람도 있고, 낯익은 사람들, 처음 봤을 때랑 처음 갔을 때랑 건물도 똑같이 있고 그 거리도 이제 얼핏 다 외우고 있어요. 미션 중 인터뷰할 때 하고나서 두세 번 인사 나누고 그랬어요. (중략) 저번 12월 15일에 마지막으로 모였을 때 정말 오랜만에 간 거였는데, 익숙한 냄새들과 생선냄새와 익숙한 언어들, 익숙한 느낌으로 갔다 왔어요."(참여자 6, 2차 면담)

한 명을 제외한 대부분의 학생들이 안산에 15년 이상 살았지만 국경없는마을을 방문하거나 프로그램을 경험한 학생은 없었다. 학생들은 주로 북미에서 온 외국인과 접촉할 기회가 있거나 동남아시아 및 유럽여행을 통해 외국문화를 접했기 때문에 상대적으로 일본을 제외한 아시아인의 거주율이 높은 국경없는마을에 대해 많은 편견과 선입견을 가지고 있었다. 하지만 국경없는마을에서의 경험으로 학생들은 다양한 아시아의 문화에 대해 긍정적인 이해와 인식을 갖게 되었다.

> "처음에는 살짝 원곡동이라는 곳이 저희가 사는 같은 안산이지만 좀 다르기 때문에 저희가 갈 때 조금 거기가 일도 정말 많고, 사건사고도 많이 생긴다고 들었거든요. 그래서 진짜 무서운 곳이 아닐까 하고 갔는데, 그렇게 가보니까, 거기가 무서운 곳이 아니구나 하는 생각이 들었어요."(참여자 9, 1차 면담)

즉, 연구 참여자 9는 안산에 살고 있지만 미디어를 통해 항상 안 좋은 이야기만 을 들었다면서 원곡동과 아시아인들에 대한 선입견 및 편견을 가지고 있었다고 하였다. 하지만 '국경없는마을 RPG'를 참여한 이후 이전에 갖고 있던 불안함과 꺼림의 태도가 없어지고, 오히려 문화적 다양성을 인정하게 되었다고 하였다. 이 러한 이전 다문화에 대한 생각이 오히려 국경없는마을에서 일어난 체험활동으로 인해 다문화에 대한 긍정적인 시선을 주었음을 알 수 있었다.

> "(전략) 왜냐하면 저는 체험을 해본 사람이고 걔네들은 아직 아니고, 그냥 들은 거 니까요. 이제 그 기사들을 봤을 때 한 번 더 생각해 볼 수 있는 시간을 갖은 거 같 아요. 예전 같은 경우는 그냥 기사 봤을 때 무섭다 그러고 말았는데 지금은 왜 이 런 기사들만 올라올까 좋은 기사들도 많은데 하는 생각도 해봤고요."(참여자 3, 2차 면담)

> "그런 뉴스에서 나오는 살인사건 같은 무섭다는 생각이 많이 없어진 거 같아요. 저 는 다 얼굴에 흉터 있고 그런 사람들이 있을 줄 알았는데, 그런 사람들 하나도 없 고, 그냥 평범하게 사는 사람들이구나 하고 생각을 했어요. 그렇게 많이 다르지 않 은 사람들이라고 생각했어요."(참여자 4, 2차 면담)

연구 참여자 3과 연구 참여자 4 역시 이전에는 원곡동과 그 곳에 거주하는 외 국인에 대한 거부감을 가지고 있었지만 '국경없는마을 RPG'를 통해 다문화를 경 험하고 나서 다문화에 대해 관심을 갖게 되었으며, 미디어를 통해 접하는 다문화 가 모든 외국인을 대변하는 것은 아니구나 하면서, 다시 한 번 생각해 보게 되었 다고 언급하였다. 이러한 문화예술 체험활동이 다문화에 대해 긍정적인 것으로 바뀌고 있음을 알 수 있었다.

연구 참여자들 대부분이 매번 미션을 수행한 후에는 자신이 미션을 수행하면 서 경험했던 것에 대해 기뻐한다는 것이었다. 특히 미션 수행에서 우승한 팀의 학 생들은 그 사실에 몹시 자랑스러워했으며, 다음 미션에서 더 많은 호기심과 관심 을 가지고 소통하기 위해 노력하는 모습을 볼 수 있었다. 반면 미션 수행에서 진 팀이 학생들은 자신들이 좀 더 소통하지 못한 모습을 반성하는 태도를 보였으며, 차기 미션에서 좀 더 새로운 문화에 대해 다양성을 인정하고, 소통하려는 모습이 확실하게 나타났다.

4.1.2. 다문화에 대해 관심과 수용적 태도를 보이다

'국경없는마을 RPG'에 참여한 대부분의 학생들은 다문화에 관심이 있어서 프로그램에 참여한 것은 아니다. 이들은 대학 진학을 위해 스펙 목적으로 국경없는마을 프로그램에 참여한 것이다. 그래서 처음 이곳에 온 학생들은 다문화에 대한 관심을 보이지 않는 듯하였다. 그저 미션 수행을 통해 일주일 동안 쌓인 스트레스를 풀고 가야겠다는 심정을 보였다. 하지만 학생들은 미션을 통해 외국인과 소통하면서 다문화에 대한 관심을 보이기 시작하였다. 미션 수행에 있어서도 다문화에 대한 두려움보다는 탐색하여 수용하는 태도를 보여주었다. 특히 연구 참여자 4는 다른 사람들에게 '국경없는마을 RPG'를 통해 다문화에 대한 인식이 바뀌었다고 말할 정도였다. 또한 연구 참여자 E는 다문화에 대한 관심이 생겼다고 했다. 연구 참여자 7도 마찬가지로 다문화에 대한 관심이 생겼으며, 다문화에 대한 자신의 생각과 인식이 바뀌었다고 말했다.

> "미션 수행을 통해서 바뀐 다문화에 대한 인식을 제가 다른 사람들한테 말해줬어요. 제 생각도 바뀌었지만, 대화하면서 친구나 가족들의 다문화에 대한 인식을 바꿔줄 수 있는 좋은 기회였던 거 같아요."(참여자 4, 2차 면담)

> "RPG 하기 전에는 학교에서 보여주는 거 빼고 집에서 텔레비전 볼 때, 솔직히 다큐멘터리 보면서 울고 그런 사람들 보다는 그냥 자기가 보고 싶은 프로그램 보잖아요. (중략) 요즘에는 텔레비전 돌리다가 그런 내용 나오고 그러면 10분 정도 보고 그랬어요. 확실하게 다문화에 대해서 관심이 생긴 것 같아요."(참여자 5, 2차 면담)

> "제가 더욱 외국인을 이해하고 다문화에 대해서 다문화교육에 대해서 관심이 생긴 거잖아요. (중략) 외국인하고 다문화에 대한 관심이 생겼고, 외국인 분들한테 먼저 다가가는 것도 배웠고, 그런 것이 많이 변화된 거 같아요."(참여자 7, 2차 면담)

이렇듯 면담을 통해 연구 참여자들이 미디어상에 비치는 다문화에 대한 문제들에 있어서 유연하게 대처하는 모습을 보여주어 국경없는마을에서의 문화예술 체험활동을 통한 다문화교육이 타 문화에 대한 관심과 개방적인 태도 형성에 효과적이었다는 것을 알 수 있었다.

또한 학생들은 미션을 수행하기 위해서 거리로 나가 국경없는마을에 있는 상

점에 들어갔다. 국경없는마을에 있는 상인들 대부분이 한국에 거주한 지 꽤 오래
되었다. 그럼에도 불구하고 한국말이 서툴렀기 때문에 학생들 대부분이 미션 수
행의 어려움을 겪었다. 하지만 학생들은 활동 중기를 거치면서 외국인들이 한국
에 와서 겪게 되는 가장 큰 문제인 언어문제의 어려움을 이해하게 되었고 다문화
에 대해 수용과 관심으로 대하며 친절하게 대해야 한다는 모습을 발견할 수 있었
다. 이와 관련하여 연구 참여자 5는 요리 미션을 위해 양고기를 사러 갔다가 외국
인들이 한국에 처음 왔을 때 언어로 인한 어려움을 이해하게 되었다고 이야기하
였다.

> "미션을 수행하면서 양고기를 사러 갔는데, 외국인분이 한국말을 잘 못하시는 거
> 예요. 그래서 양고기 사는 게 힘들었어요. 양고기 사면서 이분들이 한국에 처음에
> 왔을 때 이런 느낌이었겠구나 하고 생각을 했었어요. 그래서 그때부터 외국인들
> 뭐 물어보고 그러면 친절하게 해야겠다는 생각을 했었어요."(참여자 5, 2차 면담)

이처럼 연구 참여자들은 '국경없는마을 RPG'를 통해 문화적 다양성에 대해 인
정하는 모습을 나타냈다. 뿐만 아니라 연구 참여자들은 다문화에 대해 관심을 가
지고 수용하는 태도를 보였다. 나아가 외국인의 한국생활에 대한 어려움에 대해
서도 이해하는 모습을 통해 다문화에 대한 태도변화에 기여한다는 것을 알 수 있
었다.

4.2. 새로운 문화를 체험하다

4.2.1. 다문화공간을 경험하다

다문화교육에 있어서 가장 이상적인 학습방법은 새로운 문화를 직접 경험하는
것이다. 사실, 활동 초기 학생들은 원곡동의 안 좋은 이미지 때문에 미션 수행의
불안함을 보여주었다. 그러나 학생들이 미션을 통해 협동 작업을 수행하면서 원
곡동에 대한 선입견보다는 새로운 지역공간에서 진행되는 경험에 집중하고 있음
을 볼 수 있었다. 특히 연구 참여자 4와 연구 참여자 7은 처음 원곡동에 왔을 때,
많은 외국인 및 외국음식과 외국전단지, 외국어로 쓰인 간판 등 때문에 정말 낯설
었으며, 한국이 아닌 오히려 외국이라는 느낌을 받았다고 하였다. 하지만 그곳에

서 미션을 수행하면서 이제는 원곡동이 낯설지 않으며, 그곳에서 만나는 아시아 인들도 위험한 인들이 아닌 우리와 생김새가 다르고 문화가 다른 사람일 뿐이라고 표명하였다.

> "사실 정말 특이한 음식들이 많잖아요. 냄새가 좀 지하철역에서부터 나거든요. 퀴퀴한 냄새다 하고 갔는데, 지하 같은 데 가도 냄새 나고 옷걸이 같은 거 파는 데가 있었는데, 중국말로 말씀하고 계시고 전단지도 중국말로 되어 있고, 한국에도 이런 데가 있구나 했어요. 신기하면서도 좀 새로운 경험이었다고 생각했어요. 외국에 간 거처럼……."(참여자 4, 2차 면담)

> "처음에 갔을 때는 외국인분들이 많다고 해도 우리나라잖아요. 그래서 그렇게 많이 있을 줄 몰랐거든요. (중략) 위험한 곳은 아니구나 하고 생각했어요. 직접 다니다 보니 별로 위험하지도 않고, 국경없는마을 RPG 활동하면서 직접 외국인들한테 가서 인터뷰도 해야 하고, 물어보기도 하고, 말도 걸어야 하잖아요. 그런데 친절하게 대답해 주시는 분들도 있고 그래서 그렇게 위험한 곳은 아니구나 하고 생각했었던 거 같아요."(참여자 7, 2차 면담)

연구 참여자들은 처음 원곡동에 갔을 때, 한국이 아닌 오히려 외국이라는 느낌을 받았으며, 문화적 충격을 받은 것에 대한 이야기를 하였다. 하지만 그곳에서의 다문화경험을 통해서 원곡동이 다문화교육을 하기에 적합한 장소로 인정하는 태도를 보였다.

4.2.2. 음식문화를 경험해 보다

일본 및 중국의 음식을 제외한 다른 아시아 국가의 음식들을 접할 기회가 거의 없는 학생들에게 국경없는마을 거리상점에서 재료를 직접 구입하게 하여 음식을 만들 수 있는 기회를 제공한 것은 새로운 음식문화에 대한 관심과 긍정적 인식을 갖게 하는 것이다. 학생들이 음식재료를 구입하는 경우 음식문화에 대한 직접적인 경험의 기회를 가질 수 있었기 때문에 더 즐거워하고 집중하여 미션을 수행하기 위해 노력하였다. 또한 학생들이 리포터가 되어 직접 국경없는마을 음식점에 들어가 인터뷰를 하는 경우 새로운 음식뿐만 아니라 음식을 판매하는 외국인에게도 관심을 보인 것을 확인할 수 있었다.

"인도네시아 음식 먹는 거 기회가 흔치 않잖아요. 그런데 거기서 공짜로 주시고, 미션도 하고, 그 양고기는 정말 맛있었거든요. 그 땅콩 소스만 빼면요. 콩을 고기처럼 먹는다는 것도 정말 특이했고요. (중략) 야채 많이 먹고, 밥 조금에다가, 그리고 거기는 과자를 밥이랑 같이 먹더라고요. 새우튀김 같은 과자를. 우리나라 알새우칩 같은 거를 밥이랑 같이 먹어서 특이했어요."(참여자 1, 1차 면담)

"기자 리포터가 돼가지고 한 명이 카메라로 찍고, 나머지 한 명이 기자하고 나머지 한 명이 행인하거나 외국인 협조해가지고 여기 어디에 왔습니다. 음식점에 들렀습니다. (중략) 함께 말하고 접촉하면서 하는 게 정말 재미있었어요."(참여자 2, 1차 면담)

연구 참여자 1의 경우 '국경없는마을 RPG'를 하면서 인도네시아 음식을 처음 먹어 보았다며, 음식문화를 체험할 수 있는 좋은 기회였다고 하였다. 연구 참여자 2는 미션 수행을 위해 음식점에 들어가 외국음식에 대해 알았을 뿐만 아니라 외국인과 접촉하여 이야기하는 것이 즐거웠다고 하였다.

또한 학생들은 미션을 마치고 집에 가는 길에 길거리에서 파는 음식에 대한 호기심 때문에 바로 집으로 향하지 않고, 거리음식에 대한 신기함으로 무작정 쳐다보고 있거나 먹어보는 모습을 볼 수 있었다. 과일, 야채가게 앞에서는 대형마트에 비해 상대적으로 저렴한 가격으로 판매하기 때문에 구입을 망설이는 학생을 볼 수도 있었다.

또한 면담을 통해 연구 참여자 5와 연구 참여자 6이 집에 가서 부모님께 국경없는마을에서 파는 과일들이 싸고 맛있다며 나중에 사오겠다고 말한 경험을 듣기도 하였다. 연구 참여자 9는 중국꽈배기가 생각했던 것보다 달지 않고 맛있어서 또 먹으러 가고 싶다고 이야기하기도 하였다.

"제가 원래 안산역 쪽에는 전혀 갈 일이 없어요. 제가 안산에 오래 있었는데도, 저는 국경없는마을이 있다는 그런 얘기만 들었지, 가보지는 않아서 좀 약간 궁금했었거든요. (중략) 주변에 신기한 것도 많고, (중략) 또 지나가면서 사 먹어보고, 그러면서 다른 나라 문화도 이해하게 되고……."(참여자 8, 1차 면담)

이렇듯 연구 참여자 8은 원곡동에서 미션을 통해 경험하게 된 음식에 관심을 보였으며, 미션이 끝난 후에는 직접 가서 사먹어 보기도 하였다. 이를 통해 음식

문화에 대한 경험이 학생들의 다문화에 대한 이해와 다양성을 넓히는 데 적합한
것으로 판단된다.

4.3. 고등학생의 다문화교육은 필요하다

4.3.1. 다문화교육은 고등학생의 문화적 정체성을 형성하는 데 도움이 된다

개인 내부에서의 문화에 대한 태도 발달은 개인이 다양한 문화를 접하면서 혼
란과 갈등을 겪게 되며, 이러한 과정을 거쳐 자국 문화에 대한 정체성을 형성하게
되고, 사회에 대한 개념이 확대되면서 문화에 대한 태도도 다문화와 세계 문화,
나아가 미래 사회 문화로 넓혀 가는 것이다(Banks 2008; 오은순, 2012). 즉, 다양한
문화를 접하는 것은 다문화에 대한 이해를 높이고 문화 영역을 넓히는 데 중요한
역할을 한다.

이와 같은 문화정체성 형성이 '국경없는마을 RPG'를 경험한 학생들에게도 나
타났다. 학생들은 미션을 수행하는 과정에서 다양한 국적의 사람들을 만났다. 학
생들은 그들과 접촉하며 그들의 언어·놀이·음식·의상 문화 등 새로움을 수용
할 수 있는 기회를 제공받았다. 이 과정을 통해 학생들은 자신의 문화와 다른 나
라의 문화에 대한 혼란과 갈등 경험을 통해 나름대로 소화하면서 적절한 정체성
을 형성하려는 모습을 확인할 수 있었다. 면담을 하는 과정에서 그들은 문화적 다
양성에 대해 차이가 아닌 다름을 인정했기 때문이다.

> "고등학생도 다문화교육을 받아야 한다고 생각해요. 고등학생한테는 그런 것이 더
> 필요할 것 같아요. 이론적으로 가르치는 것도 필요하지만 고등학생들은 어느 정도
> 알잖아요. (중략) 그러니까 머리로는 아는데, 이렇게 해야 하는 것이 아님을 알고
> 있어도 막상 상황이 닥치면 안 할 수가 있거든요. 그러니까 미리 경험을 하게 하는
> 게 중요한 거 같아요."(참여자 3, 2차 면담)

> "솔직히 고등학생 애들은 입시를 준비해야 하니까 내가 지금 배우는 걸 생활 속에
> 적용하겠다가 아니라 내가 공부해서 높은 점수를 받겠다 이거잖아요. 학교에서 배
> 워서 실천하는 애들은 거의 제로예요. 고등학생에게 필요한 것은 자기가 이론적으
> 로 가지고 있는 것을 이제 '아, 이런 거구나' 하고 느낄 수 있는 계기가 필요한 거

같아요. 이런 게 잡히면 나중에 어른이 되면 달라지지 않을까요?"(참여자 6, 2차 면담)

이처럼 연구 참여자 3과 연구 참여자 6의 경우 문화 경험을 넓히는 데 중요한 역할을 하는 다문화교육에 관해 중요성을 인식하였다. 사실, 연구 참여자 3은 중학교와 고등학교 때, 연구 참여자 6은 중학교 때 다문화교육을 받았다. 하지만 주로 시청각을 이용한 다문화교육이었기 때문에 그리고 사회교과 시간에 배우기는 하지만 중요하게 다루지 않았기 때문에 체계적으로 다루지는 않았다고 생각하였다. 한편 이들은 다문화에 대한 이론도 중요하지만 실생활에서 직접 몸으로 체험하는 것이 필요하다고 하였다. 연구 참여자 3과 연구 참여자 6을 통해서 '국경없는마을 RPG'의 경험이 학생들에게 다양한 문화경험을 통해 문화적 정체성을 발전시킬 수 있는 계기가 되었을 것으로 생각한다.

4.3.2. 고등학생의 다문화이해를 위해 다문화교육은 필요하다

학생들은 이미 다문화 체험활동 이전에 미디어를 통해서 다문화가 무엇인지 알고 있었다. 대부분 학교에서 사회 시간을 통해 다문화에 대한 개념을 이미 경험을 하였으며, 중학교 때 시청각자료를 통해서 다문화교육을 받았다. 하지만 입시위주의 공부로 인해서 시험문제로 나오지 않는 다문화 내용은 교육의 대상에서 제외시켰으며, 이에 대해 소극적인 태도를 취했다. 중학교 시절 시청각시간을 통해 다문화교육을 받은 연구 참여자들의 경우 시청각시간에 틀어놓는 다문화관련 비디오 자료나, 강사들이 하는 강의는 거의 집중하지 않았다고 하였다.

이에 반해 국경없는마을 다문화 체험활동에 참여한 연구 참여자 4는 글로벌 시대에 다문화교육을 받는 것을 중요하다고 하였으며, 연구 참여자 7은 학교에서 다문화교육의 중요성을 강조했다. 더불어 본인도 다문화교육이 정말 필요한 것은 알지만 너무 짧게 배워서 무엇을 배웠는지 생각나지 않는다며, 학교 수업시간에서 한 다문화교육의 아쉬움을 드러냈다.

"고등학생은 조금만 있으면 사회에 진출하잖아요. 그리고 지금은 글로벌 시대니까 외국인이 많아질 테니까 트러블 없이 잘하려면 다문화교육이 필요하다고 생각해요. 어떤 민족이 우월하다 그런 생각이 없어져야 한다고 생각해요."(참여자 4, 2차 면담)

"충분하다고 생각하지 않아요. 사회과목 중에서 배우는 거라서 짧게 공부하고 넘어가고 다른 거 배우고 그러거든요. 그래서 많이 못 받아 본 거 같아요. 그때 정말 짧게 배우고 넘어가서 무슨 말 해줬는지 생각이 안 나요. 그런데 다문화가 정말 필요하다고 배웠던 거 같아요."(참여자 7, 2차 면담)

'국경없는마을 RPG'에서 선택한 다문화교육방법은 입시위주의 공부로 책상에만 앉아 있는 학생들에게 활기를 부여하는 또 다른 교육의 방법을 제시하였다. '국경없는마을 RPG'가 학생들이 미션 수행을 통해 다문화교육에 적극적으로 참여하도록 유도하는 프로그램이었기 때문이다. 이 프로그램에 참여한 연구 참여자들은 모두 고등학교 학생들이다. 이들 대부분은 다문화 이해를 위한 체험활동의 필요성을 제기했으며, 기회가 있으면 다시 참여하겠다는 의지를 보여주었다. 또한 학교에서도 이와 같은 체험프로그램이 제공되었으면 한다는 요구를 본 연구자에게 강하게 피력하였다.

5. 열린 다문화사회로 나아가기 위한 방향

지금까지 문화예술 체험활동 사례를 통해 다문화를 경험한 고등학생의 이야기를 들어보았다. 글을 정리하면 다음과 같다.

첫째, 참여 학생들의 다문화인식이 프로그램 참여 전에 비해서 긍정적으로 변화하였으며, 흥미로운 것으로 받아들이고 있었다. 단순히 감정적 변화가 아니라 인지적 판단에 의한 변화라는 점이 부각되었다. 또한 문화예술을 활용한 미션활동이 학생들에게 도전정신을 일으키면서 목적이 있는 활동이 되었다는 것, 이를 바탕으로 이 프로그램에 더욱 적극적으로 참여하게 한 것도 이러한 다문화인식 변화에 영향을 준 것으로 판단된다. 다문화경험을 통해 자신들이 가졌던 편견이 깨어지면서 새롭게 접한 문화에 대한 다양성을 인정하였으며, 외국인과의 대화 등을 통한 경험 등으로 소통적 태도를 보였다. 더 나아가 다문화에 대한 관심도 커졌고, 수용적 태도도 높아졌음을 알 수 있었다.

둘째, 참여 학생들은 이전에 경험하지 못했던 공간과 음식에 관련한 다문화를 직접 체험함으로써 경험에 기초한 다문화인식의 변화를 갖게 되었다. 학생들은 국경없는마을이라는 공간을 문화예술 활동을 통해 직접 체험함으로써 의미 있는 인지적 변화와 태도 변화를 갖게 되었다. 또한 학생들이 좋아하는 다문화 음식문화체험도 이 활동에 흥미를 부여하여 프로그램 전체에 대한 몰입도를 높여주었다. 그럼으로써 이 프로그램의 목표 달성에 효과적으로 작용한 것으로 보인다. 참여 학생들은 '당위'로서의 다문화인식이 아니라 '체험'으로서 다문화인식을 하게 된 것으로 이해할 수 있다.

셋째, 참여 학생들은 체험적 다문화교육의 필요성을 절감하게 되었다. 교육은 학생들이 배우고 싶어 하는 것과 필요한 것의 조화가 필요하다. 이 두 요소가 서로 부합되는 것이라면 더욱 교육적 효과가 크다. 참여 학생들은 이러한 모습을 보였다. 연구 참여자 모두 다문화교육의 필요성을 말했으며, 특히 교실에서 배우는 이론적 다문화교육이 아니라 체험적 다문화교육의 유용성을 거듭 강조했다.

이 글을 바탕으로 문화예술을 활용한 다문화교육에 대한 몇 가지 제언을 하고자 한다. 첫째, 연구 측면에서 다양한 장르의 문화예술을 활용한 다문화교육연구가 필요하다. 이 글에 따르면 문화예술을 활용한 체험적 활동이 학생들의 다문화인식에 매우 강력한 효과를 주고 있음을 보여주었다. 이 글에서 주로 사용된 문화예술 장르는 방송미디어였다. 문화예술은 문화, 미술, 음악, 무용, 연극, 영화, 연예, 국악, 사진, 건축, 어문 및 출판 등 다양한 장르가 있으며 이는 모두 문화 다양성과 관련을 맺고 있다. 아직 문화예술을 활용한 다문화교육 연구는 그렇게 많지 않다. 다양한 장르별 또는 통합적 문화예술 활용을 통한 다문화교육의 활발한 연구가 기대된다.

둘째, 정책 측면에서 문화예술을 활용한 다문화교육 활동에 대한 정책적 지원이 강화될 필요가 있다. 이 글에서 밝혀진 바와 같이 문화예술은 서로 다른 문화권 구성원들이 쉽게 의사소통할 수 있는 강력한 역할을 한다. 학교 안에서의 다문화교육 프로그램들이 활성화될 수 있도록 적극적으로 지원해야 한다. 특히 청소년들은 문화예술교육을 받기에 적합한 발달기에 있으며, 자아정체성을 형성해나가는 존재로 자연스럽게 다문화사회에 적응하면서 성장하는 것이 필요하다.

12장

인천광역시 공공도서관의 다문화서비스 운영

12 인천광역시 공공도서관의 다문화서비스 운영

이미정 · 이미정

* 이 글은 2013년 『한국도서관 · 정보학회지』 44권 4호에 게재된 논문 「인천광역시 공공도서관의 다문화서비스 운영에 관한 연구: 인천시 중앙도서관 사례를 중심으로」를 수정 보완한 것이다.

1. 다문화교육 장으로서 도서관

세계는 다인종 · 다문화사회로 변화하고 있다. 한국사회도 2000년대에 들어서면서 외국인 이주자가 계속 증가하고 있는 추세이다. 2013년 법무부 조사에 따르면 최근 10년('03~'13년)간 국민 총 인구는 4,820만 명에서 5,090만 명으로 약 270만 명(6%) 증가한 반면, 등록 외국인은 25만 명에서 93만 명으로 약 67만 명(264%) 증가하였다. 지자체별로는 경기도가 22.5만 명(360%), 충남 4.5만 명(343%), 서울 18.5만 명(311%) 그리고 인천은 2.5만 명(83%)으로 크게 증가하였다. 이와 같은 외국인의 급속한 국내 유입은 우리 사회를 다문화사회로 진입하게 만드는 요인이 되고 있다.

이러한 상황 속에서 한국사회의 각 영역에서 다문화와 관련된 많은 논의와 활동이 활발하게 이루어지고 있다. 처음에는 각종 시민단체를 중심으로 다문화현장에서 등장했다. 뒤이어 여성계, 노동계, 지방자치단체 등이 다문화 현상에 대한 관심을 보였으며, 시도마다 외국인 근로자와 결혼이민자를 지원하는 각종 단체가 설립되기 시작하였다(경기도다문화교육센터, 2009: 18).

다문화에 대한 이러한 관심은 도서관계에도 변화를 가져왔다. 지역사회에는 다문화도서관이 생겨나고 있으며, 공공도서관에서는 '다문화자료실'을 마련하는 곳이 눈에 띄게 증가하였다. 또한 다문화가정을 위한 각종 프로그램이 도서관의 단발성 행사로 등장하고 있다. 문화체육관광부에서 추진하는 「도서관 다문화자료실 설치 및 프로그램운영 지원 사업」의 현황(2013년 9월 기준)에 따르면 2009년 이주민 밀집 거주 지역에 다문화도서관이 2개관(충남 천안, 경남 김해)이 조성되었다. 그리고 다문화자료실은 2010년에 부산·인천·대전·경기·전북·전남에 6개관, 2011년에는 서울·부산·광주·경기·충북·충남·전북·전남·경남 등에 11개관이 조성되었다. 이와 함께 다문화 관련 프로그램 운영은 2009년에 서울 강동 구립 성내도서관 등 12개관을 시작으로 2010년 부산 반송도서관 등 16개관, 2011년 서울 동대문도서관 등 30개관으로 늘어났다.

그러나 이러한 도서관계의 노력에도 불구하고 아직은 서비스 제공 수준이 그리 높지 않은 편이며 도서관 본연의 기능을 살린 서비스와는 거리가 먼 경우가 많다. 그리고 한국사회가 서구사회와 달리 매우 단기적인 다문화경험을 가지고 있기에 국내 공공도서관의 다문화 관련 서비스는 아직 체계적이지 못하고 여러 문제점을 가지고 있다(조용완, 2011). 많은 경우 지역사회의 인구통계학적 변화에 근거한 도서관정책의 개발과 체계적인 서비스를 계획하기보다는 가시적인 성과 위주의 일회적인 행사와 프로그램을 운영하고 있으며, 이주민 관련 기관과도 차별적이지 않은 중복된 프로그램들이 단발성으로 운영하고 있는 실정이다(이경란·한복희, 2009). 또한 다문화 관련 프로그램을 운영하고 있다 하더라도 그 대상이 외국인 근로자가정과 북한이탈주민가정 보다는 주로 국제결혼가정을 대상으로 한 프로그램이 다수를 차지하고 있다(한윤옥 외, 2008). 특히 우리 사회의 특수한 상황에 대한 진지한 고려 없이, 다문화사회의 진행 과정과 사회문화적·역사적 기반이 전혀 다른 서구 도서관계의 사례를 모델로 삼고 있다는 점은 도서관에서 다문화와 관련하여 추진하고 있는 정책의 방향과 실효성에 대해 근본적인 의문을 갖게 한다(노지현, 2009: 6).

이러한 문제점을 해결하기 위해 국제기구에서는 다문화사회에서 공공도서관이 제공해야 하는 서비스를 다문화서비스로 선언하고 공공도서관의 기능과 역할에 대하여 제시한 바 있다. 이러한 국제기구의 지침과 선언은 다문화서비스의 기본적인 방향성을 제시해 주기 때문에 지역의 공공도서관이 제공해야 하는 다문화서비스 항목들을 설정하여 사례를 심층 분석할 필요가 있다. 이를 통해 다문화사회에서 지역 공공도서관이 제공해야 하는 다문화서비스에 대한 개선방안을 제시할 필요가 있다. 하여 최근 인구의 다양성이 증가하고 있고, 2010년 다문화자료실이 개관된 인천광역시 공공도서관을 사례로 정하였다. 인천광역시의 전체 인구는 2012년 기준으로 2,801,274명이며 이 중 등록 외국인 인구는 73,588명(2.6%)이다. 그리고 이들 등록외국인 인구의 국적을 살펴보면, 중국(21,576명), 베트남(6,306명), 대만(2,813명), 인도네시아(1,934명), 필리핀(1,897명) 등의 순으로 나타난다.

인천광역시의 공공도서관은 인천시통계연보(2012)를 기준으로 교육청 소속 8개관, 지자체 소속 17개관 등 총 25개관으로 제한하였다. 필요한 자료는 문헌 고찰 및 도서관 홈페이지·현장방문·전화·메일 등을 통하여 수집하였다. 먼저 문헌 고찰은 다문화서비스와 관련한 고찰과 국제기구의 다문화서비스에 대한 선언 및 지침 등을 고찰하였다. 그다음으로 인천광역시 25개 공공도서관 홈페이지를 통하여 도서관에서 다문화서비스를 운영하는지, 한다면 그 내용은 무엇인지를 살펴보았다. 25개 도서관 중 홈페이지가 없는 백령도서관과 도서관 이전으로 홈페이지 서비스가 원활하지 않은 강화도서관은 전화 및 이메일을 보내는 방법을 사용하였다. 아울러 분석의 틀은 조용완·이은주(2010)가 제시한 소수 인종 관련 지침 등에 규정된 도서관 서비스 항목을 토대로 재구성하여 살펴보았다.

2. 다문화사회와 공공도서관의 역할

다문화란 동일한 혈통과 문화를 추구하던 단일문화에 또 다른 문화들이 통합되어 여러 문화가 공존하는 상태를 말한다(이재경 외, 2010: 11). 그리고 다문화사회는 국적·민족·인종 등이 다른 사람들이 서로의 문화적 차이를 인정하고 대등한 관계를 구축하면서 사회의 구성원으로 더불어 살아가는 사회를 말한다(박영도 외, 2008: 16~17). 그런데 오늘날 한국사회는 외국인 근로자와 국제결혼이민자 그리고 북한이탈주민 등의 유입으로 급속히 다인종·다문화 사회로 진입하고 있다.

이러한 이주민의 증가는 세계화와 함께 우리 사회가 세계 최저 출산율과 고령 인구의 증가, 3D 업종의 기피현상으로 인해 발생된 현상으로 우리 사회를 다문화 사회로 진입하게 만드는 요인이 되었다. 그런데 한국사회는 전 세계에서 유례가 없을 정도로 단일민족주의와 부계혈통주의, 가부장제가 각각 중첩되어 강하고 광범위하게 오랜 기간 강조되어 왔다(서종남, 2010: 52). 이로 인해 이주민에 대해 배타적이고 차별적인 인식을 가지고 있는 이들이 많아 지역의 정주민과 이주민은 서로를 이해하고 적응해야 하는 현실에 처해 있다. 그래서 이들이 서로를 이해하고 적응할 수 있는 소통의 공간이 필요한데, 공공도서관은 이러한 서로간의 의사소통과 상호이해를 위한 장으로 그 역할을 충분히 감당할 수 있는 사회적 기반시설이다.

공공도서관은 공중의 정보이용 · 문화활동 · 독서활동 및 평생교육을 위하여 국가 또는 지방자치단체가 설립 · 운영하는 도서관을 말한다(도서관법 제2조 4항). 그리고 공공도서관은 공공성을 기본이념으로 한다. '공공'이란 '모든 시민'이라는 뜻으로 성별 · 연령 · 직업 · 장애 등 어떠한 차별도 없이 누구나 평등하게 이용할 수 있는 '평등도서관'을 의미한다(이종권 · 노동조, 2011: 61). 따라서 공공도서관은 시민의 세금을 재원으로 운영되며 이용자에게는 모든 서비스를 무료로 제공한다. 특히 다문화사회에서 공공도서관은 큰 제약 없이 모든 계층이 찾을 수 있는 공간으로 이주민가정의 부모들이 자신의 자녀들에게 모국의 문화와 언어를 자연스럽게 접할 수 있도록 도울 수 있다. 더불어 기존 정주민들에게는 일상에서 쉽게 다문화를 접하며, 다문화가정 사람들을 만나고, 서로에 대한 이해의 폭과 기회를 넓혀 나가는 문화 교류의 장으로 고정관념과 편견을 줄일 수 있는 장소이기도 하다.

국제도서관협회연맹(The International Federation of Library Associations and Institutions IFLA)과 UNESCO가 공동 제정한 「공공도서관 선언(IFLA/UNESCO Public Library Manifesto 1994)」에서도 "공공도서관은 다양한 자원과 서비스를 통하여 지식 · 정보 · 창작물에 대한 접근을 제공하며, 인종 · 국적 · 연령 · 성별 · 종교 · 언어 · 신체장애 · 경제력 · 취업상태 · 교육수준에 관계없이 지역사회의 구성원이면 누구나 이용할 수 있는 곳이다"라고 정의하고 있다. 그리고 공공도서관의 기본 목적은 "교육, 정보, 오락 및 여가활동을 포함한 인간적 발전의 욕구를 충족시켜주기 위하여 개인과 집단에게 다양한 유형의 자원과 서비스를 제공하는 것"으로 제시하고 있다. 이외에도 공공도서관의 주요 역할 중 하나는 지역사회에 문화 예술 발전의 구심점을 제공하고 문화적 정체성을 조성하도록 도움을 주는 것이다. 이를 위하여 UNESCO(1995)는 다음과 같은 업무를 제시하였다. 먼저, 전통문화에 대한 인식과 예술 및 과학의 업적, 혁신에 대한 인식을 촉진시키는 것이다. 그리고 모든 공연예술의 문화적 표현과 접촉, 문화 간 교류 및 다양한 문화 공존을 지원해야 한다. 마지막으로 구전에 의한 문화의 전승을 지원하고 모든 연령층의 준 문맹퇴치 활동을 계획·지원해야 한다.

이와 같은 UNESCO의 공공도서관 업무는 우리나라 도서관법이 제시하는 공공도서관의 업무와도 그 맥락을 같이 한다. 우리나라 도서관법(제28조)은 공공도서관이 정보 및 문화, 교육센터로서의 역할을 발휘할 수 있도록 다음의 업무를 제시하고 있다(개정 2009.3.25). 먼저 공공도서관은 자료를 수집·정리·보존하며 공중에 이용을 위하여 제공해야 한다. 그리고 강연회, 전시회, 독서회, 문화행사 및 평생교육 관련 행사를 주최 또는 장려하며 타 기관과의 긴밀한 협력 및 상호대차를 통해 필요한 정보를 제공해야 한다. 마지막으로 지역 특성에 따른 분관의 설립 및 육성에 힘써야 하며 그 밖의 공공도서관으로서의 기능수행에 필요한 업무를 수행해야 한다.

위와 같은 국제기구 및 우리나라 도서관법에서 제시하는 공공도서관의 업무를 종합해보면 크게, 첫째, 지역의 정보제공 기관으로서의 역할, 둘째, 평생교육 지원기관으로서의 역할, 셋째, 문화 교류 지원기관으로서의 역할을 갖는다고 볼 수 있다. 특히, 문화 교류 지원기관으로서의 역할은 다양성이 증가하는 다문화사회에서 매우 중요하다. 다문화사회에서는 정주민과 이주민 모두가 자신과 다른 문화에 대한 올바른 이해와 존중하는 삶을 살아야 한다. 그리고 그러한 사회에서 원활히 수행할 수 있는 지식, 기술, 태도를 배울 수 있어야 하기 때문이다.

지역 공공도서관이 이와 같은 역할을 잘 담당하기 위해서는 도서관의 기본 이념인 공공성에 충실하여야 한다. 공공성은 성별·연령·직업·장애 등 어떠한 차별도 없이 누구나 평등하게 이용할 수 있는 '평등도서관'을 말한다. 때문에 지역 공공도서관은 지역주민에게 보다 가까이 있어야 한다. 특히 세계가 다인종·다문화사회로 변화하고 있는 만큼 공공도서관의 서비스는 민족·국적·연령·성·종교·언어·장애·경제와 고용 상태 및 교육수준에 관계없이 모든 사람들에게 평등하게 제공되어야 한다. 이에 다음 장에서는 다인종·다문화사회에서 지역의 공공도서관이 공공성을 기반으로 한 '평등도서관'이 되기 위하여 어떠한 서비스를 해야 하는지를 살펴보고자 한다. 이를 위해 국제기구에서 제시하고 있는 도서관의 다문화서비스에 대해 살펴볼 것이다.

3. 도서관 다문화서비스

다문화서비스는 모국을 떠나 언어적 · 민족적 · 문화적 소수자가 된 이주민들에게 새로운 사회와 문화에 쉽게 적응할 수 있도록 도움을 줄 수 있는 서비스를 말한다(한윤옥 · 김수경 · 조미아, 2009: 92). 이를 광의로 해석할 때는 지역주민의 다문화인식 고취와 관련한 모든 서비스를 포함하는데, 여기에는 자료열람과 제공, 참고봉사, 각종 프로그램뿐만 아니라 다문화자료 제공을 위한 기술적인 부분인 자료선정, 입수 또는 제작, 목록 구축, 협력 등도 포함된다(경기도 · 경기도사이버도서관, 2009: 59). 즉, 다문화서비스는 문화적으로 다양한 사회에서 언어적 · 민족적 · 문화적으로 다양한 배경을 가진 모든 사람들에게 차별 없이 제공되는 서비스의 일체라고 볼 수 있다.

IFLA(2008)는 『다문화사회: 도서관 서비스를 위한 가이드라인Multicultural Communities: Guidelines for Library Service 2nd』에서 "민족 · 언어 · 문화적 소수자에 대한 도서관 서비스가 기존 서비스와 독립적이거나 추가되는 것으로 보여서는 안 되며, 다문화서비스는 기존의 도서관 서비스와 통합적인 것으로 보여야 한다. 또한 자료 수집 및 서비스 제공 수준을 결정할 때 지역사회 분석과 요구 평가를 토대로 해야 하며 원주민, 이주민 사회, 복합 문화적인 배경을 가진 사람들, 고국을 떠난 다국적자, 망명 신청자, 난민, 임시거주 허가를 받은 거주자, 이주노동자, 국가의 소수집단을 포함하여, 지역사회에서 문화적으로 다양한 집단에 특별한 관심을 기울일 필요가 있다"고 하였다.

그리고 「다문화 도서관 선언 IFLA/UNESCO Multicultural Library Manifesto」은 문화적으로 다양한 사회에서는 정보, 문해, 교육, 문화 등에 관련된 핵심 사명에 초점을 두어야 하며 이를 위해서 다음과 같은 내용을 제시하였다.

① 문화적 다양성의 긍정적 가치에 대한 인식을 높이고, 문화적 대화를 촉진한다.
② 언어의 다양성을 장려하고 모국어 사용을 존중한다.
③ 어린 시절 부터 여러 언어를 배우는 것을 포함하여 여러 언어의 조화로운 공존을 증진한다.
④ 언어적 · 문화적 전통을 보호하고, 모든 관련된 언어의 표현 · 창작 · 보급을 지원한다.

⑤ 구전 및 무형문화 유산의 보전을 지원한다.

⑥ 모든 다양한 문화적 배경을 가진 개인·그룹의 통합과 참여를 지원한다.

⑦ 디지털 시대에 정보 활용능력, 정보통신기술의 습득을 장려한다.

⑧ 사이버 공간에서의 언어적 다양성을 촉진한다.

⑨ 사이버 공간으로의 보편적 접근을 장려한다.

⑩ 문화적 다원주의에 관한 지식과 우수 실무사례에 대한 상호교환을 지원한다.

이와 같은 국제기구의 지침은 우리보다 먼저 다문화사회를 경험하고 있는 외국의 다문화서비스 사례에서 잘 이해될 수 있다. 먼저 영국 스코틀랜드 지역의 도서관들은 동유럽 이주 노동자들을 위하여 모국의 가족들과 메일을 주고받을 수 있고 다양한 정보를 찾을 수 있도록 50대의 PC를 제공하는가 하면 타 도서관과의 상호대차 서비스를 통해 비영어권 이주민들의 자료대출을 지원하고 있다. 캐나다 토론토 지역의 Toronto Public Library에서는 40개국의 언어로 된 장서들과 다양한 언어로 된 신문을 수집하여 제공하고 있으며, 34개 언어에 대해서는 자료담당자들이 해당 언어를 구사할 수 있는 수준으로 준비되어 있다. 더불어 모든 분관들을 위해 전화통역 서비스를 제공하고 있다(조용완, 2007). 또한 캐나다 리치몬드 공공도서관은 다국어서비스 부서를 설치하여 이주민을 위한 서비스를 계획 및 이행하고 있는데 특히 중국인의 비율이 높은 점을 고려하여 중국 이주민에 집중된 서비스를 실시하고 있다(이연옥·장덕현, 2013). 마지막으로 미국은 뉴어메리칸 프로그램(New Americans Program: NAP)이라는 국가 프로젝트 기반의 다문화프로그램을 운영하고 있다. NAP는 뉴욕 주 퀸즈에 살고 있는 비영어 이용자그룹을 위해 1977년부터 실시된 프로젝트로 다문화 정보시스템인 WorldLinQTM와 프로그램으로 구성되어 있다. WorldLinQTM은 예술과 인문, 교육, 직업정보, 오락과 대중문화, 참고자료 등 13개의 주제별 디렉터리 형태를 가지고 있는 웹데이터베이스로 중국·프랑스·한국·러시아·스페인어 등 9개 언어로 지원되고 있다. 제공하는 프로그램은 미국생활에 정착하고, 문화적 다양성을 인정하고 즐기도록 하는 것에 중점을 두고 있으며, 특히 지역 금융교육프로그램은 이주민이 지역사회에 정착하도록 실질적인 도움을 주고 있다(안인자·박미영, 2011). 이처럼 외국의 다문화서비스는 이주민을 위한 전담 부서를 설치하는 것을 비롯하여, 국가적인 차원에서 다양한 다국어 장서 구비, 기술 지원 서비스가 제공되고 있는 것으로 나타났다.

한국사회도 이주민 인구가 증가 하면서 지역에 따라 이들을 위한 서비스를 하는 다문화도서관이 새로 생겨나고 있으며, 공공도서관에서도 다문화서비스를 제공하고 있는 도서관이 점차 증가하고 있다. 이와 관련하여 조용완·이은주(2010)는 IFLA와 미국 등 선진국의 도서관 기구 등이 제정한 도서관의 다문화서비스 관련 선언, 지침, 도서관권리헌장, 윤리선언 등에 나타난 핵심 사항들을 「소수 인종 관련 지침 등에 규정된 도서관 서비스 항목」으로 크게 6가지를 분류하여 제시하였다. 이 6가지 항목은 장서/콘텐츠, 사서 인력, 서비스/프로그램, 정보이용 시설과 장비, 편의시설, 기타 등이며 지침/선언 등에 규정된 내용을 세부내용으로 하고 있다. 그러나 이를 확장하면 다문화서비스는 다문화사회에서 모든 사람들에게 차별 없이 제공되어야 하는 서비스로 설정할 수 있으며 이것은 또한 「도서관 다문화서비스 항목」으로 제시할 수 있을 것이다. 이를 위해 기존의 6가지 항목을 장서·콘텐츠, 사서·인력, 프로그램, 서비스, 정보이용시설·장비, 편의시설, 홍보 및 대외 협력 등과 같이 7가지 항목으로 수정하였다. 기존의 서비스/프로그램 항목을 프로그램과 서비스를 나누어 분류한 이유는 프로그램은 인적 중심의 계획 및 진행과 관련된 항목이고, 서비스는 기술지원과 관련된 항목이라 그 성격이 다르기 때문이다. 그리고 기타 항목은 홍보 및 대외 협력 항목으로 변경하였다. 다문화사회에서는 지역사회와 연계한 통합적인 서비스가 요구되는데, 이를 위해서는 관련 기관과의 협력과 홍보가 필요하기 때문이다. 마지막으로 세부내용에서 소수 인종, 소수 인종 단체라는 용어 대신 이민자와 이주민이라는 용어를 사용하였다. 이를 정리하면 〈표 12-1〉과 같다.

〈표 12-1〉 도서관 다문화서비스 항목

항목	세부내용
장서·콘텐츠	① 다국어 장서(단행본, 신문, 정기간행물, 사전 등) ② 다양한 주제와 포맷(인쇄, 지도, 그림, 컴퓨터 S/W, 디지털 콘텐츠 등)의 장서 ③ 이중언어 및 다중언어 장서
사서·인력	① 이주민 출신 직원 채용(자국민 서포터즈) ② 사서 재교육 및 다국어 능통 직원 채용
프로그램	① 문화 교류 프로그램 ② 문해(Literacy) 프로그램 ③ 정착 지원 프로그램 ④ 정보 리터러시 프로그램

서비스	① 모국어 목록 구축 및 검색 지원 ② 이주민 장서 목록의 종합 목록 내 포함 ③ 도서관의 각종 프로그램 운영 시 다국어 지원 ④ 다국어 도서관 홈페이지 ⑤ 다문화정보 안내 서비스 ⑥ 상호대차 서비스 ⑦ 찾아가는 서비스
정보이용 시설·장비	① 언어학습 S/W가 내장된 컴퓨터 ② 다국어 지원 컴퓨터 ③ 각종 멀티미디어 시설
편의시설	① 주요 이주민 언어 이용 안내문 ② 다양한 안내 표지 ③ 문서양식(회원카드, 통지서, 상호대차 등)
홍보 및 대외 협력	① 지역 내 교육기관과의 언어교육 협력 ② 이민자 단체 및 기관과의 협력 ③ 다문화 홍보 자료 제작 및 배포

출처: 조용완·이은주(2010), 「소수 인종 관련 지침 등에 규정된 도서관 서비스 항목」, p.25 재구성

〈표 12-1〉을 통하여 도서관 다문화서비스의 7가지 항목과 세부내용을 간단하게 살펴보면 다음과 같다. 먼저, 장서·콘텐츠는 단행본을 비롯한 정기간행물, 사전 등의 다국어 장서와 다양한 주제의 포맷 장서, 이중언어 및 다중언어 장서를 포함한다. 사서·인력은 전문적인 인력 양성을 위한 인력 채용과 교육으로, 이주민 출신 도서관 직원과 주요 이주민 언어를 능숙하게 구사하는 사서직원 채용 등을 내용으로 한다. 프로그램은 문화 교류, 문해, 정착 지원, 정보리터러시 프로그램을 다룬다. 서비스는 정착 국가 언어와 모국어로 서지 접근을 할 수 있도록 모국어 목록 구축과 검색 지원 등을 내용으로 한다. 여기에 다국어 도서관 홈페이지 구축, 도서관의 각종 프로그램 운영 시 다국어 지원, 다문화정보 안내 등의 기술적 서비스와 상호대차, 찾아가는 서비스(Outreach Services)를 포함한다. 정보이용시설·장비의 경우는 언어학습 S/W가 내장된 컴퓨터, 다국어지원 컴퓨터 및 각종 멀티미디어 시설 지원에 관한 것이다. 편의시설은 주요 이주민 언어나 국제적 심벌로 된 다양한 안내 표지와 회원가입 신청서, 상호대차 신청서 등을 말한다. 홍보 및 대외 협력에서는 안내 간판 설치를 비롯한 지역 내의 다양한 기관, 단체, 개인들과 적극적으로 협력 네트워크에 관련한 내용이다.

이상과 같이 도서관 다문화서비스는 문화적으로 다양한 사회에서 모든 사람들에게 차별 없이 제공되는 인적·기술적 서비스로, 앞에서 제시한 도서관 다문화서비스 항목을 분석틀로 하여 인천광역시 공공도서관의 다문화서비스 운영 현황과 사례를 살펴보고자 한다.

4. 인천광역시 공공도서관의 다문화서비스

4.1. 공공도서관의 다문화서비스 운영 현황

〈표 12-2〉 인천광역시 공공도서관의 다문화서비스 운영

항 목	세부내용	미추홀 도서관	부평 도서관	수봉 도서관	연수 도서관	영종 도서관	중앙 도서관
장서·콘텐츠	① 다국어 장서				○		○
	② 다양한 주제와 포맷의 장서						
	③ 이중언어 및 다중언어 장서						
사서·인력	① 이주민 출신 직원 채용						○
	② 사서 재교육 및 다국어 능통 직원 채용						
프로그램	① 문화 교류 프로그램	○	○	○		○	○
	② 문해(Literacy) 프로그램		○	○	○	○	○
	③ 정착 지원 프로그램						
	④ 정보 리터러시 프로그램	○			○		
서비스	① 모국어 목록 구축 및 검색 지원						○
	② 이주민 장서 목록의 종합 목록 내 포함						
	③ 도서관의 각종 프로그램 운영 시 다국어 지원						
	④ 다국어 도서관 홈페이지						○
	⑤ 다문화정보 안내 서비스						○
	⑥ 찾아가는 서비스						
정보이용시설·장비	① 언어학습 S/W가 내장된 컴퓨터						○
	② 다국어 지원 컴퓨터						
	③ 각종 멀티미디어 시설						○
편의시설	① 주요 이주민 언어 이용 안내문						
	② 다양한 안내 표지						○
	③ 문서양식						
홍보 및 대외협력	① 지역 내 교육기관과의 언어교육 협력						
	② 이민자 단체 및 기관과의 협력						○
	③ 다문화 홍보 자료 제작 및 배포						○

25개 공공도서관의 다문화서비스 현황을 살펴본 결과 전체 25개 중 미추홀도서관, 부평도서관, 수봉도서관, 연수도서관, 영종도서관, 중앙도서관 등 6개 도서관이 부분적이긴 하나 다문화서비스를 제공하고 있었다.

〈표 12-2〉와 같이 6개 도서관의 다문화서비스를 살펴보면 주로 프로그램에 치중되어 있다. 특히 문화 교류 프로그램과 문해 프로그램 위주의 프로그램이 제공되고 있으며, 취업이나 사회보장 안내 등의 새 이주민 정착을 위한 정착 프로그램은 제공되고 있지 않다. 또한 도서관 정보서비스의 기반이 되는 다국어 장서를 구축하고 있는 도서관은 연수도서관과 중앙도서관 2곳으로 다국어 장서 구축이 전반적으로 아직은 미비한 실정이다. 그리고 다국어 장서를 구축하고 있다 하더라도 이용자들이 이들 장서를 이용할 수 있도록 하는 검색 시스템이 아직 지원되고 있지 않는 것으로 나타났다. 이처럼 인천광역시 공공도서관의 다문화서비스는 많은 부분에서 아직은 초보적인 서비스 단계를 보이고 있다. 이는 한국사회가 서구 사회와 달리 매우 단기적인 다문화적 경험을 가지고 있기 때문인 것으로 보인다.

다음 장에서는 위의 6개 공공도서관 중에서 중앙도서관을 사례로 다문화서비스가 어떻게 제공되고 있는지를 심층적으로 분석해 볼 것이다. 중앙도서관이 여타 공공도서관에 비해 다문화서비스를 가장 많이 제공하고 있고 다문화자료실을 운영하고 있기 때문이다.

4.2. 인천시 중앙도서관 현황

이번 장에서는 인천시 중앙도서관의 다문화서비스를 사례로 그 내용과 특징을 살펴 하고자 한다. 이를 위한 분석 틀은 〈표 12-2〉에서 제시한 도서관 다문화서비스 항목과 그 세부내용으로 할 것이며, 분석을 위해 먼저 인천시 중앙도서관이 위치한 남동구의 인구통계학적 특성과 중앙도서관의 운영 현황을 살펴볼 것이다.

인천시 중앙도서관이 위치한 인천광역시 남동구의 인구는 50만 명이다. 이 중 등록 외국인은 1만 1천여 명(2013년 10월 기준)이며 국적별로는 중국, 베트남, 인도네시아, 필리핀, 태국, 우즈베키스탄 순으로 다양한 문화권의 이주민이 살고 있다. 인천시 중앙도서관은 1983년 9월에 개관하였다. 1995년에는 도서관 협력망 지역대표관으로 지정되었고, 1999~2000년도에는 시범도서관으로 지정되었다.

인천시 중앙도서관이 소장한 전체 자료는 2013년 8월을 기준으로 도서가 313,908권으로 이 중 다문화도서는 5,006권(1.6%)이다. 그리고 비도서는 12,190점이 등록되어 있다. 인천시 중앙도서관에 다문화자료실이 설치된 시기는 지난 2010년으로 문화체육관광부에서 추진하는 도서관 다문화자료실 설치 지원 사업에 선정되어 구축하였다. 인천시 중앙도서관은 다문화자료실을 중심으로 다문화 관련 프로그램을 운영하고 있다. 다문화자료실에 대한 자세한 내용은 〈표 12-3〉과 같다.

〈표 12-3〉 다문화자료실 시설 현황

면 적	시설명		좌석 수	비 고
236.1㎡ (71.5평)	천사들의 책방	다국어도서 일반열람석	30석	
		다국어도서 아동열람석	15석	
		책놀이터	35석	프로그램 운영
	웹정보 및 멀티미디어코너		19석	인터넷 및 어학 학습
	정기간행물코너		12석	
	계		111석	

출처: 인천광역시중앙도서관(2013), 다문화자료실 운영계획, p.2.

〈표 12-3〉에서와 같이 다문화자료실의 면적은 236.1㎡(71.5평)로 다국어 장서를 열람할 수 있는 일반열람석 30석과 아동열람석 15석이 배치되어 있다. 또한 책 놀이터라는 프로그램 운영을 위한 별도의 좌석이 배치되어 있으며, 인터넷 및 어학을 학습할 수 있는 웹정보 및 멀티미디어 코너와 정기간행물 코너가 마련되어 있다.

4.3. 인천시 중앙도서관의 다문화서비스 운영 분석

인천시 중앙도서관이 제공하고 있는 다문화서비스 운영을 7개 다문화서비스 항목(장서·콘텐츠, 사서·인력, 프로그램, 서비스, 정보이용시설·장비, 편의시설, 홍보 및 대외 협력)을 중심으로 살펴보았다.

4.3.1. 장서·콘텐츠

장서·콘텐츠 서비스는 지역사회 내 정주민이나 이주민의 문화와 언어를 균형 있게 반영하는 장서개발에 의한 장서구축을 말한다. 여기에는 인쇄자료를 비롯하여 다양한 주제와 포맷의 장서, 모국어 유지와 정착 국가 언어학습을 위한 이중언어 및 다중언어 장서가 포함된다. 다문화자료실에는 주로 인쇄자료인 단행본과 정기간행물 위주로 구축되어 있으며, 다양한 포맷의 장서와 이중언어, 다중언어의 장서는 아직까지 구축하지 못하고 있는 것으로 나타났다. 다음은 구축되어 있는 다국어 장서의 현황이다.

다국어 장서

다국어 장서는 단행본을 비롯한 신문, 정기간행물, 사전 등이 해당된다. 다문화자료실에는 언어 및 문화적 다양성을 고려한 다국어 장서가 2012년을 기준으로 단행본 16개국 4,939권, 정기간행물은 중국 2종, 베트남 2종, 필리핀 1종, 일본 2종 등 7종이 구축되어 있다. 다국어 장서의 국가별 현황을 살펴보면 〈표 12-4〉와 같다.

〈표 12-4〉에서와 같이 한국을 제외한 다국어 장서는 중국이 1,187권으로 가장 많으며 다음으로 필리핀(960권), 베트남(517권), 일본(437권), 캄보디아(238권), 몽골(236권) 순이다. 한국어 장서의 경우는 그 주제가 다문화를 소개하거나 다문화 이해와 관련된 주제 장서가 대부분이기 때문에 정주민을 비롯해 한국어에 어느 정도 능숙한 이주민에게도 필요한 장서이다.

〈표 12-4〉 다국어 장서현황(국가별)　　　　　　　　　　　　　　　　　　　　(단위: 권)

구분	중국	베트남	필리핀	일본	몽골	캄보디아	우즈베키스탄	영국,미국	태국	러시아	인도네시아	싱가포르	프랑스	독일	세르비아	한국	계
아동	689	97	746	222	154	132	73	5	41	50	71		2	3		482	2,767
일반	498	420	214	215	82	106	54	108	59	57	69	4	34	25	1	226	2,172
계	1,187	517	960	437	236	238	127	113	100	107	140	4	36	28	1	708	4,939
총계	4,939권																

출처: 인천광역시중앙도서관(2013), 다문화자료실 운영계획, p.3

그리고 중앙도서관 다문화자료실에서 제공한 자료에 따르면, 다국어 장서의 이용 현황은 2013년 1월부터 10월까지 1,003권에 481명으로 나타났다. 이 중 이주민 이용자는 412권에 182명으로 전체 이용 권수에 40%에 해당된다. 그러나 이용 회원들 중에는 국적을 취득함으로 인해 일반 회원으로 분류된 이용자도 있기 때문에 이를 감안하면 실제 다문화 배경의 이용자 수는 더 많을 것으로 추정된다. 이와 관련하여 중앙도서관 다문화자료실의 담당 사서에게 의견을 물어보았다.

> "다문화 회원 그러니까 결혼이주여성들 중에서도 국적을 취득하거나 하지 않았거나 다 다문화 회원으로 했는데 기존에 있던 그런 사람들은 이미 국적취득이 됐거나 이러면 일반 회원으로 되어 있는 거예요."(담당 사서)

담당 사서의 이야기처럼 이용 회원들 중에는 이미 국적을 취득함으로 인해 일반 회원으로 분류된 이용자들도 있기 때문에 실제 이용자 수는 더 많을 것으로 추정된다. 따라서 인천시 중앙도서관은 다양한 이용자들을 위한 다국어 장서개발을 통하여 지역 정보제공기관으로서의 역할을 강화할 필요가 있다.

4.3.2. 사서 · 인력

다문화서비스에서 장서의 개발과 제공만큼 중요한 것이 이를 서비스하는 사서이다. 다문화서비스 업무는 다양한 문화와 언어적 배경을 가진 이용자들에 대한 소통과 문제에 잘 대응할 수 있어야 하기 때문에 사서의 역할이 더욱 중요하다. 2013년 10월 현재 인천시 중앙도서관 다문화자료실에는 사서직원 1명, 행정직원 1명, 중국과 필리핀 결혼이민자 여성 2명이 근무하고 있다.

(1) 이주민 출신 직원 채용

인천시 중앙도서관 다문화자료실에는 현재 중국과 필리핀 결혼이민자 여성 2명이 주 1회 근무하고 있다. 이들 결혼이민자 여성들은 사서의 보조 인력으로 다국어 장서의 편목 검수와 참고봉사 업무를 담당하고 있다. 인천시 중앙도서관은 다국어 장서를 아웃소싱 업체에서 MARC 데이터까지 마친 상태로 입수하고 있지만, 이들 다국어 장서는 중국을 비롯하여 필리핀 · 베트남 등 다양한 언어로 된 장서들로서 검수과정은 필수적이다. 이외에도 결혼이민자 여성들은 국제교류 업무에도 도움을 주고 있다. 이와 관련하여 담당 사서에게 의견을 물어보았더니 다음과 같은 대답을 하였다.

"다문화가정 출신 직원을 채용하고 있어서 저희 국제교류나 이런 데 많은 도움을
받고 있어요."(담당 사서)

담당 사서의 이야기에서도 알 수 있듯이 결혼이민자 여성들의 인력을 활용하
는 것은 서로에게 긍정적인 효과를 가져다 줄 수 있을 것이다. 결혼이민자 여성들
에게는 취업을 통한 우리 사회의 빠른 적응과 함께 자부심을 심어줄 수 있을 것이
고, 도서관은 이주민 이용자들에 대한 참고서비스를 보다 효율적으로 제공할 수
있을 것이다. 때문에 이주민 인력 활용에 대한 정책적 지원과 교육이 요구된다.

(2) 사서 재교육 및 다국어 능통 직원 채용

다문화자료실에 근무하고 있는 사서 직원은 평생교육업무를 담당하던 직원으
로 다문화자료실은 2년에 한 번씩 순환으로 근무를 하고 있다. 1명의 행정직원 또
한 사서직원과 마찬가지로 2년을 주기로 순환 근무를 하고 있다. 때문에 업무에
대한 노하우가 쌓이기도 전에 또 다른 업무를 하게 되거나 다른 업무와 겸하기 됨
으로써 전문적 지식과 기술을 익히기에는 다소 어려움이 있다. 다문화서비스는
이주민만을 위한 특별한 서비스나 또는 추가적인 서비스가 아니다. 다문화서비스
는 다문화사회에서 지역구성원 모두에게 필요한 통합적이고 전문적인 서비스이
다. 그러므로 도서관 관계자는 이러한 다문화서비스가 부가적인 서비스가 아니라
전문적인 서비스라는 개념으로 인식을 전환할 필요가 있다. 그리고 이를 위한 전
담 인력 배치와 전문 인력 양성을 위한 인력활용 정책을 계획할 필요가 있다. 다
문화서비스를 위한 전담 인력은 지역의 주요 이주민 언어 전공자를 채용할 수 있
을 것이다. 그리고 기존 사서들에게 도서관 운영과 관련된 기본적인 회화 실력을
갖추도록 하고 다문화 이해교육을 실시하여 전문적인 서비스를 제공할 수 있도록
하는 사서 재교육도 필요하다. 아울러 이주민을 정규 혹은 파트타임, 자원봉사 등
으로 채용하여 자국민 서포터즈로 활동할 수 있도록 하는 방안도 검토할 필요가
있다.

4.3.3. 프로그램

다문화서비스에서 제공하는 프로그램은 네 가지로 분류할 수 있다. 먼저, 소수
인종의 음악 공연, 동화 구연, 전시회, 축제 등을 통한 문화 교류 프로그램이 있다.

두 번째로 정착 국가 언어학습을 위한 문해(Literacy) 프로그램이다. 세 번째는 이주민들의 취업이나 사회보장 안내 등 이주민 정착을 위한 정착 프로그램이다. 마지막으로 도서관 이용 및 정보 기술 이용을 포함하는 정보 리터러시 프로그램으로 분류할 수 있다. 인천시 중앙도서관 다문화자료실에서 제공하는 프로그램을 위의 네 가지 유형으로 분류하면 〈표 12-5〉와 같다.

〈표 12-5〉 인천시 중앙도서관 문화 · 교육프로그램

구 분	프로그램명	내 용	대 상	비 고
문화 교류 프로그램	다문화체험 교실	• 다문화 이해교육 및 문화체험 활동	관내 초등학교 및 유치원	• 방학기간제외 • 중국, 일본, 필리핀, 몽골, 페루 강사
	리딩으로 행복 찾기 (독서프로그램) (총 12회)	• 자녀독서교육(7회) • 지역문화이해: 주요 유적지 소개 문화 체험(1회) • 책 만들기(북 아트): 세계음식 책(2회) • 독서기행(1회) • 다울림 가족독서캠프(1회)	다문화 가정	2011~2012 다문화 가정 평생교육지원 사 업-교육과학기술부 공 모선정
	동화로 떠나는 세계여행 (총 3회)	• 국가별 전래동화 읽어주기, 문화 및 언 어 소개(이탈리아 · 베트남 · 중국)	유아 및 초등학생	다문화/일반가정
	다문화 어울림 책 축제	• 국가별 전통체험, 소품 만들기 등 문화 체험, 스토리텔링 존 운영	다문화/ 일반가정	
	다문화중심 학교와 연계한 독서 체험활동 (총 5회)	• 국가별 전래동화 읽어 주기, 독서체험 활동	다문화 중심 학교 다문화 아동	
문해 프로그램	엄마와 함께 책 놀이 (총 4회)	• 독서교육: 그림책을 통한 한국어 향상, 자녀와의 소통 독서교육	결혼이민자 여성과 자녀	
	책으로 소통하는 다문화세상 (총 14회)	• 학부모교육(11회): 자녀와의 소통 • 아버지교육: 자녀 책놀이(2회) • 독서기행: 어린이왕자를 찾아서(1회)	다문화 가정	2012~2013 다문화가 정평생교육지원사업- 교육과학기술부 공모 선정
	책 읽기 아이 읽기 (총 24회)	• 독서교육: 그림책을 통한 한국어 향상, 자녀와의 소통 독서교육	유아 및 초등 학부모 (일반, 결혼이민자)	2012 다문화가정평생 교육지원사업-문화체 육관광부 공모 선정
정착지원 프로그램	-	-	-	-
정보 리터러시 프로그램	-	-	-	-

〈표 12-5〉와 같이, 인천시 중앙도서관 다문화자료실에서는 다문화 체험교실, 리딩으로 행복 찾기 등의 문화 교류 프로그램과 엄마와 함께 책 놀이, 책 읽기 아

이 읽기 등 문해 프로그램을 위주로 서비스를 하고 있다. 하지만 정착지원 프로그램과 정보 리터러시 프로그램은 운영하고 있지 않아 이주민 기관과의 협력이 요구되는 부분이다. 정착지원 프로그램과 정보리터러시 프로그램을 제외한 문화 교류 프로그램과 문해 프로그램을 자세히 살펴보면 다음과 같다.

(1) 문화 교류 프로그램

문화 교류 프로그램은 이주민의 음악 공연, 동화 구연, 전시회, 축제 등을 통하여 상호문화 이해와 존중을 목적으로 하는 프로그램이다. 인천시 중앙도서관 다문화자료실은 다문화 체험교실(55회 1,476명), 리딩으로 행복찾기(12회 306명), 동화로 떠나는 세계여행(3회 104명), 다문화 어울림 책 축제(년 1회 3,608명), 다문화 중심학교와 연계한 독서체험활동(5회 41명-초등 4개 학교, 중학교 1개 학교) 등을 운영하였다. 실제 문화 교류 프로그램을 기획하고 운영을 담당한 사서는 다음과 같이 대답하였다.

> "우리 내국인 대상으로는 어린이 대상으로 다문화 체험교실을 운영 했어요. 주위에 있는 다문화 원어민 강사들이 와서 자기 나라에 대한 문화이해교육을 (중략) 그 나라 언어라든가 위치라든가 지형적인 특징 같은 거 (중략) 전통놀이 기구 이런 걸 가져와서 같이 체험해 보는 프로그램을 했어요."(담당 사서)

담당 사서는 다문화 체험교실이라는 문화이해교육의 경우 다문화 원어민 강사들이 직접 자기 나라의 언어와 문화 등을 소개하는 프로그램으로 진행하였다고 이야기 하고 있다. 이러한 문화체험 교실은 상호문화 이해와 존중을 목적으로 하는 프로그램이다.

문화 교류 프로그램은 문화체험 등도 있지만, 주로 책을 매개로 하는 프로그램으로 도서관 본연의 기능을 살린 서비스라 할 수 있다. 공공도서관은 지역주민들에게 모든 공연예술의 문화적 표현과 접촉을 지원하고 이를 통하여 문화 간 교류 및 다양한 문화 공존을 지원해야 하는 지역사회의 문화 교류 지원기관으로서의 역할을 해야 한다. 하지만 프로그램 진행이 도서관 정책에 의해 계획된 프로그램이 아니고 국가 공모사업에 선정되어 추진된 사업일 경우 일회성에 그칠 우려가 있다.

(2) 문해 프로그램

다문화서비스에서 문해 프로그램은 정착 국가의 언어학습을 위한 프로그램이다. 문해력은 읽고 쓸 수 있는 단순한 능력에서부터 자신의 생각을 완전하게 표현할 수 있는 복합적인 능력까지를 포함하는 광의의 개념(Gorman, 2000; 이제환, 2010: 205 재인용)으로 도서관 본연의 기능을 살린 서비스이기도 하다. 인천시 중앙도서관 다문화자료실의 문해 프로그램은 엄마와 함께 책 놀이(14회 357명), 책으로 소통하는 다문화세상(14회 269명), 책 읽기 아이 읽기(24회 357명) 등이 있다. 그리고 이들 문해 프로그램도 문화 교류 프로그램과 마찬가지로 대부분이 국가 공모사업에 선정되어 진행된 프로그램들이다.

앞에서 살펴본 바와 같이 문화 교류 프로그램은 공공도서관의 역할 중 문화 교류 지원기관으로서의 역할과 관련이 있고, 문해 프로그램은 평생교육 지원기관으로써의 역할과 관련이 있다.

4.3.4. 서비스

서비스는 도서관에서 제공하는 일체의 정보 서비스를 말한다. 본 연구에서는 이용자의 요구된 정보를 보다 효율적으로 제공하기 위한 정보통신 및 인터넷 정보기술 지원이 필요한 서비스로 한정하였다. 그리고 이러한 서비스에는 모국어 목록 구축 및 검색을 위한 지원, 이주민 장서 목록의 종합 목록 내 포함을 위한 지원, 도서관의 각종 프로그램 운영 시 다국어 지원, 다국어 도서관 홈페이지, 다문화정보 안내 서비스, 찾아가는 서비스 등이 있다. 인천시 중앙도서관은 이중에서 모국어 목록 구축과 다국어 도서관 홈페이지, 다문화정보 안내 서비스, 찾아가는 서비스 등을 운영하고 있다.

(1) 모국어 목록 구축 및 검색 지원

인천시 중앙도서관 다문화자료실에는 2012년을 기준으로 16개국 4,939권의 다양한 장서가 구축되어 있다. 그러나 이러한 자료를 이용하기 위해서는 목록 구축 및 검색을 위한 기술적 지원이 필요하다. 또한 이러한 목록은 기존 일반자료인 종합 목록 내에도 포함되어 이용할 수 있어야 한다. 다문화자료실은 다국어 장서에 대한 목록이 엑셀파일로 정리되어 있다. 그래서 자료를 대출하기 위해서는 홈페이지를 통해 엑셀 파일로 작성된 목록을 확인한 후 이용해야 한다. 홈페이지에는 다국어 장서의 목록이 일반자료목록과 아동도서목록으로 구분되어 있다. 그리고 실제 다국어 장서의 서명은 각 나라의 모국어로 작성되어 있어서 이주민들이 쉽게 확인할 수 있는 장점이 있다. 그러나 한국어가 서툰 이주민의 경우 도서관 홈페이지가 다양한 언어로 지원하고 있지 않아 자료에 대한 접근성이 낮은 편이다. 또한 지역사회의 정주민도 도서 목록에 다국어 장서가 어떤 주제를 가지고 있는지 확인하기가 쉽지 않다. 이는 도서 목록에 나와 있는 주제를 통해서도 다른 문화를 이해할 수 있는 접근성을 차단하는 것으로 다국어 장서의 검색을 위한 기술적 지원과 함께 기존 종합목록 내에 포함하는 서비스 개선이 요구된다.

(2) 다국어 도서관 홈페이지

다국어 도서관 홈페이지는 이민자들에게 자신의 모국어로 정보를 찾을 수 있도록 지원하는 서비스로 인천시 중앙도서관은 영어와 중국어 홈페이지를 서비스하고 있다. 그러나 중국어 홈페이지의 경우 기술적인 지원이 원활하지 않아 불안정한 상태이고, 아직 시스템 운영이 체계적이지 않아 한국어 홈페이지처럼 다양한 콘텐츠 서비스가 이루어지지 않고 있다. 이는 모국어 목록 검색을 위한 기술적 지원과 같은 맥락으로 정보기술 지원이 요구된다.

(3) 다문화정보 안내 서비스

다문화정보 안내 서비스는 다문화에 관련된 정보서비스로 인천시 중앙도서관은 국립중앙도서관에서 운영 중인 디브러리를 링크하고 있다. 디브러리는 다문화자료를 비롯하여 나라별 정보와 다문화기관/단체, 문화부 다문화서비스 등 여러 정보를 접할 수 있는 다문화 관련 DB를 말한다. 디브러리 홈페이지에는 한국을 비롯한 6개국의 언어로 다국어 입력기를 통해 정보를 검색할 수 있다. 인천시 중앙도서관의 디브러리 링크 서비스는 개별 도서관에서 취합하기 어려운 다문화정보를 링크를 통해 접근할 수 있도록 도와주는 참고서비스라 할 수 있다.

(4) 찾아가는 서비스

찾아가는 서비스는 도서관 방문이 어려운 이주민 및 소수자를 위한 이동도서관, 순회문고, 방문 대출 등을 말하는 것으로 인천시 중앙도서관 다문화자료실은 이주민들을 위해서 무료택배 대출서비스를 운영하고 있다. 도서관 홈페이지에는 무료택배 대출서비스의 목적을 장애인, 임산부뿐만 아니라 문화적 장벽으로 인한 어려움을 겪는 다문화가정에게 정보 및 독서의 기회를 제공하고, 도서관 이용의 혜택을 주어 삶의 질 향상을 도모하고자 한다고 명시하고 있다. 또한 이용대상도 인천시 거주 결혼이민자(국적 취득, 국적 미취득)로 남동구 주민으로 제한하지 않고 있다. 이는 타 도서관들이 이동이 불편한 이용자 중 장애우를 대상으로 무료택배 대출서비스를 시행하는 것에 비해, 문화적 소외계층인 다문화가정에도 지역 구성원으로서 평등한 서비스를 제공한다는 점에서 의의가 있다. 무료택배 대출서비스를 통하여 이용한 이용자 수는 2013년 3월부터 10월 중순까지 60명 정도이며, 이용권수는 400권으로 조사되었다.

4.3.5. 정보이용시설 · 장비

정보이용시설 · 장비 서비스는 언어학습 S/W가 내장된 컴퓨터나 다국어 지원 컴퓨터 등의 시설 장비를 말한다. 다국어 지원 컴퓨터는 언어 지원 키보드를 비롯하여 화상 키보드 프로그램, 다중언어로 웹브라우저를 볼 수 있게 하기 위한 다양한 언어지원 프로그램, 채팅 프로그램 등이 포함된다.

인천시 중앙도서관의 다문화자료실에는 인터넷 및 어학을 학습할 수 있는 웹정보 및 멀티미디어코너가 별도의 코너로 마련되어 있다. 또한 도서관 홈페이지에는 국립중앙도서관의 다문화 동화 구연 사이트가 링크되어 있어 이곳을 통해 영어 · 몽골어 · 베트남어 · 중국어 · 태국어 등 다양한 나라의 언어로 된 동화를 모국어로 접할 수 있게 지원하고 있다. 하지만 다국어 지원 키보드 등을 비롯한 여러 장비들이 아직은 미비한 실정이다.

> "자료 검색하는 데 있어서 저희가 다국어 키보드가 아니에요. 그래서 검색하는 데 어려움이 있어요. 몽골어로 이렇게 검색해 본다든가 그러면 좋을 텐데 장비적으로 안 되어 있어서 그런 게 조금 아쉽죠."(담당 사서)

담당 사서는 소장 자료에 대한 검색을 자신의 모국어로 검색할 수 있다면 더 효율적으로 자료를 찾을 수 있을 것이라고 말하고 있다. 이는 정보의 접근성을 높이는 서비스로 다문화서비스에서는 이러한 장비를 구비 이용자들이 원활하게 정보에 접근할 수 있도록 해야 한다.

4.3.6. 편의시설

편의시설의 사전적 의미는 이용자에게 유익하거나 편한 환경이나 조건을 갖춘 시설을 말한다. 공공도서관 다문화서비스에서 편의시설은 주요 이주민 언어나 국제적 심벌로 된 안내문, 다양한 안내 표지, 회원카드 및 상호대차 등의 문서양식, 통지서 등이 포함된다. 이주민들이 도서관에 처음 방문했을 때 회원가입 신청서를 반드시 작성해야 하기 때문에 이러한 신청서 및 통지서 등은 가능한 이주민들의 인구학적 특성을 고려하여 갖추어 놓는 것이 필요하다. 인천시 중앙도서관 다문화자료실은 5개 국어(영어 · 중국어 · 베트남어 · 일본어 · 한국어)로 된 다국어 이용안내 리플릿을 제작, 배포하고 있다. 또한 서가 안내를 위한 주제별 안내표를 다국어로 지원하고 있다. 그러나 아직 회원카드를 비롯한 상호대차 등의 통지서 등은 지원하지 못하고 있다.

4.3.7. 홍보 및 대외 협력

홍보 및 대외 협력 서비스는 지역사회 내의 국가별 이주민 단체나 이주민 NGO 단체, 지역 내 복지기관 및 교육기관, 정부조직 및 지방자치단체의 관련기관, 보건 · 의료기관, 법률기관 등과의 긴밀한 관계를 통한 협력과 다문화 홍보를 위한 자료 제작 및 배포를 말한다.

인천시 중앙도서관 다문화자료실은 지역사회 다문화기관과의 연계체계를 강화하기 위하여 남동구 다문화지원센터와 다문화지원 협약을 체결하였으며 인천국제교류센터와도 협약을 체결하여 대외협력을 통한 홍보와 서비스 지원에 힘쓰고 있다.

지금까지 인천시 중앙도서관의 다문화서비스 운영에 대한 사례를 심층적으로 살펴보았다. 인천시 중앙도서관의 다문화서비스에서 나타나는 특징과 주요 시사점을 정리하면 다음과 같다.

첫째, 인천시 중앙도서관은 다국어 장서를 개발 제공하는 데 중점을 두고 중국어를 비롯한 필리핀, 베트남, 일본, 캄보디아 등 16개국의 다양한 다국어 장서를 구축하고 있다. 그러나 이러한 자료를 이용하기 위한 목록 구축 및 검색 지원이 아직 미비한 상태이다. 따라서 인천시 중앙도서관은 다양한 다국어 장서의 개발과 구축뿐 아니라 원활한 서비스를 위한 목록 및 검색지원을 통하여 지역의 정보 제공기관으로서의 역할을 강화해야 한다.

둘째, 인천시 중앙도서관 다문화자료실은 다국어 장서 구축을 기반으로 도서관 본연의 기능을 살린 프로그램을 진행하고 있다. 즉, 책을 매개로 한 독서교육을 비롯하여 문해 프로그램, 문화 체험 활동, 문화 교류 프로그램 등을 운영함으로써 평생교육 지원기관으로서 그리고 문화 교류 지원기관으로서의 역할을 수행하고 있다. 또한 위와 같은 프로그램을 통해 정주민에게는 이주민의 문화를, 이주민에게는 정주민의 문화를 접할 수 있는 기회를 제공하고 있다. 다만 대부분의 프로그램들이 '다문화가정 평생교육 지원 사업'등의 국가 공모사업에 응모하여 그 지원금으로 운영되고 있어 일회적인 이벤트성 행사 위주의 프로그램으로 치중되지 않도록 도서관정책의 개발과 도서관 차원의 지속적인 예산 지원이 필요하다.

셋째, 인천시 중앙도서관은 원활한 이주민서비스를 위해 결혼이민여성을 보조 인력으로 채용하여 교육시키고 있다. 이러한 인력을 통해 다국어 장서 개발 문제, 다양한 문화와 언어적 배경을 가진 이용자에 대한 대응과 소통의 문제, 다국어 장서의 서지통정 문제, 관련기관과의 협력 등 이주민 이용자를 지원하는 데 활용할 수 있을 것이다. 다만 기존 사서 인력의 재교육을 위한 인력양성 보완 정책이 필요하다. 앞선 외국의 사례에서와 같이 이주민에게 다문화서비스를 실시함에 있어서 자료 담당자가 해당 언어를 구사할 수 있는 수준으로 준비되어 있는 것은 원활한 다문화서비스 제공을 위해서 중요하기 때문이다.

5. 지역 공공도서관의 다문화서비스 개선방안

이 장에서는 인천광역시 공공도서관의 다문화서비스 운영 사례를 토대로 지역 공공도서관의 다문화서비스 개선 방안을 제시하고자 한다. 이를 통해 다문화서비스를 실행하고자 하는 지역의 공공도서관들에게 중요한 시사점을 제공해줄 수 있을 것이다.

첫째, 다문화서비스를 위한 인식 변화와 함께 체계적인 도서관정책 개발을 수립해야 한다. 본 연구에서 분석한 인천광역시 공공도서관의 다문화서비스는 공간 및 장서 구축, 인력, 홍보, 시설 등의 전반적인 서비스보다는 프로그램 위주의 서비스를 하고 있는 초보적인 단계로 나타났다. 프로그램 운영 역시 정부의 공모사업에 응모하여 그 지원금으로 운영되고 있어 다문화서비스가 일상적으로 정착되지 못하고 있는 실정이다. 또한 인력 배치에 있어서도 전담인력이 아닌 단기적인 순환 인력 배치로 다문화서비스 업무를 이중 또는 부가적인 업무로 인식하고 있어 전문적인 서비스를 제공하지 못하고 있다. 다문화서비스는 이주민만을 위한 서비스가 아니라 다문화사회를 살아가는 지역사회 구성원 모두를 위한 서비스라는 인식이 필요하다. 그리고 인구통계학적 특성과 변화에 근거한 체계적인 도서관정책 수립과 지속적인 서비스 계획이 필요하다.

둘째, 다양한 다국어 장서개발을 기반으로 도서관 본연의 서비스를 해야 한다. 공공도서관의 본연의 서비스는 장서를 개발하는 데 있다. 다문화사회에서는 지역 내 정주민이나 이주민의 문화와 언어를 균형 있게 반영하는 장서를 개발하고 제공해야 한다. 특히, 이주민이 상대적으로 밀집되어 있는 지역의 공공도서관에서는 다국어 장서개발에 관심이 더 필요하다. 왜냐하면 이주민들은 자국의 언어로 된 책을 읽으려고 도서관에 오기 때문이다(Cuban, 2007: 6). 따라서 다국어 장서의 개발은 시급한 문제라고 볼 수 있다. 그리고 이러한 장서개발은 인구통계학적 특성과 변화에 따라 개발되어야 하며, 다양한 유형의 자료가 포함되어야 한다. 또한 이주민들을 위하여 한국어 학습 관련 자료, 한국 전통문화 관련 자료, 한국의 지리와 지역문화 등과 관련된 자료를 구비하는 것이 필요하다.

셋째, 전문적인 다문화서비스를 위한 전문 인력을 양성해야 한다. 다문화서비스에서 장서의 개발과 제공만큼 중요한 것이 이를 서비스하는 사서 인력이다. 다문화서비스 업무는 다양한 문화와 언어적 배경을 가진 이용자들의 요구 사항에 잘 대응할 수 있어야 한다. 이를 위해 다국어 사용 가능자와 문화적 감수성이 뛰어난 전문 인력이 요구된다. 전담 인력 확보 방안은 신규 채용과 기존 사서 재교육, 그리고 이주민 인력 활용 등의 방법이 있을 것이다. 먼저 신규 채용은 지역의 주요 이주민 언어 전공자를 채용하는 것이다. 그리고 사서 재교육은 기존 사서들에게 도서관 운영과 관련된 기본적인 회화 실력을 갖추도록 하고 다문화이해교육을 실시하여 전문적인 서비스를 제공할 수 있도록 해야 한다. 마지막으로 이주민 출신 직원을 정규 혹은 파트타임으로 채용하거나 자원봉사자 등으로 활동할 수 있도록 하는 인재 양성에 집중할 필요가 있다. 다문화서비스 관련 주요 가이드라인에서도 분명히 제시되고 있는 것처럼 이주민들의 채용은 그들의 취업난에 도움을 줄 수 있다는 것과 자신감을 고취시킬 수 있는 장점이 있다.

넷째, 상호문화 이해와 존중을 위한 문화 간 이해 프로그램을 운영해야 한다. 공공도서관은 이주민들의 언어, 학습을 도와주는 교육적인 역할뿐만 아니라 지역사회의 다양한 사람들과 상호 이해하며 더불어 살아갈 수 있도록 하는 사회적 역할을 담당해야 한다. 이를 위해 프로그램을 계획할 때 문화 간 이해를 높이는 데 중점을 두어야 한다. 즉, 이주민들에게는 지역사회 문화와 역사에 대한 이해를 높이기 위한 활동과, 정주민들의 이주민 문화에 대한 이해를 높이는 프로그램을 계획해야 한다.

다섯째, 정보의 접근과 이용을 위한 시설과 장비를 제공해야 한다. 공공도서관은 이주민들의 정보제공을 위한 다양한 다국어 장서를 개발해야 하지만, 이와 더불어 이주민들을 비롯한 이용자들이 그 자료를 활용할 수 있도록 하는 기술적 서비스와 편의시설을 제공해야 한다. 이는 접근의 공평성을 위한 것으로 모든 이용자들은 공공도서관에서 자신들이 원하는 지식과 정보를 제공받을 자격이 있을 뿐 아니라 반드시 제공받아야만 한다.

여섯째, 협력 네트워크를 구축해야 한다. 다문화서비스는 지역 내의 다양한 기관, 단체, 개인들과 적극적으로 협력 네트워크를 구축하여야 한다. 특히 지역사회 내의 국가별 이주민 단체나 NGO 단체, 지역 내 복지기관 및 교육기관, 정부조직 및 지방자치단체의 관련기관, 보건·의료기관, 법률기관 등과의 긴밀한 협력 관계를 통해 다양한 지원을 받을 수 있어야 한다.

이상과 같이 인천광역시 공공도서관을 사례로 지역의 공공도서관이 다문화서비스를 운영하는 데 고려되어야 할 시사점을 제공하였다. 이를 통해 지역의 공공도서관이 다문화서비스를 운영할 수 있는 기반이 될 수 있을 것으로 기대된다.

13장

한국 개신교 목사의
다문화교육 인식

13

한국 개신교 목사의 다문화교육 인식

김성영 · 오영훈

* 이 글은 2013년 『종교연구』 제72집에 게재된 논문을 보완한 것이다.

1. 다문화사회와 종교

21세기 세계화의 가속화 및 국가 간 인적 교류의 확대와 인터넷의 발달로 민족 · 인종 · 성 · 종교 등 문화적 다양성은 보편적 삶의 현상으로 인식되고 있다. Nathan Glazer가 그의 저서에서 "우리는 모두 다문화인"이라고 주장한 것처럼 현대는 다문화사회가 된 것이다.[1]

한국도 예외가 아니다. 세계화의 영향으로 상호의존성이 증가하면서 한국에 유입되는 외국인의 숫자도 급격하게 증가하고 있으며, 이들의 출신지도 다양화되고 있다. 2014년 4월에 발표한 법무부 외국인 정책 통계 연보에 의하면 국내 체류하는 외국인은 2012년 12월 1,445,108명에서 2013년 12월 현재 1,576,034명으로 전년 대비 9.1% 증가하였으며 국내 총 인구의 3%에 이르고 있다.[2] 한국사회도 점진적으로 다문화사회로 진입하고 있는 것이다.

종교기관도 예외는 아니다. 수도권에 있는 종교기관에서 외국인을 보는 것은 어렵지 않으며, 그 현상은 농촌으로 갈수록 뚜렷하게 나타난다. 결혼이주여성들이 농촌으로 시집을 오고, 영세한 공장들이 농촌지역에 많이 분포되고 있기 때문이다. 농촌에 있는 개신교회 예배당에서 결혼이주여성과 외국인근로자, 다문화가정 자녀들을 만나는 것은 더 이상 낯선 일이 아니다.

그럼에도 다문화인(결혼이주여성, 외국인근로자, 다문화가정자녀)에 대한 사회적인 시선은 달라지지 않고 있다. 그동안 한국사회는 단일민족이라는 이념을 바탕으로 민족 동질성에 기초한 단일 문화 중심의 교육적 배경 속에서 자라왔기에 타 문화에 대한 강한 편견과 외국인에 대한 부정적인 시각이 상대적으로 강한 반면, 문화적 다양성을 인정하고 존중하는 다문화적 인식은 상대적으로 부족한 것이 현실이다.[3]

다문화인식에 대한 부족과 급격한 외국인의 증가는 한국사회가 생각하지 못한 많은 문제를 일으키고 있다. 결혼이주여성들은 언어문제와 문화적 차이에서 오는 가족구성원과의 마찰과 경제적 어려움을 겪고 있으며, 외국인 근로자는 열악한 근로 여건과 직장 내에서의 차별 대우와 동료 직장인들의 편견 등으로 인한 고통을 겪고 있다. 다문화가정자녀들은 학교교육에 대한 부적응과 사회적인 편견 등으로 인해 많은 어려움에 직면해 있다.

이에 정부에서는 2008년 다문화가족지원법을 만들어 다문화가족을 지원하고 있다. 그러나 더 중요한 것은 한국사회 구성원들의 다문화인에 대한 인식 변화이다. 한국사회 구성원들의 다문화인에 대한 인식이 변화되지 않고서는 한국사회는 다문화사회로 나아갈 수 없다. 그러므로 한국사회가 다문화사회로 나가기 위해서 반드시 필요한 것이 다문화교육을 통한 인식개선이다.

다문화교육을 통한 인식 개선은 학교교육 현장에서만 필요한 것이 아니다. 종교교육 현장에서도 필요하다. 종교기관은 다양한 계층의 사람들이 한데 모여 있는 다문화사회이다. 종교기관은 다양한 사람들에게 다문화교육을 통한 인식을 개선시킬 수 있는 가장 좋은 곳이며 개신교 중심에는 목사가 있다. 개신교계 목사의 다문화교육에 관한 인식 개선이 필요한 중요한 이유이다.

따라서 본 글에서는 다문화교육의 주제 "다문화교육의 노력, 다문화교육의 필요성, 다문화교육의 목표, 다문화교육의 문제점, 다문화교육의 활성화 방안"에 대한 개신교계 목사의 인식을 살펴보고자 한다. 이를 통해 다문화사회의 구성원으로서 다문화교육에 대한 인식 개선 방향을 검토해 보고자 한다.

2. 다문화교육과 교사로서의 목사

종교는 사회 속에 있으면서 사회와 밀접한 관계를 맺는다. 종교는 사회 변화의 중심 자리에 위치하였고 종교의 사상이나 문화는 사회 변화와 발전의 비전이 되었다. 종교는 문화의 원천이고 문화 창조의 역할을 담당하였다. 그런 맥락에서 종교는 가장 복합적이며 총체적인 문화현상으로서 한 사회의 가치 체계나 문화 체계 및 사회적 행위를 결정하는 중요한 요소이다.[4]

종교의 출연 배경에는 공통적으로 '신분차별 철폐, 남녀평등, 빈부해소, 인권존중' 등의 약자 보호 사상이 자리하고 있다. 종교는 그 시대의 아픔과 고통이 있는 곳이나, 사회적 약자를 찾아가 위로해 주고 함께해 왔다. 이것은 현대사회에서 종교가 종교 근본의 정신을 실현하기 위해 노력해야 한다는 것을 시사한다. 이 시대 한국사회의 새로운 소수자이자 약자인 다문화인들을 위해 새로운 역할을 감당해야 할 이유가 여기에 있다. 한국에 거주하는 다문화인들은 남녀 불평등(남편과 시댁으로부터 폭력), 신분차별(가난한 나라에서 왔다고 하는 생각에서 오는 차별), 인권유린(외국인 근로자의 부당한 대우나 열악한 노동 환경, 임금 착취) 등 많은 어려움을 당하고 있다. 종교는 다문화인들의 고통과 아픔에 귀를 기울여야 하고 그들의 겪는 어려움을 함께해야 한다. 종교는 삶의 현장에서 고통당하는 사람들의 아픔에 동참하고 그들을 도와주는 역할을 감당할 때 참 종교로서 가치를 갖기 때문이다. 그런 의미에서 한국의 종교들은 새로운 사회적 소수이자 약자인 다문화인들을 돕고, 나아가 이들이 한국 사회에 뿌리를 내릴 수 있도록 적절한 역할을 감당해야 한다.

다종교사회는 문화적 기회의 현장이다. 지금까지 축적한 인류의 문화유산 가운데 종교 문화의 기여는 가히 헤아릴 수가 없다. 문화는 종교의 산물로 보기도 한다. 그러나 다종교사회는 하나의 위기일 수 있다. 그곳에서는 종교 간의 긴장과 갈등, 알력과 반목의 문제가 필연적으로 대두된다. 종교는 본질적으로 자신의 신념을 절대시하는 속성을 가지고 있기 때문이다. 개인의 종교적 정체성은 국가나 성, 혹은 이주의 목적 등 그 어느 변인보다 강력한 동기를 가지고 있어 때로는 갈등의 요인이 된다.[5] 종교는 누구나 자신의 신앙에 대해 절대적 확신과 함께 그것을 남에게 전파하려는 의지를 갖으며 종교의 이러한 태도는 같은 반면, 전달하는 내용은 다르기 때문이다.[6]

Jonathan Sacks는 "종교가 갈등의 원천이 아니라, 평화를 앞당기는 힘이 될 수 있느냐"라는 물음에 대한 해답은 "서로 다른 종교와 문화가 어떠한 방법으로 '타자'를 위해 공간을 내줄 수 있는가"에 달렸다고 말한다.[7] Jonathan Sacks의 이러한 주장은 다문화시대에 있어 종교가 나아갈 방향을 모색하는 데 중요한 시사점을 제공해 준다.[8]

교육의 질은 교사를 넘을 수 없다. 교육에 있어 가장 핵심적인 요소는 바로 교사이다. Banks는 교사의 중요성에 대하여 "교사는 문화적, 민족적 다양성에 관련된 지식을 갖추고 다양한 민족과 문화의 관점에서 바라볼 수 있어야 한다"고 강조한다.[9] Campbell도 "학교에서 가장 중요한 요소는 교사이며, 다문화교육이 성공적으로 이루어지기 위해서는 교사의 다문화교육에 대한 역량이 중요하다"고 강조한다.[10] Pang은 다문화교육의 여러 목표 중 강조하는 신념과 실천에 따라 "동화주의적 교사, 인간관계 지향적 교사, 사회적 행동 지향적 교사, 배려 지향적 교사"로 구분하고 어떤 목표를 강조하는 교사인가가 매우 중요하다고 한다.[11]

다문화교육에서 교사가 가장 중요하다면, 교회교육에서는 목사가 중요하다. 성서를 보면 목사는 교사로서 가르치는 자임을 알 수 있다. 구약성서를 보면 '제사장 아론에게 명령하기를 여호와가 모세로 명한 모든 규례를 이스라엘 자손에게 가르치리라'(레10:11)라고 하여 제사장의 책임이 교사로서 가르치는 역할임을 보여 준다. 신약성서에도 목사의 직무가 가르치는 교사라는 것이 나타나 있다. 마태복음[12]에 의하면, 예수가 공생애 기간에 세 가지 역할을 하셨는데 첫째가 가르치는 것이라고 기록하고 있다. 마태복음[13]에서는 예수가 승천하시기 전 제자들에게 하신 명령이 가르치는 교사로서의 역할이었음을 알 수 있다. 고린도전서에서는 하나님이 교회에 세우신 사람으로서 교사를 말하고 있으며,[14] 심지어 목사와 교사를 한 기능으로 보고 있다.[15]

성서를 보면 제사장, 예수, 제자들 모두 가르치는 교사로서의 역할을 중요하게 생각하였다는 것을 알 수 있다. 목사의 가장 중요한 역할은 가르치는 교사이다. 목사는 교사이고, 교사는 곧 목사인 것이다.

3. 연구방법

3.1. 조사 대상자와 방법

본 조사는 현재 서울·경기·인천에 있는 교회에서 목회를 하고 있는 개신교 부목사와 담임목사를 대상으로 총 500부의 질문지를 배포하고 회수하였다. 질문지는 총 500부로 그중 400부는 직접 회수하였으며, 나머지 100부는 이메일과 우편으로 회수하였고, 회수된 300부의 설문지 중 불성실한 30부를 제외하고 최종적으로 270부를 통계, 분석 자료로 사용하였다. 지역을 수도권으로 한정한 것은 외국인 거주 지역을 보면 서울 26%, 경기 31.2%, 인천이 5.1%로 전체의 62.3%가 수도권에 거주하고 있기 때문이다.[16] 조사 대상자의 일반적인 특성은 〈표 13-1〉과 같다.

〈표 13-1〉 조사 대상자의 일반적인 특성

구 분	구 분	사례 수 (명)	퍼센트(%)	구 분	구 분	사례 수 (명)	퍼센트 (%)
직분 분포	부목사	83	31	지역	서울	141	52.2
	담임 목사	185	69		경기	60	22.2
목회 기간	5년	78	28.9		인천	69	25.6
	10년	80	29.6	연령	30대	49	18.1
	20년	89	33.0		40대	111	41.1
	30년	20	7.4		50대	92	34.1
	40년	3	1.1		60대	18	6.7
다문 화인	없음	162	60.0	다문 화인	있음	108	40.0
				Total		270	100

직분별 분포로 보면 부목사가 83명(30.74%), 담임 목사가 185명(68.51%)이다. 목회 기간별로 보면 5년 미만은 78명, 10년 미만은 80명, 20년 미만은 89명, 30년 미만은 20명, 40년 미만은 3명이다. 지역별 분포를 보면 서울 141명, 경기도 60명, 인천 69명이다. 이를 유효 퍼센트로 나타내면 서울지역이 52.2%, 경기가 22.2%, 인천이 25.6%로 나타났다. 연령별 분포로 보면 최소 30대에서 최대 69세까지 다양한 분포를 보이는 것으로 나타났다. 교회에 다문화인 존재 분포로 보면 '다문화

인이 있다'가 108명(40%), '없다'고 답한 목사는 162명(60%)이었다. 또한 이들 가운데 질적 연구 대상자로서 심층면담에 참여한 목사이면서 다문화교육 전문가로 활동하는 5명의 인구통계학적 결과는 〈표 13-2〉와 같다.

〈표 13-2〉 질적 연구 대상자

구 분	이 름	지 역	성 별	나 이	경 력	분 야	다문화 사역 분야
A	권○○	서울	여	60대	10년	석사	외국인 공동체 대표
B	강○○	경기	남	40대	10년	석사	다문화 센터장
C	김○○	인천	남	40대	16년	박사	외국인 근로자 대표
D	김○○	서울	남	50대	16년	석사	다문화 가정사역 대표
E	이○○	서울	남	60대	10년	박사	탈북자 선교 대표

3.2. 조사 설계 및 절차

본 연구는 통합적 방법을 사용하였다. 먼저 조사방법으로 설문지를 사용한 실증적 연구 방법을 선택하였다. 설문의 문항은 크게 여섯 부분 총 45문항으로 구성되어 있다. 구체적으로 살펴보면, 목사의 일반적인 개인 배경에 대한 질문 5문항, 다문화교육에 대한 40문항(다문화교육을 위한 노력 10문항, 필요성 6문항, 목표 6문항, 문제점 6문항, 활성화 방안 12문항)으로 작성하였다. 조사대상 목사의 인구 통계학적 변인으로는 직분, 목회 기간, 지역, 연령, 다문화인 존재 여부로 구성하였다. 설문지 구성은 〈표 13-3〉과 같다.

설문조사는 수도권에서 현직에서 활동하는 목사들을 개인별로 찾아가 배포하여 수거하는 방식으로 진행되었다. 또한 본 연구의 질적 자료는 심층면담을 통해 수집되었다. 한 차례의 공식 면담을 실시하였고, 면담지의 형식은 구조화 면담법을 사용하였다. 심층면담 내용은 설문조사에서 구성한 다문화교육을 위한 주제들에 관한 것을 주 내용으로 하였다. 자료 분석은 원자료를 검토한 후 내용을 분석하면서, 연구문제와 관련된 내용을 추출하였다.

〈표 13-3〉 설문지 구성

유 형	내 용	문항 수
일반적 배경	직분, 목회 기간, 지역, 연령, 다문화인 존재	5
다문화교육에 대한 인식	다문화교육을 위한 노력	10
	다문화교육의 필요성	6
	다문화교육의 목표	6
	다문화교육의 문제점	6
	다문화교육의 활성화 방안	12
Total		45

3.3. 분석방법

본 연구에서는 회수된 설문지 중 응답 내용이 불성실한 문항은 자료에서 제외시켰으며, 유효한 자료만을 대상으로 부호화(Data coding)한 후 SPSS 18 프로그램을 사용하여 빈도와 백분율로 산출하였다. 모든 분석은 SPSS ver. 18.0을 통해 이루어졌으며 결측값은 Total Case에서 제외하였으며, 빈도분석, 기술통계, T-test, One-way ANOVA를 사용하였다. 심층면담에 응답한 내용에 대한 해석은 인터뷰자의 경험, 다문화교육 전문가의 진술을 참조하였다.

4. 목사의 다문화교육에 대한 인식

4.1. 다문화교육을 위한 노력

다문화교육을 위한 개인적인 노력에 대하여 구성한 10문항에 대한 응답 결과 하위 요인별 평균점수 및 표준편차는 〈표 13-4〉와 같다.

〈표 13-4〉 다문화교육을 위한 노력

번 호	다문화교육을 위한 노력	전혀 아니다	그렇지 않다	보통 이다	그렇다	아주 그렇다	Mean	Std.
1	모든 인간은 피부색, 성별에 관계 없이 평등해야 한다.	3	2	11	78	176	4.56	0.712

2	모든 나라의 문화에 대해 수용하고 존중하려고 노력한다.	2	9	35	125	99	4.15	0.823
3	우리 문화에 대한 자긍심과 정체성 확립에 힘쓰고 있다.	3	5	55	128	79	4.02	0.82
4	이주 근로자, 결혼 이민자, 새터민과 같은 사람들에 대해 관심을 갖고 있다.	2	16	91	123	38	3.66	0.819
5	국제결혼이나 국제 이주에 대하여 긍정적으로 생각한다.	0	21	111	112	26	3.53	0.774
6	외국인이 어려움을 당할 때 적극적으로 도와주는 편이다.	0	15	108	124	23	3.57	0.727
7	다른 문화에 대해 수용적인 자세를 가지는 편이다.	1	20	92	127	30	3.61	0.795
8	외국인을 대할 때 선입견을 갖고 대하는 편이다.	41	100	91	31	7	2.49	0.971
9	국제적인 사건의 중요성을 인지하고 적극 관심을 갖는다.	1	13	105	127	24	3.59	0.735
10	다른 문화에 대한 편견과 고정관념을 갖지 않기 위해 노력한다.	0	10	61	157	42	3.86	0.715

다문화교육 노력에 대하여 4.0 이상의 높은 수치를 나타낸 항목은 세 개였으며, 낮은 수치(2.49)를 나타낸 항목도 있었다. 항목에 대한 분석은 다음과 같다.

가장 높은 수치(4.56)를 나타낸 항목은 "모든 인간은 피부색, 성별에 관계없이 평등해야 한다"였다. 이 항목에서는 목사의 98% 이상(254명)이 '평등해야 한다'고 생각하는 것으로 나타났다. 심층면담에서도 '모든 인간은 평등해야 한다'고 답변하였다. 다문화교육을 실천하고 있는 목사(전문가 A, B)의 말이다.

"다문화교육은 모든 인간은 인종이나 성 또는 장애나 종교 지위와 관계없이 평등하다는 것을 가르치는 겁니다. 이것은 성경의 가르침이기도 합니다."(전문가 A)

"그들도 똑같은 인간으로 평등하고 인간의 존엄성은 존중받아야 하며, 심지어 종교까지도 인정해줄 때 진정 다문화사회는 이루어질 것입니다. 그것이 다문화교육 아닐까요?"(전문가 B)

Davidman은 다문화교육에 대하여 한마디로 평등이라고 주장한다.[17] 모든 인간은 피부색, 성별에 관계없이 평등해야 한다는 것은 다문화교육의 핵심 목표이다. 결과를 통해 알 수 있듯이, 대다수의 목사는 인간이 피부색이나 성별에 관계없이 다문화교육의 목표인 평등에 대하여 매우 높은 인식을 갖고 있는 것으로 나타났다. 그러나 다문화인을 대할 때 선입견을 가지고 대한다는 항목에서는 수치가 낮게(2.49) 나타나 이중적인 인식을 나타냈다.

두 번째로 높은 수치를 나타낸 항목은 "모든 나라의 문화에 대해 수용하고 존중하려고 노력한다"였다. 이 항목에서는 82.9%(224명) 이상이 '그렇다'와 '아주 그렇다'라고 답변하였다. 심층면담에서도 '수용과 존중을 위해 노력한다'고 답변하였다. 다문화교육을 실천하고 있는 목사(전문가 C)의 말이다.

> "저는 다문화교육이 외국인들의 문화를 수용하고 그들의 문화를 존중해 주어 그들 문화에 대하여 긍정적인 정체성을 갖게 하는 것이라고 생각합니다."(전문가 C)

여성가족부가 「청소년의 다문화 수용성 조사(2012.11~12월)」를 통해 얻은 결과에서는 청소년의 다문화 수용성 지수는 60.12점으로 나타났다. 2011년 12월부터 2012년 1월까지 실시한 일반국민 다문화 수용성 지수는 51.17점보다 8.95점이 높다. 목사는 82.9%였다. 결과를 통해 알 수 있듯이, 다문화 수용성에 대해서는 일반 시민이나 청소년보다 목사의 인식이 높은 것으로 나타났다.

세 번째로 높은 수치를 나타낸 항목은 "우리 문화에 대한 자긍심과 정체성 확립에 힘쓰고 있다"였다. 이 항목에서 76.5%(207명) 이상이 '그렇다'와 '아주 그렇다'라고 답변한 반면, '전혀 아니다'는 3%(8명)로 답변하였다. 결과를 통해 알 수 있듯이, 한국 개신교 목사들은 한국문화에 대하여 자긍심을 가지고 있으며, 한국인으로서의 정체성 확립을 위해 노력하고 있는 것으로 나타났다.

4.2. 다문화교육의 필요성

다문화교육의 필요성에 대하여 구성한 6문항에 대하여 조사한 응답 결과 하위요인별 평균점수 및 표준편차는 〈표 13-5〉와 같이 나타나고 있다.

한국 개신교 목사의 다문화교육의 필요성에 대하여 4.0 이상의 높은 수치를 나타낸 항목은 다섯 개의 항목 이었으며 분석 결과는 다음과 같다.

가장 높은 수치를 나타낸 항목은 "인종, 성, 사회적 지위, 장애와 관련 없이 모두 평등함을 알게 해 주기 위해 필요하다"였다. 이 항목에서는 85.2%(230명)가 '그렇다'와 '아주 그렇다'라고 답변하였으며, 13%(35명)는 '보통이다', '아니다'와

〈표 13-5〉 다문화교육의 필요성

번 호	다문화교육을 위한 노력	전혀 아니다	그렇지 않다	보통 이다	그렇다	아주 그렇다	Mean	Std.
1	우리 민족에 대한 긍정적인 정체감을 발달시키기 위해 필요하다.	2	5	60	160	43	3.88	0.714
2	세계화 시대에 필요한 융통성과 개방성을 가진 유능한 인재를 양성하기 위해 필요하다.	2	5	31	158	74	4.1	0.722
3	통찰력을 키워 자신의 정체성을 명확히 구성하기 위해 필요하다.	2	2	47	159	60	4.01	0.703
4	다른 문화를 존중할 수 있는 마음을 기르기 위해 필요하다.	2	4	34	167	63	4.06	0.696
5	인종, 성, 사회적 지위, 장애와 관련없이 모두 평등함을 알게 해 주기 위해 필요하다.	3	2	35	151	79	4.11	0.735
6	교회 공동체 성장과 긍정적 정체성 형성의 유익을 위해 필요하다.	3	6	46	145	70	4.01	0.788

'전혀 아니다'가 1.85%(5명)로 나타났다. 심층면담에서도 '평등함을 알게 하기 위해 다문화교육이 필요하다'라고 답변하였다. 다문화교육을 실천하고 있는 목사(전문가 A, D)의 말이다.

"인간은 피부색, 성, 신분에 구별 없이 평등하다는 것을 가르치는 것이 다문화교육 아닌가요?"(전문가 A)

"차이가 차별을 낳는 사회를 만들지 않기 위해, 다른 문화를 수용하고 존중해 줄 수 있는 마음을 갖게 하기 위해 다문화교육이 필요합니다."(전문가 D)

Bennett(2009)[18]는 다문화교육이 필요한 이유를 평등이라고 주장한다. 다문화교육은 인간은 평등하다는 것을 가르치기 위해 필요하다. 결과에서 알 수 있듯이 다수의 목사는 인종, 성, 사회적 지위, 장애와 관계없이 모든 인간은 평등하다는 것을 알게 해 주기 위해 다문화교육이 필요하다고 답변하였다.

두 번째로 높은 수치를 나타낸 항목은 "세계화 시대에 필요한 융통성과 개방성을 가진 유능한 인재를 양성하기 위해 필요하다"였다. 이 항목에서는 '그렇다'와 '아주 그렇다'가 85.9%(232명), '보통이다'가 11.48%(31명), '전혀 아니다'와 '그렇지 않다'가 2.59%(7명)로 나타났다. 심층면담에서도 '세계화 시대에 필요한 융통성과 개방성을 가진 유능한 인재 양성을 위해 다문화교육이 필요하다'라고 답변하였다. 다문화교육을 실천하고 있는 목사(전문가 B)의 말이다.

> "지금은 지구촌 시대에 살고 있습니다. 세계는 하나입니다. 융통성과 개방성은 반
> 드시 필요합니다. 세계화 시대에 혈통이나 민족주의 같은 생각을 가지고서는 살아
> 남기 어렵습니다."(전문가 B)

설문지와 심층면담을 통해서 알 수 있듯이, 목사들은 세계화 시대에 필요한 융통성과 개방성을 가진 유능한 인재를 양성하기 위해 다문화교육이 필요하다고 생각하는 것으로 나타났다. 이 항목에 대한 이기영 외(2010) 연구에서는 교사의 경우 응답자의 82.3%로 나타나 교사보다 목사가 다소 높지만 유의한 차이는 아니었다.

세 번째로 높은 수치를 나타낸 항목은 "교회 공동체 성장과 긍정적 정체성 형성에 유익을 위해 필요하다"였다. 이 항목에서는 79.76%(215명)가 '그렇다'와 '아주 그렇다'라고 답변하였으며, 17%(46명)는 '보통이다', '아니다'와 '전혀 아니다'는 3.3%(9명)로 나타났다. 심층면담에서도 교회 공동체 성장과 긍정적 정체성 형성의 다문화교육이 유익하다고 답변하였다. 다문화교육을 실천하고 있는 목사(전문가 E)의 말이다.

> 다른 문화를 존중할 수 있는 마음을 기르기 위해서 반드시 필요합니다. (중략) 저
> 는 다문화교육이 교회 공동체 성장에 많은 유익을 줄 것이라 확신합니다. 교회도
> 다문화인들이 많이 있기 때문입니다. 외국인들과 함께하지 않는 한국 사회와 한국
> 교회의 미래는 예상하지 못한 많은 사회적인 문제들이 생길 것입니다.(전문가 E)

설문지나 심층면담을 통해서 나타난 것처럼, 목사들은 다문화교육이 교회 성장과 긍정적인 정체성 형성에 유익하다고 답변하였다. 한국 개신교 목사는 다문화교육이 긍정적인 정체성뿐 아니라 교회 성장에도 유익을 주는 것으로 인식하고 있는 것으로 나타났다.

네 번째 높은 수치를 나타낸 항목은 "통찰력을 키워 자신의 정체성을 명확히 구성하기 위해 필요하다"였다. 이 항목에서는 81.2%(219명)가 '필요하다', '보통이다'는 17.4%(47명), '아니다'는 1.48%(4명)로 나타났다. 같은 항목에 대한 이기영 외(2010) 연구에서는 교사의 경우 응답자의 73.1%가 '통찰력을 키워 자신의 정체

성을 명확히 구성하기 위해 다문화교육이 필요하다'라고 하여 다문화교육에 대한
필요성에서 교사보다 목사의 인식이 높게 나타났다.

다섯 번째 높은 수치를 나타낸 항목은 "다른 문화를 존중할 수 있는 마음을 기
르기 위해 필요하다"였다. 이 항목에서는 85.1%(230명)가 '그렇다'와 '아주 그렇
다', 12.6%(34명)는 '보통이다', '아니다'는 2.22%(6명)로 나타나 목사들은 다른 문
화를 존중할 수 있는 마음을 기르기 위해 노력하는 것으로 나타났다.

4.3. 다문화교육의 목표

한국 개신교 목사가 인식하고 있는 다문화교육의 목표에 대해 조사한 응답 결
과 하위요인별 평균점수 및 표준편차는 〈표 13-6〉과 같다.

〈표 13-6〉 다문화교육의 목표

번 호	다문화교육을 위한 노력	전혀 아니다	그렇지 않다	보통 이다	그렇다	아주 그렇다	Mean	Std.
1	다른 나라와 민족, 인종, 성에 관한 개념을 안다.	0	9	105	137	19	3.61	0.668
2	성공적인 세계 시민으로 필요한 개방성과 융통성을 길러준다.	0	5	63	164	38	3.87	0.658
3	인간은 인종, 성, 장애, 사회적 지위 등에 관계없이 평등함을 알게 한다.	1	4	37	157	71	4.09	0.698
4	공동체 속에서 서로를 존중하고 협동하는 역할을 해야 함을 알게 한다.	2	2	28	171	67	4.11	0.662
5	문화적 다양성과 공통성을 긍정적으로 경험하게 한다.	2	2	35	174	57	4.04	0.661
6	자기 존중과 다른 인종에 대해 배려하는 태도로 합리적인 사고를 길러준다.	1	3	34	173	59	4.06	0.648

한국 개신교 목사가 갖고 있는 다문화교육의 목표에 대하여 4.0 이상의 높은 수
치를 나타낸 항목은 네 개 항목이었으며, 이 항목들에 대하여 세부적으로 분석하
면 다음과 같다.

가장 높은 수치(4.11)를 나타낸 항목은 "공동체 속에서 서로를 존중하고 협동
하는 역할을 해야 함을 알게 한다"였다. 이 항목에서는 88.1%(238명)가 '그렇다'
와 '아주 그렇다', 10.3%(28명)는 '보통이다', '그렇지 않다'와 '전혀 아니다'는

1.48%(4명)로 나타났다. 심층면담에서도 교회 공동체 속에서 서로 존중하고 협동하는 것을 위해 다문화교육이 유익하다고 답변하였다. 다문화교육을 실천하고 있는 목사(전문가 B, E)의 말이다.

"무엇보다 다른 문화를 존중할 수 있는 마음을 기르기 위해서는 다문화교육이 반드시 필요합니다."(전문가 B)

"인간의 존엄성은 존중받아야 하며, 심지어 그들의 종교까지도 인정해줄 때 진정 다문화사회는 이루어질 것입니다."(전문가 E)

두 번째로 높은 수치(4.09)를 나타낸 항목은 "인간은 인종, 성, 장애, 사회적 지위 등에 관계없이 평등함을 알게 한다"였다. 이 항목에서는 84.4%(228명)는 그렇다와 아주 그렇다, 13.7%(37명)는 보통이다, 그렇지 않다와 전혀 아니다는 1.85%(5명)로 나타났다. 심층면담에서도 평등함을 알게 하는 것이 다문화교육의 목표라고 답변하였다. 다문화교육을 실천하고 있는 목사(전문가 B)의 말이다.

"다문화교육은 다문화인들에게 한국 정착을 위한 도움을 주는 것이 아니라 모든 인간은 인종이나 성 또는 장애나 사회적 지위와 관계없이 평등하다는 것을 일깨우는 것입니다. 이것은 성서의 가르침이기도 합니다."(전문가 B)

세 번째로 높은 수치(4.06)을 나타낸 항목은 "자기 존중과 다른 인종에 대해 배려하는 태도로 합리적인 사고를 길러준다"였다. 이 항목에서는 86%(232명)가 '그렇다'와 '아주 그렇다', 12.6%(34명)는 '보통이다', '그렇지 않다'와 '전혀 아니다'는 1.48%(4명)로 나타났다. 다음으로는 '문화적 다양성과 공통성을 긍정적으로 경험하게 한다', '성공적인 세계 시민으로 필요한 개방성과 융통성을 길러준다', '다른 나라와 민족 인종, 성에 관한 개념을 안다'순으로 나타났다.

설문지와 심층면담을 통해 나타난 것처럼 목사들은 다문화교육의 목표인 '평등과 자기 존중, 다른 인종에 대한 배려와 협동'에 대하여 바르게 인식하는 것으로 나타났다. Banks는 다문화교육의 목표를 다양한 집단 출신의 학생을 위한 교육 평등을 증진하는 것으로 주장한다.[19] 다문화교육은 교육적 평등 나아가서 평등한 삶을 함께 공유하는 것을 배우는 것이다. 다문화교육의 핵심이라 할 수 있는 차별 철폐와 편견을 없애기 위해서는 다문화교육이 소수자를 위한 교육이 아니라, 다수자를 위한 소수자 이해교육이 되어야 하며, 나아가 소수자를 위한 교육이 아니라 다수자를 위한 교육으로 나아가야 한다.

4.4. 다문화교육의 문제점

한국 개신교 목사가 인식하고 있는 다문화교육의 문제점 대하여 조사한 응답 결과 하위 요인별 평균점수 및 표준편차는 〈표 13-7〉과 같다.

〈표 13-7〉 다문화교육의 문제점

번호	다문화교육을 위한 노력	전혀 아니다	그렇지 않다	보통 이다	그렇다	아주 그렇다	Mean	Std.
1	한국 상황에 맞는 다문화교육 프로그램이 부족하다.	1	3	45	184	37	3.94	0.616
2	다문화교육에 대한 지식이나 이해가 부족하다.	2	9	48	184	27	3.83	0.672
3	특정 민족이나 인종 문화에 대한 편견이나 고정관념이 있다.	3	20	69	140	38	3.7	0.841
4	다문화교육에 대한 사회적 논의가 부족하다.	1	10	68	162	29	3.77	0.7
5	단일 민족이 갖기 쉬운 다른 문화에 대한 배타적 성향이 있다.	5	38	66	118	43	3.58	0.979
6	다문화교육에 대한 기독교인들(목사, 교인) 인식이 부족하다.	2	26	87	131	24	3.55	0.815

한국 개신교 목사가 인식하고 있는 다문화교육의 문제점에 대하여 항목별로 4.0 이상의 높은 수치를 보인 항목이 하나도 없었다. 결과를 통해 나타난 것처럼 다문화교육의 문제점에 대하여 목사들은 보수적으로 인식하고 있음을 알 수 있었다. 각 항목에 대하여 세부적으로 살펴보면 아래와 같다.

가장 높은 수치(3.94)를 나타낸 항목은 "한국 상황에 맞는 다문화교육 프로그램이 부족하다"이었다. 이 항목에서는 81.85%(221명)가 그렇다와 아주 그렇다, 16.6%(45명)는 보통이다, 그렇지 않다와 전혀 아니다 1.48%(4명)로 나타났다. 심층면담에서도 다문화교육의 문제점이 무엇인지 확인할 수 있었다. 현장에서 다문화교육 분야에서 활동하고 있는 목사(전문가 A, B)의 말이다.

"성서는 외국인에 대한 이야기입니다. 성서에 나오는 인물들 대부분이 다문화적 배경을 갖고 있지만 성서를 다문화적으로 가르치기 위한 교재나 프로그램이 상당히 부족한 상황입니다."(전문가A)

"한국사회는 아직까지 단일민족이라는 사회적 생각이 강하기 때문에 (중략) 한국적 상황에 맞는 다문화교육 프로그램이 부족한 것도 큰 문제점입니다. 이런 문제점들을 보완해 나가는 작업이 필요하다고 생각합니다."(전문가B)

이 항목에 대한 이기영 외(2010), 한경진(2010)의 연구에서도 다문화교육의 문제점으로 학교교육에서 다문화교육 프로그램, 교수학습 자료의 부족을 응답하였다. 이것은 한국사회가 교육계뿐 아니라 종교기관 나아가 한국사회 전반적으로 한국적 상황에 맞는 다문화교육 프로그램에 대하여 다양한 방법으로 개발해야 함을 나타내 주는 결과이다.

두 번째로 높은 수치(3.83)를 나타낸 항목은 "다문화교육에 대한 지식이나 이해가 부족하다"이었다. 이 항목에서는 78.15%(211명)가 그렇다와 아주 그렇다, 17.78%(48명)는 보통이다, 그렇지 않다와 전혀 아니다는 4.07%(11명)로 나타났다. 심층면담에서도 다문화교육에 대한 지식과 이해가 부족함을 알 수 있었다. 다문화교육 분야의 활동을 하고 있는 목사(전문가C, D)의 말이다.

"우리는 다문화교육에 대하여 잘못 알고 있습니다. 한국사회에서 다문화교육이라고 하면 이주해온 소수자의 사람들이 사회에서 살아가기 위해 필요한 언어, 문화, 등을 배우는 것이라고 생각하는 경우가 있습니다. 물론 이것도 다문화교육의 한부분입니다 그러나 진정한 다문화교육은 그들을 대하는 다수자의 인식변화 교육입니다."(전문가C)

"지금 한국사회는 다문화교육의 필요성에 대하여는 공감하고 있습니다. 이제는 과거처럼 외국인들에 대하여 배척하거나 따돌리는 것은 많이 사라졌습니다. 그런데 아직도 다문화교육하면 다문화인을 위한 교육이라고 잘못 생각하고 있습니다."(전문가D)

다문화교육의 문제점에 대하여 윤태영·이은희(2011)의 연구에서는 특정 민족이나 인종, 문화에 대한 편견이나 고정관념을 가장 높게 들었다. 다음으로는 다문화교육에 대한 사회적 논의 부족, 특정 민족이나 인종 문화에 대한 편견이나 고정관념, 단일 민족이 갖기 쉬운 다른 문화에 대한 배타적 성향, 다문화교육에 대한 인식 부족 순으로 나타났다.

4.5. 다문화교육의 활성화 방안

한국 개신교 목사가 인식하고 있는 다문화교육의 활성화 방안에 대하여 조사한 응답 결과, 하위 요인별 평균점수 및 표준편차는 〈표 13-8〉과 같다.

〈표 13-8〉 다문화교육의 활성화 방안

번호	다문화교육을 위한 노력	전혀 아니다	그렇지 않다	보통 이다	그렇다	아주 그렇다	Mean	Std.
1	문화적 편견 해소를 위한 다문화 체험 활동을 지원해야 한다.	8	28	104	106	24	3.41	0.899
2	지역 사회와 연계한 다문화교육 프로그램을 지원해야 한다.	8	47	86	102	27	3.34	0.977
3	사회복지관과 연계한 다문화교육 프로그램을 지원해야 한다.	8	53	86	96	27	3.3	0.992
4	다문화적 배경을 가진 가정자녀에 대한 언어교육을 실시한다.	10	59	77	90	34	3.29	1.059
5	다문화적 배경을 가진 가정을 위한 교육프로그램을 개발해야 한다.	15	50	73	87	45	3.36	1.128
6	다문화 배경을 가진 가정에 한국어 교육 및 한국문화를 소양해야 한다.	13	40	75	102	40	3.43	1.063
7	다문화 배경을 가진 부모들을 위한 부모교육을 실시해야 한다.	14	39	82	96	39	3.4	1.064
8	다문화교육에 대한 문화의 다양성을 인정하는 분위기를 조성한다.	9	23	75	123	40	3.6	0.954
9	다문화교육에 대한 인식 전환을 위한 프로그램 개발을 위해 노력한다.	7	40	72	115	36	3.49	0.986
10	다문화교육에 대한 국가, 지역사회의 정책적·재정적지원을 한다.	7	47	80	104	32	3.4	0.992
11	다문화교육을 위한 교사연수 및 교육 경험의 기회를 제공한다.	9	50	77	98	36	3.38	1.037
12	다문화교육 내용에 대한 교육 현장의 이해가 있어야 한다.	5	26	87	118	34	3.54	0.923

한국 개신교 목사가 갖고 있는 다문화교육의 활성화 방안에 대하여 4.0 이상의 높은 수치를 나타낸 항목은 없었으며 각 항목들에 대하여 세부적으로 분석하면 다음과 같다.

가장 높은 수치(3.6)를 나타낸 것은 "다문화교육에 대한 문화의 다양성을 인정하는 분위기를 조성한다"였다. 이 항목에서는 60.4%(153명)가 '그렇다'와 '아주 그렇다', 27.8%(75명)는 '보통이다', '그렇지 않다'와 '전혀 아니다'는 11.80%(32명)로 나타났다. 심층면담에서도 다문화사회의 다양성을 인정하는 분위기를 조성하는 것이 필요함을 알 수 있었다. 다문화교육을 실천하고 있는 목사(전문가 D, E)의 말이다.

"저는 한국사회가 21세기 살아남기 위해서는 시민의식이 선진화되어야 한다고 생각합니다. 세계시민으로서 의식이 바뀌지 않으면 앞으로 한국사회가 살아남기 어렵다고 생각합니다."(전문가 D)

"세계 시민으로 나가기 위해서는 문화의 다양성을 인정하는 사회적인 분위기를 조성하는 것이 필요합니다."(전문가 E)

Gollnick은 다문화교육의 다섯 가지 목표를 문화적 다양성의 장점과 그 가치에 대한 인정이라고 주장한다.[20] 다문화교육이 활성화되기 위해서는 다양성에 대하여 인정하는 사회적 분위기를 조성하는 것이 중요하다. 종교기관이나 사회적으로 나아가 국가적으로 문화의 다양성을 인정하는 분위기를 조성하는 것이야말로 다문화교육을 활성화시킬 수 있는 효과적인 방법이다.

두 번째 높은 수치(3.54)를 나타낸 항목은 "다문화교육 내용에 대한 교육 현장을 이해해야 한다"였다. 이 항목에서는 56.3%(152명)가 '그렇다'와 '아주 그렇다', 32.22%(87명)는 '보통이다', '그렇지 않다'와 '전혀 아니다'는 11.48%(31명)로 나타났다. 심층면담을 통해서도 교육현장에 대한 이해가 필요함을 알 수 있었다. 다문화교육을 실천하고 있는 목사(전문가 B)의 말이다.

"다문화교육이 활성화되기 위해서는 다문화교육에 대한 바른 이해와 교육현장에 대한 이해가 중요합니다."(전문가 B)

세 번째 높은 수치(3.49)를 나타낸 항목은 "다문화교육에 대한 인식 전환을 위한 프로그램 개발을 노력한다"였다. 이 항목에서는 55.9%(151명)는 '그렇다'와 '아주 그렇다', 26.70%(72명)는 '보통이다', '그렇지 않다'와 '전혀 아니다'는 17.40%(47명)로 나타났다. 심층면담에서도 인식 전환을 위한 프로그램 개발이 필요한 것으로 나타났다. 다문화교육 분야에서 활동을 하고 있는 목사(전문가 B, D)의 말이다.

> "제가 있는 곳은 공단지역이다 보니 외국인들은 대부분 근로자들입니다. 그런데 은근히 외국인 근로자들을 무시하고 얕보고, 심지어 불법 체류를 이용해 일만 시키고 월급을 주지 않는 경우도 많이 있습니다. 일부이지만 학대와 폭력을 당하는 것도 많이 보면서 한국 사람들을 위한 다문화교육에 대한 인식 전환을 위한 프로그램이 절대적으로 필요하다고 생각하였습니다."(전문가 B)

> "결혼이주여성들은 돈으로 사 왔기 때문에 남편과 시댁에 무조건 순종해야 한다고 생각합니다. (중략) 제가 경험해 보니 결혼이주여성들의 문제도 있지만 대부분은 한국 남성들과 시댁(시부모)의 문제일 경우가 많습니다. 그래서 다문화교육의 방향을 그들과 함께 살아가는 한국 남성과 시부모들을 대상으로 하는 인식 개선에 대한 교육으로 방향을 바꾸어 나가려고 합니다."(전문가 D)

다음으로는 '다문화배경을 가진 가정에 한국어 교육 및 한국 문화 소양, 문화적 편견 해소를 위한 다문화체험 활동을 지원', '다문화교육에 대한 국가, 지역사회의 정책적·재정적인 지원', '다문화배경을 가진 부모들을 위한 부모교육 실시', '다문화교육을 위한 교사 연수 및 교육 경험의 기회 제공', '다문화적 배경을 가진 가정을 위한 교육 프로그램 개발', '지역사회와 연계한 다문화교육 프로그램 지원', '사회 복지관과 연계한 다문화교육 프로그램 지원', '문화적 배경을 가진 가정 자녀에 대한 언어 교육 실시' 순으로 나타났다.

이러한 결과를 통해 나타난 것처럼 다문화교육에 대한 다섯 가지 주제 중 가장 높은 평균 수치를 나타낸 것은 다문화교육의 필요성이었으며, 다문화교육의 목표, 다문화교육의 문제점, 다문화교육의 노력, 다문화교육의 활성화 방안 순으로 나타났다. 일반적으로 다문화교육의 필요성에 대한 인식이 높으면 다문화교육에 대한 활성화 방안에 대하여도 높은 인식이 나타나야 하는데 가장 낮게 나온 것은 목사들이 다문화교육의 필요성에 대하여는 긍정적인 태도를 지니고 있지만, 교육 현장에서 필요성이 실천으로 이어지지는 못하고 있는 것으로 확인할 수 있었다.

5. 결론 및 제언

다문화교육은 다양한 문화집단에 속해 있는 서로 다른 사람들의 상호이해와 평등관계를 중시하고 인종, 성별, 계층별, 언어적 배경, 종교적 차이 등 서로 다른 집단들의 문화가 동등하게 가치 있는 것으로 인식하도록 가르치는 것이다. 이와 같은 다문화교육의 목표는 성별, 신분, 계층, 인종을 구분하지 않았던 예수의 가르침과 일치한다. 다종교사회에서 목사에게 필요한 것이 이런 다문화적 인식이다. Thomas Oden(1987)은 "목사가 교회의 폭넓은 교육 사역을 높은 수준으로 유지하기 위해서는 부지런히 노력해야 한다"고 강조하고 있다. 이를 위해 다문화시대에 필요한 것은 앞에서 살펴본 다문화적 인식이다.

본 연구 결과를 통해 한국교회가 다문화시대를 선도하기 위해서 개신교계 목사들이 가져야 할 다문화교육에 대한 인식의 방향을 다음과 같이 제안하고자 한다.

첫째, 한국 개신교계 목사들은 다문화교육에 대한 인식이나 지식이 부족하다고 생각하는 것으로 나타났다. 유일신을 섬기는 개신교의 특성상 다른 종교를 가지고 있는 특정 민족이나 인종 문화에 대한 편견이나 고정관념이 존재한다. 그러므로 기독교가 갖는 절대 가치에 대한 성향을 훼손하지 않으면서 다문화사회에서 다문화인과 더불어 살아가는 데 필요한 목사를 위한 다문화이해교육과 종교기관에서 활용할 수 있는 다문화교육에 대한 인식 변화를 위한 교육적 프로그램 개발이 필요한 것으로 나타났다.

둘째, 다문화사회에 다문화교육에 대한 개신교계 목사의 인식 전환이 필요하다. 결과를 통해 나타난 것처럼 다문화교육에 대한 주제와 세부 항목에서 대부분 높은 수치를 보여 긍정적이었다. 그러나 일부 목사들은 여전히 다문화교육에 대해 여전히 배타적이며, 편견과 고정관념을 가지고 있는 것으로 나타났다. 예를 들면, 인간이 피부색, 성별에 관계없이 평등해야 한다는 항목의 수치는 매우 높았지만, 여전히 다문화인을 대할 때 편견이나 선입견을 갖고 대한다는 이중적인 답변을 나타냈다. 이것은 다문화교육에 대한 목사의 인식 전환이 필요함을 보여주는 결과이다. 다문화교육의 문제점에서도 대다수의 목사들은 다문화교육이 필요하다고 답변하였다. 다문화사회에 다문화인에 대한 인식 개선을 위해 개신교계 목사에게도 다문화교육이 필요함을 나타내 주는 결과이다.

셋째, 개신교계 목사들을 대상으로 하는 다문화교육 인식 개선 프로그램이 필요하다. 다문화교육의 문제점에서도 나타난 것처럼, 한국 상황에 맞는 다문화교육 프로그램은 매우 부족한 실정이다. 더욱이 개신교계 목사들을 대상으로 하는 다문화교육 인식 개선을 위한 프로그램은 전무한 실정이다. 이것은 한국교회가 다문화시대를 선도하기 위해서는 다문화교육 프로그램을 개발해야 하며, 나아가 교회 교육을 통해 다문화교육에 대한 지식과 이해교육이 실행되어야 함을 보여주는 결과이다. 개신교계 목사의 인식과 태도는 다양한 문화적 배경을 가지는 종교 단체 구성원들을 가르치는 데에 중요한 요인이므로 나이, 목회 경력 등을 고려한 다문화교육 연수 프로그램을 각 교단 차원에서 마련하여 다문화사회에 필요한 다문화적 신념과 인식 및 태도를 개선시켜야 할 것이다.

미주

1장

1) 교육과학기술부에 따르면 현재(2012.03) 국내 외국인 주민 수는 5년간 1.8배, 외국인 자녀 수는 3.4배 각각 증가했다. 그 중 다문화 학생의 비중은 2007년 0.19%에서 2011년 0.55%로 5년간 2.9배 증가했다. 특히 농촌지역 학교는 대부분 학생들이 다문화가정의 자녀가 채우고 있다고 봐도 과언이 아니다. 현재 만 5세 이하 외국인 주민 자녀가 모두 취학할 경우 2014년에는 다문화학생의 비율이 전체 초·중·고교생 중 1%를 넘게 되는 것으로 추산되었다(연합뉴스, 2012).

2) 2012년 4월 18일 여성가족부의 국제비교지표(EBS, ESS)를 활용한 조사에서 국민들의 86.5%가 한국인의 순수 혈통을 중시하는 것으로 나타났다. 여전히 한국인 조상을 가지는 것을 중요시한다는 의미이다. 아울러 문화공존에도 부정적이었다. 국제비교지표를 활용한 조사에서 '문화공존'에 찬성한다는 비율은 유럽 18개국(74%)에 비해 한국은 36%로 현저히 낮게 나타났다. 이와 같은 결과는 우리나라에 존재하는 '다름'을 인정하지 못하는 폐쇄성과 혈연 중심의 배타성을 여실히 보여준다고 할 수 있다(매일경제, 2012).

3) 이 사건은 평균적 한국인에게 깊이 뿌리내린 집단무의식의 일단을 보여준다. 우리나라 국민의 머리에 심어져 있는 단군까지 이어진 같은 핏줄의 한민족이라는 문화적 상징은 인종적 순혈주의(純血主義)와 분리 불가능하다. 예컨대 2010년까지 사용된 국정(國定) 고등학교 국사 교과서는 "우리 민족은 반만 년 이상의 유구한 역사를 가지고 있고, 세계사에서 보기 드문 단일민족국가로서의 전통을 이어오고 있다"고 기술했다. 이런 생각이 당연하게 여겨지는 상황에서 '우리보다 열등한 나라 출신이자 짙은 피부 색깔을 가진' 이자스민의 코리안 드림을 탐탁지 않게 보는 한국인들이 의외로 많은 게 현실이다(조선일보, 2012).

4) 본 장은 저자가 번역한 Ca-mpbell(2010)의 책을 중심으로 논의를 전개하였다.

5) 본 장은 저자가 번역한 Johnson & Johnson(2002)의 책을 중심으로 논의를 전개하였다.

2장

1) 설문대상 학교는 인천시의 다문화교육 지정학교인 연수초등학교(연수구), 신월초등학교(북구), 신흥초등학교(중구), 주안초등학교(남구), 논곡초등학교(남동구) 등 5개 초등학교와 신흥중학교(중구), 논곡중학교(남동구), 동인천여자중학교(서구), 부평여자중학교(부평구) 등 4개 중학교 및 가좌고등학교(서구)로 총 10개교다. 이들 학교는 주로 등록 외국인이 많이 거주하는 남동구, 서구, 부평구, 남구, 중구에 자리하고 있다.

6장

1) 본 연구에서 '과정'의 의미는 시민성의 순차적인 발달이라기보다는 다문화 시민성을 함양하면서 다문화사회의 시민으로서 성장하는 '과정'을 말한다.

2) 2012년 기준으로 한국은 전체 인구의 약 2.8%가 이주민이다(행정안전부, 2012). 앞으로 2020년에는 이주민 인구가 총 인구의 5%에 해당할 것으로 예상된다. 현재의 다문화 상황에서는 90%가 넘는 인구 중 일부는 직접 '다문화인구'를 접하지 못한 채 살기도 할 것이다. 그렇다면 그들에게는 다문화 시민성이 필요하지 않은가? 다문화 시민성은 특정 사람들에게만 혹은 특정한 때에만 요구되는 것이 아니라 다문화사회에 사는 모든 사람들이 일상의 삶 속에서 갖추어야 할 시민성의 형태로 보아야 한다.

3) 이와 더불어 첫 번째 형태는 비판적인 이성으로 민주적인 절차에 참여하는 시민을 강조하고, 두 번째 형태는 좀 더 참여적인 시민을 강조하는 형태라고 하였다. 즉, 전자는 대표자를 선출하고 그들을 감시하는 'watchdog'을 강조하며, 후자는 자연적으로 발생하는 공공의 사안들을 해결하려 하고 공공선을 추구하는 것을 주된 목표로 한다.

4) 다문화 관련 전문가에 대한 델파이 연구(구정화·박선웅, 2011)에서는 다문화 시민성의 하위요소를 인지·가치·기능으로 구분하였다. 인지적 측면으로는 문화의 의미와 특징 이해, 다문화사회의 형성 과정과 현상 이해, 시민권, 인권의 의미와 내용 이해를, 가치적 측면으로는 차이 인정, 인권 존중, 연대감과 참여 의식을, 기능적 측면으로는 간문화적 소통 능력, 고등 사고력, 시민 참여 기능으로 정리한 바 있다.

5) Oxfam(2006)은 글로벌 시민성 교육(global citizen-ship education)의 세 가지 요소를 다음과 같이 제시하였다. 즉, ① 세계 문제의 배경에 대한 지식과 이해(예를 들어, 사회 정의, 평화/갈등, 다양성, 지속가능한 발전, 세계화와 상호의존성에 대한 개념적 이해), ② 기능(예를 들어, 비판적 사고, 논쟁, 협동/갈등 해결, 부정의에 도전할 수 있는 능력), ③ 가치와 태도(예를 들어, 평등, 다양성 존중, 환경, 정체성과 자부심을 위한 노력)이다.

6) 다문화 역량의 요소에 대해 합의되지는 않았지만, 김영순(2010)은 독일 바이에른 주의 다문화 역량 프로그램에서 제시

하는 다문화 역량을 다음과 같이 소개하였다. 이는 의사소통 능력, 사회적/대인관계 능력, 갈등관리 능력, 공감·관용·수용 능력, 문화 간의 차이 인정 능력이다. 하지만 이러한 인간관계 능력만으로는 이상적인 다문화 시민으로서 기능할 수 없다. 즉, 사회 변화를 가져오기 위해 불평등 구조와 자신이 누리는 특권에 대한 비판적 사고를 해야 한다(Howard, 1999). 더 나아가 사회를 좀 더 민주적이고 정의롭게 변화시키기 위한 힘을 길러 그것을 행동으로 옮길 수 있어야 한다.

7) 현재는 '교육부'로 명칭 변경되었으나, 본 연구는 2012년부터 2013년 2월까지의 대학생 교육기부활동을 대상으로 기술하고 있으므로 '교육과학기술부'를 사용했다(이하 교육과학기술부).

8) 교육기부란 "21세기가 요구하는 창의적 미래 인재를 양성하기 위해 기업, 대학, 공공기관 등 사회가 보유한 인적·물적 자원을 유·초·중등 교육활동에 직접 활용할 수 있도록 비영리로 제공하여 다양하고 수준 높은 교육기회를 제공하는 것(교육기부포털, 2013.1.3.)"이다.

9) '쏙쏙캠프'와 '함성소리'라는 명칭은 대학생 교육기부단의 창단위원회 대학생들이 직접 만들었다. '쏙쏙캠프'는 창의적 체험활동 캠프라는 취지를 살리기 위해 'story of creativity, story of character'의 약자를 본떴고, '함성소리'는 '함께 성장하는 소중한 이야기'라는 이름의 약자를 땄다고 한다(한국과학창의재단, 2012).

10) 2012년 11월 6일에 수행한 연구 참여자 9와 면담 내용에서 발췌하였다.

11) 네이버카페 '새로운 창의체험! SOCSOC캠프', http://cafe.naver.com/socsoccamp

12) 동아리팀은 기존 동아리들이 신청하여 팀으로 구성되는데, 경우에 따라 기존 동아리 하나가 팀을 이루거나 2~3개의 동아리가 한 팀이 되기도 한다. 본 연구에 참여한 동아리 팀은 대학 연합 동아리로 기존에 활동 중이던 동아리였다. 한편, 개인팀은 개개인이 신청하여 팀으로 구성되는 것이다. 따라서 전혀 면식이 없던 개인들이 팀으로 배정받는 것이다.

13) ( ) 안의 '개'는 개인 단위의 참가자를, '동'은 동아리 단위의 참가자를 의미한다. 또한 '초'는 교육기부활동 장소로 초등학교를, '중'은 중학교를 의미한다. 예를 들어, '개-중'은 중학교에서 교육기부활동을 한 개인 단위의 참가자를 의미한다.

14) 임파워먼트(empower-ment)는 국내에서는 보통 '역량강화'로 번역되지만, 본문에서는 그 단어가 내포하는 여러 가지 의미를 나타내기 위하여 원어를 사용하겠다.

15) 면담 내용 중 ( ) 안의 설명은 맥락 이해를 위해 연구자가 관련된 상황을 설명하거나 지면의 제한으로 축약한 내용이다.

9장

1) 이 글에서 저자는 '방가 씨'를 한국 회사에서 생산직으로 일하고 있는 이주근로자를 대표하는 인물로 설정하였다.

11장

1) 최근 4년간 초·중·고등학생 전체 및 다문화 학생 수를 보았을 때, 전체학생 수의 경우 2008년 7,617,796명, 2009년 7,447,159명, 2010년 7,236,248명, 2011년 6,986,853명으로 감소추세를 보이며, 그에 반해 다문화학생 수의 경우 2008년 20,180명, 2009년 26,015명, 2010년 31,788명, 2011년 38,890명으로 증가추세를 보인다(국회입법조사처, 2011).

2) '국경없는마을 RPG(Role-Playing Game)'는 2012 꿈다락 토요문화학교 프로그램 중 하나로 안산시 단원구 원곡동 (사)국경없는마을에서 진행하였던 문화예술교육 프로그램이다. 꿈다락 토요문화학교란, 2012년 주 5일 수업제 전면 시행으로 문화체육관광부가 주최하고 한국문화예술교육진흥원과 16개 시·도 문화예술교육지원센터가 주관하여 진행되고 있는 주말 문화 프로그램 사업이다. 작년까지는 '놀토'라는 이름으로 매월 둘째, 넷째 토요일에 한해 주 5일 수업제가 진행되었다. 하지만 2012년도부터 주 5일 수업제가 전면 실시됨에 따라 문화체육관광부는 아동·청소년과 가족이 함께 여가문화를 조성하고 청소년은 창의·인성교육기회를 확대하고 문화예술교육의 기회를 활성화하기 위해 2012 토요문화학교 운영사업을 추진한 것이다. 꿈다락 토요문화학교는 전국 151개 기관에서 진행되었으며, 교육프로그램의 내용에 따라 장르융합프로그램과 주제특화프로그램으로 진행되었다. 장르융합프로그램의 경우 공연예술, 조형예술, 시각예술, 인문예술 등 다양한 문화예술분야에 대한 기초 이해 교육을 통해 문화예술의 전반적인 사고력을 함양하였으며, 주제특화프로그램의 경우 특정 주제별, 장르별로 특성화된 문화예술교육을 통해 해당 장르를 이해하도록 하였다(전영은, 2012).

13장

1) Nathan Glazer, 서종남·최현미 역(2009), 『우리는 이제 모두 다문화인이다』, 미래를 소유한 사람들, p.241.

2) 법무부, 『출입국·외국인 정책통계 월보』 (2014년 4월호), p.9.

3) 은지용(2007), 「청소년 다문화 학습 프로그램 모형 개발 연구」, 『청소년학 연구』 14-3, p.219.

4) 노길명(2001), 『한국 신흥종교 연구』, 경세원, p.3.

5) 김중순(2010), 「다문화교육에 있어 종교의 문제: 특히 이슬람을 중심으로 2010」, 『언어와 문화』 6-2, p.95.

6) 같은 글, p.99.

7) Jonathan Sacks(2007), 『차이의 존중: 문명의 충돌을 넘어서』, 임재서 역, 말·글빛냄, p.6.

8) 오영훈·김성영(2012), 「도서지역의 결혼이주여성들의 종교생활 실태조사 연구」, 『종교연구』 67, p. 57.

9) James A. Banks, 모경환 외 공역(2008), 『다문화교육 입문』, 아카데미하우스, p.74.

10) Duane E. Campbell(2010), Choosing Demo-cracy, Allyn & Bacon, p.175.

11) 최충옥 공저(2010), 「다문화교육의 이해」, 양서원, pp.56~57.

12) 개역개정. 마태복음 4:23 "예수께서 온 갈릴리에 두루 다니사 그들의 회당에서 가르치시며 천국 복음을 전파하시며 백성 중의 모든 병과 모든 약한 것을 고치시니."

13) 개역개정. 마태복음 28:20 "내가 너희에게 분부한 모든 것을 가르쳐 지키게 하라 볼지어다. 내가 세상 끝날 때까지 너희와 항상 함께 있으리라 하시니라."

14) 개역개정. 고린도전서 12:28 "하나님이 교회 중 몇을 세우셨으니, 첫째는 사도요, 둘째는 선지자요, 셋째는 교사요."

15) 개역개정. 에베소서 4:11.

16) 법무부(2013), 『출입국·외국인 정책 통계 월보』(2013년 5월호), p.13.

17) 안병환(2009), 「다문화교육의 현황과 다문화교육 접근 방향 탐색」, 『한국교육학회』 8-2, p.157에서 재인용.

18) Christine I. Bennett, 김옥순 외 공역(2009), 『다문화교육 이론과 실제』, 학지사, p.37.

19) James A, Banks, 모경환 외 공역(2008), 『다문화교육 입문』, 아카데미하우스, p.3.

20) Sleeter & Grant, 문승호 외 공역(2009), 『다문화교육의 탐구』, 아카데미하우스, p.238에서 재인용.

참고문헌

1장

교육과학기술부(2012), 『사회과 교육과정』, 교육과학기술부 고시 제2012-14호[별책 7].

구정화 · 박선웅(2011), "다문화 시민성 함양을 위한 다문화교육의 목표 체계 구성", 「시민교육연구」, 43(3), pp.1~27.

김명정(2012), "사회과 교육과정에 나타난 시민교육 목표와 내용의 변천-고등학교 일반사회 영역을 중심으로", 「시민교육연구」, 44(2), pp.1~28.

김영순(2010), "다문화사회와 시민교육: '다문화 역량'을 중심으로", 「시민인문학」, 18, pp.33~59.

김영순 · 정소민(2013), "교육기부활동을 통한 대학생의 다문화 시민성 함양 과정에 관한 연구", 「한국교육」, 40(1), pp.81~108.

김영주 · 박초아 · 박혜원 · 정민자 · 김말경(2010), 『표준 교육 과정에 따른 유아의 다문화 감수성 키우기』, 울산대학교출판부.

매일경제 2012.04.19일자 기사: 『국민 64%, 다문화 공존에 부정적……』, 여성가족부 조사.

박휴용(2012), "다문화주의에 대한 비판적 이해와 비판적 다문화교육론", 「교육철학연구」, 34(2), pp.49~77.

배재정(2010), "유아교사의 다문화적 감수성 발달 및 평가 방안 탐색: DMIS와 IDI의 적용 및 활용", 「어린이미디어 연구」, 9(3), pp.143~165.

안상수 외(2012), 『2012 국민다문화수용성조사 보고서』, 여성가족부.

연합뉴스 2012.03.12일자 기사: "다문화 학생 곧 1%…… 매년 6천 명 늘어."

이운발(2005), "교육과정 개정기에 따른 사회과 목표로서의 '민주시민'에 대한 의미와 시사점", 「사회과교육」, 44(2), pp.83~105.

이종렬(1999), "시민교육의 정체성 위기와 딜레마", 「시민교육연구」, 30(1), pp.259~279.

장원순(2004), "다문화적 시민교육의 성격과 방법", 「초등사회과교육」, 11(2), pp.191~210.

조선일보 2012.08.13일자 기사: [윤평중 칼럼] "인종적 순혈주의는 파시즘을 부른다."

최병두(2011), "다문화사회와 지구 · 지방적 시민성: 일본의 다문화공생 개념과 관련하여", 「한국지역지리학회지」, 17(2), pp.181~203.

최현(2007), "한국인의 다문화 시티즌십: 다문화 의식을 중심으로", 「시민사회와 NGO」, 5(2), pp.142~227.

추병완(2008), "다문화적 시민성 함양을 위한 도덕과 교육 방안", 「초등도덕교육」, 27, pp.25~60.

Bennett, C. I.(2007), *Comprehensive Multicultural Education: Theory and Practice*, 김옥순 외 역(2009), 『다문화교육 이론과 실제』, 서울: 학지사.

Bennett, M. J.(1993). Towards ethnorelativism: A development Model of Intercultural Sensitivity. In Paige, R. M. (Ed.), *Education for intercultural experience*(pp.21~71). Yarmouth, ME: Intercultural Press.

Butts, R. F.(1988), *The Morality and Democratic Citizenship*. 김해성 옮김(2007). 『민주시민의 도덕』, 파주: 나남.

Campbell, D. E.(2010), *Choosing Democracy: A Practical Guide to Multicultural Education*. 김영순 외 역(2012), 『민주주의와 다문화교육』, 서울: 학지사.

Chen, G. M. & Starosta, W. J.(2000), The Development and Validation of the Intercultural Sensitivity Scale. The Annual Meeting of the National Communication Association Report, pp.2~22.

Dewey, J.(1996), The Democratic Conception in Education. In Parker, W. C. (Ed.), *Educating the Democratic Mind* (pp.25~44), Albany: State University of New York Press.

Faulks, K.(2000), Citizenship. 이병천 · 이종두 · 이세형 옮김(2005). 『시티즌십』, 서울: 아르케.

Garmon, M. A.(2000), Changing Reservice Teachers'Attitudes/Beliefs about Diversity. *Journal of Teacher Education*, 55(3), 201~213.

Johnson, D. W. & Johnson, R. T.(2002), *Multicultural Education and Human Relations*, 김영순 외 역(2010), 『다문화교육과 인간관계』, 교육과학사.

Kymlicka, W.(1995), *Multicultural Citizenship*. Oxford: Clarendon.

McLaren, P.(1995), White Terror and Oppositional Agency: Towards a Critical Multiculturalism. In Sleeter, C. E. & McLaren, P. L.(Eds.), *Multicultural Education, Critical Pedagogy, and the Politics of Difference*(pp.33~70), Albany: State University of New York Press.

Miller-Lane, J., Howard, T. C., & Halagao, P. E.(2007), Civic Multicultural Competence: Searching for Common Ground in Democratic Education, *Theory & Research in Social Education*, 35(4), 551~573.

Westheimer, J. & Kahne, K.(2004), What Kind of Citizen? The Politics of Educating for Democracy. *American Educational Research Journal*, 41(2), 237~269.

Banks, J. A.(1988), Multiethnic Education: Theory and Practice, Boston: Allen & Bacon.

Gudykunst, W. B. & Kim, Y. Y.(1984), *Communicating with Strangers: An Approaches to Intercultural Communication*, MA: Addison-Wesley.

2장

모경환 · 황혜원(2007), "중등 교사들의 다문화적 인식에 대한 연구-수도권 국어 · 사회과 교사를 중심으로-", 「시민교육연구」, 39(3), pp.79~100.

박선웅 · 이민경 · 구정화 · 박길자(2010), "다문화교육 연구학교의 프로그램에 대한 비판적 분석", 「시민교육연구」, 42(2), pp.29~60.

조영달 · 박윤경 · 성경희 · 이소연 · 박하나(2010), "학교 다문화교육의 실태 분석", 「시민교 육연구」, 42(1), pp.151 ~184.

Banks, J. A., & Banks, C. A. M.(2004), *Handbook of research on multicultural education*(2nd ed.), San Francisco: Jossey-Bass.

Bennett, J. M., & Bennett, M. J.(2004), Developing intercultural sensitivity: An integrative approach to global and domestic diversity. In D. Landis, J. M. Bennett, and M. J. Bennett(eds.), *Handbook of Intercultural Training*(3rd ed.), London: Sage. pp.147~165.

Clark, E. R., Nystrom, N. J. & Perez, B.(1996), Language and culture: Critical components of multicultural teacher education, *The Urban Review*. 28, pp.185~197.

Cross, T., Bazron, B., Dennis, K., & Isaacs, M.(1989), *Towards a Culturally Competent System of Care*, Washington, DC: Georgetown University Child Development Center.

Derman-Sparks, L.(1989), *Anti-bias curriculum: Tools for empowering young children*, *Washington*, DC: National Association for the Education of Young Children.

Glockshuber, E.(2005), Counsellors'self-perceived multicultural competencies model, *European journal of psychotherapy, Counselling and Health*. 7, pp.291~308.

Holcomb-McCoy, C. & Myers, J.(1999), Multicultural competence and counselor training: A national survey, *Journal of Counseling and Development*, 77, pp.294~302.

Manoleas, P.(1994), An Outcome Approach to Assessing the Cultural Competence of MSW Students, *Journal of Multi-cultural Social Work*, 3(1), pp.43~57.

McPhatter, A.(1997), Cultural competence in child welfare: What is it? How do we achieve it? What happens without it?, *Child Welfare*, 76(1), pp.255~278.

Mushi, S.(2004), Multicultural competencies in teaching: A typology of classroom activities, *Intercultural Education*, 15(2), pp.179~194.

Nieto, S.(2004), *Affirming Diversity: The Sociopolitical Context of Multicultural Education*(4th ed.), New York: Long-man.

Pope, R. L. & Reynolds, A. L.(1997), Student affairs core competencies: Integrating multicultural knowledge, awareness, and skills, *Journal of College Student Development*, 38, pp.266~277.

Reynolds, A. L.(2001), Multidimensional cultural competence: Providing tools for transforming psychology, *Counseling Psychologist*, 29, pp.833~841.

Sue, D. W. & Sue, D.(1999), *Counseling the culturally different: Theory and practice*(3rd ed.), New York: John Wiley.

Weaver, H. N.(2005), *Explorations in cultural competence: Journeys to the four directions*, Toronto: Brooks/Cole.

3장

강유진(1999), "한국 남성과 결혼한 중국 조선족 여성의 결혼생활 실태에 관한 ", 「한국가족관계학회지」, 4(2), pp.61~80.

김영순(2008), 『미디어와 문화교육』, 한국문화사.

김영순 외(2010), 『문화산업과 문화콘텐츠』, 북코리아.

김영순 외(2012), 『고등학교 사회문화』, 교학사.

김우현(2010), "다문화가정의 결혼초기 부부적응에 관한: 한국인 남편을 중심으로", 서울시립대학교 석사학위논문.

이미승 · 김갑숙(2008), "집단미술치료가 여성결혼이민자의 문화적응 스트레스와 결혼만족도에 미치는 효과", 「한국가족복지학」, 12(4), pp.123~143.

이은주(2010), "결혼이주여성 남편의 문화적 민감성, 부부의사소통, 성역활 태도가 결혼만족에 미치는 영향에 관한 ", 「경성통일논총」, 26(4).

이현우(2010), "결혼이주여성 배우자의 역기능적 의사소통 부부갈등에 미치는 영향: 사회적 지지의 매개, 조절효과 검증", 성결대학교 박사학위논문.

이혜경(2005), "혼인이주와 혼인이주 가정의 문제와 대응", 「한국인구학회지」, 28(1), pp.73~106.

조병은 · 신화용(1999), "남편이 은퇴한 부부의 상호작용 특성과 결혼만족도", 「한국노년학」, 19(1), pp.31~44.

지은진 · 최지명 · 김교헌 · 권선중 · 박은진 · 이민규(2012), "국제결혼이주여성의 문화적응 스트레스가 우울에 미치는 영향: 정서적 의사소통의 매개효과", 「한국건강심리학회지」, 17(1), pp.243~252.

최금혜(2006), "한국남성과 결혼한 중국 조선족 여성들의 한국 생활 적응에 관한 ", 서울대학교 대학원 박사학위논문.

허지숙(2010), "웹기반 협력학습에서 사회적 효능감 팀 내 상호작용 협력적 지식구성 간의 관계규명", 이화여자대학교 석사학위논문.

홍미기(2009), "결혼이주여성이 인지한 문화적응스트레스와 부부적응에 관한: 사회적 지지와 부부의 소통의 매개효과를 중심으로", 이화여자대학교 박사학위논문.

Brown, R., & T. Reinhold(1999), *Imago Relationship Therapy: An Iintroduction to Theory and Practice*, New York: JohnWiley & Sons.

Cooley, C. H.(1909), *Social Organization*, New York: Scribner.

David, W. Johnson & Roger, T. Jonhnson(2007), *Multicultural Educstion and Human Relations*, Prentice Hall, 김영순 외역(2010), 『다문화교육과 인간관계』, 교육과학사.

4장

김귀옥(2000), 『H월남인의 생활 경험과 정체성: 밑으로부터의 월남인』, 서울대학교 출판부.

김대현 · 김아영 · 강이화(2007), "중국인 대학원 유학생들의 학업적응 경험에 대한 근거이론적", 「아시아교육」, 8(3), pp.159 ~187.

김숙현 외(2006), 『한국인과 문화 간 커뮤니케이션』, 서울: 커뮤니케이션 북스.

김영옥 · 이규림(2012), "유아교사의 다문화 감수성 다문화교육 이해 및 태도의 관계: 다문화교수 효능감의 매개효과", 「한국유아교육학회」, 32(3), pp.197~223.

김영주 외(2012), 『유아의 다문화 감수성 키우기』, 울산: UUP.

김옥순(2008), "해외체류경험과 외국어 사용 능력에 따른 문화 간 감수성 수준의차이: 경기지역 대학생을 중심으로", 「미래청소년학회지」, 5(1), pp.45~67.

김정덕 · 모경환(2011), "문화성향과 다문화 감수성 관계", 「교육문화」, 17(3), pp.193~226.

김정화 · 김언주(2006), "아동이 지각한 교사신뢰 및 학습동기와 학교생활 적응간의 관계", 「아동교육」, 15(2), pp.117~129.

김현주 · 전광희 · 이혜경(1997), "국내 거류 외국인의 한국사회 적응과정에 관한: 문화 간 커뮤니케이션과 사회적 연결망을 중심으로", 「한국언론학보」, 40, pp.105~139.

모경환 · 황혜원(2007), "중등 교사들의 다문화적 인식에 대한: 수도권 국어 · 사회과 교사를 중심으로", 「시민교육」, 39(3), pp.79~100.

삼성경제소(2010), "국제유학시장의 최근동향과 시사점."

유네스코아시아(2009), 『다문화사회와 국제이해교육』, 파주: 동녘.

이정연(2010), "초등교사의 경험에 따른 다문화 민감성", 경인교육대학교 교육대학원 석사학위논문.

이채식(2012), "중국인유학생의 대학생활 적응 결정요인 분석", 「미래청소년학회지」, 9(2), pp.121~140.

임지혜 · 최정화(2009), "미디어 이용 실태와 문화적응에 관한: 국내 중국인유학생을 중심으로", 「교육문화」, 15(2), pp.183~206.

임수진 · 한규석(2009), "중국인 유학생이 겪는 심리적 부적응에 미치는 사회-심리적 요인 분석", 「한국심리학회지」, 6(3), pp.413~427.

전예은 외(2013), "외국인 학생을 지도하는 교수자의 적응경험에 관한 질적", 「문화교류」, 1(3), pp.89~109.

정지현 · 김영순(2012), "생산직 이주근로자 고용 한국 회사내 한국인 근로자의 다문화 감수성에 관한", 「교육문화」, 18(4), pp.139~162.

정현욱(1996), "대학생의 학교 적응에 영향을 미치는 요소에 관한", 「한국청소년통권」, 25, pp.83~101.

정혜욱(2012), "예비 유아교사의 문화성향이 다문화 교수효능감에 미치는 영향: 다문화 감수성의 매개효과", 「유아교육」, 32(3), pp.309~329.

주휘정(2010), "외국인 유학생의 국내대학 학습경험에 관한 질적", 「교육문제」, 36, pp.135~159.

한덕웅 · 전겸구 · 이창호(1991), "한국대학의 생활환경 변화와 대학생활 적응", 「성균관대학교 학생생활소」, 9(1), pp.5~169.

Baldwin, R. G. & Bauman, M. J.(2005), Options for Change: a Flexible Vehicle for *Curriculum Revoulation and Reform. Innovative Higher Education 30*(2), pp.89~98.

Berry, J. W.(1997), Immigration, Accuturation, and Adaptation, Applied Psychology. *An International Review* 46(1), 5~68.

Bennett, M. J.(1993), Towards ehtnorelativism: A developmental model of intercultural sensitivity, In R. M. Paige(Ed.), *Education for the intercultural experience*, Yarmouth, ME: Intercultural Prass.

Chen, G. M. & Starosta, W. J.(2000), *The development and Validtion of the Intercultural Sensitivity Scale*. Paper presented at the 86th annual meeting of the National Communication Association, Seattle, WA.

Garson, B.(2005), Teaching aboard: a cross-cultural journey, *Journal of education for Business*, 80(6), pp.322~326.

Mclean, C.(2002), Adjusting a new reality: teaching in Canada's North, *Education Canada*, 42(2), pp.24~27.

Okano, K. H.(2004), Koreans in Japan: a minority's changing relationship with schools, *International Review of Education*, 50(2), pp.119~140.

Peabody, Shelly Ann, Sedlacek & William E.(1982), Attitudes of Younger University Students Toward Older Students, *Journal of College Student Personnel*, 23, pp.140~143.

Qin, D. & Likes, M. B.(2006), Reweaving a Fragmented self: a Grounded Theory of Self-understanding among Chinese Women Students in the United States of America, International *Journal of Qualitative in Education*, 19(2), pp.177~200.

Redifield, R., Linton, R. & Herskovits, M.(1936), Insanity, Memorandum on the Study of Acculturation, *American Antbropologist*, 49, pp.701~708.

Smith, R., Moallem, M. & Sherrill, D.(1997), How preservice teachers think about cultural diversity: A closer look at factors which influence their beliefs towards equality,

Educational Foundations, pp.41~61.

Smith, R. A. & Khawaja, N. G.(2011), A review of The Accultura-tion Experiences of International Students, *International Journal of Intercultural Relations*, 35(6), pp.699~713.

5장

강경선(2012), "헌법과 민주시민교육의 방향", 「민주법학」, 50, pp. 305~341.

곽한영(2009), "헌법교육의 접근방식과 내용요소", 「법교육연구」, 4(1), pp.1~28.

곽한영(2010), "다문화교육정책의 문제점과 개선방안에 관한 연구-헌법상의 교육권 개념을 중심으로-", 「법교육연구」, 5(1), pp.1~26.

권순희 · 박상준 · 이경한 · 정윤경 · 천호성(2010), 『다문화사회와 다문화교육』, 교육과학사.

김남국(2005), "심의 다문화주의: 문화적 권리와 문화적 생존", 「한국정치학회보」, 39(1), pp.87~107.

김다현(2011), "다문화교육과 헌법교육", 「법교육연구」, 6(1), pp. 33~53.

김상겸(2007), 주요법령에 대한 주석서 발간(헌법-총강 및 기본권 부분), 한국헌법학회 학술연구용역 최종보고서.

김선택(2010), "다문화사회와 헌법", 「헌법학연구」, 16(2), pp.1 ~41.

김용신(2009), "한국 사회의 다문화교육 지향과 실행 전략", 「사회과교육」, 48(1), pp.13~25.

김용신(2010), "글로벌 시대 사회과 다문화교육의 방향", 「사회과교육」, 49(1), pp.47~56.

김현철(2009), "헌법교육에서 무엇을 가르칠 것인가?", 「법교육연구」, 4(1), pp.89~101.

박성혁(2006), "법교육의 역사와 현황 그리고 발전 방향", 「법교육연구」, 1(1), pp.53~71.

성낙인(2013), 『헌법학』, 법문사.

성선제(2012), "다문화사회의 헌법적 기초", 「홍익법학」, 13(4), pp.119~144.

오승호(2011), "다문화사회의 헌법교육 모색-헌법 애국주의 관점에서-", 「법교육연구」, 6(1), pp.77~111.

이성순(2010), "이민자 사회통합정책의 현황과 과제: 사회통합프로그램을 중심으로", 「사회과학연구」, 21(4), pp.165 ~187.

이용일(2007), "이민과 다문화사회로의 도전-독일의 이민자 사회통합과 한국적 함의-", 「서양사론」, 92, pp.219 ~254.

전제철(2010), "다문화 법교육의 가능성 탐색", 「법교육연구」, 5(1), pp.209~233.

전제철(2013), "다문화 인권교육의 관점에서 본 초등 사회과 교육과정", 「시민교육연구」, 45 (1), pp.103~124.

정상희 · 박우순 · 최영호 · 전성현 · 김병찬 · 조동제 · 전만길 · 정남기 · 한덕희 · 송유진 · 최순 · 정익준 · 조규판 · 정연근 · 황미혜(2009), 글로벌다양성 전문가를 위한 사회 통합프로그램 한국사회이해 과정 표준교안 개발, 동아대학교 동아시아연구원.

정종섭(2013), 『헌법학원론』, 박영사.

최영신 · 최민영 · 강성의 · 강혜숙 · 한일남(2011), 『법치주의 확립을 위한 법교육 프로그램(Ⅲ)-결혼이주여성의 사회통합을 위한 법교육 프로그램 개발 연구-』, 한국형사정책연구원.

허종렬 · 고영은 · 권영미 · 권혜정 · 김보현 · 박형근 · 이윤경 · 이지혜 · 한희택(2009), 초등학교 헌법교육 현황 및 개선방안과 교재개발 방안 연구, 서울교육대학교 법교육연구소, 법무부 법교육팀.

Banks, J. A.(2009), 『다문화 시민교육론』, 김용신 · 김형기 역, 서울:교육과학사.

Banks, J. A.(2010), 『다문화교육 입문』, 모경환 외 역, 아카데미프레스.

Center for Civic Education(1994), *National standards for civics and government*, Center for Civic Education.

Christine I. Bennett(2009), 김옥순 외 역, 『다문화교육 이론과 실제』, 학지사.

Duane E. Campbell(2012), 김영순 외 역, 『민주주의와 다문화교육』, 교육과학사.

Parekh, Bhikhu(2000), *Rethinking Multiculturalism*, Cambridge: Harvard University Press.

Taylor, Charles(1997), Cross-Purposes: the Liberal-Communitarian Debate, *Philosophical Arguments*, Cambridge: Harvard University Press.

6장

교육과학기술부(2010), 『교과부 '창의 · 인성교육 기본방안' 발표-창의와 배려의 조화를 통한 인재 육성 추진』, 보도자료 2010.1.4.

교육과학기술부(2012a), 『아이들의 창의성! 대학생 형, 누나가 길러줘요~! 대학생 교육기부 창의적 체험활동, 쑥쑥 캠프(SocSoc Camp) 운영』, 보도자료 2012.8.3.

교육과학기술부(2012b), 『12년도 상반기 교육기부 기관 및 동아리 78개 선정-'11년부터 총 140개 교육기부 기관에 교육기부 마크 부여-』, 보도자료 2012.8.7.

교육기부 최종보고회. 용산전쟁박물관. 2013.2.22.

교육기부포털. http://www.teachforkorea.go.kr(검색일: 2013. 1.3.)

구정화·박선웅(2011), "다문화 시민성 함양을 위한 다문화교육의 목표 체계 구성", 「시민교육연구」, 43(3), pp.1~27.

김영순(2010), "다문화사회와 시민교육: '다문화 역량'을 중심으로", 「시민인문학」, 18, pp. 33~59.

김영순·윤희진(2010), "다문화 시민성을 위한 스토리텔링 활용 문화교육 방안", 「언어와 문화」, 6(1), pp.27~46.

네이버카페 '새로운 창의체험! SOCSOC캠프.'http://cafe.naver.com/socsoccamp(검색일: 2012.12.10.)

모경환·이정우(2004), "'좋은 시민'에 대한 학생들의 인식 조사 연구", 「시민교육연구」, 36(1), pp.63~82.

박휴용(2012), "다문화주의에 대한 비판적 이해와 비판적 다문화교육론", 「교육철학연구」, 34(2). pp.49~77.

서미옥·배상식(2010), "다문화가정 초등학생과 초등 예비교사의 멘토링에 대한 인식", 「열린교육연구」, 18(4), pp.130~151.

송현정(2003), "사회과교육의 목표로서 시민성의 의미에 대한 연구", 「시민교육연구」, 35(2), pp.45~70.

심성보(2008), "자원봉사활동을 넘어서는 봉사학습과 시민교육의 홀리스틱 결합 모색", 「홀리스틱교육연구」, 12(3), pp.1~15.

심승우(2011), 다문화 민주주의의 이론적 기초: 소수자의 주체성과 통치성을 중심으로, 성균관대학교 박사학위논문.

원미순·박혜숙(2010), "자원봉사활동 경험이 시민의식에 미치는 영향", 「한국거버넌스학회보」, 17(3), 225~245.

유승무·이태정(2006), "한국인의 사회적 인정 척도와 외국인에 대한 이중적 태도", 「담론」, 201, 9(2), 275~311.

윤경원·엄재은(2009), "다문화 멘토링에 관한 질적 연구", 「교육사회학연구」, 19(3), pp. 101~124.

은지용(2002), "청소년 봉사활동 반성 경험이 시민성에 미치는 효과 연구", 서울대학교 박사학위논문.

이승훈(2002), "한국 사회의 '시민됨'형성 과정-자발 결사체 참여 경험을 중심으로-", 연세

대학교 박사학위논문.

정소민 · 김영순 · 강현민(2012), "청소년체험활동자원을 활용한 교외 창의적 체험활동 활성화 방안", 「교육문화연구」, 18(2), pp.165~195.

정소민(2013), "대학생의 교육기부활동 경험을 통한 다문화 시민성 형성과정에 관한 연구", 한국언어문화교육학회 제8차 국제학술대회 발표자료집, pp.103~116.

정진경(2012), "자원봉사 개념의 재해석과 통합적 적용의 탐색", 「한국사회복지행정학」, 14(3), pp.31~52.

조현준 · 김이성 · 박태윤(2011), "정부 출연 연구기관의 창의적 체험활동 활성화를 위한 교육기부활동 참여에 대한 교사들의 인식과 요구 분석", 「학습자중심교과교육연구」, 11(4), pp.393~417.

통계청(2012), 『2011 한국의 사회지표』, 보도자료 2012.3.15.

한국과학창의재단(2012), 『대학생 교육기부단 운영 '창의적 체험활동 캠프''SOC, SOC Camp'추진계획(안)』(보고용) 2012.6, 교육기부센터 대학교육기부지원팀.

행정안전부(2012), 『2012 지방자치단체 외국인주민 현황』, 2012.8.10.

현남숙(2010), "다문화 시민성 확립을 위한 의사소통교육의 중요성", 「시대와 철학」, 21(4), pp.335~362.

황미애(2009), "외국인의 사회경제적 지위에 따른 학생들의 차별적 태도 연구", 「시민교육연구」, 41(3), pp.205~226.

Banks, J. A.(1996), Foreword. In W. C. Parker(Eds.), *Educating the Democratic Mind*(pp. xi-xii ii), Albany: State University of New York Press.

Banks, J. A.(2008a), 모경환 외 역(2008), 『다문화교육 입문』, 아카데미프레스.

Banks, J. A.(2008b), Diversity, Group Identity, and Citizenship Education in a Global Age, *Educational Researcher*, 37(3), pp.129~139.

Campbell, D. E.(2012), 김영순 외 역, 『민주주의와 다문화교육 다문화교육을 위한 실천적 가이드』, 교육과학사.

Crenson, M. A. & Ginsberg, B.(2002), 서복경 역(2013), 『다운사이징 데모크라시』, 후마니타스.

Creswell, J. W.(2007), 조흥식 외 역(2010), 『질적 연구방법론 2판 다섯 가지 접근』, 학지사.

Davies, I., Gregory, I., & Riley, S. C.(1999), *Good Citizenship and Educational Provision*, London: Falmer Press.

Dewey(1916), 김성숙 · 이귀학 역(2008), 『민주주의와 교육/철학의 개조』, 동서문화사.

Dover, G. J.(2010), Public Sector Volunteering: Committed Staff, Multiple Logics, and Contradictory Strategies, *Review of Public Personnel Administration*, 30(2), pp.235~256.

Dusi, P., Steinbach, M. & Messetti, G.(2012), Citizenship education in multicultural society: Teachers'practices, *Procedia-Social and Behavioral Sciences*, 69, pp.1410~1419.

Faulks, K.(2000). 이병천 · 이종두 · 이세형 역(2005), 『시티즌십』, 아르케.

Freire(1998), 사람대사람 역(2007), 『자유의 교육학: 민주주의와 윤리 그리고 시민적 용기』, 아침이슬.

Gay, G.(1997), The Relationship between Multicultural and Democratic Education, *The Social Studies*, 88(1), pp.5~11.

Giroux, H. A.(1998), 이경숙 역(2001), 『교사는 지성인이다』, 아침이슬.

Gutiérrez, L. M.(1990), Working with Women of Color: An Empowerment Perspective, *Social Work*, 35(2), 149~153.

Haski-Leventhal, D., Meijs, L. C. & Hustinx, L.(2009), The Third-party Model: Enhancing Volunteering through Governments, Corporations and Educational Institutes, *Journal of Social Policy*, 39(1), pp.139~158.

Howard, G. R.(1999), *We Can't Teach What We Don't Know: White Teachers, Multiracial Schools*, New York: Teachers College Press.

Hustinx, L.(2010), Institutionally Individualized Volunteering: Toward a Late Modern Re-Construction of a Dwindl-ing Phenomenon, *Journal of Civil Society*, 6(2), pp.165~179.

Kymlicka, W.(1995), 장동진 · 황민혁 · 송경호 · 변용환 역(2010), 『다문화주의 시민권』, 동명사.

Ladson-Billings, G.(2003), New Directions in Multicultural Education: Complexities, Boundaries, and Critical Race Theory, In J. A. Banks, & C. A. M. Banks(Eds.), *Handbook of Research on Multicultural Education*, 2nd Edition(pp.50~65). San Francisco: Jossey-Bass Publishers.

Lauder, H., Brown, P., Dillabough, J.-A., & Halsey, A. H.(2006), 강순원 편역(2011), "제3부 교육, 글로벌화 그리고 사회변화: 1997년 이후", 『우리 시대를 위한 교육사회학 다시 읽기: 교육복음과 신자유주의를 넘어서』(pp.252~392). 한울.

Lichterman, P.(2006), Social capital or group style? Rescuing Tocqueville's insight on civic engagement, *Voluntas: International Journal of Voluntary and Nonprofit Organizations*, 18(3), pp.225~240.

May, S.(1999), Critical Multiculturalism and Cultural Difference: Avoiding Essentialism. In S. May(Ed.), *Critical Multiculturalism: Rethinking Multicultural and Antiracist Education*(pp.12~45), UK: Falmer Press.

Nieto, S.(2002), Language, Culture, and Teaching: *Critical Perspectives for a New Century*, London: Lawrence Erlbaum Associates.

Nussbaum, M. C.(2010), *Not for Profit: Why Democracy needs Humanities*, New Jersey: Princeton University Press.

Oxfam(2006), *Education for Global Citizenship: A Guide for Schools*, Retrieved January 12, 2013, from http://www.oxfam.org.uk/education/global-citizenship

Parker, W. C.(1996), Introduction: Schools as Laboratories of Democracy, In W. C. Parker(Ed.), *Educating the Democratic Mind*(pp.1~22), Albany: State University of New York Press.

Seidman, I.(2006), 박혜준·이승연 역(2009), 『질적 연구 방법으로서의 면담 교육학과 사회과학 분야의 연구자들을 위한 안내서』, 서울: 학지사.

Sleeter, C. E. & McLaren, P.(1995), Introduction: Exploring Connections to Build a Critical Multiculturalism, In C. E. Sleeter & P. McLaren(Eds.), *Multicultural Education, Critical Pedagogy, and the Politics of Difference*(pp.5~32), Albany: State University of New York Press.

7장

김선아(2011), "다문화미술교육을 위한 교사교육의 방향 탐색", 「미술과 교육」, 12(1), pp.27~50.

교육과학기술부(2011), 『교육과학기술부 고시』, 제2011-361호, 미술과 교육과정.

교육부(2013), 교육부 보도자료, 2013년 3월 12일.

박은덕, 허태연(2009), "다문화에 기초한 초등 미술 감상 수업 연구", 「교원교육」, 한국교원대학교 교육연구원. 25(3), pp.220~240.

박순덕, 김영순(2012), "미술과 교육과정분석을 통한 다문화미술교육 방향 연구", 「미술교육논총」, 26(2), pp.331~358.

송선희, 이화식(2011), "다문화교육을 위한 초등학교 미술과 교육과정 개발 연구", 「한국초 등미술교육학회」, 29, pp.155~175.

신경림 역(2001), 『근거이론의 단계』, 서울: 현문사, Strauss and Corbin(1998), Basics of Qualitative Research. CA: sage.

안혜리(2011), "다문화미술교육의 현황과 대안", 「미술교육논총」, 25(3), pp.1~26.

원진숙(2009), "초등학교 다문화 가정 학생을 위한 언어 교육 프로그램", 「한국초등국어교 육」, 40.

이우종 외(2011), 『초등학교 미술 지도서』, 서울: 천재교육.

이지현 외(2009), "고구려 고분벽화 무용총의 다시점 표현을 통한 초등학교 1, 2학년 대상 다문화미술 프로그램 개발", 「한국디자인포럼」, 23, pp.67~76.

장덕희, 신효선(2010), "다문화가정 자녀의 학교부적응에 미치는 환경요인", 「청소년학연 구」, 17(3), pp.123~147.

행정안전부(2012), 『외국인 주민현황 조사 결과』, 보도자료 8월 9일, 서울: 행정안전부.

홍은미, 김선아(2009), "다문화미술교육에 대한 예비, 현직 교사의 인식과 교사교육의 방 향", 「미술교육논총」, 23(1), pp.149~174.

Mcfee, J. K. & Degge, R. M.(1977), *Art, Culture, and Environment*, California: Wadsworth Publishing company.

Mcfee, J. K.(1991), Art Education Progress: A Field of Dichotomies or a Network of Mutual Support, *Studies in art education A Journal of Issues and Research*, 32(2), pp.70~82.

Stuhr, P. L.(1994), Multicultural Art Education and Social Reconstruction, *Studies in art education A Journal of Issues and Research*, 35(3), pp.171~178.

8장

강명구(1993), 『소비대중문화와 포스트모더니즘』, 서울: 민음사.

교육인적자원부(2001), 『국내 외국인 유학생 유치확대 종합방안(안)』, 서울.

교육인적자원부(2004), 『외국인 유학생 유치확대 종합방안 ('Study Korea'프로젝트)』, 서울.

김선남(2007), "외국 유학생의 국내 대학적응을 위한 커뮤니케이션 전략 연구", 「정치 · 정보

연구」, 10(1), pp.185~206.

김진영(2003), "미디어 의존 이론 연구: 미국 유학생들의 인터넷 이용, 민족 정체성, 미디어 의존, 그리고 인지적, 행동적 변화와의 관계를 중심으로", 「언론과학연구」, 3(2), pp.119~154.

김현주 · 전광희 · 이혜경(1997), "국내 거류 외국인의 한국 사회 적응과정에 관한 연구 -문화간 커뮤니케이션과 사회적 연결망을 중심으로", 「한국언론학보」, 40, pp.105~139.

신경림 역(1997), 『질적간호연구방법』, 서울: 이화여자대학교 출판부.

안영진 · 최병두(2008), "우리나라 외국인 유학생의 이주 현황과 특성", 「한국경제지리학회지」, 11(3), pp.476~491.

이창현(2000), "탈북자들의 남한방송 수용과 문화적응", 「한국방송학보」, 14(2). pp.151~186.

정진경 · 양계민(2004), "문화적응이론의 전개와 현황", 「한국심리학회지」, 23(1), pp.101~136.

한승희(1998), "대중문화학습: 현대문화연구와 성인학습연구의 접합", 「교육인류학연구」, 1(1), pp.157~184.

홍기선(1985), 『커뮤니케이션론』, 서울: 나남.

황해연(2007), "한중국유학생의 대인관계문제와 대학생활적응 간의 관계", 서울대학교 대학원 교육학과 교육상담전공 석사 학위논문.

Argyle, M.(1969), *Social interaction*, London: Methuen.

Ball-Rokeach, S. J. & DeFleur, M.(1976), A dependency model of mass media effects, *Communication Research*, 3(1), pp.3~21.

Ball-Rokeach, S. J. & Loges, W. E.(1996), Making choices: Media roles in the construction of value-choices, In C. Seligman, J. M. Olson & M. P. Zanna(Eds.), *The psychology of values: The Ontario Symposium*, 8, Mahwah, N. J.: Lawrence Erlbaum.

Ball-Rokeach, S. J. & DeFleur, M.(1985), The origins of individual media-system dependency: A sociological framework, *Communication Research*, 12(4), pp.485~510.

Berry, J. W.(1990), Psychology of acculturation: Understanding individuals moving between culture. In R. Brislin(Ed.), *Applied cross-cultural psychology*(pp.232~253), Newbury Park, CA: Sage.

DeFluer, M. L. & Ball-Rokeach, S.(1989), *Theories of mass communication*(5th Eds.), New York: Longman Inc.

Kim, Y.(1997), Communication Patterns of Foreign Immigrants in the Process of Acculturation, *Human Communication Research*, 4(1), pp.66~77.

Marshall, C. & Rossman, G.(1999), *Designing qualitative research*, Thousand Oaks: Sage.

Rogers, A.(1992), *Adult learning for development*, London: Cassell Educational Limited.

Skumanich, S. A. & Kintsfather, D. P.(1998), Individual media dependency relations within television shopping programming, *Communication Research*, 25(2), pp.200~219.

인하대학교 국제교류팀 내부자료 참조.

교육인적자원부(http://www.mest.go.kr).

9장

구정화·박선웅(2011), "다문화 시민성 함양을 위한 다문화교육의 목표 체계 구성", 「시민교육연구」, 43(3), pp.1~27.

김민경(2010), "대학생의 다문화 역량에 관한 연구", 「한국생활과학회지」, 19(6), pp.945~965.

김성숙(2011), "저숙련 이주노동자의 경제적 생활 적응에 관한 연구", 「한국시민윤리 학회보」, 24(2), pp.69~95.

김승만(2011), "한국에서 이주노동자들의 노동현실. 정세와 노동", 「정세와 노동」, (67), pp.52~59.

김수재(2008), "외국인 노동자의 문화적 갈등과 대응-인도네시아 노동자를 중심으로", 「民族文化論叢」, 38, pp.153~184.

김영란(2008), "한국사회에서 이주노동자의 사회문화적 적응에 관한 연구", 「담론 201」, 11(2), pp.103~138.

김영미(2009), "한국사회 다문화정책의 방향성: 이주노동자 정책을 중심으로", 「지역사회」, (61), pp.74~78.

김영순(2010), "다문화사회를 위한 시민인문학; 다문화사회와 시민교육: "다문화 역량"을 중심으로", 「시민인문학」, 18, pp.33~59.

김영순 외 역(2010), 『다문화교육과 인간관계』, 교육과학사.

김옥순(2008), "한·중 예비교사들의 문화간 감수성 비교연구", 「비교교육연구」, 18(1), pp.193~217.

김용환(2010), "이주근로자의 고용허가제 정착을 위한 관련법제 개선방향에 관한 연구"「노동법포럼」, 5, pp.94~130.

김진희(2010), "이주노동자 지원센터와 지역사회의 다문화적 학습탐색", 「평생교육학연구」, 16(3), pp.151~182.

류정순(2003), "한국의 외국인 노동자 정책", 「기념논문집」, 2003 (1), pp.11~42.

민성혜·이민영(2009), "대학생의 문화적 역량에 관한 탐색적 연구", 「청소년복지연구」, 11(1), pp.183~206.

박남수(2000), "다문화사회에 있어 시민적 자질의 육성", 「社會科教育」, (33), pp.101~117.

박주희·정진경(2008), "타 문화에 대한 태도 발달검사의 타당화 연구", 「한국심리학회지 사회 및 성격」, 22(1), pp.1~21.

박진완(2010), "이주노동자권리협약에 규정된 권리들의 헌법적합성에 대한 검토", 「世界憲法研究」, 16(2), pp.139~170.

법무부 출입국·외국인 정책 본부, 2014년 2월호.

배재정(2010), "유아교사의 다문화적 감수성 발달 및 평가 방안 탐색", 「어린이미디어연구」, 9(3), pp.143~165.

선미란(2011), "이주노동자와 노동법에 관련된 문제에 관한 소고", 「高凰論集」, 48, pp.167~189.

설동훈(2009), "한국사회의 외국인 이주노동자-새로운 "소수자 집단"에 대한 사회학적 설명", 「사림」, 34, pp.53~77.

이규림·김영옥(2012), "유아교사의 다문화 감수성, 다문화교육 이해 및 태도의 관계: 다문화 교수효능감의 매개효과", 「유아교육연구」, 32(3), pp.197~223.

이종희(2012), "다문화사회와 사회통합: 독일사례를 중심으로", 「한독사회과학논총」, 22(2), pp.53~84.

정재각(2011), "독일의 이주정책과 사회통합간의 갈등에 관한 연구", 「한독사회과학 논총」, 21(3), pp.79~106.

정혜욱(2012), "예비 유아교사의 문화성향이 다문화 교수효능감에 미치는 영향: 다문화 감수성의 매개효과", 「유아교육연구」, 32(3), pp.309~329.

조현상(2009), "한국 다문화주의의 특징과 정책방향에 관한 연구", 원광대학교, 박사논문.

崔京玉(2011), "한국의 다문화가족지원법상 이주근로자와 그 가족의 기본권", 「公法學硏

究」, 12(1), pp.21~62.

최병두 · 김영경(2011), "외국인 이주자의 관련 정책 및 지원 활동에 관한 인식"「한국지역지
리학회지」, 17(4), pp.357~380.

최충옥(2009), "외국의 다문화교육정책 동향과 시사점", 「비교교육연구」, 19(2), pp.175~191.

최충옥 외(2010), 『다문화교육의 이해』, 양서원.

한수진 · 정진경(2012), "초등학생의 다문화경험과 문화간 감수성의 관계", 「아동과 권리」,
16(1), pp.173~194.

함한희(1997), "외국인 노동자의 갈등과 적응", 「노동연구」, 13, pp.99~129.

Banks and Banks(2004), Teaching for social justice, diversity, and citizenship in a global
world, *The educational forum*, volume 68, summer.

Banks, J. A.(1988), *Multiethnic education: Theory and practice*, Boston: Allen & Bacon.

Bennett, M. J.(2004), Becoming Interculturally Competent, In J, Wurzel(Ed.), *Toward
Multiculturalism: A Reader in Multicultural Education*(2nd Ed.), Newton, MA:
Intercultural Resource Corporation.

Bennett, M. J.(1993), Towards ethnorelativism: A developmental model of intercultural
sensitivity. In R. M. Paige (Ed.), *Education for the intercultural experience*(pp.21~71).
Yarmouth, ME: Intercultural Press.

Bhawuk, D. & Brislin, R.(1992), The measurement of international sensitivity using the
concepts of individualism and collectivism, international Journal of intercultural
Relation, 16(4), pp.413~436.

Chen, G. M. & Starosta, W. J.(1994), Intercultural Sensitivity, In Samovar L., & Porter, R.
(Eds). *Intercultural communication: a reader*(7th ed), Belmont, CA: Wadsworth.

David W. Johnson & Johnson, 김영순 외 공역(2010), 『다문화교육과 인간관계』, 교육 과
학사.

Gudykunst, W. B. & Kim, Y. Y.(1984), *Communicating with strangers: An approach to
intercultural communication*, MA: Addison-Wesley.

Vygotsky, L. S.(1978), *Mind in society: the development of high processes*, Cambridge, MA:
Havard University Press.

10장

김명정(2011), "동반·중도입국 자녀들을 위한 다문화교육", 「교육문화연구」, 17(2). pp.55
~76.

김민정·김선희(2012), "중도입국청소년의 사회적응 프로그램 개발을 위한 성인교육의 과
제", Andragogy Today, 12(4). pp.113~147.

김영순·박봉수·팜티휀짱(2012), "중도입국청소년의 문화적응 중심 재사회화 경험에 관
한 질적 연구", 「언어와 문화」, 8(3). pp.39~65.

김옥남·김영화(2009), "도시지역 여성결혼이민자의 재사회화에 관한 질적 연구", 「교육사
회학연구」, 19(1). pp.55~80.

류방란 외(2011), 『외국출생 동반입국 청소년을 위한 교육복지 정책방안』, 한국여성정책연
구원·한국교육개발원.

류방란·오성배(2012), "중도입국 청소년의 교육 기회와 적응 실태", 「다문화교육연구」,
5(1). pp.29~50.

류승규(2004), "교장역할에 대한 교사의 기대와 수행 차지 분석: 충청남도 공업계 고교를
중심으로", 석사학위 논문 한서대학교.

박봉수(2013), "중도입국청소년 초기 한국사회 적응에 관한 질적 연구", 석사학위논문 인하
대학교.

박순천(2009), "중학교 교사가 지각하는 보직교사의 역할 수행에 대한 기대수준과 실행수
준", 석사학위 논문 인천대학교.

박영신·김의철(2013), 『한국인의 성취의식』, 교육과학사.

설동훈(2010), 『다문화가족 자녀 양육지원 방안-영유아·초등학생·중도입국자녀를 중심
으로』, 여성가족부 연구보고서 2010-66.

성상환 외(2010), 『다문화가정 동반. 중도입국 자녀 교육 수요 및 지원방안』, 교육과학기술
부 연구보고서.

양계민·조혜영(2011), 『중도입국청소년 실태조사』, 무지개청소년센터·한국여성정책연원.

양춘·박상태·석현호(1990), 현대사회학, (주)민영사.

오성배 외(2012), "중도입국청소년의 진로의식, 진로준비행동과 사회적 지원 실태 탐색", 중
등교육연구, 60(2), pp.517~552.

이미정·이훈재·박봉수(2012), "결혼이민여성 시어머니 생활 경험 연구", 언어와 문화」,
8(1), pp.123~143.

이재림·김지애·이윤주·진윤아(2012), "아버지의 부모역할 수행과 자녀의 발달특성의 관

련성 매타분석", 「한국가족관계학회지」, 17(1), pp.151~173.

이철우(2011). 신사회학 초대, (주)학지사.

장명선 외(2011), 『중도입국청소년 현황과 지원방향』, 서울시여성가족재단 연구보고서 2011-정책개발-017.

전경숙 · 이의정(2012), "다문화가정 중도입국 자녀 초기적응 방안 연구", (재)경기도가족여성연구원 정책보고서 2012-06.

정경진 · 양계민(2004), "문화적응이론의 전개와 현황", 「한국심리학회지」, 23(1), pp.101~136.

조혜영 · 양계민(2012), "중도입국청소년 학업실태 및 진로포부에 대한 탐색적 연구", 「청소년복지연구」, 14(3), pp.141~168.

최운선(2007), 국제결혼 이주여성의 사회문화 적응에 관한 연구, 「아시아여성연구」, 46(1), pp.141~181.

한광훈 · 박봉수(2012), "국제 유학생의 여가활동에 대한 실증연구", 「문화교류연구」, 1(1), pp.157~178.

허묘연(2000), "청소년이 지각한 부모양육행동 척도 개발 연구", 박사학위논문, 이화여자대학교.

현미숙(2003), "아동부모교육 · 상담을 위한 부모역할지능 척도의 개발과 타당화", 박사학위논문, 숙명여자대학교.

여성가족부(2012), 『다문화가족지원정책 기본계획(2010~2012)』.

출입국 · 외국인정책본부(2011), 『2011 출입국 외국인 통계연보』, http://www.immigration.go.kr

통계청(2010), 『동반 · 중도입국청소년 통계』, http://www.kostat.go.kr

Banks, J. A.(2007), *An Introduction to Muiticultural Education*, 모경환 외 역(2008), 『다문화교육입문』, 서울: 아카데미.

Berry, J. W.(2002), Conceptual Approaches to Acculturation-Advances. In K. Chun., P. Organista & G. Marin(Eds.), *Theory, Measurement, and Applied Research*, Washington DC: American Psychological Association.

Campbell, D. E.(2010), *Choosing Democracy*: A Practical Guide to Multicultural Education, 김영순 외 역(2012), 『민주주의와 다문화교육』 제4판, 서울: 교육과학사.

Giddens, A.(1992), *Sociology* 4th edition, 김미숙 외 옮김(2003), 『현대사회학』, 서울: 을유문화사.

Lamb, M. E.(1986), The changing roles of fathers. In M. Lamb(Ed.), *The father's role:Applied perspectives*(pp.3~28). New York: Wiley.

Palkovitz, R.(1997), Reconstructing "involvement": Expanding conceptualization of men's caring in contemporary families. In A. Hawkins & D. Dollahite(Eds.). *Generative fathering:Beyond deficit perspective*(pp.200~216). CA: Sage.

Reeve, J.(2011). *Understanding Motivation and Education*. 정봉교 외 역(2011).『동기와 정서의 이해』제5판, 서울: 박학사.

11장

교육과학기술부(2006),『다문화가정 자녀 교육지원 대책』.

교육과학기술부(2007),『2007년 개정 교육과정 개요』.

국회입법조사처(2011),『현장조사보고서 제21호』, 다문화교육의 현황과 과제.

김선미 · 김영순(2008),『다문화교육의 이해』, 한국문화사.

김미순(2012), "다문화 지역사회에 대한 학생들의 인식과 지리교육적 함의: 안산시 사례로",「현대사회와 다문화」, 2(1), pp.234~269.

김선아(2012),『다문화교육에서 문화예술의 가치와 역할』, 다문화교육 심포지엄 -문화예술기반 다문화교육 인력양성의 새로운 모색-, 문화체육관광부 · 한국문화예술교육진흥원.

김현덕(2009), "다문화사회의 도래와 국제이해교육의 역할",『다문화사회와 국제이해교육』, 유네스코 아시아 · 태평양 국제이해교육원.

김홍운 · 김두정(2008), "다문화교육에 대한 초등학교 교사들의 인식에 관한 연구",「교육연구논총」, 29(2), pp.41~63.

모경환 · 황혜원(2007), "중등 교사들의 다문화적 인식에 대한 연구-수도권 국어, 사회과 교사를 중심으로-",「시민교육연구」, 39(3), pp.79~100.

박순희 · 김선애(2012), "초기 청소년의 문화적 경험과 다문화인식: 개방성-수용성-존중성과의 관계-G광역시를 중심으로-",「청소년학연구」, 19(7), pp.27~50.

변정현(2011), "문화교류 활동과 다문화인식 변화에 관한 연구",「문화예술교육연구」, 6(4), pp.163~185.

서종남(2012),『다문화교육 이론과 실제』, 학지사.

신수진 · 한성희 · 이규옥(2011), "다문화 장애아동 교육에 대한 특수교사의 경험과 그 의미", 「특수교육저널: 이론과 실천」, 12(1), pp.299~328.

안병환(2012), "고등학교 학생들의 다문화교육에 대한 인식과 태도 연구", 「홀리스틱교육연구」, 16(2), pp.43~66.

양영자(2011), 『가정연계 다문화교육 활동이 유아와 어머니의 다문화인식에 미치는 영향』, 박사학위논문 배재대학교.

오은순(2010), "다문화교육을 위한 교수 · 학습프로그램", 『다문화교육의 이해』, 양서원.

오은순(2012), "다문화교육을 위한 교수 · 학습방법", 『다문화교육의 이해와 실천』, 학지사.

유기웅 · 정종원 · 김영석 · 김한별(2012), 『질적연구방법의 이해』, 박영사.

전영은(2012), "꿈다락 토요문화학교 '국경없는마을 RPG'참여 고등학생의 다문화 체험교육 경험에 관한 연구", 「한국다문화교육연구학회 2012년 하반기 학술대회」, 포스터 발표 91.

정문성 · 석문주 · 모경환 · 김해경(2011), 『2011 문화예술교육 효과성 연구』, 한국문화예술교육진흥원.

차윤경 · 김미영 · 김선아(2011), 『예술로 배우는 다문화』, 대교출판.

최문성 · 김순자(2011), "다문화가정 아동들의 실태와 다문화교육에 대한 초등교사들의 인식에 관한 연구", 「초등도덕교육」, 36, pp.309~333.

최성환 · 이진아(2012), "다문화사회에서의 '한국 전통음악'의 역할: 다문화교육에서 문화예술교육의 위상을 중심으로", 「다문화콘텐츠연구」, 12, pp.285~316.

최진우(2011), 『다문화인식증진 프로그램이 초등학생의 다문화아동에 대한 인식에 미치는 영향』, 석사학위논문 전주교대 교육대학원.

황순영(2012), 『다문화교육의 이론. 국제이해교육의 이론과 실제』, 학지사.

Banks, J. A.(2007), 모경환 외 역(2008), 『다문화교육입문』, 아카데미프레스.

Fritz, W. & Mollenberg, A. & Chen, G. M.(2001), *Measuring Intercultural Sensitivity in Different Cultural Context*. International Association for Intercultural Communication Studies(Hong Kong, July 24~29, 2001).

Larke, P. J.(1990), *Cultural Diversity Awareness Inventory: Assessing the Sensitivity of Pre-service Teachers*, 12(3), pp.23~30.

Ramsey, P. G.(2004), *Teaching and Learning in a diverse world*(3rd ed.). TEACHERS COLLEGE PRESS.

Rothfard, S. H.(1992), *Perceptions of Intergroup Relations in Secondary Schools of Dade County*

Public Schools:Results of the Student Multicultural Relations Survey, Dade County Public Schools, Miami, FL.

Salili. F. & Hoosain. R.(2001), *Multicultural Education:history,issues,and practices*, In F. Salili & R. Hoosain(Eds.), Multicultural education-issues, policies, and practices (1~14). IAP.

Seidman L.(2006), 박혜준 외 역(2009), 『질적연구방법으로서의 면담: 교육학과 사회과학 분야의 연구자들을 위한 안내서』, 학지사.

12장

경기도다문화교육센터 편(2009), 『다문화교육의 이론과 실제』 개정판, 양서원.

경기도·경기도사이버도서관 편(2009), 『다문화사회에서 도서관의 역할』, 경기도 도서관 정책세미나, 2009년 4월 22일, 안산중앙도서관.

국립중앙 도서관 홈페이지. ⟨http://multiculture.dibrary.net⟩. [인용 2013.10.2].

노지현(2009), "한국 도서관계의 다문화서비스 방향 모색: 미국 공공도서관의 사례를 참고 하여", 「한국도서관·정보학회지」, 43(2), pp.5~27.

법무부(2013), 『2013년 중앙행정기관 외국인정책 시행계획: 제2차 외국인정책 기본계획 2013~2017』, 법무부 외국인 정책위원회.

박영도 외(2008), 『다문화사회 문화적 지원을 위한 법률제정안 연구』, 문화체육관광부, 한국 법제연구원.

서종남(2010), 『다문화교육-이론과 실제』, 학지사.

안인자·박미영(2011), "공공도서관 다문화프로그램 사례 분석과 개선방안 연구", 「한국문 헌정보학회지」, 45(3), pp.279~301.

이경란·한복희(2009), "공공도서관의 다문화서비스 운영에 관한 연구", 「사회과학연구」, 20(2). pp.47~74.

이재경 외(2010), 『대학생 다문화 감수성 함양 교육 모듈 개발 연구』, 문화체육관광부.

이종권·노동조(2011), 『공공도서관 서비스 경영론』, 문현.

이연옥·장덕현(2013), "공공도서관의 이주민서비스 전략 연구", 「한국도서관·정보학회 지」, 44(1), pp.357~384.

인천광역시 미추홀도서관 홈페이지. ⟨http://www.michuhollib.go.kr/⟩ [인용 2013.10.2].

인천광역시 부평도서관 홈페이지. ⟨http://www.bpl.go.kr/⟩ [인용 2013.10.4].

인천광역시 수봉도서관 홈페이지. ⟨http://www.slib.or.kr/⟩ [인용 2013.10.2].

인천광역시 연수도서관 홈페이지. 〈http://www.yslib.go.kr/〉 [인용 2013.10.9].

인천광역시 영종도서관 홈페이지. 〈http://www.ylib.or.kr/〉 [인용 2013.10.7].

인천광역시 중앙도서관 홈페이지. 〈http://www.ijlib.or.kr/〉 [인용 2013.10.5].

인천광역시 중앙도서관. 2013 다문화자료실 운영계획, 인천광역시 중앙도서관, 2013.

인천광역시(2012), 인천시 통계연보, 인천시: 인천광역시, 2012.

조용완(2007), "이주민을 위한 국내 도서관 서비스 현황 분석", 「한국도서관 · 정보학회지」, 38(2), pp.245~269.

조용완 · 이은주(2010), 『다문화사회에서의 도서관 서비스』, 경기도사이버도서관.

조용완(2011), "북미 서부지역 공공도서관의 다문화서비스 연구", 「사회과학논총」, 10, pp.165~184.

한윤옥 외(2008), 『도서관의 다문화서비스 개발에 관한 연구』, 국립어린이청소년도서관.

한윤옥 · 김수경 · 조미아(2009), "다문화가정을 위한 도서관의 서비스 개발과 운영방안에 관한 연구", 「한국문헌정보학회지」, 43(2), pp.91~12.

Gorman, M.(2000), 이제환 역(2010), 『도서관의 가치와 사서직의 의미』, 태일사.

Cuban, Sondra(2007), *Serving new immigrant communities in the library*, libraries unlimited.

Koontz, Christie & Barbara G.(2010), *IFLA Public library service guidelines* 2nd Completely Revised Edition, De Gruyter Saur.

IFLA/UNESCO, Public Library Manifesto, 1994.
〈http://www.ifla.org/VII/s8/unesco/eng.htm〉 [Cited 2013.09.17].

UNESCO, Public Library Manifesto, 1995.
〈http://www.unesco.org/webworld/libraries/manifestos/libraman.html〉 [2013.09.24].

IFLA, *Multicultural Communities: Guidelines for Library Service*(2nd ed.). 2008.
〈http://www.ifla.org/files/assets/library-services-to-multicultural-populations/ publications/multicultural-communities-en.pdf〉 [2013.09.24].

IFLA/UNESCO, Multicultural Library Manifesto: The Multicultural Library -a gateway to a cultural diverse society in dialogue. 〈http://www.ifla.org/publications/iflaunesco- multicultural-library-manifesto〉 [2013.09.17].

13장

고병철(2010), 「국가 교육과정 내의 다문화교육과 '종교'교과교육-다문화사회와 다종교사회의 연관성과 함의를 중심으로」, 『종교연구』 61.

고시용(2011), 「종교단체의 다문화교육에 대한 사례연구-불교, 개신교, 천주교 단체를 중심으로」, 『종교연구』 63.

구정화 외 공저(2010), 『다문화교육의 이해와 실천』, 동문선.

권창길 · 김혼숙 · 이기영 공저(2000), 『교육학 개론』, 학지사.

김민경(2010), 「대학생의 다문화 역량에 관한 연구」, 『한국생활과학회지』 19-6.

김선미 · 김영순(2008), 『다문화교육의 이해』, 한국문화사.

김중순(2010), 「다문화교육에 있어 종교의 문제: 특히 이슬람을 중심으로」, 『언어와 문화』 6-2.

노길명(2011), 『한국 신흥종교 연구』, 경세원.

문화체육관광부(2012), 『한국의 종교 현황』, 새성균기획.

박종수(2011), 「종교단체의 다문화교육에 대한 사례연구-불교, 개신교, 천주교 단체를 중심으로」, 『종교연구』 63.

서종남(2010), 『다문화교육의 이론과 실제』, 학지사.

신광철(2010), 「다문화사회와 종교」, 『종교연구』 59.

오영훈(2011), 「다문화사회 독일의 종교교육」, 『종교문화비평』 19.

오영훈 · 김성영(2012), 「도서지역의 결혼이주여성들의 종교생활 실태조사 연구」, 『종교연구』 67.

윤태영 · 이은희(2011), 「다문화교육 과정에 관한 대학생 인식」, 『한국생활과학회지』 20-1.

은지용(2007), 「청소년 다문화 학습 프로그램 모형 개발 연구」, 『청소년학 연구』 14-3.

이기영 외(2010), 「다문화교육에 대한 교사와 부모의 인식」, 『아동교육』 19-1.

조응태(2010), 「한국의 다문화사회 형성에 있어서 종교의 역할」, 『평화학연구』 11-1.

최충옥 공저(2010), 『다문화교육의 이해』, 양서원.

한경진, 「다문화교육을 위한 초등학교 교사 교육방향 탐색 연구」, 대진대 박사학위논문, 2010.

황혜원(2012), 「다문화주의 관련 쟁점에 대한 예비교사의 인식 조사」, 『다문화교육연구』 5-2.

http://www.immigration.go.kr.

Christine I. Bennett, 김옥순 외 공역(2009),『다문화교육 이론과 실제』, 학지사.

Duane E. Campbell(2010), *Choosing Democracy*, Allyn & Bacon.

James A. Banks, 모경환 외 공역(2009),『다문화교육 입문』, 아카데미하우스.

Nathan Glazer, 서종남 · 최현미 역(2009),『우리는 이제 모두 다문화인이다』, 미래를 소유한 사람들.

Sleeter & Grant, 문승호 외 공역(2009),『다문화교육의 탐구』, 아카데미하우스.

대한성서공회(2009),『성서(개역개정)』, 아가페.

저자소개(게재순)

김영순
인하대학교 사범대학 사회교육과 교수
kimysoon@inha.ac.kr

김금희
인하대학교 다문화학과 박사과정
BK21플러스 다문화교육 연구단 참여
kgkdl@hanmail.net

정상우
인하대학교 사범대학 사회교육과 교수
swchong@inha.ac.kr

정소민
인하대학교 사회교육과 강사
인천신현북초등학교 교사
4uuuuu@hanmail.net

임지혜
인하대학교 다문화교육융합연구사업단 전임연구원
nothinger@daum.net

박봉수
인하대학교 다문화학과 박사과정
BK21플러스 다문화교육 연구단 참여
wuligaqi@naver.com

이미정
BK21플러스 다문화교육연구사업단 연구교수
pro03@hanmail.net

김성영
서울신학대학교 강사
서울 선서교회 담임목사
kimsy1006@naver.com

박선미
인하대학교 사범대학 사회교육과 교수
sminha@inha.ac.kr

전예은
인하대학교 교육연구소 외래연구원
qhr1118@gmail.com

최보선
인하대학교 다문화학과 박사과정
BK21플러스 다문화교육 연구단 참여
choibsbs@naver.com

박순덕
인하대학교 교육대학원 강사
시흥은계초등학교 수석교사
soon0113@hanmail.net

정지현
인하대학교 다문화교육학, 박사 수료
인하대학교 국제언어교육원 전임강사
oxy59j@hanmail.net

전영은
인하대학교 다문화학과 박사과정
BK21플러스 다문화교육 연구단 참여
cherry46@hanmail.net

이미정
인하대학교 다문화학과 박사과정
BK21플러스 다문화교육 연구단 참여
pooh-mejung@hanmail.net

오영훈
인하대학교 교육대학원 다문화교육과 교수
ohy10106@hotmail.com

다문화교육연구의
이론과 적용

초판인쇄   2014년 11월 14일
초판발행   2014년 11월 14일

지은이   김영순 · 박선미 · 정상우 · 오영훈 외
펴낸이   채종준
펴낸곳   한국학술정보(주)
주 소   경기도 파주시 회동길 230(문발동)
전 화   031) 908-3181(대표)
팩 스   031) 908-3189
홈페이지   http://ebook.kstudy.com
E-mail   출판사업부 publish@kstudy.com
등 록   제일산-115호(2000.6.19)

ISBN   978-89-268-6713-6 93330